Andrea Wolfmayr
Im Zug
Aufzeichnungen
einer Pendlerin

www.editionkeiper.at

© edition keiper 2011
literatur ✱ nr. 14
1. Auflage April 2011
Lektorat, Layout und Satz: textzentrum graz
Covergestaltung: Max Werschitz
Coverfoto: Robert Fimbinger
Autorenfoto und Fotos Bildteil: Philipp Podesser
Printed in Austria.
Bindung: Die Steirische Buchbinderei I Dietmar Reiber & Wolfgang Reimer OEG
ISBN 978-3-9502761-9-0

Andrea Wolfmayr

# Im Zug

Aufzeichnungen
einer Pendlerin

## ZU DIESEM BUCH

Die *Aufzeichnungen einer Pendlerin* entstanden aus Notizen, Stichworten, Skizzen, von der Autorin über Jahre hinweg tagtäglich zu Papier gebracht, den kurzen, oft unterbrochenen Fahrten entsprechend: Beobachtungen und Betrachtungen zum »Nomadentum« unter heutigen (Arbeits-)Verhältnissen, die Mobilität und Flexibilität ganz selbstverständlich fordern, von allen, egal unter welchen Bedingungen. Eine stakkatoartige, zerschlagene Sprache, eine bedrängende Flut von Überlegungen und Reflexionen - durchsetzt von Müdigkeit in der Früh, Erschöpfung am Abend, die das unentwegte Pendeln begleiten, von Zuhause zum Arbeitsplatz, vom Arbeitsplatz nachhause.

Die Authentizität dieser Texte bleibt den Leser/innen erhalten, die Autorin lässt sich auf ein Sprachexperiment ein: Wir finden keine wohlgeformten Sätze, Orthographie und Zeichensetzung werden in den Hintergrund gerückt, Platz und Raum zur Entfaltung wird allein dem Strömen der Gedanken, der Eigendynamik des Entwickelns und Reflektierens, dem innersten Ich gegeben. Vor das alles drängt sich das allgegenwärtige konkrete kleine Leben der Arbeitenden, der Kampf ums »seelische« Überleben unter fremdbestimmten, ferngesteuerten Gesetzlichkeiten.

# GRAUER TAG

IM ZUG, DIENSTAG, 1.4.2008
**ALLERGISCH.**

War ich nie, aber jetzt. Nase juckt, rinnt dauernd, Augen brennen. In der Früh ist es am schlimmsten, seit drei, vier Tagen. Hab mich in mein linkes oberes Muttermal geschnitten mit der Hautschere, als ich ein Haar weg haben wollte, seh schon so schlecht, werd alt. SMS an Johanna. Was ich besorgen soll. Heute Babysittertag. Morgen genau ein Jahr im Job. Und gestern meint doch der Chef, er hätte noch eine andere Idee mit mir. Werden sehen. Roter Sonnenaufgang. Ob es mehr Geld bringt, ist fraglich, fürs erste, aber höhere Position jedenfalls, deswegen überlegenswert. Vielleicht geh ich noch mal als Hofrätin in Pension, wär komisch, Mama, was? Ach, bitte, lass es funktionieren, Gott, dass es uns besser geht! Unsere Familien sollen davon profitieren! Großes Fasanenweibchen auf dem Feld hinten. Bin ein wenig verzagt. Und doch. Rosa Baum auf einer großen Wiese. Einser gegen Fahrt, der hinter mir hat sich lang nicht gewaschen. Ich sehe soviel Unordnung und Unfertiges und niese die ganze Zeit – bin wohl nervös. Schon wieder Änderung, Umbruch? Wann hört das endlich auf. Ruhe ist im Grab, sagt mein Bruder, schlafen kannst du nach dem Tod genug, ein Reh weidet ruhig auf einem Hang ganz in der Nähe. Viel zu tun heute, werde eifrig sein, mache zweiten Tag einer Fastenkur, das geht ja schnell, hatte 68,4 heute, Wasser geht weg, auch aßen wir guten Spargel. Meine Nase rinnt, es ist eine Plage. Jetzt sind es schon über zehn Rinder, angefangen haben sie voriges Jahr mit zwei, drei.

Ein Specht. Die Ostereier sind weg vom Baum, das Tor der Waldidylle steht offen. Das Versunkene ist weg, die grüne Villa schläft nicht mehr, da lebt jetzt jemand sehr. Meine Nägel sind ungepflegt, viel liegt daran, dass ich sie nur mehr verschwommen sehe, aber mein Hirn das nicht glaubt. Beim Lesen merk ichs, lese ja fast nicht mehr. Ein Riesenfasan auf der Wiese. Noch einer, Fasan bedeutet V, – noch einer! Wie ein Gockel auf einem Misthaufen, ganz oben. Es tut mir leid um V. Hellinger sagt: Die Eltern hinter sich lassen. Nehmen von den Eltern, weitergeben an die Kinder. Die Kinder sorgen für die Schwachen und in Not Geratenen, machen aber nicht, was Eltern wollen, sondern machen »das Richtige«. Ja, ich denke, Oz und ich haben das geschafft. Schwarze Katze. Ich für mich mit meinem V habs auch geschafft. Organisation, Essen, alles. Und jetzt leben wir also bei ihm. In seinem Haus, das lang schon unser Haus ist. Nur er hat es vergessen. Ich verliere mich jedenfalls nicht mehr aus den Augen. Nie mehr. Die Ziegen. Die Hühner. Meine Bandscheiben werden besser. Ich muss einfach 300,– mehr kriegen, sonst mach ichs nicht! Keinen Jobwechsel. Ich denke so. Für jeden Mann wär eine Gehaltsaufbesserung wohl auch das Wichtigste, oder? Und ich muss als Frau doch gleich bezahlt werden, adäquat. Was kriegt mein Vorgesetzter? In Relation dazu ich. Muss um Geld kämpfen. Joschi nun ohne Frau. Oder Tochter. Oder Freundin. Eh klar. Nicht klar, was für ein Verhältnis das ist. Vielleicht sie ist krank, aber nein, die ist nur woanders eingestiegen, schätz ich. Er jetzt Liebeskummer. Aber war doch nur eine Illusion von Anfang an, er Großvater, und wenn er sie nur einmal betatscht hat, dreht sie durch natürlich. Schöne Bäume. Aber ich bin besorgt und unruhig. Weil ich weiß, dass es, wie Sterben, sehr schnell gehen kann. Du sitzt hier und nächste Woche hast du das Begräbnis schon hinter dir, Leichenschmaus, Grabstein bestellt und du bist ein paar Kilo Tränen leichter – und so müde. Oder du sitzt in einer ganz anderen Gegend mitten in der Stadt in einem neuen Büro und alles ist fremd... willst du das? Ja. Dann kannst du die Woche Montag gleich anfangen! OK.

IM ZUG, MITTWOCH, 2.4.2008
**GRAUER TAG.**

Ich komm mit der Sommerzeit nicht zurecht. Ich muss neue Hefte kaufen. Die Steuererklärung liegt mir im Magen. Texte fertig machen. Von einem Wochenende aufs nächste verschieb ichs. Alles hängt. Wenn das so weitergeht, wird keine Schriftstellerin aus mir, die anderen überholen mich alle. Du weißt, dass du Blödsinn redest, A, Mist aus dir raus quasselst wie ein verstopftes Rohr. Schweiß abtupfend dauernd, wehe offene Stelle am Muttermal links, arme alte Frau du, beim Aufwachen schon die Bandscheiben, den Stützapparat spürend. Wie tot. Aus Tiefschlaf gerissen, denke, ich kann nicht aufstehen, nein, geht nicht. Gestern Babysitten, und Nike wird schwerer jeden Tag, muss auch mein Eigenprofil behaupten und mich durchsetzen. Vielleicht schau ich auf die falsche Seite. Vielleicht sollte ich mich mal auf die andere einlassen, heute sitz ich links, Zweier, wenig Fenster, wolkig still, abwartend, aufs Weinen, auf Entladung, Entlastung, dann gehts auch um die Allergie, denn unerträgliches Kitzeln in Nase. Werde heut viel arbeiten. Muss sehen, alles Private zu vernichten. Die Rinder liegen. Der Kater ist sehr geschwollen und voller Knoten. Das Schlimme ist, dass man ihn nicht angreifen mag. Instinktiv beginnt man, sich von etwas Krankem abzuwenden. Neues Orakel Waldidylle, das schöne schmiedeiserne Tor: heute halb zu, und zwar linker Flügel. Als ob Krebs ansteckend wäre, Tod. Man spürt ihn kommen. Und wie eine Pflanze richtet man sich nach der Sonne und weicht aus und versucht, sich selbst zu retten. Brutal. Aber auch wieder logisch. Schleppend monoton doof bäurisch und schwer artikuliert, dabei immer fröhlich und heiter der Wortsingsang des Doofen im Waggon. Nicht zu stoppen. Halt die Goschen! möchte man schreien. Bei aller Freundlichkeit! Aber irgendeiner lacht ja immer mit, tut mit, redet mit, der Kommunikative zum Beispiel. Kleine helle Schwitzschübe noch immer, Wechsel-Nachwehen, wenn der Schaffner kommt, ich die Rechnungen anschau in meinem Geldtaschel (für Johanna gestern), all die Kosten. Der Doofe ist schon wieder bei den Hunden: »A Beagle! A Labrador braucht aa vüll Auslauf!«[1] Schweiß rinnt gleich nur so. So schön blühen die Bäume ums Bahnwärterhäuschen! Weiße und rosa Wolken! Vielleicht bin ich zu eingefahren. Nervös, weil sich Neues vorbereitet. Aber weg vom Job muss wirklich gut überlegt sein, eine ausgereifte Idee, nichts über Hopps, finanziell und vom Umstieg/Aufstieg her passend. »Geistan! Bistu, do woa a schenna Hunt!«[2] Der gibt nie auf. Die Tschiker auch nicht. Der Hässliche wird auch nicht schöner, nur schneller. Die Gangart. Hat mehr Kontur gekriegt, steht anscheinend sicher im Job. Jetzt ist er bei siamesischen

---

1    »Ein Beagle! Ein Labrador braucht auch viel Auslauf!«

2    »Gestern! Bist du (Ausdruck der Verblüffung), da war ein schöner Hund (zu sehen)!«

Zwillingen, der Doofe, »die ban Kopf zsammgwaxn sin!«[3]
Lach lach. Mehlfabrik bei Raaba. Mehlig fühl ich mich.
Dritter Fasttag, es geht mir gut, mir fehlt nichts, ich fühl
mich wohl, mir ist nicht mehr so schlecht, Sodbrennen
wird weniger, Busen nicht mehr so Ballon, in die Hose
pass ich auch leichter rein, nicht so aufgepumpt (obwohl
gestern und heute 68,4, weniger wird – noch – nicht).
Schultergymnastik wär nötig. Der Tischlerclown hat
mich angeschaut, aus seiner roten Jacke, so einer hat immer eine gewisse Überheblichkeit: Ich Arbeiter, ich brav
und tüchtig, ich Handwerker! Du schreibst. Nur. Aber
wahrscheinlich ist das nur mein eigener Komplex. Neues
Gesicht in der Runde (immer da, aber auffällig erst in
den letzten Tagen geworden, besonders heute, wo Haare frisch gewaschen, richtig nett, man sieht, dass sie sich
wohl fühlt): Die Runde. Molliger kleiner Körper, vollkommen rundes Gesicht, runde Kulleraugen, die rauskommen – wie Murillo oder so –, die graue Wolkendecke
wird zerreißen und Regen fallen lassen. Massen hoffentlich! Für den Garten.

IM ZUG RETOUR, MITTWOCH, 2.4.2008
**STILLE.**

Nur das Surren im Waggon. Bis sie der Reihe nach kommen, mit ihren Sparsackerln, Verabschiedungen, Zeitungen und was sie alles machen. Bei mir beginnen (normal
am dritten Tag Fasten) Schmerzen und Wehwehchen, die
ich lang nicht hatte. Schlaf zieht. Mein ordinärer Schaff-

---

3    »... die am Kopf zusammen gewachsen sind.«

ner. Bitte nicht mit mir sprechen, bitte mich schreiben lassen, wenn ich schlafe (ich schlafe). Die knattern mit ihren Säcken und mir fallen nur die Augen zu. Bitte rund – so warm (vern-…?) Anpassen entspannen. Irgendwer stinkt da grausam. Alles ist. Ich schlafe und schlafe, dabei sitzt rechts von mir Johann H und liest die Krone. Markantes Profil. Draußen kühler Frühling. Ist eine schaukelnde Fahrt und grobgesichtiger Schaffer, der sich die Haare hat schneiden lassen. Den ganzen Tag nicht an V denken, das ist gut tut gut. Einig ach sie wieder glatikt (…?!) Schlaf.


IM ZUG, DONNERSTAG, 3.4.2008
## DER TAG FÄNGT VERDÄCHTIG RUHIG AN.

Die Karten behaupten anderes. Teufel und Turm und Untergang. Mal sehen. Männliche Energie jedenfalls, schon von mir in aller Frühe, denn ich bin zornig, deshalb Jeans und auf abgefuckt, fühl mich wohl dabei. Denn sehr sauber. Sehr gewaschen! Heute Frauenarzt, das zipft mich an, V, der mir nur mehr 200,– gibt, das glaubt der doch nicht im Ernst, dass sich das ausgeht! Immer auf lustig, aber alles Getue, hat Angst, zu Recht. Diese Zahnlücken, dieses Lachen… und wie er unruhig herumturnt überall. Egal, wird ihm nichts nutzen (oder mir? Verkrebst wie der Kater vielleicht, weiß es nur nicht – auch ich hab meine Ängste…). In meinem Blickfeld der Doofe, heute mit Kopfhörer, so hält er wenigstens die Goschen, eine stille gestaute Raab wie Spiegel, überschön wie Frühling nach Jean Paul, Sonne jetzt auf, alle Pastells und Wolken da, der Schönlingsschaffner, vielleicht bild ich mir alles ein und wir haben edelsten Lenz in Diamantenmanier? Rechts der mit der Glatze und Seemannsbart, REM-Typ mit englischem Buch voller Schaltkreise. Rechts vorn schaut zuerst der Unfreundliche über die Schulter, stiert dann in die Zeitung, Pin up-Girls. Ein Haus komplett entbeint, keine Fenster, im Umbau. Wie alles. Gesondert und sehr farbig stehen die bunten Häuser und Sachen in einer Umgebung, wie in einer Glasschüssel bereift, es hat ein Grad um 6.34, also wieder Schal-Zeit, eigentlich zu kalt für Olivmantel, egal, es soll Frühling sein. Heute nur Trinknahrung bis abends. War das ein Uhu im Baum, eine Eule? Misteln? Sonne blitzt, Weiden werden grün. Schleichen Schieben Schweben des Zuges, zwischendurch kleines Rattern – bequem ist es schon, auch geheizt, Komfort hat was für sich. Die Rinder sind heut auf der hinteren Weide. Waldidylle wie gestern, rechter Türflügel zu. Alles steht, kommt mir vor. Gleichzeitig weiß ich, dass darunter alles in Bewegung ist. Fasan. Ganz nah. Mein V, der Narr. Oder noch besser: V, der Trickser. Oder doch Fool, Schäker, Verrückter, Wahnsinniger (sagt Oz). Inga ist einmal gekommen, am Montag oder Dienstag. Pendelt sich ein bei Kaffeebesuch zwei bis dreimal die Woche. Als Händeringende seh ich mich selber. Gebt mir ein Zeichen! Dabei sind die Zeichen da, dauernd, ich schreib sie sogar auf (in welchem Film kommt das vor? Ah ja, »Bruce Allmächtig«). Wer sehen kann. Ganz langsam wächst da diese sonderbare Blockhütte bei Lustbühel, mit viel rot-weißen Plastikstreifen und gelber Warnung. HÜGELART in der Sonne. Oz geht es gar nicht gut. Gestern faselte er dauernd was von Pension. Geh doch! sagte ich (wenn nur die Raunzerei aufhört! Ich mach ja alles, verdien die Brötchen, schneid sie und beleg sie auch noch, essen dürft dann ihr). Er kann nicht. Muss seine 20.000,– Gebietskrankenkasse abzahlen und was da noch alles an Kosten ist. Versteh das nicht, so toll kann sein Finanzsystem auch nicht sein, wenn sich's hinten und vorn nicht ausgeht, Hoffnung von einem z.B. »September« auf den anderen. Das wird nie was, denk ich. Existenzielle Ängste hat er, sagt er, und glaub ich auch. Und dass er nicht kommunizieren telefonieren kann, gibt er erstmals zu. Aber ziemlich schlimm für mich. Enttäuschung. Raaba. Die kleine Chinesin liest Thomas Bernhard, im Gehen, versunken, mit Kopfhörer, der Hässliche gibt einen kleinen Seitenblick, scharf, seine Haut wird schöner, Rätsel, wie das vom Rauchen kommen kann. Macht halt alles doch der Kopf. Seltsam, dass alle meine Männer im Lauf der Zeit unerträglich werden. Vielleicht, weil ich sie sein lasse, was sie sind? Und dann werden sie immer mehr das, was sie werden können, und das ist dann so schrecklich, dass nicht damit zu leben ist? Vielleicht hängt das mit mir zusammen, dass meine eigne Veredelung und Verbesserung auf deren Kosten geht, ich »schlechte« Eigenschaften abtrennen kann, außen sehen, hinausschicken, letztendlich in die Wüste? (Böse A! Hexe!) Wenn ich aber Anteile übernähme, zurücknähme, ihm die Chance gäbe, positiver zu werden? Keine Ahnung. Läuft das so? Kommunizierende Gefäße wir, auch hier? Bert Hellinger gefällt mir gar nicht. Autoritärer Machotyp, schlimmer, Guru. Lässt keine eigene Wahl, stellt vor »Wahrheiten«, die du glauben musst. Denkt, er ist C.G.Jung, aber der war ein ganz anderes Kaliber. Hatte Liebe in sich und ließ den Menschen Freiheit, gab Freude. Hellinger hat eine behauptete Liebe, wie mein Großvater. Zu deinem Besten – auch wenn es weh tut, ja, je mehr es weh tut, desto besser! Hellinger ist selbst-gefällig! Ende der Durchsage. Hunger. Wieder nur Trin-knahrung, aber das soll so sein. Don Bosco – Stroboskop Sonne durch Zweige, dann Milchglas, der Zug atmet dampft zieht zischt – eine andere Ruhe. Ich bin innerlich sehr unruhig. Die Chinesen sagen, Ordnung machen in Gedanken. Wir Westlichen sind zu belastet mit Sachen. Was wir alles tragen!

IM ZUG, FREITAG, 4.4.2008
## »PUNKS SIND TEIL DER GESELLSCHAFT«

lese ich in der Kleinen, die der links vor mir hält, der Zug wird übervoll wieder mal, ich hab mich neben den Un-freundlichen gedrängt, Rache, weil er mich beim Einsteigen überholt und abgedrängt hat, obwohl später gekommen. Total überheizt, und ich hab den Pullover an, die dünne Freundliche paar Felder weiter, blond, lächelt oft schüch-tern und bissel glubschäugig (der Tag macht sich prächtig! Brokat, alle Farben, Glitzer und Prunk und Pomp, ich hab ein komisches Gefühl im Mund – Herberstein-Prozess beginnt, Andrea fühlt sich als Opfer...), lächelt oft wie gesagt, heute rosa Mantel und Tuch mit grellrosa Kitsch-rosen und Grün, ich hatte doch auch so was, eine Bluse, wo ist die hin?! Die hübsche Blöde vor mir schaut nase-rümpfend immer wieder aus ihrem Buch, aber es geht um Finanzwirtschaft und sie muss wohl lernen. Das Mädel links vor mir, das sich verschanzt hat mit über der Tasche verschränkten Armen, hat grün und rosa bzw. in beiden Farben gefärbte Haare und eine Totenkopfstrumpfhose an – so originell ist meine Tochter also gar nicht, muss ich immer wieder bemerken, der Pulk folgt ihr auf dem Fuße, sie schnappt nur Zeittrends ein bissel schneller auf als der Rest. Und sie wird jetzt Gott sei Dank wertkonservativ, was heißt, dass sie Familie wie Beruf schaffen wird. Und, was wichtiger ist, aus Tätigkeiten Glücks- und Zufriedenheitsgefühle beziehen kann, zumindest manchmal Bestätigungen, einverstanden mit ihrem Leben, in ihrer Mitte, selbst geschaffen. »Ein Mix aus Hexenhass, Neid und Intrigen« ist der Artikel in der Kleinen getitelt, ja. Dabei hatte es Andrea als Schlossherrin schön (und es sehr schön gemacht und tüchtig – bewundernswert!) – wann begann das Ganze zu kippen und wurde überzogen? Es war wohl eine politische Intrige. Olive und Erbse bin ich heute farblich, das rot-dunkelblau gestreifte Mädel mit dem vorwurfsvollen Blick geht mir auf den Wecker. Das Waldidyllentor ist offen! Freitag. Morgen Diagonale-Preisverleihung. Wurscht, Anzug, bin jetzt eh nicht so fett, pass also rein. Trinken tu ich nur mehr Wasser. Tröpfeln nur mehr, meine Gedanken. Zeichen. Punkte. Striche. Ist das nicht ein Mond-Gesichti?[4] Mit Johanna gestern übers Gralsthema. Miteinander beim Frauenarzt, war komisch. Gutes Gespräch, gute Themen, sie wissenschaftlich, das taugt mir. Was zum Festhalten. Schwitze wieder, viel zu heiß da. Oz fährt Wien, Firma sehr bedenklich, Oz sehr unglücklich. Flippt, weil er an seine Grenzen kommt, zu sehen beginnt, dass es nicht die Umstände sind, nicht die anderen Menschen, nicht allein, sondern dass es er ist, Oz, umständlich, emotional, zu sehr unter Druck. Anstrengend. »So lange die SPÖ im Eck ist, bleibt die Revolte der ÖVP aus«, sagt

---

4    Anspielung auf einen Kinderreim: »Punkti, Punkti, Strichi, Strichi, ist das nicht ein Mondgesichti?«

16

Michael Jungwirth. V muss DK-Wechsel gehen, hat schon wieder großen Bauch und ist sehr müde, schleppt sich, wird wohl wieder Blut geben, dann Stau II, die Abfolge kennen wir, dann Harnwegsentzündung und Antibiotika. Wie lang will er das Spiel machen? Ich hab eigentlich nur zu gewinnen. Überwunden hab ich den Komplex, stark genug fühl ich mich auch. Kann sogar abnehmen und konsequent wenig essen. Trinken reduzieren ist schwerer. Aber ich schaff das und werd fröhlicher. Wochenende wieder Garten, werd viel pflanzen. Immerhin ist es April, frieren wirds hoffentlich nicht mehr, wissen kann man nix. Wetter heuer verrückt. Ostbahnhof. Kalter Wind anscheinend, sie frösteln dagegen an, schauen nicht fröhlich drein, Wogen von Pendlermenschen. Auf Parkplatz jetzt zwei Wohnwägen mit Zigeunern, sonst gähnende Leere – das haben sie davon! Gierschlünde. Schönheit Klarheit Ruhe Sicherheit spür ich. Gleitende Landschaften Kulisse Stadt, hinten Schlossberg, dahinter Schöckel, Stadt, Land. Hab viel erlebt. Viel gesehen. Hasse es, angespuckt zu werden. No na.

IM ZUG, MONTAG, 7.4.2008
## FÜHL MICH EINFACH GRAUENHAFT.

Kaputt gearbeitet vom Wochenende, Platten und Rasen und Rosen – das ist einfach zu viel, Oz! Und dann Essen und Saufen und Riesenwhisky vorm Schlafengehen, Ergebnis: 69,1 kg, nachdem ich auf 68 war! Ein voller Zug, obwohl Wiesel, ich ja guten Platz, aber. Ich denke, die füllen zwei Züge damit, dauernd kommen neue Leute, ich tu, als wär ich nicht da, ungewaschene Haar, fett, unglücklich, wehe Füße und zwar alles, Ferse und Ballen und Knochen und Gelenke und Augen – alles halt! Beinah an der Grenze zu Regen. Graupelig, schneeig, sechs Grad allerdings um 6.35, grauer Himmel. Könnte heulen, alles hängt. Wut und Ohnmacht und eine steirische fette schwere Henne gackert in einer Tour. Hals umdrehen. So aggressiv, dabei bewusst verhalten in meinem dunkelblauen Dress – und ein Tag, an dem vielleicht mehr drin ist an Ruhe, große Hektik vorbei, im Gegensatz dazu wird es beinah gemütlich. Blau schimmernde Scheiben, stiller Zug, nur die Henne. »Eicht?! Aeiicht!?!«[5] – Steirische Sprache, Scheißsprache. So angeekelt von allem. »Die nächsten Halte: Raaba! Graz Ostbahnhof!« sagt er salbungsvoll, der würdige Schaffner. Die helle und die dunkle Verkäuferin sitzen links neben mir: »a Stimm wie in da Kiachn!«[6] sagt die Dunkle, wir lachen alle. So schöner Frühling. Kastanienknospen prall, Sträucher springen auf, Tulpen sind im Kommen. Wenn ich an so einen alten Bauernhof denke, Mauern und kleine Fenster, denk ich an V, wie er isst. Konzentriert und unappetitlich wie ein Schwein, direkt aus dem Häfen/Trog, mit Hut und wie er halt ist. Ein weißer Hang voll Schlehdorn. Ich hoffe, mein Schleierkraut wird, hab so viel angesetzt, Rohnen und Spinat und Menge Blumen. Waldidylle war verdeckt von Güterzug, total. Ich darf mich nicht so kaputt arbeiten lassen! Oz hat auch eine Verantwortung! Tut so kavaliersmäßig und überlieb – dann wieder merkt er gar nicht, wie grausam und Galeerenpeitscher er ist! Denke an seine Tochter und mich, als wir in Hitze arbeiteten und Tonnen von Brettern strichen in Orange für seinen gelieb-

5    »Echt? Echt?!«

6    »Eine Stimme wie in der Kirche!«

ten Zaun… Bin weit drüber über eine Ermüdung. Mir ist regelrecht schlecht, ich denke, ich steh vor dem Herzinfarkt. Meine Arbeit bewahrt mich davor, durchzudrehen, denn mein Privatleben würd mich umbringen – und das sind nicht V und Johanna und Nike, das ist nicht mein lieber Ehemann, nicht allein, beileibe nicht – ein Großteil der Rolle gehört dir, dir ganz allein, A! Raaba vorbei. So künstlich hier in dem Raum mit den scheppernden Ohren (Kopfhörer, Luft wie gefiltert, schlecht und voller Benzin). Übrigens hat sich der Missmutige den Kopf fast kahl scheren lassen, Millimeter, aber dunkle Stoppeln, schaut gut aus. Dieser unhöfliche dumme freche junge Mann schaut einfach gut aus! Sehr tief sitzt man hier im Wiesel, unterer Stock. Ein untypischer Tag. Was wird heute sein?

IM ZUG, DONNERSTAG, 10.4.2008
## ES IST EINE GEMEINHEIT, EINE FRECHHEIT IST ES!

Die zu vollen Züge, die sie uns Pendlern zumuten, die Verantwortungslosigkeit, mit der Männer Kinder in die Welt setzen, alles hinter sich lassen, nicht arbeiten, sich herumtreiben wie Sandler – es ist keine gute Zeit mit all ihrem Reichtum, in dem wir ersticken, nach dem andere Nationen gieren und manche ganz naiv glauben, der Reichtum würde verteilt irgendwann in Zukunft – ja, an die Mächtigen, für Kriegsrüstung, für Kaviar und Dominas, die einen züchtigen für die ewige Maßlosigkeit und den Hunger nach endgültiger Befriedigung! Ein Spiegel die Raab, Mai wird spürbar, es ist April, ein kalter und besonders unbeständiger, der dauernd auf der Kippe ist. Allergien nehmen zu, von 7% in den 70er Jahren auf über

26% jetzt, ich sage, das ist eine Untertreibung, die uner-
kannten und sich gerade fein entwickelnden, wie meine,
sind nicht einberechnet, es sind über 70% inzwischen,
glaube ich, bald sind wir alle allergisch gegen unser dena-
turiertes Leben. Schweiß rinnt wieder mal, ich hab mich
neben den dünnen Widerspenstigen gesetzt, hübsch,
zart, der will mich natürlich nicht, gehört ursprünglich
zur Clique des Missmutigen, hat sich in letzter Zeit aber
abgesondert, liest in einem Suhrkamp-Buch, braun, zupft
an seinen Jeans wie ein Mädchen, ich schreibe, er liest,
»jetzt homma erscht Aprüü!«[7], die junge Mutti telefoniert
laut, in Graz wollen sie jetzt Handys in Bus und Tram
verbieten. Rechts neben mir der mit den violetten Haaren und der grün karierten Jacke. Horst Burger »Warum
warst du in der Hitlerjugend« liest er, smst auf Handy,
trau mich kaum hinzuschauen, weil er so ein seelischer
Seeigel ist. Waldidyllentor steht weit offen, alles in der
Sonne, der glatzerte würdige Schaffner mit dem freundlichen Lächeln, das Buch ist wohl für die Schule. Schade. Wieder zu Johanna, und Nike in die Kinderkrippe
bringen, nun den dritten Tag. Johanna krank mit Angina,
die Antibiotika helfen schnell, sie war beim Arzt, ich bin
beruhigt, sie bleibt zuhause, es wird ihr schon langweilig, aber sie ist viel mit Nike zusammen auch, den Rest
übernehm ich mit Anna. Der Pferdemann guckt interessiert und zugleich gelangweilt, der Mann ist ein Rätsel,
ein weidendes schauendes Pferd, Pokerface. Waldesruh
Himmelsglück, jeden Tag hoff ich, es geht heut mit Nike
und sie macht keinen Tanz beim Weggehen, nicht, wenn
ich weg muss zum Arbeiten, ich hasse das, Trennungen

---

7    »Jetzt haben wir erst April!«

als Kind, Trennung vom Kind, bin plötzlich wie bei Johanna, das Herz reißt es mir heraus, ihr nach, ihr nach! Sind das denn meine einzigen Spielräume, dieses Leben hier, dieses Frauenleben? Immer Frauenleben. Alltag der Frauen. »Sei stüll amol, Olda!«[8] Bis ich zur Arbeit in mein Büro darf, täglich die große Hürde: bei der Straßenbahn warten Menschenmassen. Dann Rausdrängen, in die Rebengasse rennen, Schlüssel, Lift, Schlüssel, Johanna Nike Frühstück? Anziehen? Wickeln? Schnupfen? Jacke Schal Mütze? Hund? Wagerl? Keller! Aufsperren Licht Wagerl welches Licht an, zusperren, hoffentlich im Wagerl (Schwitz! So ein Stress anscheinend für mich…) Fahren Rennen meine Füße tun so weh in den engen Schuhen, der junge Mann hustet bronchitisch allergisch, alle Atmungen sind ja schon kaputt. Umwelt Rauchen ungesundes Essen Selbstausbeutung Stress Bewährung Überleben. »Nexter Halld Raaba.«[9] Kann denn die Kinder keiner lehren, wie man spricht, Herr Minnich? Die Sonne direkt in die Augen. Sticht. Dann angekommen in Kinderkrippe Läuten Wagerl aus raufsteigen läuten (wie viel eigentlich abgesperrt zugesperrt ist, wie viele Schlüssel wir brauchen, Öffner…) dann diese zwei dubiosen Slowenen oder Slowaken, das Mädel, der Mann nicht sympathisch, hier soll ich das Kind lassen, hier lasse ich das Kind, meine Schuldgefühle fressen mich auf, dass ich arbeiten gehe und nicht mein Enkelkind versorge, wie es viel besser wäre für uns beide. Ich hasse es! Ich sollte mich um meinen verwahrlosten, immer mehr verwahrlosenden (es ist nicht die Pflege allein, es

---

8   »Sei einmal still, Alter!«
9   »Nächster Halt Raaba.«

ist die Seele!) Vater kümmern. Ich sollte Frau sein, als Frau leben, als Schriftstellerin zwischendurch schreiben schreiben schreiben, das alles. Was draus machen. Frauenleben in Zeiten wie diesen. Das Klischee schlechthin. Traurige Amazonen. Die Stimme des Missmutigen hör ich aus allen raus inzwischen. Schreiben ist was Einzigartiges und Schönes. Zeichen auf Papier. Das beruhigt. Archaisch. Es ist noch möglich, etwas zu tun, selbst, ohne elektronische Hilfsmittel. Der Hübsche ist gegangen, ich sitze am Fenster, Ostbahnhof, und beobachte die wippende wiegende Menge Menschen. Ganz still ist es im Zug. Einfach eins nach dem anderen ansehen, A, und nehmen, wie es kommt. Auch die Gefühle dabei. Durch und weiter. Die blöde ewige Botschaft der Sozialisten eh schon wieder plakatiert: Weiterentwicklung, wir wollen weiter, wir haben was weitergebracht, auf in die Zukunft, Genossen, kein Blick zurück, sonst bist du Lots Frau und versteinert. Was bedeutet der Gehängte: Kannst dich nicht weiterentwickeln, bist nicht im Fluss. Don Bosco, Pferdemann und Unfreundlicher gehen. Morgen will ich zu zwei Veranstaltungen. Egal, Oz ist bei V. Bei Johanna sein. Helfen. Die braucht Hilfe jetzt dringend, und nötiger als er – dann geht es gleich wieder weiter, kann sie auf mich wieder verzichten eine Zeit. Selbstständige junge Frau. Starke Frau. Amazone. Traurig.

IM ZUG, FREITAG, 11.4.2008
## SO FREUNDE – JETZT ABER!

Elf kommen raus (ich zähle immer die Aussteigenden, meist sind es neunzehn oder sechzehn, manchmal dreizehn), bin eingestiegen als Erste (zwei steigen noch schnell aus...), in meinen neuen Wunderschuhen, von denen die Verkäuferin nicht genug des Lobes sprechen konnte, »...in sechs Farben! Und die Traum-Einlage! Wir müssen jeden Tag so viele Stunden stehen! Kein Kreuzweh mehr!« usw. Schuhe, die selbst atmen und sogar tanzen. Die neue Leichtigkeit, die neue Schnelligkeit. Werden sehen, was mir mein über 200,– Einkauf von gestern gebracht hat: schwarze Weste, schwarze Jean, schwarz-weißes Leiberl. Eben die Schuhe. Hautcreme Fortsetzung, schwarzer Nagellack. Mein Hübscher geht draußen telefonierend und tut, als wolle er heut gar nicht in Zug einsteigen. Ein sehr großer Fetter, jung, mit Fast-Irokesenschnitt weißblond, Tschik, hat eine helle unbeschreiblich dreckige Jacke an. Ich bin unbeschreiblich sauber, hab die Idee, dass Johanna eine ganze Menge von dieser Krankheit profitiert hat. Sich helfen lässt und neue Impulse kriegt, neue Wohnungs-, Lebens-, Kinderfreude! Auch Nike wirkt gesünder. Das Kind kriegt unbeschreiblich lange Beine und Finger und Arme! Das kennen wir in unserer Familie nicht. Oz meldet sich nicht, was ist los? Denke, dass er ziemlich verzweifelt und ausgepowert ist. Wird sich auf mich stützen wollen, komplett auslassen – aber das geht nicht. Nach so einer Woche kann ich sein Gewicht nicht tragen, er muss zumindest neben mir sein und sich abstützen selber – Problem. Zu viel Arbeit, kein Kontakt zur Tochter, keine Therapiestunde seit langem (die Therapeutin macht Urlaub in Mexiko). Ich hab wieder mal offenen Gaumen seit paar Tagen, das krieg ich jetzt anscheinend immer, wenn *high stress*. Wund, Blaserl usw. Sieht niemand, innen in mir wund und offen... Abnehmen funktioniert auch nicht. 69,3 hatte ich heute, mit Kaffee gleich 69,8 – das ist doch nicht normal! Ein neuer Zaun aus Schwartlholz, wie Oz das liebt. Schwitze. Schlecht ist mir auch oft. Ein Fasan auf nacktem Feld, eine wegflatternde Wildtaube (V + Mama). V hatte heute Licht, als ich runterkam. Unheimlich ist (schlafende Rinder in der Sonne) ihm das stille Haus, er will Betrieb haben, all seine Familie soll da sein, mit all dem Wirbel und Ärger (Waldidylle – Breitseite in der Sonne, Tor weit offen, Flügel nach außen – neues Kriterium!). Damit nämlich er derjenige ist, der weggehen oder bleiben kann. Reagieren. Nicht agieren. Und ich mach ihm Angst durch meine Anpassungsfähigkeit bis zum Äußersten. Wenn er Spion ist und aufmerksam und lauernd – ich habs gelernt von klein auf, von ihm, dem Verstellungskünstler, dem Lügenakrobaten, ich kanns besser als der Meister. Ein Fasan auf dem Misthaufen. Er gibt nicht auf, teuflisch. Keine Versöhnung mehr möglich. Wenn ich mit Alice Miller denk, ist es auch besser, all den Hass zu fühlen und die Verletzung als Kind. Gelegenheit dazu hab ich genug.  Nicht gleich alles in Schuldgefühle verwandeln und Harmonie um jeden Preis, Zuckerschicht Annäherung, Entschuldigung, Entlastung der Schuld – ich hab schon richtig gespürt: Erpressung durch Liebe. So genannte Liebe. Falsche Liebe wird einem beigebracht schon als Kind – und hopps, eine ganze Familie ist unfähig zu Beziehungen, bis in die vierte Generation! Eine ganze Nation eigentlich. Der Faschismus hat viele Kinder. Weiße Wolken von Schlehdorn und blühenden Bäumen, vielleicht kommt jetzt endlich das ersehnte Frühjahr? Kann Zärtlichkeit spüren zu Oma, als ich den Löschteich der Bauern sehe, spiegelnd und

schön, Oma! Denk ich. Das war schön mit dieser Kern-
seife, Zitronenseife im Waschschüssel-Ständer, bei dir
sein, mit den alten Steinbausteinen und der holländi-
schen Uhr. Viel gab es nicht zu sehen, viel nicht zu tun.
Nicht dieser von Sachen zugewachsene zugewucherte
Zustand! Mein Busen ist einfach zu groß, zu viel Speck
und Fett und wabbelndes Fleisch. Die Verzweiflung in
der Umkleidekabine gestern…! Oh! Der Hässliche hat
seine glänzende Synthetikjacke an und einen grausamen Schüsselhaarschnitt, den hat ihm seine Freundin
verpasst. Allergieniesen. Oh! sagen Nike und ich und
spielen erschrocken erstaunt. »Ouwa!« Aua! Wir spielen. Über Kinderspiel nachgedacht und wie sakrosankt
Kinderarbeit für uns ist. Und deshalb lernen die Kinder
fast nichts von uns. Lernen keine ernsthaften Tätigkeiten. Lernen nur Zeit vertrödeln und Geld verschwen-
den, Sachen kaputt machen. Sinnlosigkeit. Sinnvolle
Arbeiten, Hilfe, Kochenlernen, Reparieren lernen, machen, tun! Das lernen sie nicht. Ein Tablett tragen. Ein
Ei kochen. (Und da fällt es mir ein, dass ich die Eier auf
der Platte stehen hab lassen, eingeschaltet! Und die Tür
ist zu und niemand kann rauf! Und ich ruf Inga an, sie
muss unbedingt in die Wohnung, die Arme, und alle Si-
cherungen rausdrehen…! Hilfe, das Haus ist vielleicht
schon abgebrannt! – Ich telefoniere wie wild…)


IM ZUG, DIENSTAG, 15.4.2008
**WATTE.**

Meinen Augen geht es besser bei dieser feuchten Luft,
sanftem Regen. Weiter, bitte, den ganzen Tag meinen

Garten beregnen! Gegen diese allergetischen Sporen oder was das ist, dieses aggressive Brennen der Augen, auch gut. Oz wollte heute früh mit mir aufstehen, – kann nicht schlafen! Mit bösen Augenbrauen, rotem Gesicht (wie schön grau Gleisdorf da liegt! Glänzend! Sanft die Raab, gegen den Strich gebürsteter Samt mit ergrünenden Schatten!). »Leg dich wieder hin«, sag ich, »du kannst schlafen, du schläfst sofort wieder ein, ist mir auch so gegangen«. Und wirklich, ich bin um eins, halb zwei aufgewacht, und dann hab ich den Vierer auf der Digitaluhr noch gesehen, dementsprechend gedämpft bin ich heut. Neben mir sitzt der Unfreundliche mit Zeitung, der alte Mann wollte sich vordrängen, den hab ich ausgetrickst. Heut Babysitten bis acht, wird Oz nicht gefallen, morgen ist wieder er nicht da, Ungarn, die Tage mit Baby sind anstrengend, so sehr ich sie liebe. Dankbar für jeden Tag, sie wächst und wächst und beginnt zu reden. »Oma!« Das Rufen und der lustige Blick um die Ecke, wie Johanna damals. Nicht zu sagen, wie beruhigend das ist, das Weitergehen. Weitergeben der Staffel. Schlitzohr Berlusconi hat also wieder mal gewonnen, Titel der Kleinen. War abzusehen. Der Mathematikmann liest kein englisches Anleitungsbuch, sondern Philip Roth – anscheinend im Original, alle Achtung. Sind also doch nicht alles Proleten hier. 68,3, mit Essen, nicht wenig. Allerdings Spargel. Tor zu, Waldidylle, Fenster Oberstock zu, schmiedeeiserner Spitz schief. Schauerliches Tarot, zum Fürchten. Arge Träume: Sie haben von Margots Baustelle Schutt und Sand abgeladen, Berge, unsere Berberitzenhecke voll, vorn alles niedergeschnitten – und ich sehe immer neue Verbrechen gegen meinen Garten, während ich diese beiden Frauen, die mir verantwortlich scheinen, beschimpfe in den ärgsten Tönen (stolzer Fasan im fetten Grün), eine hat eine rote Schürze an, wie Hendln, tun, als sähen sie nichts (Reh grast in Wiese), ich gehe auf die Baustelle, schimpfe, die Arbeiter beschimpfen mich frech, beflegeln, tuscheln: Mit dem Haus kannst eh nichts mehr machen als verkaufen! Links haben sie den Bach zu einem Teich erweitert, der Ahorn fällt, ein großer Baum fällt auch noch, Abbruch, Lehm, schrecklich, das Haus unbewohnbar. Fassungslos. Niemand hilft, niemand begreift (müde ach müde…). Zweiter Traum: Mit Christine und Johanna auf einem Wagen (Hoch auf dem gelben Wagen), wir fallen durch einen Keller, Gewölbe, ein altes Haus, ein Laster fährt vorbei, kippt fast, verliert eine Menge Bierdosen und Schachteln (»sind vom Laster gefallen…«) schrei ich und freu mich, dass ich soviel Bier für Oz und V hab, alle lachen. Diese weiße Ziege mit Bart. Hinter mir scheint Cs Lover zu telefonieren, die Stimme, der Ton kommen mir bekannt vor. Wir bleiben genau bei meinem Volvo stehen. Was ist jetzt schon wieder los?! Einlagen in den neuen Schuhen. Meine Füße, mein Gang werden neuerdings zum Problem. Arme Gang Beine Strecke. Die Chice ist nicht mehr chic, hat sich dem allgemeinen Jeansdurchschnitt angeglichen, Johann H in einem roten Pullover über weißem Hemd und Lederjacke, etwas Bauch, schaut leicht verunsichert, wartet mit Blick, ich lass wandern, Blicke treffen sich, ich bin ertappt und schau schnell zu Boden, weil es geknistert hat. Gefunkt. So geht das also. Aber ich will es nicht. Alleinsein eher. Denn wenn ich Witwe bin (wenn Oz so weitermacht, bin ichs bald), werd ich mit Johanna und Nike in Gleisdorf leben. Don Bosco. Der Unfreundliche grüßt nicht.

## DER FRÜHLIHING WIHIRD KOMMEN,
## DER FRÜHLING, WEHELCHEHE FREUD

Ja, eigentlich ist er schon da, aber es regnet und ist kühl, schon wieder. Heizung wieder an, die gluckert und rumort, muss Maria anrufen, dass sie abdreht. Auch wegen der Wäsche: Vs Pullover nicht schleudern. Schwitze, anscheinend heizen sie hier auch, der Tischler sitzt rechts von mir und bestellt beim Schaffner, der mir bis dato unbekannt ist, eine Wochenkarte Kroisbach-Graz, also da kommt er her. Der kann nicht wechseln, einen 50er, wer kann wechseln? Nein, leider. Niemand hat Geld, soviel Scheine. Chaostag. Milky-Way-Papierl hat passenderweise jemand liegen lassen, sitz neben Familienvater mit Zeitung, der nicht grad begeistert seinen nassen Schirm für mich vom Polstersitz räumt. Der Frühlihing wihird kommen, ja, sicher, Herr Brahms. Grauer Himmel, davor barocke Blüten, japanische Kirsche, es wird mit unserem Konsumverhalten nicht so weitergehen können, Getreide zu Biosprit und als Nahrung für Rinder, Hunger in vielen Ländern. Aber vielleicht wieder mal nur ein Thema, auf das sich momentan die Zeitungen setzen. Masernhysterie ist vorbei, Pollen detto, Abnehmen und Ernährung ist ausgelutscht bis zum Gehtnichtmehr. Jetzt evozieren wir also mal Hungerpanik und schlechtes Gewissen. Der Kleine aus der Clique macht Hausaufgaben, Linkshänder. Prangende Wälder, und die Feuchtigkeit sprengt gleich alles aus den Knospen, die Bäume schlagen aus. Der Missmutige spottet über die Brillen des kleinen Hübschen (Waldidyllentor zu, Fenster zu, Villa überhaupt wächst zu), wird mir immer unsympathischer, redet auch über mich schlecht, weiß ich, spür ich. Es geht nur ums Mädel davor, deshalb die laute Stimme, deshalb die Attacke gegen den Freund, den er dann sitzen lässt und nach vor wandert, zu ihr. Tunnelruhe. Vielleicht ist der Widerstand in mir und nicht außen. Beispielloser Stau gestern, vollkommen erschöpft. Eine Stunde im Zug gewartet aufs Weiterfahren, ein LKW war steckengeblieben unter der Brücke. Keine Weiterfahrt also. Ich raus in Straßenbahn und Bus – wieder voll – vollkommen fertig nachher. V gehts gut, danke. Angenagte Packungen im Kühlschrank, aber wenn ichs in Tupperware gebe, macht er die Deckel gleich wieder auf, um zu schauen, lässt alles offen. Brotlade offen, Plastiksackel offen, also wurscht, was ich mach. Schweiß rinnt – bin sehr zornig und sehr verzweifelt. Oz kommt nachts, wieder mit schlechten Nachrichten: Kunde kam nicht zum Termin – ohne Entschuldigung, ohne Anruf, klar. Ist ja nur ein Vertreter. Der andere zögert und kann sich nicht entschließen, wird zum dritten Mal beraten, besucht…, ich denke, Oz' Intensität und zu große Freundlichkeit lassen sie erst recht misstrauisch zurückweichen. Er ist kein guter Keiler/Verkäufer, vielleicht ein Vortragender, kann sein, zumindest macht ihm das mehr Spaß, Clown, Schauspieler zu sein. Der Missmutige balzt bei dem Mädchen rein, der Kleine ist mit den Hausaufgaben fertig und lehnt sich zurück, Riesenflasche Speedgetränk im Schulrucksack, Familienvater liest Sport, Tischler betrachtet Landschaftsteppich, der vorbeigezogen wird immer und ewig. Der Frühlihing wihird kommen. Morgen das Fest bei Frau Stadträtin, nur keinen Neid, A, du wolltest keine politische Karriere. Der Missmutige ist schön, aber seine Seele ist schiach und dumm. Raaba. Der Hässliche duckt sich unterm Regen, hat keinen Schirm, klar. Es rinnt gleich nur so übers Dach, alle Scheibenwischer sind in Aktion, die Farben entwickeln sich prächtig. Die Apfelbäume kommen, der Familienvater stolpert über meinen Leopardenschirm. Nasser Asphalt mit Spiegelung – so was Schönes. Ich brauch keine Kunstwerke, die mir so was zeigen, bewusst machen, verfremden verwenden zerstören, »mir geht die Provokation durch Kunst so was auf die Eier(stöcke)«, hörte ich von einer Frau, echt peinlich, oder? Der Ausbildner quasselt in seinen Mikroknopf am Revers, ruckt mit dem Kopf wie ein Kranich beim Gehen, karierter Schirm, Steirerjacke, teure Ledertasche mit Goldschnallen, monströs. Kreuzweh. Hatte einen Traum. Alles wurde zugeschneit, der Garten, ganz dicht, dicker Schnee, Decke – der Frühlihing... – heute will ich einen gemäßigten Tag machen, klar, alles erledigen, aber daneben schreiben, denken. Ich hatte einen Traum, der war noch aussagekräftiger – eine Verbindungsperson von drüben. Ich schwitze nicht mehr, gar nicht mehr. Ist auch nicht von Außentemperatur abhängig.

IM ZUG, FREITAG, 18.4.2008
## »GLEISDORF, GLEISDORF...«

Ansage. Die Störche fliegen tief. Frau hustet und hustet, setze mich neben Sting auf die linke Arschbacke. Schwarz weiß heute, radikaler Tag, zum Sterben. »Wollen Sie ein Zuckerl?« Graugelber hämischer Himmel. Träne. Kühle Dampf Nebel, es hat vier Grad um 6.34. Wochenende naht. Hoffe auf ruhig, hoffe auf schön, innerlich aber zutiefst beunruhigt. Nase rinnt, Augen brennen, was das für ein Frühling ist... muss aufs Klo und wir fahren erst ab. Dachte, ich steh vor dem Herzinfarkt heute früh, wirklich Angst. Weil so schlecht und dann diese Spannung, die Schmerzen. Loslassen wollen, alles. Der Tod geht mit mir, hüpft und springt und klappert, mein schwarzer Bruder. Wie geht es Johanna und Nike? Was macht mein Kind, was macht mein Reh? Nun seh ich dich einmal und dann nimmermeh… warum bin ich so melancholisch? Weil ich mich einen Schritt zurück genommen habe. Weil ich einsehe, dass ich manches einfach nicht kann! Und das Leben nicht ausreicht. Warum sind Schaffner nur Männer? Eine der letzten Domänen? Hab zwar selten mal ne Frau gesehen, aber. Fast Reif, tauig, alles mit hellgrauen Schleiern überzogen. Es soll schön werden Sonntag, heute morgen noch wechselnd und Schauer (Garten gießen entfällt!), dann aber warm und wärmer. Muss ja mal kommen. Sting hat Augen zu. Weiße Knöpfe, weißer Pullover, kleines Kind – gelbe rote Tulpen unterm Gebüsch im Park, der blöde Setter, der so frech ist, rostrot, mag ihn nicht. Rempelt mich an, rücksichtsloser Hund. Wie der Alte. Wendelin hab ich ihn genannt. Zwiderwurzen, Rumpelstilzchen, böser Zwerg. (Tor zu.) Geknickte Bäume. Was ich sehe. Autoritätsperson in Uniform, Angst automatisch, deshalb. Die Feigheit meines Vaters. »Bleib daham«[10], lang nicht überwunden, im Gegenteil, das Trauma zeigt seine Fratze, mein momentaner Zustand. Tod oder Leben, V frisst mich mit Haut und Haaren, ich wiesle: »Lieber Vati, (leider nur) Spargelsuppe mit Gemüse und Erdäpfeln, Salat mit Ei und nimm Brot dazu, das Fleisch brat ich dir nachmittags (wenn ich heimkomm von der Arbeit und müd bin…)!«

---

10   »Bleib zuhause.«

Gefräßiger V, isst sein eigenes Kind, kein Genierer, furzt. Brillen putzen mit Geschirrspülmittel, ewig und ewig, Fernsehen einschalten umschalten, »was magst schaun«, und im Endeffekt tut er, als könne er nicht mehr bis drei zählen. Getue. Lüge. Oz nachhause gestern, trinkt einen Hubertus ex und vier Bier, arbeitet am PC (wie Ex!), geht kreuz und quer und fühlt sich zuhause, ich bin froh. Ich bin immer froh, wenn es den anderen gut geht, ich kann nicht anders. Meine Schneidezähne! Au! Rheuma! Kalt warm! Die anderen auch (ich bin anscheinend aggressiv und merk es nicht einmal. Davor hatte ich ja Angst, das kenn ich schon: Mein Körper legt mich. Ich spür nichts, ich hab nichts – wie mein V –, da liegt mein Körper und kann nicht mehr und tut nichts mehr. Weil ich meine Gefühle abgespalten hab, weiß ich, therapieerfahren & weise…). Heute im Büro: Absagebriefe, Zwischenerledigungen, Ablage, Listen, Telefonate. Wie soll das gehen? Alle Akten vernichten? Altpapier Reißwolf? Dann Kopien ausdrucken? Am Gemeinschaftsdrucker? Undurchdacht und deppert. Kontrollstaat, dahin entwickelt es sich. Ich kann das jetzt nicht mehr aufbauen. Eine schriftstellerische Karriere. Da reicht die Zeit doch nicht. Diese jungen Menschen könnten – aber schau sie an, schlecht das Material! (War das nicht immer? Plato?) Jedenfalls kommt der Osten. Besseres »Material«. Sting steigt Don Bosco aus. Ich bin ziemlich ratlos. »Ich bin ungewöhnlich gut drauf!«, sagt der hinter mir. »Das erklärt ja vieles«, meint sie. Da capo. Lächelnd. »Gell? Da Thomas hat unheimlich starke Ausdünstungen und kein Parfum! Ein Transpirant wär gut…« Er meiert rein – soll darstellen, wie gepflegt und gut er ist, der sticht Thomas locker aus! Naja, geh halt los, Tag.

**ZAHLENSPIELE:**

Am 21.4.08 hat es sieben Grad um 6.35, also Spiel über sieben: 2+1+4=7, 7 Grad, und 6.35 Quersumme 6+3+5=14=2x7, also 14, lustig, oder? Schöner Tag. Grad die blonde Frau mit dem traurigen Säufergesicht und der Bernhardinerfrisur gesehen, schlendernd am Bahnsteig, mit Tschik, aus ihrem kleinen roten Auto steigt sie immer am Müllplatz und entsorgt ein paar Flaschen, wenige, aber anscheinend regelmäßig. Ein aufgeklappter Schirm mitten in den Tulpen – ach Kinder! Eine Ente reglos im Wasser (Männchen), das trüb ist wie der Himmel, vielleicht auch wie die Stimmung, aber ich bin gut beinander, war schönes Wochenende. Noch immer Erdfinger trotz Zitronenwaschung, gut gekocht gegessen mit Oz, nicht übertrieben, 68,2, passt, soviel im Garten gemacht, der wird ein Wunderwerk, vielleicht leg ich noch einen Staudengarten an, macht solchen Spaß! Hände in der Erde. Rechts von mir sitzt eine Freundin von früher, wir tun, als kennen wir uns nicht, wir waren ach so gut im Soiree miteinander, jetzt kein Anknüpfungspunkt mehr, ich will auch kein »Na so was! Lang nicht gesehen! Was machst du jetzt?! Wolltest du nicht in die Schweiz…?« Manche Gleisdorfer schnepft es jedenfalls an längeren oder kürzeren Gummibandln immer wieder zurück, mich ja auch. Keine Ahnung, was kommt. Rehe und Fasanen helfen nicht mehr. Da schaut mich von oben ein Rehbock an, durch Stauden und Wald, schaut direkt auf mich herab… und das Waldidyllentor? Lang braucht heut der Zug, die Buchenblätter sind übers Wochenende raus gekommen, zu viele Krähen, die Forsythien wandeln sich vom Gelb ins Grün. Ich weiß auch nicht. V stört und stört nicht. Wenn er nicht da wär, würds mir auch nicht passen. Waldidyllentür weit offen, bei grünem Haus vorn ein Pärchen mit langen weißen Haaren, 68er… das ist jetzt 40 Jahre her… Und V sagte »40 Jahre her«. 1970, da war ich siebzehn, und für ihn der Krieg noch sehr nahe. Lass ihn das also ausleben, sein Leben ausleben, in Frieden. Da kommt es auf ein, zwei, drei Jahre auch nicht mehr an. Oder, Oz? Hauptsache, du und Oz, ihr macht was, lebt oben in eurem ersten Stock, und im Garten. Schwitze schon wieder, denn ich hab Angst. Wenn Nike fünf sein wird. Als ich fünf war. Als Johanna fünf war. Sie wird noch eine ganze Menge in ihrem Leben erleben… das dumme Lachen der Mutti – Kuh. Ich steh ganz schön unter Stress. Bunt bunt die Kugeln vor dem Haus, das Kinderspielzeug. Diese Zeit jetzt wirst du im Nachhinein betrachtet zu den schönsten deines Lebens zählen, das weißt du doch? Ja das weiß ich. Die Muttikuh heißt Marianne, glaube ich, Margit sitzt rechts, alle Frauennamen beginnen mit M, Big M, Mama, der Himmel ist durchgestrichen von einem Kondensstreifen. Damals sah ich ins Blaue. Ich saß in einer Blechbadewanne, es war Sommer, das Wasser war ein Genuss und doch. Jede Menge Schwertlilien am Rand, ich durfte nicht in den Garten, »steig nicht in die Beete«, Gemüse war wichtig. Salat ansetzen. Dann wächst alles zugleich aus, Salatschwemme. Unsere Radieschen mit dem weißen Bauch und der großen Schärfe. Der Kohl oder was das ist, schon riesig! Nicht zu reden von den Rhabarberblättern. Sicher, unsere auch. Und erst der Liebstöckl! V bekommt keine Gartenschere mehr. Eigentlich jämmerlich oder jammerschade. Meine Erinnerungen an die Eltern: mit dem großen Rad nach Kirchberg baden fahren, Brickerl, Sonne, Schwitzen, Gewitter. Jetzt mit Johanna und Nike: Kinderspielplätze. Metahofpark, oder zum Leiner, weil er einen Spielplatz hat im vierten Stock, der Kastner auch, bis zum Umbau. Auer Brot. Spar und Billa. Autos und Hubschrauber und Motorräder, auf denen die Kinder in den Einkaufspassagen sitzen können. Aber auch: Gleisdorf und Göss! Markt, Kaffeehaus, Familie, Garten. Es passt schon. Hatte interessante Träume. Erotisches. Mit Oz. Erstaunlich. Frühling lässt sein blaues Band, und jetzt haben wir nicht mehr März, bald haben wir Mai. (Jetzt hatte ich eine Sekunde lang das seltsam entfremdete Gefühl, als machte meine Hand sich selbstständig und schriebe weit entfernt von mir, ich keinen Kontakt.) So viele Jeans, Lederjacken, Jeansjacken, Blazer, Parka… Turnschuhe, Sneakers, Ballerinas… Bei Don Bosco fall ich immer in Schlaf. Jakomini Josefskirche. Als ich in der Grazbachgasse wohnte. In der Sparbersbachgasse, der Schützenhofgasse, der Peinlichgasse. Soviel schönes Geschirr. So wenig Bezug zu meinem Leben. Oz war so glücklich in der Grazbachgasse. Ich nicht. Du hast uns alle gerettet, hat er gesagt. Danke für diesen Satz. Ich dachte es schon und wusste, aber es ist etwas anderes, wenn es bemerkt wird und gespiegelt. Warum stehen wir wieder?! Ok, diesen Tag werd ich runterbiegen. Will keine Besonderheiten, keine Besuche. Nur Radio und machen, tun, arbeiten. Im Rad. Nicht denken. Kein Grübeln. Keine Turbulenzen, bitte. Morgen wird sowieso wieder anstrengend. Ach, Familie…

## WO DRÜCKT DER SCHUH?

An verschiedenen Stellen. Nix passt, eigentlich. Diese Scheiß Steuergeschichte macht jeden Ansatz von Harmonie zunichte. Oz behandelt mich wie einen unmündigen Trottel – zu dem er mich gemacht hat! Ansprechen hat man ihn nie dürfen letzte Zeit! Zu meinem Berater hab ich nie dürfen, weil der ein Trottel ist. Ebenso hat meine Bank trottelige Auszüge – und so geht es fort. Jetzt krieg ich einen widerlichen Menschen als Steuerberater, weil er es so will. Wann ist das endlich vorbei, dass ich alles in SEINE Hände lege?! Alles in mir sträubt sich und sagt: Tu das nicht! Der leise Unterton ist da. Aber du überhörst die Stimme. Machst, was du willst und meinst, aber wie weit ist das inzwischen seine Meinung, die du übernommen hast? Andrerseits: Ist nicht genau das meine Methode? Mit der ich immer gut gefahren bin, letztendlich…?! Nicht unraffiniert, weil ich ja weiß, dass ich dem nicht entkommen kann, mit ihm leben muss. Kleinster Widerstand ist ok: Ich mache, wie du willst. Hm. Das Ergebnis sehen wir. Schuld bist dennoch letztendlich du… aber woran »schuld«!? Es ist nichts als eine Steuererklärung. Die wird gemacht, rechtzeitig! Die Kurve kriegen wir schon. Nerven behalten. Seine Schreiereien aushalten! Seine Müdigkeit, Depressionen, Aggressionen. Es ist nur Schreierei. Ein Mann schreit. Ja und?! Kühl bleiben! Das ist eben seine Art. Immer knapp am Herzinfarkt entlang. Gott ist groß. So unlustig, dass ich nicht mehr schreiben will. War unlustig mit dem Haushalt heute schon. Wäsche, Geschirrspüler (was ich sonst alles nicht ungern mach),

Zettelschreiben, Tisch voller Bankauszüge. Tarot. Meine schmalen Herrenschuhe an, schmale Hose. 68,8, zu viel Spaghetti gestern. Hunger, schlecht. Hab alles falsch gemacht. Frage ist nur: Wenn es so ist, dass sie so gut sind, warum haben sie dann nicht Reichtum und Ehren erworben, meine Männer? V und Oz? Warum erhalt ich sie über lange Strecken? Verdiene und arbeite und mache zusätzlich den Haushalt, den alltäglichen Kram?! Ich bin ziemlich zornig. Was nicht ok ist: die Herabsetzung des Selbstwertgefühls. Wie gelähmt bin ich. Absolut lustlos. Muss ich heut zum Wirbelsäulenseminar? Will ich da hin? Nein. Will auch keine Besuche. Job runterbiegen. Für den letzten Teil der Strecke hab ich mich vom Karierten mit den lila Haaren weggesetzt. Ich tu mir mal selber wieder ziemlich leid. Aber das ist es nicht allein – ich überlege fieberhaft, wie komm ich aus der Falle? Gar nicht momentan. Eingeklemmt. Ich muss jetzt zu diesem Steuerberater, egal, obs was bringt oder eine Scheißentscheidung war. Wir werden bezahlen und ich werde meine Steuer erledigt bekommen. Hab ich immer gehasst, diese Steuererklärungen. Weil sich alles ums Geld dreht. Aber was ist es denn schon groß?! Wie viel behalten wir, wie viel müssen wir hergeben. Geldspiele. Ja und? Mehr ist es nicht. Was studier ich so viel. Aber ich hab praktisch null Handlungsspielraum zur Zeit, darum gehts. Null Zeit/Möglichkeit zum Schreiben. Das stimmt nicht. Jetzt. Immer jetzt. Falscher Bahnsteig heute. Alles muss umgedacht werden. Was, wenn. Der sich so früh anzieht, wie jeden Tag. Die Frau mit der blauen Gitarre. Der Missmutige mit dem Rad drängt vor am Bahnsteig, nutzt nix. Alles kommt wie es kommt.

## GRINSEN.

Unschlüssig. Der Missmutige, der Alte und ich, ganz langsam fährt der Zug ein, schnelle Blicke, wer postiert sich wo, Plätze, es geht um die Wurst, jeden einzelnen Tag, bitte im Reißverschluss-Prinzip einsteigen! Ich sitze neben Toni, der liest übers Gnaser Heimatmuseum. Bissel Glatze, viereckiger Kopf, offene Augen, gutes Lächeln. Johann H mit Lederjacke und Jeans. Wow! Schlank und fesch, zögernd, wie wartend. Dann ein Blick, eindeutig zu mir, lang – wow! Das wird noch eine Bekanntschaft! Rechts von mir der Karierte mit den violetten Haaren, schaut ganz ärgerlich weg, hat dicken Rucksack auf Sitz aufgebaut – was schreibt die Blöde immer, das irritiert. Für manche hat das sicher was Unerklärliches, fast Unappetitliches. – Wie gibts so was, Tag für Tag spinnt die was aus sich heraus, der Kuli schreibt und schreibt und die Seiten füllen sich. Kein normales Nachdenken. Was koche ich heute, wen muss ich anrufen. Hab mir erlaubt, ein kleines Stück Flieder abzureißen, es ist der erste, noch geschlossen, der stinknormale klassische lila Flieder, von dems bei uns so viel gibt. Mein Liebling. Jetzt kommt wieder die Zeit, als wir mit Mama picknicken waren. Kann mich eigentlich konkret nur an zwei Mal erinnern – aber das sitzt! Gebackenes Hendl und Ananas, Pastell Tupperware, grüne Wiesen, blühende Apfelbäume, Schloss Freiberg, auf einem Hügel mit Faschierten Leiberl und Erdäpfelsalat. Soviel Essen haben die Eltern mitgetragen, das muss doch schwer gewesen sein?! Sie waren gute Eltern. Sehr gute sogar. Ist nur gerecht, dass ich was zurückgebe. Tue ich das? Reicht es aus? An so einem schönen Tag ist

Zurückgeben leicht, Sonne, sie haben angesagt, den ganzen Tag, dabei ist es kühl in der Früh, bis zu zwei Grad! Und mir war kalt gestern. Sehr kalt. Auch innerlich. Vor allem innerlich. Waldidyllentür zu. Hatte Angst, krank zu werden. Magenweh heute früh, so stark, dass ich aufwachte davon. Aber 67,9kg! Das freut sehr. Werde wieder zur Makrobiotik wechseln, weniger Kaffee, weniger Alk, mehr Tee. Die Magenschleimhäute beruhigen – ich will weder Geschwür noch Krebs. Denn ich denke, wir kommen durch, Oz und ich, mit den Kindern. Es kommen andere Strecken, ruhigere. Steuerberater gestern war reine Freude. Der macht das schon. Kriegt das alles auseinander. Oz' Tochter wird heiraten und Kinder kriegen, wir werden Enkelkinder haben. Wir werden das Haus ausbauen und den Garten auch. Familie. Neue Fenster, Isolierung, Solarzellen. Margots Haus wird auch sehr schön. Ich möchte Lilien im Garten, Rittersporn, Digitalis, Malven, Margeriten, Schafgarbe. Dahlien und Astern. Gladiolen. Rote und lachsfarbige, weiße und gelbe.

IM ZUG, DIENSTAG, 29.4.2008
## »MIR GEHTS GUT UND ICH BIN FROH

und ich sag dir auch wieso«. V, wie er leibt und lebt. In Endlosschleife. Ich hab einen Brief an Alice Miller geschrieben, weil sie mir den Durchbruch, die Erkenntnis, den Blitz verschafft hat. (Ein blonder Engel setzt sich neben mich. »Ja bitteschön!« Ich bin ganz begeistert, erfrischt, ausgeschlafen, meine Allergie lässt sofort nach – ihre Daumen smsen emsig…) Wattig wolkig, noch nicht Regen, nachher hoffentlich meine Pflanzen, mein Garten! Heute Babysitten bis acht, auch gut, alles gut. Ende gut. »Lass ihn leben«, sagte Oz. Es ist eine große Erleichterung, dass er uns so viel abnimmt an Kosten. »Ist ja nichts dabei, wenn wir kochen, ich hab kein Problem!« Und Oz kümmert sich um die Katze, trägt sie auf den Arm, geht runter und redet auf V ein, laut und von oben, der kapiert nichts und hat wahrscheinlich eine Heidenangst vor Oz' lautem Organ – wurscht. Oz war in Pflegeheimen für seine Firma und sieht genug alte Menschen. Zombies, von Medikamenten lahmgelegte Halbtote – oder »Schon-Tote«, wie er sagt. »Wie gut du es hast!«, schreit er ihn an. Er kann da sitzen in Ruhe und kann gehen und aufstehen, wann und wohin er will, niemand seckiert ihn, gutes Essen, wann er will, Fernsehen, was er will, Garten, Terrasse, viel Platz, Wohnzimmer, Küche usw. – wie gut! Ja. Ich bin befreit. Zentnerlast. Natürlich war es eine Vergewaltigung, wie Alice Miller sagt! Das muss ja nicht körperlich gewesen sein, oder »nur« indirekt körperlich. Natürlich war es nichts anderes als Missbrauch von dummen jungen Eltern, Menschen ihrer Zeit, die den Krieg mitgemacht haben und die Nazi-Erziehung. Darauf folgt logischerweise die Reinlichkeitserziehung der 50er Jahre – das ist der Schlüssel für meine Generation! Für einen Haufen Depressionen Allergien Hautkrankheiten Geschlechtskrankheiten sexuelle Perversionen Obsessionen! Im Gegenschlag produzieren die 50er Jahre-Kinder, antiautoritär erzogene mit allen Auswüchsen der Jugend»kultur« und Sinnentleertheit. Alle Werte werden über Bord geschmissen. Das Rad der Menschheit neu erfunden. Da brauche ich keine Tierzeichen mehr, keine Codes in der Landschaft draußen. Da kann ich wieder beruhigt arbeiten, denn ich habe es begriffen. Ehrlichkeit! Erkenntnis! Alice Miller hat absolut Recht. Alle Rinder stehen, die Landschaft sieht unordentlich aus und halbwüchsig, aber das macht nichts – ich kenn mich jetzt aus, auch wenn das Tor zu ist – alles hat seine gewisse Ordnung. Ja, meine Füße tun weh, weil ich auf beiden Sohlen x Hühneraugen hab oder Flachwarzen oder beides. Der Familienvater schläft und schaut betrübt aus, blass und besorgt, der Tischler schaut traurig ins Grüne draußen. Ich bin vergnügt. Ich bin jetzt bereit für alles, neugierig auf alles. Sollte es einen Wechsel geben, beruflich – auch ok. Obstbäume! Obstbäume! (Ich bin wirklich vergnügt heute!) – Häuselbauer, Kamin und Zeltdach, weiße Ziege, ein Mädchen packt Schokolade aus Knisterpapier. Ich krieg meine Kindheit wieder und muss auch nichts mehr verfälschen. Der neugierige kleine Chinese. Seine Schwester, die jüngere. Der hübsche Rothaarige. Der Hässliche ist nicht da. Der Teufelsanbeter geht vorbei. Graue Sonne. Dennoch. So stimmt jetzt alles. Werde es mit der Therapeutin noch abgleichen, weiter  vertiefen. Meine Seele, das kleine Mädchen im Faltenrock und grauem Westerl. Nachkriegssachen. Hab ich übrigens dann gestrickt für mein Kind, in Wiederholung. Graue Sachen mit schmalen Rändern in rot und blau und grün. Von den Müttern nichts mitgekriegt oder nichts genommen an Fähigkeiten: Wie füttere ich mein Kind? Nichts von dem, was sie mir sagt. Weghalten das Kind von den Großeltern, der verderbliche Einfluss ist zu groß. Jetzt suchen die Kinder, suchen den Anschluss. Die jetzt dreißig sind und darüber. Die jetzt Kinder haben oder eben bewusst keine, einsame Kinder. Mit Hund und Katz und Loft und Handy und Flachbildschirmen und iPods. Im Cabrio. Allein. Don Bosco: Wenn Schienen nicht benutzt werden, rosten sie. Rostrot gleich neben uns, kein glänzendes Band. Muss aufs Klo, dringend. Normale Bedürfnisse. Wie ein Mensch. Na und? Bin eine Frau. Mit Gefühlen, Trieben, dem ganzen Wust, den ein jetziger Mensch durchs Leben schleppt, von dem er getragen wird, mit dem er fliegt.

# ETWAS IST IM BUSCH!

## ZWEI ENTEN FLIEGEN.

Der weiße Flieder ist im Abblühen. Nur drei Stunden geschlafen, maximal. Müde wie nur, verbraucht. Fassade auf Dunkelblau und Beige elegant. Schlecht ist mir. Gestern Nacht Oz zurück von Mallorca, dann viel Essen und Trinken, dann schläft er schlecht, spuckt, hustet, schnarcht, ich kann nicht einschlafen und wach immer wieder auf. Aber das Eigentliche ist: ER. Meine Schuldgefühle fressen mich fast, aber ich bleib dran. Wut wurde uns verboten von Mama, welche Möglichkeiten blieben? Tür zu, verwachsen das Rad vor der Waldidylle. Alles schläft, dürftiges Heft, alles mager. Er kann nichts für meine Stimmungen, verunsichert, der alte Mann, was will ich? Was hilft ihm oder mir oder irgendwem diese verkappte Wut?! Genauso gut könnte ich fröhlich reinjodeln bei der Tür, wie ers so gern hätte. Wie immer? Allerdings ist dann auch nichts besser. Ich dachte schon, ich schwitz nicht, aber jetzt gehts los… sicher, bin zu warm angezogen, und sicher, der Schaffner kommt. Aber: mit Familienvater und Tischler im Vierer, Familienvater steigt heut schon Raaba aus (»Steigst scho frira aus damits schnölla zua Oawat kummst?«[11]), jaja, wir grüßen artig. Kreuzweg. Nein, ich krieche nicht, ich bedaure nichts, ich geb nicht klein bei. Er weiß nicht, was ich hab, verunsichert. Aber: War ihm das nicht immer ziemlich wurscht bei uns? Wie schmutzig alles ist, und wie abgegriffen. Wie unglücklich ich bin heute und wieviel

---

11    »Steigst du schon früher aus, damit du früher zur Arbeit kommst?«

Angst ich hatte in der Nacht. Das Schlimme ist, ich geh zum Kind – und das fühlt sich so schlimm an!

**KAUM GESCHLAFEN.**

Konnte nicht einschlafen, zu spät gegessen, noch dazu Bohnensalat mit Thunfisch, dann ein Stück Mehlspeise. Brauchte was, viel. Abgearbeitet. Nach Arbeit Babysitten, mit Johanna reden, den Geschwistern (ich war aufgebracht über V – Inga hat was aufgewühlt »er ist nur beleidigt, dass wir ihn Pfingsten allein lassen!«), dann zur Bank in Gleisdorf, Geld für Johanna, dann für ihn Eierspeise, Gartengießen, Terrasse gießen, das hat mehr als eine Stunde gedauert, ich war erschöpft. Essenrichten für ihn, denn ich komm ja später nachhause morgen, Vernissage, als ich zu mir komm, wars halb zehn, und dann konnte ich nicht zurückschalten, hab geheult bei Cold Case! Weil der Arsch an Krebs gestorben ist und sie hatten doch diese eine schöne Woche! Bis halb zwei, zwei wach gelegen, darüber, um halb fünf schon wieder aufgewacht. Wälzen, Bauchweh. Bin nochmal aufgestanden, Karten, Whisky, Hilfe! Dennoch 68 heute, ein Wunder, bin aber sehr bedürftig. »Fersenbeinbruch, weißt, wie das weh tut«, sagt der links, sie reden über alle Knochen im Fuß, Sportverletzungen, vielleicht machen sie grad einen Kurs in Erste Hilfe? Sitze neben Sting, der sich nicht grad freut, aber Zug wieder mal proppenvoll. Viel Sonne, schön, wird wieder auf zwanzig Grad und darüber gehen. Sommer halt. Schön, bin in blau-schwarz-weiß und sehe gut aus, weiß ich, gepflegt, man sieht es mir nicht an. »Ollda, duad des weh?«[12] – Spritzen haben sie jetzt im Programm. Ich bemühe mich um Haltung und weiß genau, dass ich den Tag heute so kleinweise überstehen muss. In Etappen. Mit Büroschlaf. Die Rinder sind weg. »Ek!« sagt Nike, dreht dabei ihre kleinen Hände mit den langen Fingern und den breiten Fingernägeln (sie wird sich durchbringen können, keine künstlich künstlerische Existenz, sagen die Nägel). Waldidyllentür zu, Rad weg. Ek. Praktisch pragmatisch. Freuden des Alltags. Das Wichtigste ist Lernen, Erfahren, Ausprobieren, Tun, lerne ich von Nike. Sein. Nichts ist wichtiger als das Schleckeis im Moment – »baba, Oma!« Heute hoffentlich Sekttrinken mit L, er hat 40jähriges Dienstjubiläum, die andere Kollegin fünfundzwanzig Jahre. Schon irr! Aber gut vorstellbar. Wenn ich so weitermach, und ewig grüßt das Murmeltier, 6h, *I got you Babe.* Mein Rehbock weidet und schaut. Und da ist der Teich, direkt am Waldrand, warum hab ich den nie gesehen? Sting schläft. Ich würd gern lackierte Nägel haben. Verkleidet. Als ob ok, wie alle anderen. Lack, Fassade. Die ersten Vogelscheuchen auf den Feldern, und Säcke über Stipfel gesteckt, schlaf ein. Sie ernten das erste Kraut. Sting ist gegangen, ich hab Platz. Aber schlafe. Die Krähe verwest immer mehr. Wieder eine Leiche von Beziehung, neben der ich lebe. Ich hab die Botschaft noch nicht begriffen anscheinend, muss so dringend aufs Klo. Was ist die Botschaft. Wenn ich mich an die Therapeutin halte. Dein inneres Kind, die Seele. Kitten. Ganz machen. Integrieren. Sie ist weit weg, meine Seele, in Asien. Francoise Hardy geht vorbei, Blick in die Weite, unmerklich melancholisch lächelnd mit ihrem Riesenmund.

---

12    »Alter, tut das weh?«

## ETWAS IST IM BUSCH!

Etwas stimmt nicht. Grauer Himmel, scheele Sonne, die Katze kommt nicht. Ich geh paar Mal auf den Balkon, mach Tür auf unten, schau sogar unter die Treppe. Wir wissen, eines Tages wird sie nicht mehr zurückkommen. Sie ist so verkrebst, keine Chance für das arme Tier, gestern saß sie noch unterm Nussbaum auf dem Tisch, beobachtete alles, mich beim Steinetransport und Rupfen. Wenn sie weg sind, beide, wird es leer. Einsam vielleicht sogar. Allerdings Chance der Neugestaltung. Neustrukturierung, -orientierung. Schlimme Fälle, vielleicht verdüstert das Ganze zusätzlich, dass Dobniggs parlamentarischer Mitarbeiter die ganze Familie umbringt. Seine siebenjährige Tochter, die Frau mit der Axt, das muss man sich mal vorstellen. Wie bringst du das zusammen. Und dann nicht aufhören. Die Eltern, beide, den Schwiegervater. Es ist zu viel. Kriminelle Energie, die schlummert und sich so entlädt? Aber jetzt wird es wohl genug sein, Gesetz der Serie. Natascha Kampusch, Josef Fritzl und jetzt der – das Ausland muss ja denken, dass die in Österreich nicht alles beinander haben. Vorteil könnte sein: Sündenböcke. Einzelfälle, Spitzen, Entladungen kollektiv. Ich selbst bin heute ruhig. Bei Dahlke-Meditation konnte ich auf der Stelle entspannen, einschlafen. Schlief bis halb durch, kurzes Aufwachen, glaub ich, halb zwei, halb fünf, aber vielleicht bild ich mir das ein. Ich bin ruhig und stumpf. Gefasst, kann man auch sagen. Heutigen Tag werd ich noch runterbiegen. Das Mädel neben mir ist blond, mit langen dünnen Jeansbeinen, eng. Ich auch ganz in Blau, Jeans, fühl mich gut. Mike Markart wird Chilis vorbeibringen, drauf freu ich mich,

46

Angelika Aliti werd ich treffen, drauf freu ich mich auch. Waldidylle ist zu. Ich könnte am Wochenende Hollywood- schaukel streichen und Sessel, Tisch grün, neu? Mehlspeise backen, vielleicht Johanna sehen. Wenn Nike bei der ande- ren Oma ist, viel könnt ich tun. Garten vor allem, Steine. Gießen, Jäten, Setzen. Ich hätte gern ein Staudenbeet. Ich könnte aber auch einfach nichts tun. Mich pflegen. »Wenn i denk, mei klana Bruada is 15!«[13] – Na sowas. Es gibt ein- fach gewisse Menschentypen, vor denen hast du Angst. Wenigstens Respekt. Dieser Typ von Schaffner, stechend stahlgrauer Blick, großer Mann ohne Lächeln, Dr. Schmidt. Magengrube. Etwas fehlt. Die schwarz und weißen Kühe stehen am Hang, schräg. Ich hab von GB geträumt, es war freundlich, fast erotisch, vorbei, vergessen. Leute. Altes auf- getaucht und wieder unter. War schwer damals für mich als junge Frau und Mutter. Das dicke L der Steirer! Schaffner: »Halldestelle.« – »Vulle.« »Oida…!«[14] – Der Hässliche ist wieder da, neben Paulchen, der eine neue Frisur hat, in der Mitte zu einem Schopf nach oben gebürstet mit Gel und Wasser, roter Pullover. Hohes Gras. »Bauern Gesindel« – »Schwarze Zecken« – »Gestorben 2008« ist auf die Be- tonmauern des Stadions gesprüht. Bewölkt. Aber mild. 11 Grad um 6.38, bin jeden Tag zu spät dran eigentlich, zau- dere unten, was zu tun. Die Chice hat heut ein grünes Leibl zu Schwarz! Neu! Joschi wieder mit dem jungen Mädel, die schaut beknickt und gebückt, er bietet ihr Kaugummi an, sie lehnt traurig ab, er nimmt und kaut und schaut – er hat gewonnen. Zufrieden wirkt er wieder. Die Männer gewin- nen immer gegen die Frauen.

---

13    »Wenn ich denke, mein kleiner Bruder ist 15!«
14    »Haltestelle! Voll! Alter!«

**ES REGNET WIEDER.**

Zwischendurch immer hell und schön und warm, fast heiß, dann Tropfen. Ich habs vor dem Regen geschafft und sitz da – in einem überheizten Abteil, allein, als erste, möchte sofort in Tiefschlaf fallen. Hab viel gemacht heute und war lustig. Chef nicht da, also gleich leichter arbeiten. Denke, er muss vielleicht mehr nachhause, Burnout-Verdacht oder Ehe in Gefahr. Ertrinken, ertrinken, wie ich das Glucksen noch höre, und wie ermüdend und erschreckend zugleich es ist, keine Luft zu kriegen, sondern nur Wasser – und das Geschlucke, der Geschmack, das Husten, das langsame Schwinden der Sinne, ja so war es – und dunkel wurde es und plötzlich wieder hell! Grad noch rechtzeitig. Aber was ist das mit Otto? Was Glück und Ende. Etwas. Schusterwerkstatt. Vorher. Geh weiter, geh in Träume *go* bez…(?) *go!* Schon eingeschlafen das erste Mal. Will mich hinträumen zu Otto, meinem Onkel. Haben sie denselben V, frag ich? Nein. Ottos Vater war ein Geliebter, Vs nicht. Oder denken wir das alles schon an? Nichts mehr! McDonalds Geruch, erschöpfte Menschen, viele Mädels, Straßenbahn voller Jungs und Mädels, die junge Arbeiterklasse, die Blüte, ein paar Schöne sind darunter, was für eine Sprache! Johann H stieg heute früh und letztes Mal vor meiner Nase in Straßenbahn bei Ankunft, blieb da stehen für mich. Da ist das Krähenhacken, Inga hat angerufen, ob wir wissen, dass die Katze krank ist. »Tierarzt?« – »Nein«, sag ich. »Warum quälen.« – »Zugsführer? Bitte melden!« – Was ist schon wieder! Nicht mal voll besetzt. Bitte normale Ankunft. Normales Zuhause. In Kontakt mit Seele. Ein quirliges Kind mit Quäkstimme, genauso dumm und quäkend wie Mutti, aber die beiden gehören wenigstens zusammen. Raaba verschlafen! Unglaublich, eine solche Müdigkeit! Hab aber auch was nachzuholen. V gehts gut mit seinem Ventil, ruft Inga mich an. Ganz vergnügt, jaja. Tunnel. Nicht denken. Kommen lassen. Kommunikation mit Otto aufnehmen. Warum wollte ich das nicht? Weil identisch mit V? Gegen Oma? Hatte er Todeswünsche? Schuldgefühle? Waldidylle weit offen! Otto will kommen (?) Streng und hochmütig, dachte ich, ist er. Himmel zieht zu. Wald dunkel. Grillen. Die kleinen Rinder gehen gestockt. Ein kleines Rinderbaby.

IM ZUG, MONTAG, 19.5.2008
## WIE EINE KATZE, WIE EIN KIND

möchte ich denken. Im Moment. Jetzt bin ich glücklich, jetzt bin ich fröhlich, jetzt bin ich traurig, jetzt bin ich wütend. Was hat das für einen Sinn, dauernd zu grübeln, sich zu sorgen, Probleme hin- und herzuschieben, die man momentan doch nicht lösen kann? Der Feige stirbt schon vielmals, eh er stirbt, und Carnegie, sorge dich nicht, lebe. Ich hab einen guten Platz im Zug, Einser, mit Tisch, mit Platz für Mantel, nicht überheizt, ich kann meine Lieblingsjeans an meinen Arbeitsplatz fahren, der nicht streng überbelastet ist – schon gar nicht im Vergleich. Mein Mann liebt mich, meine Tochter und mein Enkelkind, mein Vater, sie lieben mich alle. Der Storch macht das Nest mit dem zweiten, schüttelt sein graues Gefieder, das nass geworden ist in der Nacht, es hat viel geregnet, das ist gut für den Garten, die Katze sitzt auf der kühlen Ceranfeldplatte. V vertrottelt, das ist Tatsache, wird heute wieder stundenlang irren und mich fragen, wann ich heimkomme, wo ich herkomme. Vielleicht war ich bei Störtz und hab meinen Kuli richten lassen. Vielleicht hab ich mein neues Heft. Vielleicht bin ich mit allen Listen fertig bzw. der einen oder anderen noch nicht, aber das wäre auch zu viel verlangt. Jedenfalls. Sonne kommt durch, sie haben aber angesagt, dass sich Regen durchsetzt heute und morgen, das macht mir nichts. Das wunderschöne Grün wogt. Oz ist krank, aber sicher nur kurz, eine Magen-/Darmverstimmung, sein Freund Manfred ist Arzt und hat das in der Hand. Waldidylle ist zu, die Leute kommen jetzt von selber drauf (nachdem man ihnen alles verteuert hat): Tiefgarage 8,– »und das ganze Theater« – »ich fahr für 5,– mit Zug und Straßenbahn, kann ich schlafen kommod, passiert nix«, lacht der Schaffner. Wunderschönes üppiges Grün. Übrigens hab ich kürzlich eine Blindschleiche gerettet vor der Katze, die spielte damit, Schwanz war schon ab, rot blutiger Stummel. Es war die schwarz braun gefleckte Katze. Ich find das nicht gut, dass diese wunderschönen Pferde aus Autoreifen trinken müssen! Bin heute wieder sehr müde, konnte nicht einschlafen, alle Kunstgriffe durch. Wie sie mich zuerst und immer teilweise gefördert, aber auch teilweise und immer verhindert haben: V und Mama und Oma und alle anderen, die jetzt weg sind zum Großteil, so werden ich und mein Exmann Johanna ebenfalls behindert haben, verhindert – muss mit ihr heut telefonieren. Hätte aufs Referat nur mit »Super« reagieren sollen – oder? Bei Don Bosco schlafe ich dann… heut retour mit Zug freu mich schon… dann Hecken schneiden? Ok.

**KEIN TROST.**

Ein kleiner grellroter Fleck am linken Fuß. Alles nervt.
Erster Wochentag. Mutti am Handy: Ihm ist schlecht
und Tabletten und hat wer heut nacht geläutet, im Deli-
rium hat sies mitgekriegt. Ich träum noch. Keine Hoffnung, nix, kein Vierklee. Neben blonder Tussi direkt in
der Sonne, schwitzig, diese Woche soll es Sommertem-
peraturen geben, 68 kg wieder mal nach dem Wochenende, hab mich überanstrengt, Kinderschauen strengt mich
sehr an, Mittwoch muss ich absagen, auch erster Tag, den
Oz wieder da ist, wir wollen gemeinsam was machen, essen, trinken. Umgewöhnen. Nichts Schlechtes erwarten,
nichts Böses, alles wird gut. Tu nicht so. Du bist bitter.
Enttäuscht. Bitter und enttäuscht passen wirklich gut
zusammen. Erstaunt resigniert abgefunden. Hoffnungslos. Mutlos. Freudlos. Tag für Tag, biege die Zeit runter. Meine Füße tun weh, an beiden Sohlen vorn Ballen
Unterseite Art Flachwarzen, kann jedenfalls kaum noch
auftreten (auf Zehenspitzen?). Was mich bei Mutti so
fertig macht, grimmig: Vorgelebt bekommen, wie jemand
kindlich spontan im Moment lebt. Nur Gedanken Sorgen Probleme, -chen, das Tagesgeschäft und Familie be-
treffend – und bei dir?! Ist doch haarklein dasselbe! Oder
bist du was Besseres, ha?! Oberwichtige Jobmaus, kleine
Referentin! – Immer ein freundliches Wort, diese Mutti,
für jeden Schaffner! Offen Tür (Waldidylle). Fenster zu.
Rote Rosen. Es macht einen großen Unterschied, ob ich
täglich den Pendlerzug Gleisdorf-Graz nehm oder die U-
Bahn Wien, fällt mir grad ein. Der Stadt sich ausliefern,
aus dem Bett heraus, heute würd ich es kaum mehr ver-

kraften (ich hole mir nur negative Gegenbeispiele, damit ich mein Dasein vor der Folie positiv sehen kann…). Was bedeuten meine Füße? Kann ich nicht mehr leise auftreten? Die fachmännischen/fraulichen Gespräche über Kaiserschnitt Stillen Abpumpen Flascherl und Schläuche im Hintergrund… Margot wird ein Birnenspalier anlegen, super! Mir gehts heut echt nicht gut. Ich freu mich auch nicht auf meine Arbeit. Aber sei froh, dass du eine hast! Als Frau, in deinem Alter! Ich bin nur müde. Weil ich weiß (zu wissen glaube), dass er nur mehr älter schwächer und dümmer wird jeden Tag. Es fast nicht mehr zu »handlen« ist. Weil ich an zwei Seiten brennen muss. Und jetzt kommt auch noch Oz zurück, der Ansprüche stellt, »ich bin auch da!« und mir erklärt, was für mich alles zu viel ist und dass es zu viel ist – Ja?! Und?!… Großes Kind. Schwieriges. Ich spüre Zwist und Händel auf uns zukommen. Andrerseits: Der Feige stirbt schon vielmals… der neue Zirkus Arena Stadion: das Gleiche wie Kolosseum. Ich bin viel zu müde… auch fast nicht aufgekommen heut. Bin froh, die kleine fürchterliche Visage nicht mehr sehen zu müssen – weil grad eine vorbeigeht – Ostbahnhof. Eingeschlafen. Die Krähenleiche ist aufgelöst. Übersteht alles. Wiedergänger. Lebt ewig. Nicht aufgelöst, Leiche. Paar Federn….

IM ZUG, DONNERSTAG, 29.5.2008
**NICHTS PASSIERT.**

Es steckt einfach alles. Ich gehe. Immer so dahin, tagtäglich, der Himmel wie graue Watte, schwül, 18 Grad in der Früh schon, Sommer, aber nicht so schön wie gestern. Wir waren Buschenschank Maurer, Brettljause holen und dann zuhaus auf der Terrasse Buschenschank machen, war lustig, der Genuss unseres Gartens ist…! Dann natürlich immer gleich der Gedanke: Ja, wenn wir unten auch wirtschaften könnten! V wie Stehaufmanderl so vergnügt, je weniger ich mit ihm tu oder red, desto selbstständiger und aktiver wird er, steht in der Küche und mampft das Geselchte mit Sauerkraut, kalt, im Stehen, aus der Schüssel, »mh – guatt!!« – Beim Drehen fällt er fast, Brillengläser wie blind. Sobald Oz wieder da ist, bin ich unbeholfener, linkischer, schnippischer mit ihm, herb, Inga-Art. Zwischen Mann und Vater ist es nicht leicht zu sein. Aber sonst fühl ich mich wohl und alles ok, dunkelblau und weiße Jeansjacke, frisch gewaschenes Haar, heute putzt Maria, es passt alles. Eigentlich und doch nicht. Halb vier wach ich wieder auf. Denke: Johannas Pflanzen, Johannas Hund, Johannas Kind. Jacke vom Putzen, zu schreibende Listen, der Job. Was ist wirklich bedeutsam? Frage ich mich. Was ist bemerkenswert, was ist wichtig, wirklich wichtig. Das Gras steht hoch, viele Teile sind geschnitten, noch blüht der Holler, ich sehe den großen Ameisenhaufen am Waldrand und manchmal ein Reh. Ich warte auf die Waldidylle. Ich mag das Zusammenleben mit meinem Mann, ich mag aber nicht, dass er dauernd gestresst ist und irgend welche Symptome hat. Ich möcht neue blaue Jeans kaufen bei Gelegenheit. Drei Rinder weiden ruhig. Der seltsame Farn entfaltet sich, alle im Zug niesen viel, besonders der Unfreundliche. Hat sich wieder vorgedrängt, dafür hat er jetzt einen anderen Unfreundlichen neben sich sitzen. Er niest und niest. Ich bin dünn, sage ich mir.

Schlank und dünn und schön bin ich, ich habe wieder 68,6 kg. Kein Wunder. Streichwurstsemmeln und Buschenschank, Schokolade zwischendurch, ein Haufen Mehlspeisen, Geburtstagsfeiern, durch Essen versüßen wir uns eine recht anstrengende Zeit, über die wir uns eigentlich nicht beklagen dürfen, denn es geht uns gut. Klar schreien wir auf, dass Heizen und Fahren so schnell so viel teurer wird, und die Lebensmittel, sogar die Milch. Ich schreibe. Das Tolle am Amt ist, dass es wie in der Waschtrommel immer so weitergehen wird. Das orange Monster, das sie in die Wiese gesetzt haben, hat ein Wellendach bekommen und neue Alleebäume, sehr italienisch, einen gepflasterten Parkplatz. Vielleicht also wieder ein neues Zentrum, in das wir fahren sollen, kaufen, kaufen… der Hässliche hat ein verwaschenes schwarzes Fruit of the Loom-Leibl an, wie alt ist das wohl, und eine hässliche blau-taubengraue Hose festgezurrt mit Gürtel. Schnauzer und Tschik, Dodelfrisur, irr, der Typ! Schönheit ist schon was. Wenn ich denk, Nike, die Faszination von Farben, Stoffen, Materialien! Johanna gestern mit ihrem neuen weißen Jackerl von Zara, so entzückt, wie sie ist, so glücklich! Zu Recht, von sich selbst, flacher Bauch, dünnes Mädchen! Wenn ich denk, wie schwer sie sich getan hat als Kind! Jetzt ist sie glücklich. Mir ihren interessanten Filmerfreunden und ihrem 60er Jahre-Styling. Langsam wächst der Volvo wieder zu mit Brombeerranken. Müde. Ostbahnhof und ich schlaf… Die Chice hat ein weißes T-Shirt an mit Bandl am Bauch zu Khakihosen, man sieht Bauchspeck, nicht wenig, und einen patscherten Gang. Eleganz ist anders. Mein Psoriasisfleck wächst. Aussteigen.

## HEUTE IST MEIN TAG.

6.37, 16 Grad. Schwarz und weiß, fühle mich klass, ausgeschlafen, frische Haare, Aliti treffen beim Chinesen, Nike holen, mit Oz nach Gleisdorf, er freut sich. Zwar hat er sich seit fünf Uhr »paniert«[15], sagt er, weiß ich – die Gedanken! Aber es ist seins, und seine Wut und Verzweiflung wird täglich besser. Es geht uns wie mit dem Garten, der eine gemütliche Höhle ist, ein Paradiesgarten voller Wege und kleiner Plätze. Ohne Schickimicki Getue. Nur gemütlich. Ein Bauerngarten, ein bissl bürgerlich, eher künstlerisch, aber ohne Staffage und Schnickschnack. Keine Zwerge, keine Kugeln, keine Zierstäbe. Die Strenge hat sich einen schlanken Großen mit Brillen geholt, passt gut, da sitzen sie beide und lesen, er hustet und niest (jetzt). Soviel Holler! Und soviel Akazien! Britta hat Sirup angesetzt, das möchte ich auch, vielleicht holen wir Holler am Wochenende vom Raabufer. Sommer. Heute eher bewölkt, kann sein, dass was kommt – auch egal. Ich sehe eine Weinlaube und einen Kamin auf das Terrasse, gemütlich! Einen Flachbildschirm an den Wand (für Oz). Eine große offene Küche (die funktioniert). Wände voller Bücher. Warum stehen wir schon wieder?! Inmitten von Farn und Holler, vor dem Laßnitzhöhe-Tunnel… immer wieder dieses Stehen Stocken Nachdenken Hängenbleiben. Zaudern. Rennt nicht rund, dieser Wagen. V hat Angst – und auch die Katze löst sich schwer, hat heute früh soviel gekotzt und gehustet wieder um vier Uhr am Balkon. Ein dünnes leichtes Gestell ist sie inzwischen,

---

15   Panieren – österr. für Wälzen, im Bett wälzen.

nur Haut und Knochen (Tür ist offen, Fenster auch, Waldidylle, hab ich gewusst), alles viele Fressen geht in den gefräßigen Krebs, der schneller und schneller wird anscheinend, dicke harte Dippel überall an dem armen Tier. Ich war sehr müde und bin sehr früh schlafen gegangen, hätte noch länger schlafen können. Spüre mein Herz jetzt öfter. Oz meint, ich würde jetzt, nachdem er wieder da ist, auslassen, deshalb. Während er weg war, Anspannung und Machen Machen, alles allein – jetzt aus. Pause. Kann schon sein. Erschöpft fühle ich mich und weiß nicht warum. Viel Schubert jetzt immer bei der Arbeit, das passt. Diese Fahrt heut nimmt kein Ende… ich muss achten, irgendwas ist los – eine andere Qualität. War gestern schon so, Oz und ich: »Wie graue Watte«, sagte ich zu ihm, er sagte, »Ja, genau!« Heute ist es wieder anders. Zucker. Zuckerwatte, auch künstlich gefärbt in Türkis oder Rosa. Aber vielleicht einfach weiß. Immer so Gerüche in der Nase: Alte Semmeln, Schweiß, angebratene Zwiebeln. Alte Menschen, Männer, Altherrengeruch wie in unteren Räumen: Heute so durch und durch, hab alles aufgemacht. Auf Zehenspitzen. Es ist schön, trotz allem. Oz' Tochter wird heiraten, V wird sterben. Johanna wird (hoffentlich) mit einem weiteren Kind kommen. Einem Mann dazu, voller Freude. Voll Glück. Einem, der bleibt. Einem, der sich nicht fürchtet. Einem, der tut. Und einmal werden wir so leben, wie sies gesehen hat: eine ältere Frau als Hilfe und sie mit zwei Kindern. (Na, und wer wird diese »ältere Frau« sein…?)

# ATEMNOT

Meine Depression kann man am Gewicht ablesen: 69,3.
Frust. Verspätet, 6.39, 17 Grad, und durch den Regen
dampft alles, tropische Hitze. Jetzt muss ich mich neben den schlafenden Dicken setzen, keine Alternativen.
Vor mir sitzt ein Mädchen namens Ingrid (nein, auf dem
Leibchen haben sich viele Namen verewigt, seh ich, ich
lese Nora und Silke und…) und schreibt, dass ihre erste
Stunde sehr aufregend war, weil sie vor der Gruppe stand
und gleich auf Englisch! Sie schreibt in den PC und
ich hab Neid und möchte auch PC schreiben. Aber ihn
freilich auch nicht tragen müssen… Meine Haare fallen
schön, der Dicke in seinem Schlaf ist warm wie ein Baby.
»Märchenstunde gehabt«, Mutti ist wieder am Erzählen.
Redet was von »Softporno«, das Wort fällt in den Raum
des Waggons. Rechts neben mir sitzt eine Neue, mir
kommt vor, sie lugt dauernd in mein Heft, das stört. So
warm da! Stickig. Die Rinder stehen ratlos. Tor ist halb
offen, alles verregnet. Meine Kleidung pickt an mir – sehr
unangenehm. Schminke rinnt. Bin depressiv, merk ich,
sinke langsam in Schlamm und kann nichts tun. Konferenz bei meinen Lieben in der Unterwelt, ich seh sie nur
verschwommen und grau wie durch Panzerglas. Meine
Immunitätsschwelle wieder gesenkt durch Alkohol, sagen sie. Aussichtslosigkeit. Nähre meinen Vater und
sterbe dahin, Rotkehlchen, Pelikan. Starre. Mutlosigkeit.
Aufraffen, immer neu, aber Gewaltanstrengungen: Zusammenräumen, Schminken, Gießen, Beine rasieren, gut

anziehen, Fassade, vor dir selbst und den anderen. Arbeiten. Die Jahre vergehen. Mein Schreiben, wo ist das geblieben. Will schon wieder schlafen. Könnte immer schlafen. Der Regen hat anscheinend aufgehört, einer humpelt auf Krücken, der mit dem Unfallgesicht hat sich unter Lippe einen Dreiecks-Teufels-Bärtchen wachsen lassen. Der Dicke ordnet seine Sachen und beginnt seine Schuhe anzuziehen. Ich bin krank, psychisch krank. Und schreibe zu wenig, also kann ich nicht gesunden.

IM ZUG, MITTWOCH, 4.6.2008
## NEUE KONTAKTE, ALTE KONTAKTE.

Margit, jeden Tag sehen wir uns jetzt in der Früh, sie fährt mit demselben Zug, heute fragt sie, ob ich mitfahren will – na klar! Und wir plaudern, nein, bis Graz will ich nicht tratschen. Will schreiben. Aber öfter jetzt in der Früh, vereinbaren wir. Wir haben alte Sachen auszutauschen. Hab mich neben den schlafenden dicken Jungen gesetzt, dieser Teddy schläft immer, das letzte Mal hab ich gesehen, was für wunderschöne schwarze Augen, Iraker oder Kurde, aber weicher. Meine Haare frisch gewaschen, aber feucht, trocknen fast nicht bei der hohen Luftfeuchtigkeit, sie reden schon vom verregneten Juni und der hat noch gar nicht angefangen. Grün grün dunkelgrün. Der junge Prinz hat ein wunderschönes Lächeln und wunderschöne schlanke lange Finger, die er reibt. Tür Waldidylle halb offen, eine Katze schlendert auf das Haus zu, dunkelgrau, ein weißer Fleck am Kopf. Immer trägt der Prinz diese billigen Skai-Jacken und -Mäntel. Ich wünsch ihm Geld, er soll sich tolle Sachen kaufen können, dann kann er die tollsten Mädchen haben und sicher einen guten Beruf, er schaut gescheit aus und sensibel. David. Der nächste Kontakt wird wohl sein, wenn V stirbt? Aber das dauert. Er ist super beinand. Viel besser, weil ich nun die Versorgung mach, den sicheren Rahmen. Weil ich da bin, organisier. Ein paar Worte, passt! – Blendend kommt er aus, weil er sich vormachen kann, dass er alles schafft, und zwar selber. Heute werde ich sehr gut arbeiten. Morgen dann die Ergänzungen zur Liste und am Freitag die Vorbereitung für die Sitzung nächste Woche. So geht alles. Heute wieder Nike holen, zwei Stunden nur, das geht, und gestern konnten wir kaum Kontakt haben, das arme Kind wurde von der Homöopathenrunde studiert. Das sind vielleicht Typen! Wenn ich an den alten dogmatischen Arsch denke, was soll so einer für Herz aufbringen für ein Kind, das weint und schreit und raus will zur Oma, und die Oma auf der anderen Seite will rein zum Kind. Herz! Frau! Eine kalte Maschine dieser Mann, Homöopathie hin und her. Dieser Mann studiert das Objekt Kind – ein Arsch, wie gesagt! Sollen die Kinder einfach in Ruhe lassen. Bin vor den Schlafenden gerückt, der aber aufwacht, auf den Platz des Familienvaters. Der Hässliche ist heute graublau. Und verraucht natürlich. Pauli wird immer hässlicher, ein Fohlen mit langen Beinen, aber was sollen diese grauslichen Knöpfe in den Ohren, die aussehen, als würde er später in die Riesenlöcher Pygmäenschmuck hängen? Dann diese kurzen schmutzigen Jeans, die Riesenturnschuhe ausgelatscht, der Gang! Das winzige Köpfchen einer Gottesanbeterin, auch die Langsamkeit, aber keine Gefährlichkeit. Am Fenster ist die Dichtung lose, es hängt und baumelt dieser Faden im Fahrtwind seit immer. Immer wieder treff ich Johann H in der Stra-

ßenbahn, er nimmt meist den Dreier, letztes Mal ist er
bei mir eingestiegen, hat mich gesehen, auf mich gewartet, kurze Blickwechsel, knapp aneinander vorbei, noch
tun wir, als hätten wir uns nicht bemerkt. In den beigen
Volvo kriechen einzelne Brombeerranken, die meisten haben sie nieder gemetzelt. Wenn mein Garten mehr Sonne
hätte, würd er funktionieren. Gegen die Schnecken müsst
ich mir noch was einfallen lassen. Arbeitende Leute,
*working people*. Aussteigen, Uhr schauen, Handy raussuchen, Zigarette. Wir haben solche Klischees in unseren Leben, das Buch »Die Kunst der Selbstausbeutung«
macht mich wieder drauf aufmerksam. Die Mutti muss
Marianne heißen. Der Dumme lacht seltsam viel und
hört nicht auf, der Mathematiker stöpselt sich aus und
nimmt seinen Rucksack. Von der Krähenleiche nur noch
zwei Federn übrig. Meine linke Ferse tut so weh, dass ich
fast nicht aufsteigen kann. Die dünne Katze, der nahende
Tod. Don Bosco. Augen zu. Viel zu wenig Schlaf.


IM ZUG, DONNERSTAG, 5.6.2008
**ATEMNOT.**

Entsetzen, aufsteigende Panik. Nachfühlen können.
Denn das kenn ich. Armut. Hunger. Das steht um die
Ecke. Meine Tochter, allein erziehend, Job suchend.
Kann man natürlich sagen, und wird auch gesagt: Hat
halt den falschen Job angepeilt! Müsste was Technisches machen oder PC oder Webdesign – aber das geht
ja auch nicht! Sind auch schon zu viele! Diese Kleinen
schon allein lassen müssen, in einer Krippe! Es ist wie
bei Jesus. Mehrere Kinder geht sowieso nur mehr, wenn

zu zweit verdient wird oder einer ordentlich mit allen Zusätzen. Kommst nicht mehr durch in einem normalen Leben. Schweinerei der Lebensmittelpreise. Die Konzerne können alles diktieren, Menschen in Uniformen stecken, ich bin so empört! Hier bleibt keine Zeit mehr für Bewegung, Aufstand. Goldene 68er, was waren wir doch toll, mit mutwillig Geschirr zerschlagen sind wir uns schon super vorgekommen. Wir haben gedacht, wir kämpfen für ein menschenwürdiges Leben. Für eine Zukunft! Für mehr Zeit, Bildung, eigene Interessen. Und wo sind wir gelandet?! Bin so wütend, dass ich stottere. Das Beruhigende des Eingespanntseins in einen Job. Wenn man nur einen hat. Irgend einen. Gleichzeitig die unberechtigte Selbstgerechtigkeit: Die anderen sind ja nur faul oder unfähig. Ja, auch. Vielleicht. Aber sollen wir alle – wünschen wir uns das wirklich? – auf intelligent und überfähig getrimmt werden? Funktionierender Hochglanz, reibungslose Digitalmenschen ohne Gefühle – schöne neue Welt, Clockwork Orange, Türkische Früchte? – Stimmt ja alles! Hier haben wir Nike, den Engel, die Elfe, das freundliche, lustige, normale Kind. Hier haben wir das starke Mädchen, die Mutter Johanna, mit Punk-Vergangenheit, dann Gruftie-Karriere, dann Bunt-Punk, dann Fifties und Sixties und alles, was die Jugendbewegungen hergeben an Verkleidung. Ich köchle in meinem eigenen Saft. Will helfen, kann helfen. Geld ist das Erste und Wichtigste, aber ich habs. Nicht viel, aber ich kann aushelfen damit. Und auch mit Verlässlichkeit. Und so müssen die Alten die jungen Haushalte mittragen, weil die sich selbst nicht mehr tragen können. So schwül, so feucht. Keine Sonne, alle werden trübsinnig gereizt zwider. Für

neuen Roman also große Themen: Armut und Nomadentum. Herumziehen(müssen) in der Welt und den
eigenen Platz suchen. Rollen neu verteilen. Dazwischen
ratlose Kleinkinder. Und die Jugendlichen werden nicht
erwachsen im Westen, dafür im Osten und Süden viel
zu früh. Schießen. Kriminell. Hab wieder den Platz mit
den 5 weißen Kreuzerl und HLGR HRSH eingraviert
im Tisch. Alles dunstig. Beim Arbeiten hab ich mich
frei gestrampelt wie der Frosch in der Butter. Muss heut
noch viel machen, dann aber alles im Griff. Kartoffeln
und Kürbis stehen hoch, auch Blaukraut. Mutti lacht
dick, ihr Gesicht ist aber schmal, erste Falten, viel Locken, gefärbt mit Henna oder rot. Die kleine Chinesin
in Bunt, blau und grün, verstoppelt und verschlossene
Augen, schaut immer zu Boden. Nike zwingt mich jedenfalls, voll im Moment zu sein. Angreifen Berühren
Tragen Heben Eis Waffeln Spiegel Lachen Oma! Vielleicht muss Johanna wirklich ins Ausland, um überleben
zu können. *This Town is* zu klein. »Greisler sterben bald
aus«, steht in der Krone. Ja, das haben wir gewusst. »Deis
is mei Extra!«[16] – Pseudo. Die Chice heut sehr chic, neue
Frisur, Haarband, alles neu. Schwarz, mit einem Regen-
schirm, bunt wie ein Regenbogen. Leuchtet. Klare braune Haut. Das blonde Mädel neben mir ist verloren ohne
seine Clique. Nestelt an den Haaren und verschwindet in
ihrem Eck, kann aber nicht schlafen, nicht schauen. Beiger Anzugmann mit türkisem Schirm. Sting hat grell-
grünes Leibl mit Pumapanther an. Der Unfreundliche
Regenjacke und neuerdings kurze Stoppelfrisur, der
Pferdemann sowieso in Beige, das blonde Mädel kaut

---

16  »Das ist mein Extra!« Werbespruch von Spar.

Nägel, ihre Beine bzw. Oberschenkel sind garantiert zehn Zentimeter länger als meine, mehr. An Nike muss ich denken, mit ihren langen Armen und Beinen.

## ICH MUSS AUFPASSEN.

Die Ecken und Nischen für mich selbst werden immer weniger, immer schmaler, das Rad dreht sich schneller und schneller, nicht Ausflippen, kein Burnout, keine Depression, bitte! Ich müsst ja wissen, wies geht, inzwischen. Die Rote ist eingestiegen in einem dunkelblauen Nadelstreif, sehr elegant und sehr dünn. Ich bin mit den blauen Jeans von gestern und dem blau weiß gestreiften Leibl mit Segelschuhen und Trenchcoat. Dick. 69,2! Es ist zum Verrücktwerden. Aber auch klar. Die Anstrengungen sind groß, neben Arbeiten abends Kinderbetreuung, so süß Nike ist und pures Glück für mich. Aber ich bin nicht mehr zwanzig. Die ganze Woche, außer Donnerstag. Jeden Tag bis ca. 19 Uhr. Heute bis halb neun, wie immer. Es ist viel, ich bin müde, zum Ausgleich und zur »Belohnung« trink ich zu viel, mein Konsum steigt, bin wieder bei einer dreiviertel Flasche. Täglich, klar. Prosecco. Erstes Glas mit Campari, auch klar. Wieder stinkt es hier, aber wenigstens Einser, das Schicksal hält mich bei Laune. Mit Margit jeden Tag jetzt mit Auto runter zum Bahnhof, weniger Hetzerei, weniger Bewegung. Oz leidet. Weil ich nie da bin. Zähneknirschend, was soll er machen. Das ist auch Druck. Die Belastung liegt ja eigentlich nicht in den Tätigkeiten selbst, sondern im Gefühl, ob das recht ist oder genug oder richtig. Und ich habe das Gefühl, nicht richtig zu sein, es nicht richtig zu machen. Zu wenig Zeit für Oz, zu wenig für Johanna, zu wenig für V, zu wenig für Nike. Die ist übrigens eine gute Schauspielerin. Sie imitiert meine Tonlage, Gestik, Mimik, alles. Komischer kleiner Spiegel… ein riesiger Feldhase hoppelt quer nach rechts die Wiese rauf. Waldidylle wie verwunschen, kleiner Taubenschlag, wird wohl Vogelhäuschen sein, Miniatur. Träumte von einem Garten, den sie umbauen, flach machen wollten, Haus bauen, Durchschnitt, Zerstörung der Idylle. Der Kampf in mir: Magie und Glaube des Kindes bewahren gegen *material world*. Immer trüb, immer Regen. Schade um Juni und Mai, keine Wonnemonate heuer. Kein schöner Frühling. Langer Vorfrühling. Aber dann… Raaba. Alle schauen ziemlich betrübt vor sich hin. Viel Arbeit heute. Aber ich arbeite den Berg ab. Sukzessive. Das Wetter gönnt uns kein Lächeln. Wir uns auch nicht. Die Chice schwarz mit rotem Lackgürtel und Schuhen – nur zu knapp. Dass bald der Hintern raussteigt. Sting wird dünner und größer. Zwei Albaner draußen feixen, warten auf den Ausstieg, wissen nicht, wo Hauptbahnhof. So müde, Augen klappen zu. Wann wird es endlich Sommer. Wann darf ich endlich leben, wie ich es brauche: Zuhause geborgen zufrieden schreibend.

IM ZUG RETOUR, DIENSTAG, 17.6.2008

## MÜDE UND AUFGEKRATZT ZUGLEICH.

Heiser. Nicht krank werden. Nike ist krank, hat Fieber, zwischendurch war es 39,2, es war ihr kalt, dann heiß, armes Kind. Am Abend dann wieder lustig. Johanna eine halbe Stunde früher da, ist schon Erleichterung, kann den 20.11 Zug nehmen, bin dreiviertel neun zuhause. Johanna ist beruhigt, weil sie sich auf Berufs- und Jobmöglichkeiten einlässt und die Dinge zu greifen beginnen. Nebenan sitzt Frau Fritz und hustet, ganz stark verkühlt, diese entzückende alte Frau mit den Sojabohnen. Muss meine Haare waschen. V nicht sehen wollen. Den Blödsinn nicht hören. Oz kommt mich holen. Müde und aus. Kippen zur Krankheit. Ganz schlimm. Hat sich gegenüber gesetzt, schwarze Locken und schmal, kramt in Tasche, holt Kreuzworträtsel heraus. Bin so überdreht, dass meine Füße zu zucken beginnen. *Restless legs.* Ich muss nicht alles haben! Morgen noch, dann Pause, dann Wochenende, aber mit Familie. Dabei hab ich neben Nike geschlafen. Die Zeit vergeht nicht. Ich muss träumen. Rosa. Schwarz. Katze wetzt weg schnell. Hat einmal geregnet heute. Die Schaffner wollen meine Karte gar nicht mehr sehen. Der Kuli beginnt zu rinnen. Warum stehen wir schon wieder? Bei Lustbühel, dem Fachwerkhaus, Autal ist das. Schönes hohes Gras gerades Gras. Die Frau gegenüber. Mürrisch teigig Schmollmund. Das Reh steigt auf der nebligen Wiese herum.

IM ZUG RETOUR, FREITAG, 20.6.2008
## MIT NIKE GESPIELT.

Je öfter ich es mache, auf sie aufpasse, desto leichter geht es. Normal. Kann neben ihr auch noch Haushalt machen, Einkäufe, Putzen, Waschen. Klar ist es anstrengend, aber es ist klass. Wenn ich zurück fahr, ist Don Bosco jedenfalls die Schlafgrenze – von hier bis Gleisdorf schlafe ich. Empor aus wilden Träumen. Wolkenformation wie gefährlicher Teufel mit Kamm, statt dem Dünnen, der mit Koffer laut rollend am Bahnhof ausgestiegen ist, ein anderer. Die Mädels ganz aufgeregt, es geht dauernd »Scheiße Scheiße Scheiße«, »verfickt« usw. Rechts in Fahrtrichtung sieht man mehr, hat man mehr Weite. Der rundliche Riesenjüngling hinter mir hat Asthma oder Bronchitis extrem. So einen Husten hörst du selten. Er hat seinen Freund verständigt, dass er in einer Viertelstunde in Laßnitzhöhe sein wird. Die Sonne beim Hügel hintern Fachwerkhaus samt Wolken und Himmel spielt C.D. Friedrich. Es gab einen Platzregen heut, wie ich ihn selten erlebte. Verspätete mich, Nike zu holen. Nein, ich sag nicht zu ihm, dass er seinen Katastrophenhusten behandeln muss. Dieser Fast Food-Typ hat einen dicken Rucksack, auf dem steht Luder Armour, und einen Koffer auf Rollen auch. Waldidyllentor zu, alles schläft. Ein kleines Kalb trinkt bei seiner Mutter. Das Gekudere der Mädels, Schimpfen, Lachen, laut wie junge Vögel, grausliche Sprache halt. »Holts aia Pappn endli amoll!«[17] – Das alte Bahnwärterhäusl wächst zu.

IM ZUG, MONTAG, 23.6.2008
## DAS WAR VIELLEICHT EIN WOCHENENDE!

Nike bei mir, Johanna auch, mit Fieber, Oz mit seinem Freund Manfred am Balaton, abends dann war V mit Harnstau nach Weiz ins LKH zu transportieren. Parkinson Schub. Neu zu überlegen: 24-Stunden-Pflege, Umgestaltung des Wohnbereichs, am schlimmsten: Jo-

---

17  »Haltet endlich einmal den Mund!«

hanna 39 Grad Fieber. Kommt schon krank an, lädiert. Steigert sich. Das ist ja meine größte Angst: Dass ihr was passiert und Nike nur mehr mich hat – ganz abgesehen von dem Entsetzlichen, Unvorstellbaren: Das würde unter Umständen die Beziehung sprengen. Alles munter und unterwegs. Die Leute fahren wie irr, schwere Unfälle auf der Autobahn, Sirenen und Hubschrauber am Wochenende. Als ich auf die Terrasse komme, liegt ein Vogel am Boden, Drossel, anscheinend gegen die Scheiben geflogen. Das Lachen der Lockenmutti ist unerträglich. Ich habe große Sorgen. Am Wochenende wollen Oz und ich nach Ungarn, wie soll das gehen? Der Tod ist nahe, immer. Aber streift mich zärtlich mit seinem schwarzen Flügel. Streichelt. »Lieb!« wie Nike sagt. »Hab dich so lieb!« Streicheln. Und der pockennarbige Schaffner kommt sich vor wie Casanova. Ich bin heute weiß und grün. Neues T-Shirt, Lochstickerei Bluse, grüner Schmuck. So ein Kasperl, dieser Schaffner! (Jetzt hab ich Waldidylle übersehen! Tunnel!) Alles geht so schnell, so langsam zugleich. Dieser Lockenkopf, die langen Haare, dieser Riesenzinken und die röhrende Stimme, jetzt weiß ich: Eric Burdon-Typ! Meine Haare frisch, ganz dunkel. Fühle mich heller werden, nachgeben. Soll sein, was kommt. Ich schätze das Dasein wieder mehr, meinen Mann, jede Sekunde, die gut geht. Interne Station in Weiz – alles überklar. Und kann nicht mehr aufstehen und gehen allein. Doch, dann kann ers wieder. Wann und wie kann ich mir Pflegeurlaub nehmen? Muss nachschauen. Wenn meine Tochter stürbe, das ist ja immer die große Angst meines Lebens, dann wäre alles erloschen und sinnlos. Aber da ist Nike! Strahlender Sommermorgen, eigentlich jetzt schon schlaff, oder nur, weil die Scheiben so dreckig sind. Durch die grünen Plastikperlen das Licht gebrochen, Sternchen. Schlafe ein, schon bei Raaba. Heute halb vier aufgewacht. Sodbrennen Magenknurren. 68,7 konstant.

IM ZUG, DIENSTAG, 24.6.2008
**ABGESPERRT.**

Unsere Tür am Waggon. Jetzt sperrt er auf, der Erwin Fragner. Unser Schaffner (Namensschild), neue Gäste, erste Touristen. Heute Nacht war so ein katastrophaler Sturm, wie ein Taifun, tropisch, Regen, wild die Bäume geschüttelt, einiges passiert. Bei uns nicht, nur den Hopfen hat es heruntergerissen und viele Weidenäste auf die Terrasse. Weiß und rosa, mit Zuckerlschmuck bin ich heute. Blöde Besprechung mit Chef, wird anstrengend, vielleicht auch nicht, lass es dir nicht nahegehen, die Zeit, die sie dir nehmen, geben sie dir. Ruhig Blut. Schöner Sommertag, gute geklärte Luft, darfst genießen. Sommerfest bei Nike im Kindernest heute Abend, V allein zuhaus, Oz wieder in Ungarn – vollkommen überarbeitet, muss ihm Shiatsu raussuchen, er braucht Massage, Hilfe für Körper und Seele. Waldidylle zu. Viele knallig gelbe Kürbisblüten! Schlafe. Ruh aus. War nervlich alles so schwer. Der Familienvater mit schwarzer Hose und braunem Polo, sauber wie immer. Pauli wie immer dreckig, schlaksig, Hände in den Taschen.

## WEISS.

Ganz in Weiß heute, mit roter Uhr, buntem Kinderarm-
band, schwarzer Tasche. Heute Kinderfest. Vorher ein
Haufen Arbeit. Wild entschlossen, das gut zu machen.
Fertig zu machen, das vor allem. Alle Listen. Und all
das, was an Aktuellem anfällt und nicht zu übersehen
ist. Zug fährt nicht an, was ist heute schon wieder? Um-
steiger. Anschlüsse. Wird wieder heißer Sommertag mit
Gewitter am Nachmittag, hab überlegt, mit dem Auto zu
fahren. Aber dann doch besser so, muss einfach schreiben
können. Geht nur noch darum. Winzige Luftlöcher im
Eis, ich schnappe. Nein, es wächst nicht zu, es wird wieder besser. Nach den Stromschnellen kommt die ruhige
Passage, der Sibirien-Effekt oder wie sagte es Oz: Die
nicht sich hingelegt haben aus totaler Erschöpfung, nur
die, die weiter gegangen sind, haben überlebt. »So ein
Dreck, versteh i net, warums des Wasser stehn lassn!«[18]
Der Tischler und der Familienvater schütteln den Kopf.
Die Raab ist lehmbraun und gestaut, der Zug ruckelt so
komisch, als wär was kaputt, gelbes Getreide, sattgrüne
Wiesen und Wald in der Sonne, weiße Nebelschwaden
zwischendurch. So viel Feuchtigkeit, wenns so weitergeht, gibts Überschwemmungen. Die Kürbisfelder sind
so schön! »Schön« ist Nikes neues Wort. Ausführlichen
Zettel für V geschrieben, heute muss er zur Nachunter-
suchung, muss mit der Ordination und Inga telefonieren, er kann nicht mehr allein gehen. Margit von ihren
Prüfungen so gestresst und ausgelaugt, dass es sie nur

---

18    »So ein Dreck, ich verstehe nicht, warum sie das Wasser stehen lassen?!«

so reißt. Zu viel Zigaretten, das muss man auch sagen. Der Familienvater in Türkis. Grüne Tunnels. Planschbecken überall, türkise runde Dinger. Mein rechtes Ohr tut weh. Das Tuckern macht mich verrückt. Schöne Trauerweide. Wie langsam und noch immer langsamer mein V zu Boden geht. Beugt sich immer mehr. Interessiert sich immer weniger. Mag nichts essen, nichts trinken. Kann sein, dass wieder Harnstau? Dann ist das Sackel dran. An dem reißt er dann, das stört. Fremdkörper. Waldidylle ist immer zu. Hanni Mikl Leitner als Innenministerin wäre eine Katastrophe. Aber Molterer will eh einen Mann. Wird Bartenstein überreden. Dann könnte Mitterlehner Wirtschaftsminister werden! Aber das lassen sie nie! Viel zu unberechenbar, da nehmen sie schon eher Kopf. Willi will Vasallen. Der Tag beginnt wie unter Wasser. Ganz still ist es, nur dieses Rattern. Stiller Hochsommer, zu früh eigentlich. Im Sommer spür ich die Magie am besten. Die Pferde weiden ruhig. Kleine Äpfel auf den Bäumen, ein wunderbarer Grünspecht! Ein morscher Baum, gefällt. Fünf Autos vor den Bahnschranken, alle in anderer Farbe. Gestern mit Nike beim Billa, sie wollte nicht weg von diesen Automaten, hab Fotos gemacht, Auto, Hubschrauber, Motorrad, Schokoeis und Flecken auf weißem Kleid mit Spitzen, das schon zu klein ist, hab ich ihr aus Mallorca mitgebracht. Sommerschuhe mit diesen zarten Riemchen. Leider kann ich in so was nicht gehen, Sommersandalen, alles schneidet ein, empfindliche Füße. Gestern mit Oz meine Mama-Probleme besprochen, telefonisch. Warum null sexuelle Bedürfnisse, oder nicht abnehmen können, großer Busen – Mutter! Ich bin die Mutter. Ich versorge alle. Da ist keine Zeit für Erotik. Sogar Abscheu vor Sex ist Schutz, da mein V verboten. Außerdem keine weiteren Kinder! Nichts zu versorgen! Keine Katze kein Hund. Gestern mit Johannas Hund unterwegs, in Scheiße gegriffen. Denkste, »war eh scheißen!«, wie sie sagt, drei große Haufen hat er gemacht! Und dann Tropfen im Lift, inkontinenter Schweinehund. Zu viel zu tun mit Exkrementen… Übelkeit, Sodbrennen, es reißt den Zug durch die Weichen beim Ostbahnhof. Die Chice in brauner Hose! Beigem T-Shirt. Der Tischler in einem unbeschreiblich abgefuckten Hemd, verwaschen. Lila-grüne Streifen. Joschi mit betrübter Frau. Ihre beiden Grüns schlagen sich. Magenknurren, Hunger, würd gern wieder mal ordentlich frühstücken, ordentlich ausschlafen. Aber Wochenende mit Nike in Ungarn. Wie das sein wird…

IM ZUG, MONTAG, 30.6.2008
## MIT DER STILLE ISTS VORBEI.

Die kleine Politische zieht ein Schnoferl. »Is da frei?« Ohne Aufsehen, knapp: »Ja!« – Er setzt sich, aber zwei kommunikative Mädels setzen sich dazu und im Handumdrehen ist der Vierer voll. Dabei hat alles so gut ausgesehen. Leer. Kaum Schüler. Aber gut. Neben dem Schlafenden ists noch am besten. Bewölkter Himmel heute. Träumte von Monica. Wiedergesehen auf einem Foto, im Traum sitzt sie auf einem Elefanten, ganz freudig begeistert, wie damals. Neuer Name, vier Kinder oder so, erzählt jemand. Die Adresse zu finden, viel Aufwand. Mein Aufschrei: Monica! Warum? Mit ihr verbinde ich die frühe und traurige

Resignation: »Ach Mädchen, du weißt ja von nichts!« Sprich, die Welt ist schlecht und wir werden ewig unter den Männern leiden. Diese weibliche Weisheit hat sie mir jedenfalls früh anvertraut, kann also nicht sagen, ich weiß von nichts. Hunger Magenweh Sodbrennen. Muss aufs Klo und schwitze. Im Plan also. Meine Zehennägel ok, Haare sehr gut, Locken, da frisch gewaschen, bissel Bammel vor viel Arbeit – allerdings hab ich fünf Tage Zeit für viele Erledigungen – geht alles. War so ein schönes Wochenende! Trotz wenig Schlaf und Riesen-Konditionsanforderungen. Nike: So ein liebes Wesen, wie dieses Kind hat! Diese strahlende Freude! Tür offen, Fenster zu. Wusste es. Müde, sehr, sehr müde. Muss auf mein Herz aufpassen. Johanna schaute ganz traurig. Dass sich Nike nicht freut, sondern sich an mir fest klammert. War ganz brav auf der Fahrt, so ruhig! Fasan. Energiefelder mit V, wir brauchen den Platz, solang wir ihn noch bestellen können. Wenn er ruhig einschlafen könnte. *Forever*. Ist es wirklich das? Denn du kannst nicht auslassen. Für immer ist zu schrecklich. Es gibt kein Zurück aus dem Tod. Es riecht verbrannt und nach alten Menschen. So wird es immer riechen, das werd ich immer in der Nase haben! Zugleich Küchengeschirr des Kindes A, der hellblaue Himmel über dem Puppenbett. Der rote Ball. Das rote Ei. Die Schwertlilien, der Flieder. Blaukraut und Germknödel. Bewölkt, sieht aus, als wollte es wieder regnen. Bin eingeschlafen, werd wohl noch ein paar Mal einschlafen. Würde heut gern Kuchen essen, Cremetorte. Schlag. Es ist sooo langweilig! Der Hässliche mit seinem weißen Leibl, paffend, gierig. Schmutzig. Der glatzerte Schaffner mit dem pelzigen

Namen. Schäkert mit Mutti, »wou woastn?!«[19] – Wochenende in Gleisdorf. »Wos sogst zu Spanien? Deis woa net goa sou berühmt. I hob die letzte Viertelstund gschlofn.«[20]

19    »Wo warst du denn?!«

20    »Was sagst du zu Spanien? Das war nicht sehr berühmt. Ich hab die letzte Viertelstunde geschlafen!«

# ENTSCHLEUNIGUNG

## IN LETZTER SEKUNDE.

Ziemlich gedüst, in der Zeit verschaut, Uhr falsch eingestellt, aber super bei Ankunft, direkt die vordere Tür
erwischt und auch gleich einen Zweier in Fahrt! Muss
sehen, wieder mehr Freude zu kriegen. Und Zeit! Sommerzeit! So, jetzt rinnt der Schweiß. Bin gerannt. Schönes
großes Pferd, Enten baden, sitzen auf angeschwemmten
Ästen, die Raab braun und noch hoch. Ruhiger Sommer. Diese Sommer, in denen nichts geschieht! Aber es
brodelt unter der Oberfläche, Achtung! Es bereiten sich
Dinge vor, die sind anders. Wenn ich mir aber vornehme,
diesen Tag zu genießen! Jede Sekunde! Muss an Mama
denken. Beim Fleischhauer, die Extrawurst damals, kühl
drinnen bei Sommerhitze draußen. Eis essen. Waldidylle
Tor offen, Flügel zu rechts, ein Strauch stirbt ab. Freude! Lachen! Sommerlachen! Es ist Sommer! Sommer,
deine Jahreszeit! Was machst du heuer zum Geburtstag?
Dem fünfundfünzigsten?! Schon mal Torte vorbereiten
und Leute einladen. Gibts was, das du dir wünschst?
Schmuck vielleicht. Mein Vater wird immer mehr zum
Clown. Aber zu einem, vor dem ich mich fürcht. Hab
ich mich nicht immer gefürchtet vor Clowns? Sie sind
absonderlich. Der mit dem weißen Gewand und Hut
überhaupt. Der Meckerer und Organisator, der Eingebildete, Angeber, Blender. V spielt den Gemütlichen, auf
Löwinger-Trottel, aber er hat alle Varianten im Talon.
Der Zauberkünstler, der er sein wollte – nicht einmal das
durchgezogen. Eigentlich ist er nur faul und liegt herum.

Es gibt so vieles, was ich nicht wahrnehmen will. »Jettski« sagt die dunkle Verkäuferin, und dauernd »Jettski Jettski«, das hat sie mit ihrem Mann im Urlaub getan. Mit zurückgebundenem Haar. Wie hässlich ich mich fühl. Schal und abgegriffen und müde. Die »Vergeblichkeit« (Tarotkarte) bin ich doch selbst, Mühsal und Grausamkeit. Allerdings: Freude kannst nicht wollen. Der kleine Chinese, es war nämlich nicht die dunkle Verkäuferin mit »Jettski«, sondern er, sitzt noch neben der Blonden. Und da geht auch der Hässliche, wo kriegt man solche Hosen überhaupt? Paulchen mit den Pygmäenlöchern und ein Mädel mit chinesischen Schriftzeichen auf den Rücken tätowiert. Wieder warm, schwül, trocken, sagen sie. Werden sehen. V ist eine Plage, unsichtbar eintätowiert auf meinen Rücken, ein schwarzes Männlein, ein weißer Clown, ein grinsender Totenkopf.


IM ZUG, MITTWOCH, 2.7.2008
**TÜRKIS.**

Der Tag beginnt klar, mit sehr viel Türkis, Hellblau, Lila, Hellgrün. Sonne. Keine Wolke. Ich erwisch den Zug so, dass ich als Zweite nach dem Missmutigen und knapp vor dem Unfreundlichen einsteige und dem Unfreundlichen seinen Zweier ganz vorn wegschnapp. In Fahrt! Mit Jalousie! Ohne Sonnenblendung beginnt mein Tag, ein klarer Sommertag ohne Angst. Gestern war ich auch noch Eis essen mit Johanna und Nike nach der Arbeit, weil Oz in Wien war und anstrengenden Arbeitstag hatte, erst spätnachts wiederkam. Ihr Gesicht hinter den Scheiben der Straßenbahn vergess ich nicht, dieser traurige Blick eines

Kindes, das keine Chance hat. Will von Oma gehalten, getragen werden. Aber die muss schon wieder wegdüsen. Zur Arbeit, zum V-Versorgen. Der eigentlich momentan gar nicht zu versorgen ist, nur wartet wie ein Datschker[21], dümmlich lächelnd – ja, ich weiß, ich kann froh sein! Ja, ich weiß, ich bin gemein und grauslich und kann fast nicht mehr. Deshalb bin ich ja nachhause gefahren – eigentlich wollt ich nur mal Zeit für mich selbst, keine Hetzerei. Ein Raubvogel, weite Schwingen, niedrig über die Wiese. Heut früh fand ich im alten Kaffee den kleinen weißen Falter von gestern tot. Ich hab dann die Haushalte eins + zwei gemacht, die Wäsche, die schwarzen Johannisbeeren zu Gelee verarbeitet und solche Späße. Komm nicht mal zum Fernsehen. Wenigstens eine Geschichte geschrieben, die mich aber selbst erschreckt hat. Müde müde todmüde. Kalaschnikow, wie heißt das, Perestroika, Sibirien, Stalingrad-Effekt! Waldidylle wie gestern. Das Tor zwar offen, sonst aber Stille. Bin traurig. Das ist es. Indianisch türkise Traurigkeit, messerscharf, mit Obsidian. Freut mich nicht, wenn er lebt, freut mich nicht, wenn er stirbt. Hamsterrad. Komplett überfordert eigentlich, ist ja ganz normal. Frauen jetzt. »Normaler« Achtstundentag, vorher Haushalt und ein paar Blumerl eingefrischt (deshalb ja die Hetzerei! Hortensien in Blau und Lila für die Kommode oben, mit einem Gebet: Bitte, Oma, nimm deinen alten frechen Buben, er ist fast 90!), in die Küche Kapuzinerkresse leuchtend gelb und orange. Freude an den Blumen. Grausen vor den spanischen Wegschnecken, die jedes Jahr mehr werden. Für Vs Essen sorgen, Abwaschen, Zusammenräumen, Wäsche in Maschine, nach der Arbeit Einkaufen, Kochen,

---

21   Kröte

Vorbereiten, Garten gießen, Bügeln usw. Immer zwei Haushalte. Und dann meine Tochter mit Enkelkind und ihrer Wohnung – wo mein Herz ist! Möchte ihr helfen! Das ist Zukunft! »Schau, A«, sagen sie von drüben, Mama zuerst, dann die anderen Ahnen, »das wirst du in der Form nie mehr haben! Genieß es! Das Kind wird älter, die Katze ist schon weg, V wird bald weg sein, in welcher Form, wirst schon sehen. Und ein paar sonstige Überraschungen (auf die ich nicht heiß bin, wie ihr wisst… jaja) haben wir auch noch auf Lager, haha…« – Auch der Familienvater ist türkis heute. Mit beiger Hose, Faust auf Auge – aber was red ich, mit meiner schwarzen Punk-Tasche. Ein Wunder! Den Hässlichen nicht gesehen! Heut wär ein Tag zum Kochen, Trödeln, Einkaufen, Gin-Fizz trinken oder Gin-Tonic. Aus der Kühlerhaube meines Volvo wächst eine Brombeerranke. Dieser Lokführer ist eine Transuse! So langsam einfahren! Der braucht Minuten! Komm immer erst halb oder nach halb an, dann gehen die Straßenbahnen aber in größeren Abständen, wenn einer vor der Nase wegfährt, halbleer, kannst warten. Ein neuer Punk! Schnäuzt sich, schaut nett aus. Ein junges Pärchen, diese warmen freundlich verliebten Blicke ohne Arg. Schöne junge Frau. Und er so glücklich darüber. Gelbes T-Shirt lässig, Hände in Taschen, das Lachen, dieser beschwingt-männliche Gang mit Aufrichten, richtig Gorilla-Oberkörper bekommen, ich seh alles schwellen – das ist Glück, das ist Sommer! Die Rote ist ganz hübsch und dünn geworden. Winziger Hintern in neuer blassrosa Hose, weißes Leibl und die gepantherte Tasche, weiße geflochtene Schuhe mit Absatz. Echt hübsch! Nur ich fett, geschwollen und reingepresst in die eh weite Sommerhose, Anzug noch schnell gebügelt vorm Wegfahren. Wenn ich unglücklich bin, dann bin ich fett. Wie Mama.

## SUSI

steht an der Haltestelle der Straßenbahn, ganz in Schwarz. Bodenlang, mit schwarz durchsichtigem Jäckchen, schwarzen Sonnenbrillen, geflochtenen Sandalen. Die Frau nervt mich. Warum? Weil es heiß ist und ich sie nicht sehen möchte. Die Chice hat was grünes Schulterloses an. Lauter Männer ringsum, es riecht nach Testosteron. Der Langhaarige mit Schnurrbart hat einen wunderschönen so genannten Rucksack mit Ornamenten, indianisch, ein Stoffsackerl Bio Cotton. Ich schlaf jetzt schon. Sekt getrunken mit den Kolleginnen und Kollegen nach Dienst. Eis dann. 100.000 Kalorien – davon will ich abnehmen? Dann auch noch normal Abendessen mit Oz?! Hab mich auf falsche Seite gesetzt. Rechts, Sonne scheint rein, Scheibe ist verschmiert. Links wäre frei gewesen. Jetzt studiert einer »Österreich«. Alles offen, aber Brutofenhitze. Schwül. Gewitter wird kommen. Kleine Luft, kleine Freiheit. Ein Zeichen! Herr! Gib mir ein Zeichen! Alles schläft, so tief. Stille im Waggon. Purpurstille. Immer der V mit dreckigen Patschen auf der Schaukel, zwischen dreckigen Polstern. Der Zug hat wieder mal zehn Minuten Verspätung, weil wir den Gegenzug abwarten müssen. Das ist eine Logik. Warum? Warum können wir nicht vorher fahren? Und warum geht heute alles quer?! Endlich will ich einmal früher nachhause – nein! Oz geht inzwischen zum Höfler Fleisch kaufen – obwohl V nichts gegessen hat. Nach der Altenhilfe ist er gleich wieder ins Bett gegangen. Werd die Damen anrufen.

## SCHREIBEN! SCHREIBEN! SCHREIBEN!

Träumte von einem langen Manuskript, das ich zu korrigieren hatte, MEINEM Manuskript, radierte und
schrieb und verbesserte, es ging um ein Lektorat. So
wohl, wie ich mich fühle, wenn ich schreibe! Auf irgend
eine Art muss ich sehen, dahin zu kommen. Jetzt aber
gehts anscheinend noch nicht – V wird alles schlucken,
alles nehmen, alle Zeit, die ich gebe, die ich habe. Gebe
ja alles, was ich habe, aus Schuldgefühl und dem Das-
Ich-ist-nicht-für-mich-sondern-für-die-anderen. Wieder
Mutti gegenüber, die eifrigst Alltagsmüll von sich gibt
(wie immer), meutert, sich aufregt über Kleinigkeiten.
Deshalb schaut ihr Gegenüber (Spider-Rucksack) auch
so verbissen. Vollgesudert. Ich neben dem Murmeltier.
Dem ewigen Schläfer, heute in Rot. »Werte Fahrgäste,
nexter Halld Raaba!« Kurz wacht er auf und schaut, beruhigt, es bin nur ich neben ihm, die Schreibende. Rot und
orange heute und weiß, diese Mutti muss ich wegschal-
ten! »Wiesou?! Warumptn neit?! Wous hout daeis fian
Sinn?!«[22] – Morgen fahren wir Ungarn. Prächtig dieser
Hang, den die Sonne streichelt, als wärs graugrüne Seide!
In Gold macht sie das, warmem Orange-Gold. Kukuruz
steht hoch, wo die Raab überging, ist alles braun gefärbt.
Großes Kürbisfeld unter HÜGELART. Durstig. Könnte
dauernd Wasser trinken, eh klar, angesoffene Zellen, In-
sulin nicht gut, wie Oz sagt, viszerales Fett. Heut muss er
schon wieder nach Wien, die vielen Kilometer, aber das
ist sein Leben. Mein linker Fuß schläft ein. Wie düster

---

22    »Wieso?! Warum nicht?! Was hat das für einen Sinn?!«

es unten ist im Parterre, wie tot. Nicht sterbend, sondern tot, getötet. Der Hässliche. Schwarz und blau und Rauch. Alles wie schimmlig, und grau und schwarz überzogen. Ich würde als erstes alle Vorhänge wegtun, weiße nehmen und Jalousien, Pflanzen, den Tisch streichen lassen. Einfach mal säubern und das viele Kleinzeug weg. Das Kammerl einrichten als Näh- und Arbeitszimmer für mich. Hier muss Helligkeit hin, Sauberkeit. Unten fallen einem dauernd die Sachen aus der Hand, zerbrechen. Fett. Patzen. Überall ist alles angepatzt, Fettflecken und Nuss, Katzenfutter, Hendlknochen. So war es immer, es ist nicht das Alter allein. Das Schmutzige. Es ist einfach alles schmutzig unten und unhygienisch. Wird mich so freuen, wenn damit endlich Schluss ist! Die Frauen reden jetzt mit verstellten Stimmen: »Schwester! Schwester!« Einzigartig. »Daeiii! Taukh si no dabei!"[23] – All den Belag und Schleim und was da um uns weht, V ist Linus, denk ich, nein, das ist der mit der Schmusedecke, der Liebe, ich meine aber Pig Ben oder wie der heißt, der ein Schwein ist und dauernd mit einer Dreckwolke rund um sich. Verbreitet Dreck und schlechte Aura. Seltsamer Mann, mein V, noch vor seinem Händedruck Ekel. Trockene Hände, wirken nicht schmutzig – aber man weiß… oder ahnt… »…wo gehts hin?« – »Griechenland…« mit der Seele suchen…

---

23    »Die! Taugt sich noch dabei!« (Es gefällt ihr noch dazu!)

## ENTSCHLEUNIGUNG.

Vielleicht ist es letztendlich ganz gut, wenn der Zug
zehn Minuten Verspätung hat. Ich dreh das Radl immer schneller. Aufstehen, Kaffee, Eier kochen für V,
Rest Gulasch von gestern in den Kühlschrank, Fa-
schierte Leibchen und Erdäpfelpüree und Salat richten für heute, Mist weg, Geschirrspüler aus, Sicherung
rausdrehen, Zettel schreiben für V und Oz, Blumen
gießen, letztendlich noch mein eigenes Zeug packen
– ab 14 Uhr Graz direkt zum Balaton! Jetzt bin ich
ruhig. Wieder der ratternde Zug. Ich bin wieder in
Weiß mit Hellgrün, buntes Mallorca–Armband, rote
Uhr, orange Tasche. Die schottischen Rinder weiden,
es ist ein Tag zum Erholen von den schwülen heißen
Tagen. Die Luftfeuchtigkeit gestern war so hoch, dass
man ohne Bewegung im eigenen Schweiß schwamm.
Waldidylle offen, verrostet, vernachlässigt, verwuchert.
Das wäre ein Haus für mich. Zu retten. Wenn ich Geld
hätte. Viel Geld. Stell es dir vor. Die Räume, den Keller, den Dachboden. Die Nebenräume als Studio. Ein
Traum! Natürlich nur mit Haushälterin und Gärtner
zu bewerkstelligen. Oz in Budapest. Besonders groß
und schön gelb heuer die Kürbisblüten. Viel Katzen-
schwanz. Schöne Winden. Blauer Himmel mit Wolken über Waldrand. Ich werde innerlich ganz ruhig.
Bienenstock. Kläräpfel. Weite über diesem Höhenzug
Richtung Mooskirchen, Pack. Feuerbohnen. Heut bin
ich sehr dicht an den Dingen.

## UNSCHLÜSSIG.

Wetter wie ich. Offen, aufgebrochen, nicht einmal ge-
knackt, sondern zerflossen und teigig auseinandergegan-
gen. Es waren Unwetter, in der Stadt ganz wild, viele
Äste am Boden, die Schauer in den Gassen, »nix wie
raus hier«, hat Oz gesagt. Es war wie im Film, manchmal hat man nicht durch die Scheiben gesehen. Jetzt
schreibe ich wie G, die ich lese. Sie ist in einem Zustand,
in dem die Dinge weh tun, zu groß sind, zu nahe. Sie
wird verletzt, weil sie keine Haut hat, sich öffnet und
alles nehmen will. Und sie nimmt sich auch Pest und
Krankheit, und verleibt sichs ein. Weil sie will. Weil sie
sonst eh keine Chance hat. Da ist ein geliebter Mann
und erwachsene Kinder, sie will noch was machen und
wer anderer sein, aber sie hat alles bei sich und will das
behalten, das geht nicht. Deshalb geht dann das ganze
Schiff unter. Wie ist das bei mir? Ich hab  mein Leben
ein paar Mal übern Haufen geschmissen. Wieder will
ichs behalten. Aber ich kenne das schon. Nichts kann
man behalten. Oststeirerinnen sind stark, die Gene der
Eltern sind stark. Wir werden unsere Männer überleben und als alte Frauen miteinander tratschen, bis wir
einschlafen oder weggefressen werden endlich von den
Maden, die ganzes Leben lang schon in uns sitzen, oder
erstochen erschossen erschlagen von denen, die nach uns
kommen und uns nicht mehr ertragen können. G. ist
empfindlicher und todesmutiger. Deshalb das Lächeln
von dieser Intensität. Sie traut sich was, es ist aber das
traurige Trauen von jemand, der nichts zu verlieren hat,
liebt und hasst und nie los wird. Zu verständnisvoll. Oz

ist das auch, aber hat zu viel eigenes und fremdes Leben, mit ihm keine Angst. Um niemand Angst. Vor mir sitzt schlafend dicklich junge Frau wie Bäuerin, aber »modern«, blassoranges T-Shirt und bäuerlich weiter Rock. Gib ihr eine Tracht und weißes Hemd und Rock und sie ist zeitlos, ein Murillo-Gemälde. Ich will Kunst machen, weil G gelesen, Eifersucht Revierangst Unsicherheit. Der Mut der schreibenden Frau. Hohe Luftfeuchtigkeit, das ist dieser Sommer. Blattläuse und Schnecken. »Guten Morgen, Frau Baumann«, sie jagt Schnecken in aller Früh, ja, jetzt nach dem Regen kommen sie raus. Margot hat die ganze Belegschaft bei sich gehabt gestern abend, die Gasse voller Autos. Britta wird matronig und tranig, viel zu »anthropo« – mit ihrem Hang zu Seide und Wolle, Natur auf der Haut und im Haar, formlose Röcke und Shirts. Natur, alles Natur, was interessiert Männer Natur – wenn sie überhaupt noch einen will. Nach all dem, was sie erlebt hat. Seit gestern zuckt immer wieder meine Oberlippe und ich hab wieder Angst vor Herzinfarkt, weil mir so oft schlecht ist, auch Übergewicht. 69,3 in der Früh (gestern viel zu viel Salziges). Und so übermüdet und überarbeitet. Nike schauen. Dieses Kind ist göttlich und wir haben soviel Spaß, aber dennoch müde. Muss auf mich aufpassen. V wieder auf Plateau, narrensicher. Ich neben dem Schläfer, war sonst kein Platz, Melanie Francoise Manuela, oder wie heißt sie, hat meinen Einser genommen. Die Strenge hat einen Kinder-Klingelton und der Schläfer ist aufgewacht, was soll er machen.

## NA, WER SAGTS DENN?

Obwohl so aggressiv, dass ich mich selber in den Hintern beißen könnte, nicht »verhalten«, wie ich es zuerst meinen wollte, krieg ich einen Platz in Fahrt, Einser, dem Unfreundlichen weggeschnappt, der jetzt gegenüber der Schlampigen sitzen muss. Ich auch schlampig, mit verhutzelter weißer Jeansleinenjacke, verbeulten schwarzen Jeans, ausgelatschten Schuhen. Braune Tasche und rosarotes Rosen-Einkaufssackerl für Essensgeschirr (Rest Spaghetti von gestern) und grüne Nüsse (angedetscht) für eine Kollegin. Zwider und müde. Dabei steht der Kukuruz wie ein Heer von Speeren, dramatisch klarer Himmel mit viel Gewölk von Weiß bis Dunkelgrau, sie sagen noch Regen für heute, dann wieder Hochsommertage. Die Bahnsteigansagerin mit der schnippischen Stimme jubiliert, so gut aufgelegt wie nie, wünscht uns Guten Morgen und sagt uns, wo wir sind. Keine Lichtblicke für heute vorgesehen. Jetzt machen wir mal Wurst- oder Krautfleckerl – ich denke nach über Essen für V. Das gelbe Getreide zusammengefallen vom Regen, dabei müssen wir noch froh sein. Im Burgenland gab es um Eisenstadt 20cm hoch Hagelkörner auf den Wein, alles kaputt, total kaputt. Die Erde, der Himmel grollen, wir sind zu viele und gehören weggeräumt. Sind ja krank, dekadent. Endzeit. Paar Starke werden bleiben, sagt meine Utopie. Ich gehör nicht dazu. Wieder leere Räume. Zwei Rehe mitten in der nassen Wiese, sie weidet, er wacht. Noch ein Bock weit heraußen, die Wildtiere im Kommen. Wilde Alte Welt, die Europasendung gestern, 4. Teil Universum. Aggressiv auch zu Oz, da hat er schon Recht, obwohl ich

84

leugne. Aber weil sichs auch über Jahre zieht und statt endlich Durchbruch, schauts aus, als hätten wir bald wieder einen Arbeitslosen, der nicht mehr vermittelbar ist, Frühpensionist mit Mindestpension (und Depression). Und wenn ich dauernd wen daheim hab, der auf mich wartet, dreh ich durch. Waldidylle offen, aber ungepflegt, der asiatische Knöterich überwuchert alles. Die in den Städten aufgewachsen sich zuhause fühlen, sind wie Ratten und Tauben. Die Schönheit stirbt, *only the strong survive*, z.B. der abgeknickte Ast, der sich arrangiert hat, an alten dicken Baum, wächst weiter mit verkrüppeltem Arm. Hundeabrichteplatz fast nicht mehr da, verwahrlostes Hütterl, ein Plastiksessel. »Außergewöhnliches Ereignis«, sagt der Schaffner. Der Zug fährt nur bis Ostbahnhof. Müssen alle in Straßenbahn umsteigen. Also doch etwas im Busch. Dinge passieren. Was ist passiert? Ein »außergewöhnliches Ereignis«. Man hat gewartet. »Dieser Zug endet. Bitte alles aussteigen.«

IM ZUG RETOUR, MITTWOCH, 9.7.2008
## »VOM MOBILEN ESSEN IS ANE SCHWANGER!«[24]

Die da hinten redet sehr laut und weiß wohl nicht, was sie sagt. Ich bin mit einem sehr feschen jungen Mann in Anzug und schmerzenden Schuhen, der sich zum Inspektor für Kunsterziehung und Sport beworben hat und Vierter geworden ist, wie er mir erzählt, zum Bahnhof gedüst. Zu Fuß, weil die ganze Innenstadt steht. Choir Games. Zehn

---

24    »Eine vom mobilen Essenszustelldienst ist schwanger geworden.« – (Missverständlich ausgedrückt, könnte sie vom mobilen Essen schwanger geworden sein.)

Tage Internationales Chorfestival. Affenhitze. 9000 Leute aus der ganzen Welt singen in Graz. Die Stadt steht, staut. Schienenersatz-Verkehr. Schweiß rinnt in Strömen. Riesige Wolkenbänke, in die man sich schmeißen wollte. Der Schlafende sitzt vis-a-vis von mir und ist wach, seine Handyton ist U2 Without You, er schaut munter und frisch aus. Schlafe. Dampfe. Träume. Die junge Frau mit den steilen Sorgenfalten redet wie eine Alte. Stimmen sagen viel. Die Jahreskarte kostet jetzt 345 Euro, sagt sie »Mit 1. Juli sans teira wordn.«[25] – So ganz und gar keine Kontaktscheu hatte der junge Mann… Sollte wieder mal zum Friedhof mit V, aber keine Lust. Der Greis wird immer durchsichtiger und zappeliger, immer weniger mit ihm anzufangen. Beweis für fehlende Lebendigkeit und Mangel an Tiefe. Immer gleich freundlich, ob ich nett bin oder gar nicht da.

IM ZUG, MITTWOCH, 16.7.2008
**BESONDERER TAG.**

Mein Tag. Hoffentlich. Wirklich! Nimm ihn dir, pflück ihn! Heut eine kleine Feier improvisieren. Nicht so leicht neben dem Arbeiten. Ruhig die Pferde in der Sonne, die zwei dunklen Scheine, die Enten putzen sich, das Wasser wird langsam wieder grün, sie haben gesagt, ein schöner Sommertag. Mein Geburtstag. Trink nicht zuviel, sagt Oz. Ja, sag ich. Er fährt Ungarn, geplagt, Budapest und was weiß ich – zu viel jedenfalls. So nervös, dass er schon in der Früh auf ist, das

---

25    »Mit 1. Juli sind sie teurer geworden.«

ist nicht gut, für die Beziehung nicht, er schränkt eins meiner letzten Refugien ein, in der Früh unterwegs, wo ich allein sein will, wohin mir keiner folgt – das geht nicht! Seine furchtbaren Träume, Boden schmilzt unter den Füßen, was die Wahrheit ist, in seiner Firma. Riesenbusch violetter Dahlien! Niemandem fällt ein 16. Juli groß auf, ein normales Datum, nur für mich besonders. Ein Rehbock geht über die Wiese. Möchte wieder eine Katze. Nein doch nicht. Angst vor den Autos, die sie überfahren werden. Dick stehen die Rinder unten in der Wiese. Waldidyllentür rostet. Wir sollten einen Grasbusch für Oz pflanzen, er liebt Gräser. Ein Reh in der Wiese, viele Nebelkrähen warten. So still hier. Anscheinend ist Mutti auf Urlaub. Rhodos. Die Zeitungen blasen das Erdbeben zur Katastrophe auf. Unser Urlaubsziel. Augenzeugenberichte und Panik. Sprünge in den Hausmauern, eine Griechin ist zu Tode gestürzt. Die schwarz weißen Kühe. Einzelne Sonnenblumen im Kürbis unter HÜGELART, die Bohnen blühen üppig. Ziegen. Hühner. Äpfel. Löschteich. Erlen und Weiden. Der große blond-graue Schaffner schaut ganz genau, scharf ins Auge, verharrt kurz. Eine ganze Familie steigt ein, kroatisch oder slowenisch, Frau und zwei Kinder, eins sehr ängstlich. Der Mann großer Organisator und hoch nervös, äußerlich ruhig, Militär Camouflage, zwei Koffer, zwei Taschen, bleibt allein im Vorraum stehen, als gehört er nicht dazu. Schon eigenartig. Männer mit ihren Familien. Wir sind zu viert, sagt sie zum Schaffner, spricht fließend beide Sprachen, die Kinder auch, »der Papa steht draußen.« Diese magentafarbigen Phlox! Heute dick wie in ein Bett von Wohlwollen gefallen. Ich möchte, dass heute ein guter Tag ist!

## NASSE WATTEBÄUSCHE

die Wolken. So traurig alles. Einzelne Tropfen, der Sommertag gestern, der Geburtstag, war ein Geschenk. Wohlmeinend. Schöne Zeilen Mais, hell-dunkel, ordentlich. Alles im Griff. Nur unten. Warum alles immer schmuddelig werden muss. Das Buch reißts mir in hohem Bogen aus der Hand, es fällt laut. Ein Baby schreit. Die Kratzer an meinem rechten Arm entzünden sich. Wut. Leider. Verhalten, verborgen, gräbt sie doch und arbeitet. Also sein lassen. Wie ein Rudel von Walen, bemerken, sein lassen, vorbeiziehen lassen. Johanna will mir helfen, Oz will mir helfen. Ich will mir nicht helfen lassen. Verstockt. Tochter meines Vaters? Angst vor Parkinson, der mich ebenso unbeholfen macht? Orientierungslos? Unfähig, noch einen Schraubverschluss aufzubringen oder das Fenster zu schließen? Meine Schrift ändert sich, merk ich. Hohe Luftfeuchtigkeit, Jeans kleben, leise Tropfen, verregneter Sommer, verwucherte Waldidylle, der rote Ahornstrauch stirbt. Inga hat mir eine hübsche Kaffeetasche aus dem Fair Trade-Laden geschenkt und lila Reis, Hochzeitsreis, ich freu mich drauf. Eine Frau in einem roten T-Shirt legt mit beiden Händen große Büschel trocknendes Gras auf Leinen, viele Krähen sitzen im abgeernteten gelben Geld wie bei Van Gogh. Der Tod ist so nahe, dass ich ihn riechen kann. Modrig. Vergebens, sagt er, vergebens. Da gibts keine Hilfe. Schon sind wir in Grenznähe, der Zug rast, so leise er auch einfährt, so langsam, niemand spricht ein Wort, mein Gesicht steht unter Schweiß und glänzt. Da ist ein Name, den ich bemerken soll: Alexander der Große. Kampf, Aventuere. Hexen, Ritter. Stäbe,

Kelche. Schaltjahr, sagt Margot, das ist das Wetter, sagen sie. Schaltjahrwetter. Weiß nicht, was es will. Der schöne Vollmond gestern. V auf der Couch. Es war traurig, es war schön. Das ist kein Kind, das ist noch am ehesten ein Narr. Muss Wäsche waschen, alles riecht. Lösch-teich, Kaulquappen, denke ich, vorbei, das ist nur einmal im Jahr. Sehnsucht nach dem Kirchberger Teich. Sehn-sucht nach Ertrinken? Klavierspielen, denke ich auch. Zuerst die Wände streichen, dann den Boden abziehen und frisch versiegeln. Weiße Vorhänge. Luft! Eine Laube anlegen. Isabella Trauben. Heut tut mir die linke Ferse viel stärker weh. Wirkt die Behandlung oder werd ich an sie erinnert? Wer spricht mit mir. Meine inneren El-tern. Komm, sagen sie, komm! Die letzte gelbe Phase ist vorbei, ich gehe zu Rosa über. Herz würd ich brauchen. Und dann käme Grün. – Pistazien. Verspätung, falsches Geleise. Die Chice hat einen Gürtel, Lackleder, geht ins schäbige Rosa, grell, Bauch. Die großen dünnen Frauen, knapp alles, dennoch Speck überall. Schlechte Haltung, grausame Stimmen, Unbildung. Regnet schon wieder. Jetzt stehen wir hier.


IM ZUG, FREITAG, 18.7.2008
## MÜRRISCH.

Und feucht. Es regnet die ganze Woche schon (außer an meinem Geburtstag), und die nächste wird nicht anders, sagen sie. Freilich eine gewisse Schönheit. Die Raab so hoch, ein reißender Strom, kein Platz mehr, keine Äste für die Enten. Alles glänzt, aber in weiß-grauen Schlei-ern. Rabnitz tritt bald über die Ufer. Feucht alles, Luft,

Kleidung, klebt unangenehm. Klebereis gestern, heute den Rest mit Gemüse – Traum! Außerdem hab ich mich eingedeckt, um mich zu trösten, Vollkornspitz mit Butter, Käse, Salat, Weichsel-Joghurt, Nektarine. Eh alles gesund. Aber ich fresse. Heute Therapie. Einser erwischt, hab dieses Mädchen, das mich am Bahnsteig immer volltschikt, ausgetrickst, der Unfreundliche muss sich dann vis-a-vis setzen mit seiner Zeitung und den unbeschreiblichen Hochwasserhosen – den fünften Tag hat er die heute an! Waschen die sich und ihre Sachen nie?! Die kleine Politische hat heut ein Schwanzerl, ordentlich frisiert, und eine olivgrüne feine Hose, die ihren hübschen jungen Hintern modelliert. Der Marathonmann ist auch da. Das beruhigt. Ordnung im Leben. Jeden Tag seh ich das. Weil mein Seelenleben so sehr in Unordnung ist? Ja. Nein. Zwei Dinge stören mich: das Hin- und Hergezerre mit V. Es geht ihm schlecht, wir tun und helfen. Es geht ihm gut – er ist penetrant: »Hab ich das nicht gut gemacht?!«, mit greiser Fistelstimme. Dumm, ärgerlich, zum Lachen eigentlich, aber das Lachen vergeht. Aneignen von fremden Leistungen, weil nichts Eigenes möglich. Aber das ist nicht das Alter. Hinter dem verschanzt er sich nur. Revierübertretungen. Denn du gehörst mir. Angst, dass mir das mit Oz auch passiert. Wenn er zu klammern beginnt, aus existenzieller Angst, ertrinken wir beide. Er sieht ja nur mehr Negatives. Sein ganzes Leben spitzt sich zu auf einen Crash! Er hat keine Freude mehr, sagt er. Er lacht fast nie mehr. Totaler Stress mit der Firma. Aber wenn nicht das, dann eben die Tochter, die Mutter, was anderes. Tröstlich goldene Kugeln, Griecherl! Joschi ist alt geworden und hat jetzt eine gleich alte, fette Watschelente an seiner Seite – jetzt passts. Er kaut und mahlt wie ein Ochse. Manche haben schon ihre braunen Herbstgewänder an. Aber es ist Juli, Freunde! Wolken hängen herunter vom Plabutsch bis in die Stadt. Aus dem neuen Beton wachsen schon einzelne Pflanzen, Disteln und so. Sting wird größer, schlank, schwarzes T-Shirt, enge Jeans, ein schwarzes Band am Armgelenk. Wieder schläft einer im kalten Glaskäfig, Haltung Embryo, Kopf auf Rucksack. Schlafende Menschen in der Öffentlichkeit werden wir öfter sehen in Zukunft, heißt es. Weil einerseits das Private öffentlich wird und zweitens Regenerationszeiten zwischengeschaltet werden müssen oder uns quasi überfallen in unserer hektischen Arbeit rund um die Uhr im Hamsterradl.

IM ZUG, MONTAG, 21.7.2008
**STRESS.**

Weil ich Trottel auch dauernd was Neues übernehme, statt zu delegieren und auf Lavieren zu setzen: Irgendwie wirds schon gehen… aber immer ruhig mit den jungen Pferden. Es wird nie so heiß gegessen wie gekocht. Verwuchertes Bahnwärterhäusl. Regnerisch, die ganze Nacht tropische Gewitter. Klimakatastrophen, man kriegt echt Angst, das ist alles nicht mehr normal. Hochwasser steht, die Raab ein wilder gelber Fluss, die Wälder Regenwälder wie in Brasilien, die Farne wachsen. Grauer Himmel. Juli! Gut, man muss dankbar sein. Für den gestrigen und vorgestrigen Tag zum Beispiel, Nike konnte im Planschbecken spielen, es war himmlisch. Oz nervös wie nur, V immer lahmer, gleichzeitig eine dünne gefährliche Spinne, die lauert. Sicher, zu wenig Ansprache. Aber immer weniger Lust, weil er sich immer noch einmischt. Kann kaum aufstehen, aber schaltet uns den Herd ab, wenn ich Wasser koche für den Abfluss, den er wahrscheinlich mit Speiseresten verstopft hat. Mama Matrone ich. Im Spiegel: Oz und ich… Haare zu Knoten, Busen immer üppiger, kann nichts dagegen machen, ich alte Frau, niese. Wie soll ich meinen Roman je fertig bringen? Mit Gottes Hilfe, Kind… Ich muss entlastet werden, muss einfach! V in ein Heim? Ich beginne dahingehend zu denken. Aber es sind nur so Gedanken, an die ich mich nicht gewöhnen will. Bitte sei gnädig mit mir, Gott, und lass mich das nicht tun müssen. Die Schuld brächte mich um. Der Schaffner beruhigt uns. Nächster Aufenthalt Raaba, sagt er langsam, tief und besänftigend. Grad noch waren Primeln, jetzt blüht schon der Hibiskus, auf den Feldern Kümmel, Sommerflieder ist auch bald zu Ende. Meine Nase rinnt. Sie ernten Kohl und Kraut. Blaukraut bleibt Blaukraut und Brautkleid bleibt Brautkleid. Irgendwie ist der Saft raus, hab ich mir die Zähne ausgebissen, bin sooo müde. Mein Herz tut auch weh. Johann H in dem hässlichen Braun ausstaffiert wie ein Laffe, gebräunt vom Urlaub. Wie viele Jahre fahr ich noch hier? Ewig und ewig oder bald vorbei? Wer bestimmt das? Der Hässliche in Grau heute, linst richtiggehend zu mir her, grinsend, in graue Wolken gehüllt, das Böse ist immer und überall. Grelle Sonne sticht durch graue Wolken. Thomas Bernhard ist vergleichbar mit Kafka, Messerschnitt-Sprache. Eine fast schon unmenschliche Genauigkeit, da bin ich freilich anders. Weiblich wabernd wabbeliges Gewebe und Gesumse, einfach Textproduktion für Hausfrauen nach Art des Sandwurms, gratuliere, A! Literarischer Guglhupf. Oder Topfenknödel. Ich verachte mich. Weston-Super-Mare, denk ich. Bedeutungslose Liebe, ja und nein. Was war das, was war da. Zu viel Vergangenheit, zu schlimm. Nicht denken. Viel zu wenig geschlafen. Bis zwölf wegen dieses Films »Freaky Friday«, Mutter und Tochter tauschen die Rollen… lustig! Aber das hab ich jetzt davon…

IM ZUG, FREITAG, 25.7.2008

## KEINE PROGNOSE STIMMT.

Kein Wunsch geht in Erfüllung. Das Schicksal macht, was es will, die Ansage des Schaffners ist unverständlich und zu leise, übertönt von einer Klimaanlage, die nichts schafft. Schweiß steht. Sie sagen Klimawandel und Temperaturerhöhung, das bringt aber fürs Erste nur Umstellungen: tropische Hitze und Regen, Luftfeuchtigkeit und ständige Entladungen, alles sehr aggressiv und rätselhaft, chaotisch. Nebenan kramt eine Frau in meinem Alter in ihrer Tasche, warum müssen wir immer kramen?! Schauen, was wir haben, ob noch alles da ist, sichten, ordnen. Falten. Packen. Wir stehen. Kein Einsersitz. Triumphierend schaut der mit dem zerstörten Gesicht. Überall sitzen Einzelne, Stille. Summen der Anlage. Nichts. Einer liest den Standard, ein Mädchen schreibt. Ich will fahren! Schon wieder Verspätung. Warten auf den Anschlusszug nach Szentgotthard wahrscheinlich, ständige Verzögerung durch Ungarn. Die schaffen nix. So, los gehts. Die Eingleisigkeit ist das Problem. Pockennarbe spricht nun ordentlich laut und sagt mit interessiert lässiger Stimme, dass wir momentan ca. sechs Minuten Verspätung haben, vielleicht will er uns zu verstehen geben, dass der Lokführer jetzt aber einen Zahn zulegt, um wenigstens drei Minuten einzuholen. Wie man sieht, bin ich heute schon witziger. Ausgeschlafener. Letzter Tag vor Urlaub. V tut mir leid. Ja, ich weiß, schon wieder. Jetzt lass ich ihn wirklich allein. Achtlos. Wie ein kaputtes Spielzeug. Uninteressant. Heut auf der Wiese, schönes langes junges Heu. Langnase hat wieder eine tolle Fönfrisur. Und die sonore Trompetenstimme ist auch was! Träumte viel. Träume mich voraus in den Urlaub, freu mich fast nicht. Nike! denk ich mit schlechtem Gewissen, und dass sich Johanna schwer tun wird und V allein ist. Ein Reh in der Wiese, drei Tauben fliegen, es ist schon ok. Ich brauch meinen Urlaub. Abgesehen davon brauch ich die Zeit sowieso fürs Schreiben. Roman fertig, sage ich mir. Wird viel Arbeit. Frage, wie erholt ich dann sein werde. Waldidylle alles weit offen, sag nicht, wir warten schon wieder beim Tunnel… doch! Scheiße! »Außerfahrplanmäßiger Aufenthalt Laßnitzhöhe…« – Wenn ich mir nun sagte, A, das ist nicht furchtbar, sondern eine Gelegenheit, alles abzuschütteln, runterzukommen vom Tempo, dich einzustimmen auf den Urlaub?! Da ist ja auch schon der Gegenzug. Müssen nur noch aufs Signal warten. Da ist es schon, wir fahren wieder! Heute abend also gemütlich nach Ungarn, wirst sehen! Nicht erst morgen früh. Ich will heute fahren, einfach fahren! Hart bei Graz. Endlich mit Oz allein im Auto! Weg! Bewölkt, eh klar. Bis Ostbahnhof geschlafen. Werde so viel schlafen!! Tierschützer in der Zeitung. Recht auf Demofreiheit oder Bagatelle? Verspätung nicht eingeholt, es ist gleich halb acht. Jetzt noch die Straßenbahn-

Verzögerung… wir stehen schon wieder, wir stehen die ganze Zeit! Nervt! Bleib ruhig. Wenn alles steht, geht bald alles weiter. Er flüstert wieder. Röhre. Man versteht kein einziges Wort.

# NATÜRLICH NICHT 1A

IM ZUG, DIENSTAG, 5.8.2008
**BESSER.**

Wesentlich besser. Laune, Stimmung. So labil gestern, gereizt und verzweifelt, nachts schlaf ich schlecht. Heut ja auch. Den Fehler mach ich nicht mehr, um zehn schlafen zu gehen, dann bin ich ab drei munter, unruhig, zwischendurch wegdösend, aber keine Rede von regenerativem Schlaf. Erstaunlicherweise Zug so besetzt, dass du keinen Einser kriegst, nicht mal Zweier, ich sitz neben der Chicen, heut in Weiß, die unruhig ihre (schöne) Tasche wegräumt. Wetter wieder eingetrübt, bedeckt, nachts Gewitter, Gott sei Dank nicht so stark, im Burgenland solls schrecklich gewesen sein, Oz erzählt, dass er auf einer Fahrt noch nie solchen Regen erlebt. In Frankreich hat ein Tornado über zehn Kilometer hin Häuser und Bäume weggerissen, ein Tornado in Frankreich! Die Kürbisfelder sind gelb geworden, braune Spitzen. Hohes Augustgras, die grünen Wälder, auch in Ungarn durch den vielen Regen alles grün, nicht dürr wie sonst um die Zeit. Die Hitze ist stark, aber heiß, schwül. Heute werde ich mit Johanna und Nike zu La Strada gehen, hab Karten bestellt. *Under Construction*, irgend so eine Gruppe, holländisch, glaub ich, werden sehen. Für Nike wirds lustig, theaterspielende Menschen, Action, das mag sie. Gestern hat mir der Orthopäde zwei Spritzen in die Schulter verpasst, heute tuts bissel mehr weh als gestern. Aber soll er versuchen, die Verkalkung zu »umspülen« und aufzulösen, wenn er meint. Sonst verkalke ich noch total. Wie V. Mit dem ich viel zu verbandelt bin. Womit er mich jetzt wieder hat:

Mitleidstour. Armer Mensch, lass ihn zuviel allein. Tut, als sei er zu nichts mehr fähig. Alles so zäh, so langsam. Wie Kaugummi, der an den Schuhsohlen klebt. Kann ein alter Mann noch so berechnend sein? Sicher, wenns um lebensnotwendige Zuwendung und sozialen Kontakt, also ums Überleben, geht. Trenn dich endlich, schneid das ab! Spinnweb! Waldidylle: Fenster weit offen! Das wusste ich. Und Gartentor auch! Halbwegs ruhige Arbeitstage, nach und nach erledige ich alles in Ruhe. Kein Stress. Keine Panik, sagen wir uns auch gegenseitig, KollegInnen. Die Wartezeiten vor den Tunnels nehmen zu. Weil der Verkehr nach Ungarn zunimmt wahrscheinlich, und die Strecke eingleisig ist. »Danke! Morgen!« Der eifrige Fredi-Schaffner. Es wirkt frühherbstlich draußen, nutzt alles nix. Meine Theorie, dass der Kalender sich überholt und wir schon ständig mindestens vier Wochen vor dem Kalendermonat seien klimatisch, sei richtig, meint Oz. »Anfang bis Ende September!«, sagen Wetter, Wiesen, Wald. »Wah, des zaht si schaieh!«[26], sagt einer. Tolles Idiom. Kuli setzt aus, schon wieder eine Mine verschrieben... was ist mit dem ausgeronnenen blauen Kuli, den ich vom Spezialisten holen muss, wie heißt er[27], am Jakominiplatz. Denke oft an Johann H. Der heute seinen bräunlichen Anzug anhat in diesem unbeschreiblichen Linsenbraun (Schneckenscheißebraun), die Hose heller als das Jackett, öfter geputzt, Sparen. Wachteltaschel. Dass wir einander registrieren, ist keine Frage. Von der Nähe sieht man sehr schön das Netz der Falten im Gesicht. So was tröstet mich. Wollte gern, dass Johann H,

26   »Oh, das zieht sich schön!« (enorm)
27   Firma Störtz Schreibwaren

der echte, mich sieht mit Enkelkind. Wieder 68,5 Gott sei Dank, nach Ungarn. Allzu fett darf ich nicht werden. Komplexe die Menge. Toni grüßt, Familienvater im blauen Hemd schaut skeptisch. Raaba. Manuela schläft. Die Frau kommt sich was gut vor, schöne Giraffe, nur deshalb, Hirn nicht viel. Wenn ich mir den Oberarm mit solchen Sachen tätowieren lass für die Ewigkeit! Sicher, auch Johanna. Ach. Aber wenigstens mehr Geschmack, denke ich, Ästhetik und eigene Gestaltung! Bunte Haut. Hm. Das Etikett meines T-Shirts kratzt, muss ich abschneiden. Diese Zeit sorgt dafür, dass ich alle meine organisatorischen Arbeiten in Ordnung bringe. Vermögensgrenze bei 24-Stunden-Pflege zuhause fällt bundesweit, darauf haben sich Sozialreferenten aller Fraktionen geeinigt, sagt das SMS, na Gott sei Dank! Genug gestritten, sagt Faymann auf sympathisch, ein anderer Klima, aber auch ein roter Hintergrund und Apparatschik-Anzug, die Leute lassen sich von smartem Aussehen immer einwickeln. Schau an unseren Eishockey-Landeshauptmann. Wenn aber A fett-schwammig daher watschelt und billiges H&M Zeug trägt – wer soll ihre Bücher kaufen?! Sehr braune Mur. Gernot Muhr, der Nomaden-Fotograf. Sein Lachen. Nein. Froh, manchen entkommen zu sein. Der Kreis ist gar klein in Gleisdorf. Freilich die Ängste. Und Überschaubarkeit macht was aus. Sicherheit. Puppenhaus und Märklin Eisenbahn. Zurück in die Kindheit. »Bleib daham«[28]. Eine blaue Puntigamer Bierdose zwischen den rostigen Schienen, dem weißen Beton, dem grau schmutzigen Kies. Sonne durch Milchglas in Don Bosco. Fettig feucht Lust. Stau. Schmerzen in Schulter.

---

28    »Bleib zuhause!«

## GRAD NOCH ERWISCHT.

Hab mich mit der Zeit vertan, wollte unbedingt noch die Wäsche zusammenlegen usw. Aber auch der Pferdemensch wirkt verhetzt, und die Chice ist nicht glücklich, dass sie ihre (schöne) Tasche wieder wegtun muss für mich. Schwitze, klar. Sie haben für heut wieder heißen Tag angesagt, aber es ist bewölkt, ich bin dennoch in Weiß und Dunkelblau. Zuviel gegessen gestern, Kukuruz gefladert, einfach Heißhunger, dann noch Brot und Käse, das machte die 68,8. Raab wieder grünlich braun allmählich, vielleicht muss ich heute gießen. Sie hat ziemlich laute Musik im Ohr, die Chice, und strafend im Blickfeld Manuelas Arroganz, ebenso mit Knöpfen im Ohr. Sie sackt immer wieder zusammen im Schlaf. Ich bin soweit ok. Licht schräg. Heut wird nichts passieren, beschwör ich. Wie jeden Sommertag. Ein Sommer, der seltsam ist wie jeder Sommer, aber in dem nichts geschieht. Zentrum ist Arbeit, Arbeitsplatz, Zukunft Schreiben. Freu mich allmählich auf Lesung, Geschichte »Pornography« ist ein Hit. Wirklich gut, brauch mich vor niemand zu genieren. Da stimmt jetzt jedes Wort, jede Nuance. Bzw. könnt ich noch an Winzigkeiten feilen... doch seltsam: Fenster der Waldidylle angespreizt – das war noch nie, und Tor jetzt zu. Und total zugleich (ich muss mich bücken, weil die Chice die Jalousie runter gezogen hat) kommt der lustige Schaffer und redet mich an »Ah! Wieder amol... gemmas wieda an...«[29], mir fällt leider

---

29    »Ah... wieder einmal... gehen wirs wieder an...«

nicht viel ein, »man kann nicht immer Urlaub haben«, sag ich, »Do miass ma durch!«[30], sagt er. Ja, da müss ma durch. Tunnel Reisbrei. Den ich heute kaufen muss, am Wochenende kommt Nike. Raaba. Der Familienvater in Türkis schaut mich an. »Raaba?«, sagt der Schaffner erstaunt und laut, der Hässliche hat ein braunes Polo an, das ist neu, und der kleine mittelalte Altentaschenmensch ist heute in Apricot und sieht aus wie Marilleneis. »Ausverkauf bei den Aktion der Autobauer«, liest Apricot. Die Chice fängt an, zusammenzupacken. Der Himmel bewölkt sich. Bin ich zu dünn angezogen? Sie hat einen exquisiten Geschmack, die Chice. Rote Kreolen, weiße Leinenhose, das Top in Dunkelblau, rot paspeliert, es wirkt bei ihr eigentlich alles echt. Wenn sie das zu viele Fleisch noch in den Griff kriegt – und den grimmig ablehnenden Blick. Ist was Besseres. Wut, dass sie arbeiten muss. Journalfrau. »Nexda Halld Ostbahnhof?«[31], fragt der Schaffner. Eine Stupsnasige schaut mir frech in die Augen, ihre Freundin geht verschränkten Arms, daran hängt eine gelbe Tasche, ich hätt auch gern eine, freilich nicht so eine. Inzwischen zieht es zu, sodass man Regen erwarten kann, so eine Scheiße, hab ich mich vertan? Mit meinen Schlapfen? Fragen über Fragen, so beginnt der heutige Tag. Etwas ängstlich. Das ist nicht gut. Die Schatten sind zu stark. V gestern wach und so lebendig, unternehmungslustig, schiebt das Sofa weg und sucht seinen Schlüssel. »Rapid brauchte die zweite Luft für die dritte Runde.« – Standard. Heute liegt ein zierliches Lochblech verrostet und verbogen, eine Kleinskulptur, neben den Schienen in Don Bosco, geknülltes Papier – sonst

---

30  »Da müssen wir durch.«

31  »Nächster Halt Ostbahnhof!«

hätt man glatt von einem Kunstwerk sprechen können! Die blaue Dose ist noch da. »Auf Wiedersehen?«, fragt der Schaffner. Mein Magen knurrt. Die Nebelkrähen werden immer größer. Was bleibt von uns.

## WIE HEUT ANFANGEN?

Wie heut durchstehen? Gleichgültig und nebenbei. Nein, Pferdemann, bitte nicht neben mich! Ich schreibe. Wandert hin und her. Meine Haare frisch gewaschen, meine neuen schwarzen Lackschlapfen kommen mir blöd vor, billig (was sie auch waren). Mein Bauch dick (69,1!), die Dreiviertelhose weiß füll ich aus, aber es soll ein extrem heißer Tag werden. Dafür morgen Gewitter, und ich les wahrscheinlich im Feuerwehrhaus. Schwitzend stinkend überhitzt. Naja. Hässlich graue Wolken (wenn man bei Wolken von hässlich reden kann) mit Sonnenflecken. Heute putzt Maria. Vergessen, Geld hinzulegen. Soll Oz machen. Warum immer ich alles. Wie man sieht, unlustig. Aber doch alles geschafft, wo ist Problem? Der blöde große eingebildete Schaffner. Erstes Problem heute ist der Orthopäde mit weiteren Spritzen, die meine Kalkablagerungen in der Schulter suchen. Aber vielleicht auch nicht. Werden sehen. Lebensaufgabe. Was ist Vs Lebensaufgabe? Was hat er noch zu erledigen? Doch sicher nicht, mich zu seckieren? Dieser erfrischende Film gestern: »Zuckeroma« mit Bibiana Zeller und Karl Makovics, großartig, schwarze Komödie. Wie und warum stirbt diese böse alte Frau. V ist nicht böse, aber verschlagen ist er doch irgendwie, hinterm Rücken alles mögliche, heimlich und so. Sonnenhut ist Rudbeckia, das hab ich mir gemerkt. Ich hab sogar einen Zweier auf meiner Seite gekriegt, aber nichts freut mich. Wir haben uns angeschaut, Oz und ich, und sind hängen geblieben bei diesem Film. Was war das?! »Geh sterben du Sau!«, brüllt Oz, hält es nicht mehr aus, muss aufstehen und herumgehen. Das Böse unter der Sonne. Die Kirschbäume färben Laub langsam gelblichrosa, in Teppichen stehen sie. Angespreiztes Fenster, Tür nicht mal gesehen, schätze zu. Es naht der Geck-Schaffner. Scheeles Licht. Ich sehe immer schlechter. Mein verbranntes Dekollete spannt, brennt. Grellrosa. Diese x Farben jeden Sommer auf meiner seltsam pigmentierten Körper. Überdrüssig müde. Winden schließen sich, möchte rosa Nelkenbüschel an den Rändern des Gemüsegartens. V ist ein Automat. Ungeheuer! Bei dieser Lebensqualität bzw. -mangel soviel Durchhaltewillen! Depressiv wird er und zwider zwischendurch, weil er nicht mit kann, wir ihn nicht mitnehmen. Am Telefon noch am freundlichsten. Hab wieder meine bequemen Schlapfen angetan. Lieber gehen können als eh nicht besonders schön sein, nur gequält. Familienvater mit Geschirrtuchkarohemd blau-weiß, möchte mit Zwiebelmusterservice sitzen. Mama. Hitze. Heut die erste Nacht wirklich durchgeschlafen. Hätte noch zwei Stunden mehr gebraucht. Der Hässliche mit schwarzem Leibl in eine graue Hose gezwängt, dass er nicht einmal so schiech ist wie sonst. Schweißgebadet.

IM ZUG RETOUR, DONNERSTAG, 7.8.2008
## ER HAT ÜBERHAUPT NICHT GESPRITZT!

Das kommt hin, meint der Orthopäde, mit Physiotherapie, da werden dann die restlichen Kalkstücke ausgeschwemmt, abtransportiert. Super! Das sehr junge Mädel gegenüber isst aus Plastikschälchen mit Plastikgabel Thunfischsalat mit Mais. Sie ist sehr hungrig, weil sie sehr dünn und sehr jung ist. Wie schön diese Mädels sind und einerseits scheu wie die Rehe, andrerseits intensiv und wissend, was sie wollen. Jetzt wischt sie Gabel am Shirt, da runtergefallen. Knabbert verstohlen irgendwas Brotknuspriges. Schürf schürf macht das Plastik. Emsig. Kleine lästige Fliege, ich erwisch sie nicht. Ich hab es geschafft, durfte es schaffen (dank orthopädischer Behandlung)! Galvanischer Strom hat gebrannt auf meiner Achillesferse, und dieser pulsierende, andere, greifende war auch nicht ohne. Jedenfalls werde ich wieder gesund. Das Mädel ist gegangen, weil sie sich anscheinend mit einer Freundin im vorderen Waggon verständigt hat per Handy. Meine Achillesferse brennt jetzt. Da ist einer mit einem irren steirischen L. Vor der Blechwand in Don Bosco, in einem Eck, sitzt ein dicker Mann mit nacktem Oberkörper und liest Zeitung, Rücken uns zugekehrt, neben sich sein Rad, es ist schauerlich heiß, er will sich anscheinend braten lassen. Der Volvo ist wieder zugewachsen mit Brombeeren. Bis jetzt sind wir zügig. »Is noch frei?«, fragt eine mit greller Stimme, aber das betrifft nebenan. Linkin Park geht mit seinem schwarz weißen T-Shirt vorbei. Eine Gans mit flatternden Flügeln. Laute, monotone Musik gesungen von einer Frau, aus dem Kopfhörer des Mädchens. Der Zug fährt durch eine wunderschöne Sommerlandschaft. Schönes Gras samtbraun hoch. Auch Schilf mit Kolben. Ich glaube, V hat ein paar von meinen Hopfenstauden abgerissen, sodass jetzt die Hälfte dürr und trocken wird. Der Holler wird schwarz. Ein Handy läutet mit altmodischem Klingelton. Wir stehen vor dem Tunnel. Eiche, schön. Züge rechts und links nach dem Tunnel, wir stehen Laßnitzhöhe, der Kalk rieselt in meinem Arm, linke Seite, ich kanns spüren. Heißer Arm. Wut auf V. Wirkliche Wut. Es stimmt, der Film gestern. Falschheit. Feigheit.

IM ZUG, FREITAG, 8.8.2008
## EIN STORCH FLIEGT DIREKT ÜBER MICH,

übers Haus, niedrig, schön! Gutes Omen. Noch bin ich allerdings geknickt und nicht so begeistert. Beleidigt auf V, wütend. Sehr wütend. Gestern den Abend verdorben. Sicher. Kann man sagen, Oz ist schuld, weil er sich so reinsteigert. Aber dieses Einmischen beim Kochen ist wirklich unerträglich! Wenn wir was machen in der Küche, dreht er zurück oder schaltet aus. Oz, voller Freude, will Fisch machen, das Backrohr muss heiß sein, er heizt vor. Er kommt runter mit seinem Blech (wir haben Hunger, Oz hat nichts gegessen den ganzen Tag) – und V hat das Rohr zurückgeschaltet und auch noch aufgemacht, die Wärme ist draußen, noch mal also zehn Minuten aufheizen. Inzwischen werden die anderen Sachen lasch, das Konzept ist beim Teufel. Natürlich regt sich Oz auf. Diese Telefoniererei der coolen Mädchen mit ihren oberwichtigen Mitteilungen: »I bin vull miad, nexte Wouchn Gott sei Dank zwa Wouchn Urlaub, gähn…«, usw. usf. Und das von diesem zarten Persönchen, 49 kg, adrett türkis und weiß, modernes Top, Tasche, blondes Schwanzerl, unglaublich hübsches Katzengesicht. Ach was. »Bualous!«[32] – der Ausdruck schlechthin! Aber sie kann auch hochdeutsch: »Ich lass es einfach auf mich zukommen« – und da sind wir Gott sei Dank in Laßnitzhöhe und die Verbindung bricht ab. Stille. Nur sich unterhaltende Männer. Aufgespreizt und offen, Waldidylle. Für mich stellt sich die Situation insgeheim anders dar, als Ganzes, nach dem Film »Zuckeroma«: Was ist, wenn er nicht der nette alte Opa ist, der nichts mehr richtig macht und dem wir die letzten Lebensjahre so unbeschwerlich und mühelos machen wollen, wie nur möglich? Wenn er uns wirklich seckiert, böse ist auf uns, weil ihm alles zu wenig ist? Wenn er hinter unserem Rücken schlecht redet. Da heißt es z.B. »Ana muass jo des Göld vadienen…«[33] – Metabotschaft: Du bist nie daheim und kümmerst dich nicht um mich, weil du arbeiten musst, denn dein Mann, der Lapp, verdient nicht genug? Ich bin verzagt. Zeichen. Ein grauer Reiher fliegt auf vom Löschteich, niedrig, langsam fliegt er weg. Bitte! Ich bitte wirklich, Gott, um Erlösung! (von dem Übel) Ausgereizt, total. Alles ist besser. Endlich bewegen! Ausdehnen! Freuen! Gestalten! Das Mädel hat laute Discomusik an. Da ist ein größerer dicker Mann, der mich dauernd anstarrt, vielleicht kennt er mich, aber ich erkenne kaum mehr Menschen von früher. Der Hässliche hat noch einen Hässlicheren hinter sich, mit Brille und Schnurrbart, zurückgekämmten Haaren a la Nick Nolte, Cowboygang und Nadelstreifjackett zu Jeans, Typ Kleinkrimineller. Vielleicht schaff ich heut wieder ein bis zwei

---

32    Eigentlich: Bub, lose! (losen für zuhören), gemeint ist ein Ausdruck des Staunens im Sinn: Da schau her!

33    »Einer muss ja das Geld verdienen…«

Kapitel, das wär schon viel. Soviel Wut in mir, soviel Ratlosigkeit. Mamakönigin, darf er schon kommen? Aber sie zuckt auch nur die Achseln. Hab eh schon lang den Antrag gestellt, sagt sie, aber geht halt nichts weiter, die anderen sind stärker. Die Oma, die Tante..., aber wart du nur, wir habens schließlich auch nicht leicht gehabt. Das Leben ist kein Rosenbett!

IM ZUG RETOUR, FREITAG, 8.8.2008
## »WAS HEISST DAS SCHON?«

»Ja richtig.« – Der junge Typ mit Locken, verkabelt, zu seinem Freund oder so. Wir haben natürlich zehn Minuten Verspätung. Aber egal, bin *in time*. Werde meinen Mantel für Mallorca bügeln, mein Manuskript einpacken, am Meer sein. Hartmut wird sterben. Diese Titelseite vom Falter! Dieser liebe Mensch! Ich muss endlich in den Kunstgarten gehen, zu Irmi und Reinhard oder wie er heißt. Es gibt dort diese Installation von ihm. Ich verstehe ihn. Ich sitze allein. Sie haben uns auf Bahnsteig Fünf geschickt. Dann Verspätung. Wolkig rauchiger Himmel. Georgien ist von Russland angegriffen worden, Panzer, Flugzeuge, Abstürze. Ein Polizist hat einen Biker erschossen, der ein Motorrad klauen wollte. Es gab ein Riesen Zugsunglück. So sind manche Tage. Ich ändere mich, gut, dass die Frau in dem glatten Silberplastik sich gegenüber gesetzt hat, schwitze so schon genug. Sechzehn Tauben oder Krähen. Ich lese wieder. Niemand sitzt da, ich hab mein Büro. Und dann diese Frauen, die sich anscheinend bemühen, harte scharfe Stimmen zu haben, lässige Sprache. Pure Scheiße!

**HORTENSIEN.**

Katzen gemütlich. Traumtag, nicht zu warm, 14 Grad in der Früh, aber konstant schön angesagt. Will mit Nike nach Eggenberg, Johanna bringt sie vorbei. Wie am Schnürchen alles. Ich habe beschlossen, innerlich, mich nicht fertig machen zu lassen, aufzuopfern. Er wird in ein Heim gebracht, wenn Pflege nicht mehr geht. Ich mach mich und unser Leben nicht kaputt. Kein Aberglaube, kein Omen – eine handfeste Entscheidung. Ich will. Haufen gute Jause mit, ich werde Therapie gehen wegen der Schulter, wir werden zwei Wochen Traumurlaub haben – ohne schlechtes Gewissen! Blitzender Tag. Weidendes Pferd, stille grüne Raab mit ruhigen Enten. Kukuruzfelder werden braun, in Oststeiermark spannt sich herrlicher Himmel, nein, er hat keinen Zugriff jetzt. Werden sehen, wie viele Etappen noch, aber *this time maybe*. Es kommt auf mich an. Sting in Himmelblau, kleiner Engel, rechts von mir im Einser, Scheppermusik, träum süß – Nike war dieses Wochenende bei uns bis gestern abend, es war so göttlich! Ich überlege, ob wir den Gemüsegarten nicht wirklich verlegen sollen. Mamas Mund, Mamas Gesicht spiegelt sich in den Scheiben… Bohnen und Salat usw. Drei Rehe im Feld. Die Einfassung weg oder doch die Wege in der alten Form, aber nur mehr Blumen, die dort auch wachsen können, im Halbschatten. Waldidylle Fenster angelehnt, Tor zu, das ist richtig. Ich werde zwei bis drei Brombeeren hinten an den Zaun setzen. Bin glücklich. Es gibt ein Licht am Ende des Tunnels, wir müssen nicht leiden. Es dauert nicht unendlich. Wir machens, solang wir können, aber die Grenze scheint bald erreicht. Als ob sie winken und sagen (die Ahnen): Endlich! Das ist das Geheimnis! DAS musst du machen, A! DESHALB lebt er so lang. Damit du endlich feststellst: Du kannst nicht mehr. Du willst das dir nicht antun und ihm auch nicht. Ihr hofft auf seinen Tod! Das kanns nicht sein. Aber wenn ihr leben dürft, wie ihr sollt und müsst, dann ist alles in Ordnung, dann kann er leben, solang er will. Die Geschwister kommen zu Besuch. Eine Weile fühlst du dich grässlich, schuldig, dann trösten dich alle, Therapeutin, Geschwister – du beruhigst dich, V wieder netter, ihr nehmt ihn zu Besuch mit oder auf Fahrten – alles passt! Pauli hat wirklich Riesenlöcher in den Ohren, der Hässliche mit dem heute weißen Leibl hüllt sich in graue Dreckswolken – egal! Ich bin frei! Ich schaffs! Ich erlaub mir selbst, wieder jung zu werden. Ich bin noch nicht verkalkt, in Pension, ich bin noch nicht alt, ich darf noch herumdüsen. Ich bin kein schlechter Mensch! Oz und ich sind gute Menschen! Wir wollen! Es kann Essen miteinander geben, Ostern, Weihnachten, Leben, alles – was weiß ich, aber wir, WIR!

IM ZUG RETOUR, DIENSTAG, 12.8.2008
**MIR REISSTS DAS HERZ RAUS.**

Immer neu. Dabei hätt ich sie heut normalerweise gar nicht gesehen, wenn nicht Johanna vorbeikommt mit ihr. Auch weil sie kein Geld hat und irgendwie über die zwei Wochen kommen muss. Mit Nike tanzen, Nike schmiert mich mit Creme ein, wir sehen Videos im Internet, Johanna zeigt mir ihre Seite auf myspace, Vorlieben, Farben, ihr Porträt und all ihre Freunde. Chris und Gang oder wie sie alle heißen, Benni. Alle haben diese Push up BHs an, die Mädels, diese Schaumgummischalen. Schon was anderes als die »Hexlein« von Triumph damals… bis zu 34 Grad, einer der heißesten Tage. Augen klappen zu. Bitte nicht wieder verspätet. Aber der 18h Zug ist oft verspätet. Bin voll weggesackt. »Hallo wie schauts aus, kummst Woazbrotn?«[34], fragt das fesche Mädel ins Handy, dünn blond Spaghettiträger alles schwarz, Jeansminirock, blau drüber. Schaut teuer und schön aus, ist billig und Bauernkind, Proletenkind, merkst an der Sprache. Kleine Verkäuferin. Irgendwer hier herinnen isst Fleischbrot. Faschiertes oder so. Bin heute später, wie gesagt, wegen Johanna. Seltsame Zeit. »Waßt eh, jetzt is der Hund holt aa kronk… waß net, er kann net scheißn, er frisst nix auf amol…«[35], der Arbeiter mit dem Handy hat einen ganzen Vierer okkupiert und breitet sich aus in seiner Sprache bis Laßnitzhöhe. Heißer Tag, sie organisiert ihr »Woazbrotn« mit Werner und Anita, »Etti muasst a einlodn… – sunst frisst er olls!«[36], gemächlich geht das Gespräch bis Autal. Da stehen sieben Bananenstauden. Der Fahrer hat die Kabinentür offen, es ist ein moderner Zug, deshalb aber auch laut hörbar die Verständigungsgespräche mit der Führung, die Signale. Schlapp. Heute müssen mal die anderen warten, steht der andere Zug. Ich will nur einen Salat abends. Der ganze Tag kleinweise und zerfetzt. Ich brauch nur Ruhe. Alleinsein. Schräge müde gelbe Sonne. Das Mädchen stickt etwas auf ein Atlasband weiß. (Wirklich! Sie stickt!)

---

34    »Hallo, wie sieht es aus? Kommst du mit zum Maiskolben-Braten?«

35    »Weißt eh, jetzt ist der Hund halt auch krank… weiß nicht. Er kann nicht scheißen, er frisst auf einmal nichts mehr…«

36    »Den Edi (Eduard) musst du auch einladen… sonst isst er aber alles!«

## OH, IS MIR SCHLECHT!

Magenweh und alles, was du willst. Blaserl im Mund. Nervös? Na net. Und immer das mulmige, wehe Gefühl: Weg! Traurig. Nike weinen! Ja und? Vierzehn Tage Urlaub. Das ist zum Freuen! Therapie, dann holt mich Oz, Packen, Bank, alles erledigen – und tschüss! Vierzehn Tage, was ist das schon! Dann geht gleich der Herbst los mit aller Arbeit. Diese Panikmache immer: Ärmel aufkrempeln und los! Warum nicht in einen gemütlichen Herbst und einen verschlafenen Winter? Was geschieht schon viel? Niemand stirbt, Zitat A. Waldidylle: alles steht. Eh klar. Manchmal hab ich das Gefühl, ich halt die Welt an. Das einzige, was sich dreht, ist mein Magen. Die übliche Transpiration. Schwarz gekleidet. Bewölkt der Himmel. Weiße Zeichen: Der Reifen, die Schuhe, die Jacke. Und dennoch wird es Herbst. Und vorher passieren noch ein paar Dinge. Inga hat Angst. Mildred wird von Mitte September kommen. Ob sie ihn noch lebend erwischt? Na klar. Inga: Eine Kollegin, deren Mutter während der drei Wochen Kuba-Urlaub in ein Altersheim gebracht wurde. Nach einer Woche stirbt die Frau, sie müssen zurückfliegen. Gut, diese Fahrt schaffen wir noch. Der Hässliche sieht heute betrübt aus. Ohne Wolke, im schwarzen Leibl, mit Drei-Tages-Bart, wirkt er jünger. Ich im Fenster als Matrone. Dicke Arme, Haare wie eine Haube, müder Blick. Alle müde. Man hat viel gesehen, viel versucht, kennt die Grenzen, weiß, was man noch erreichen kann. Abfindung. Träumte, da wäre mein Ex und riefe an, dass er bleibt, länger, über Dienstag, die nächste Woche auch noch usw. Ich schimpfte: Verantwortung?! Unangekündigt! War sehr ärgerlich über diese Rücksichtslosigkeit Verantwortungslosigkeit, dachte: typisch! Und abgewälzt auf mich. Er grinst sich was, und außerdem ist alles Lüge. So durchsichtig. Er hat eine Freundin. Dieser Betrug und die Lüge, das hat mich am meisten genervt. Damals und heute. Vielleicht ist das alles aufgetaucht in meinem Traum wegen der »Teufelin« mit Roseanne Barr gestern.

# OMEN

## OB DREI HORNISSEN EIN GUTES OMEN FÜR DAS KOMMENDE JAHR SIND?

Oder soll ich das nicht so sehen. Auch nicht diese grauenhafte Nacht, in der Oz und ich abwechselnd aufwachen, er mit Husten, verätzter Speiseröhre, Scheißerei, ich mit Schlaflosigkeit und quälenden Gedanken, Ängsten. Morgen-Schaffner – eifrig und früh. Lustig, auf dem großen Hang stehen die braun weiß gefleckten Kühe. Die Hornissen wollten in der Lichtabdeckung im Wohnzimmer ein Nest bauen! Ein, zwei hat Oz getötet mit Spray, sie waren in der grünen Lampe im Vorraum gefangen. Gelsenstiche dann zur Strafe. Keine Ruhe, geschlafen nicht bis zwölf, halb eins. Um drei auf. Unruhig bis dreiviertel vier. Von da weg fast nur mehr wach. So kriegt man den Erholungseffekt des Urlaubs am schnellsten wieder weg… Waldidyllentür offen, Fenster aufgespreizt, vor mir liegt das Murmeltier im Tiefschlaf. Irgendwie freue ich mich aufs Arbeiten. All die lieben Leute – die Arbeit wird mich schon nicht umbringen. Im Hundeabrichteplatz – Hütterl und paar Trümmer fast total zugewachsen – weiden zwei Rehe. Ich kann mir ja ausrechnen lassen, wann in Pensiongehen möglich wäre. Sie haben ein schönes Stück Waldrand gerodet vor dem Kindergarten. New Orleans ist evakuiert und wartet auf Sturm Gustav. Sonne scheint, aber etwas bedeckt und alles sehr herbstlich, Gras, Sträucher, Bäume, viel Obst, vorbei mit Planschbecken und Swimmingpool. Raaba. Die jungen Männer haben seltsame Frisuren und Färbungen, Pauli telefoniert grinsend, der Hässliche hat das Haar kurz geschoren, der Marathonläufer schaut verbissen. Wieder ist der Volvo fast zugewachsen. Don Bosco: Bahnsteig ist aufgebrochen. Sie sagen, dass Grazer Baustellen bis nächste Woche Schulanfang wieder ok sind, ein obergescheiter Blöder redet auf dumme Frau ein, die ihre Goschen nicht hält.

IM ZUG, DIENSTAG, 2.9.2008
## ZÄHLEN.

Jeden Tag in der Früh, wenn Güterwaggons gegenüber stehen, zähl ich – bevor der Zug einfährt – auf Tempo alle Zahlen (die auf den Waggons stehen) zusammen und mach eine Quersumme daraus. Eine Art Sport und Gehirntraining, ohne dass ichs so sehen will. Irgendwas tun, während man wartet. »Ui!« Lederstimme, Ölstimme, mein Liebling, das große Pockengesicht mit den vielen Haaren. Der Büffel, Joe der Schaffner. Mag diesen Herbst, so schwierig er ist, so untypisch. Oz meint, dass V sich verstellt und mir nur sein lächelndes schwaches Gesicht zeigt. Damit ich Mitleid krieg. Als könne er nicht bis drei zählen. Ist nicht wahr, sagt Oz. Traumhafter Sonnenaufgang: blitzend hinter Wolken, da ist sie schon länger, aber alles bedeckt vorher, Wolkengebilde von der Art, wie im Lusthaus/Pavillon Eggenberg. Ich sage, er kriegt wiederum nur den V zu sehen, der fit ist und so gut beinander wie lange nicht, der Rasenmähen will unbedingt, rausgeht, Geschirr abwascht – dies und jenes macht. Wir kommen in die Rolle der Kindergeneration, die lieber ihre Alten in die Untätigkeit drängt, an den Rand. Klar! Denn ich weiß jetzt auch, warum. Weil die sonst Betreuung brauchen wie kleine Kinder! Nur viel anstrengender, anspruchsvoller, autoritärer. Reißen die Führung an sich, weil sie die immer hatten. Geben die nicht her. Mischen sich ein, spielen beleidigt, wenn du nicht… fressen alle deine Zeit, aber alles ist zu wenig! Da gegenüber z.B. sitzt einer in meinem Alter, graue Bürste, lässig Hemd Hose Brille, liest die Kleine. Als Pockengesicht kommt, schaut er auf – diese Art dunkle Kugelaugen, unwiderstehlich! An W muss ich denken, alte Liebe. An Nike muss ich denken, wie sie mich gestern angeschaut hat. Diese Dichte von Glück! Diese unvergleichliche Schönheit! Weißes Bluserl mit Spitzen, auf Tracht, rotes Tascherl mit Lack und Schultergurt, ein Herz, die blonden Stirnfransen und dunklen Augen wie Achatkugeln, junge zarte atmende Haut, das schönste Kind! Waldidylle wie gestern. Die atmende Schönheit des Herbstes. Der so weit ausholt, so satt ist, so groß und freundlich – und dennoch beginnt, sich zusammenzuziehen. Ich mag es auch in der Früh sogar. Diese warmen Morgen, zuerst fröstelnd, dann Lampe, Kaffee und Gemütlichkeit. Wie sie gelacht hat, Nike, gestern, als ich ihr diese Luftballons aufgeblasen hab, sie selber, mehr reingespuckt als geblasen, darauf Luft herausgelassen, das furzende Geräusch. Lautes Lachen, »pst!« machen wir manchmal. »Luft!« – Ruft sie immer. »Noch eins!« – »Noch einmal meinst du?« – »Ja«, sie nickt. Ihre Sprache wird formulierter und artikulierter jeden Tag. Dieses erfrischende Lachen und Aufquietschen vor Freude, über Luftballons, »Oma.« – »Tragen, hoppa! Baby.« Ich sage »du kleiner Klammeraffe«, sie sagt »Nein, Baby!« – Ja, Recht hat sie. Zeit auf sich bezogen, »Nike« voll Überzeugung nickt sie, sagt »Oma-Agea«, im Gegensatz zu Dagi-Oma. »Janna-Mama«, Johanna-Mama meint sie. Sie zählt, sie kann zählen, und wie! »Eins und zwei…« und »fünf und neun und zehn«… oder so: »acht und acht und acht…«, nimmt gern uns beide bei der Hand, ihre Mutter, ihre Oma, sie dazwischen, das glückliche Hopsen von Kindern, dieses Kind zwischen mir und Johanna, so vertrauensvoll uns bei der Hand nehmend, so entschieden die Hand los lassend, »allein!« beim Stiegengehen zum Beispiel. Herausforderungen. Sie sagt »Oma lieb!«, »Oma Gea lieb!« und streichelt mir das Gesicht, die Wangen, zärtlicher Blick, die Haare, Blick! Unglaublich! »Mein Gott«, sag ich, »ich hab dich auch so lieb, Nike!« – »Mein Schatz« sag ich, »mein Schatzi Schatzi Schatzi…!« – Aber auch anderes. Ich mag diese schmalen Männergesichter mit den tiefen Furchen, Magen, heißt das, esoterisch zumindest, Nervosität. O! Ein Zirkuszelt! Blau und weiß und gold! Wie Orient zwischen Vororthäusern. »Don Bosco!« sagt er gewählt und langgezogen – heut redet Pockennarke sehr gedehnt, familiär, auch etwas nebenbei – heut ist er ganz privat. Fast verwundert. Oz fährt nach Ungarn bis Mittwoch oder Donnerstag. Vielleicht das Wochenende auch noch, zumindest tut er jetzt so. Werden sehen. Der Unfreundliche hat wieder seine schauerliche kurze Hose an, er fühlt sich deutlich sehr gut. Der Pockennarbige beklagt, dass wir in Kürze den Hauptbahnhof erreichen und dass er das allen ansagen muss, aber bitte. Er fordert uns dringend auf, alle den Zug zu verlassen! – Ich sags ja, dieser Typ ist ein verkappter Schauspieler.


IM ZUG, FREITAG, 5.9.2008
## DIE KLEINEN ZEICHEN.

Nein, ich habe nicht massiv geträumt, noch keine neuen Symptome, vielleicht wenn man von beginnender

Entzündung am linken Augenwinkel absieht oder der Wespe in der Früh im Bad, die ich einfach erschlagen hab, obwohl sie irgendwie nett war, so jung – aber doch nervig. Die Raab ein trüber Tümpel oder was. Ich auch. Aufgeschwemmt und dennoch leer. Nach Urlaub doch über 69 und komm nicht runter, wie befürchtet, dabei sah es gut aus zuerst. Weh auch mein rechter Daumen im Gelenk, so dass es schmerzt, den Kuli zu halten, meine Schrift auch schon so unleserlich, für mich selbst sogar! Gestern Therapie. Das große Weinen hat begonnen. Mama. Hätte nicht gedacht, dass wir dort ansetzen. Hab sie nicht losgelassen, kann sie nicht lassen, Königin meines Herzens. Diese Liebe, totale Aufmerksamkeit, Bedingungslosigkeit, diese Größe! Und dann der leblose Kürbiskopf im Bett der Intensivstation. Mit aufgeschwemmtem Gesicht im Spiegel, durchs Tal der Tränen wandern. Ist alles im Körper, ich krieg meinen Ring nicht mehr runter. Waldidylle: alle Fenster im Parterre offen! Tor offen. Erster Stock gespreizt. Kann weh tun, sagte ich, wird weh tun, wusste ich. Man kann das Wie aber nie abschätzen vorher. Da ist auch etwas losgetreten worden, ins Rollen gekommen, wer kann eine Lawine aufhalten. Heute möchte ich in den Wald gehen, Schwammerl suchen. Weinen. Dom des Waldes. Werde noch einen Kaffee trinken. Haare strohig. Schwarzweiße Kühe. Gestern Rose Mild kennengelernt, eine gute Frau, sehr gescheit. Das Begräbnis war sehr gut, da schlicht. Obwohl man verzweifeltes Bemühen merken konnte. Aufbegehren, mehr Würde! »Geliebter Bruder« – ach! Die gelben Kürbisse liegen in Reihen, das Kraut ist weg. Jetzt ist Herbst. Egal, was der Kalender sagt. Der lustige Schaffner. »Passt scho, passt scho… gleich wie gestern!«[37] – Sie sagten für heute große Hitze an, aber es ist bewölkt und sieht eher aus wie vor einem Regen. Aber vielleicht wirklich nur vorübergehend, dann wieder Hitze. Heute Nike bei mir bis Sonntag. Irgendwie fürcht ich mich immer. Verantwortung, Arbeit, Kreuz, Hecheln, kann nichts Eigenes, wie schaut es aus, mit Schreiben usw. – aber war jetzt drei Wochenenden nicht da! Und freu mich auch. Sie ist so lieb! Die Rote schaut weg, Joschi schaut weg, Blick so müde. Würd gern Holler einkochen. Geruch. Du verkaufst deine Zeit, Lebenszeit, Kraft, Nerven, Geist und kannst natürlich weniger leben. Eine gewisse Arbeitszeit und Struktur würd nicht schaden, aber jeden Tag nur kurz. Zwei bis drei Stunden. Nur einen Rest kann ich leben. Der Unfreundliche gähnt mich an. Auffällig, dass man beginnt, sich nach dem Wetterbericht zu kleiden und nicht nach dem, was man vielleicht spürt – alle sind sommerlich beinand, aber das Wetter ist herbstlich. Die blaue Bierdose liegt noch da.

IM ZUG, MONTAG, 8.9.2008
## DIE SCHULE BEGINNT.

Der übliche Horror. Voller Zug und alles Barbiepuppen, Mädels und Buben, in Gruppen, einander musternd. So schwül, in den Räumen noch immer, Schweiß rinnt, dabei frische Haare. Dramatischer Regenhimmel, aber nur kleine Spritzer. Die abfälligen Blicke der Mädels auf meine schwabbeligen Oberarme sind mir nicht wurscht,

---

37    »Passt schon, passt schon – genau wie gestern.«

aber trotzig: das bin ich, das werdet ihr sein. Weiß noch, wie ich im Bad dachte, damals – welche Frechheit, dass sie uns diese Körper antun! Dachte allen Ernstes, schlanke Schönheit der Jugend halte sich ewig – wie man halt denkt, jung. Jetzt arbeiten fahren. Tagtäglich bei Wind und Wetter, jeder Laune, egal. Hat aber auch seinen Reiz. Durch. Immer weiter auch. Bin neben dem Murmeltier. Neue Kulimiene in Mamas Harley Davidson. An diese Luftfeuchtigkeit werden wir uns gewöhnen müssen. Die Wochen gehen. Vs Medikamente einordnen, Mittwoch kommt Mildred und bleibt eine Woche. Sollte meinen Roman korrigieren und weg, damit was passiert. Bin heute in Braun, aber die Leinenhose ist zu kurz, meine neuen Schuhe passen nicht, tun sofort weh. Haut so dünn, halte gar nichts aus. BH-Reifen haben die Haut rot wund gerieben am Bauch, Busen so schwer, alles so schwer, muss weg, muss abnehmen, dringend. Einfach weniger essen und vor allem weniger Alk – das muss doch möglich sein! Mama, das tiefe Loch, in das ich gefallen bin, Therapeutin, hilf mir. Will sofort springen, keine Minute vergeuden, wenn ich in der Stunde bin. Sehr konzentriert. Durchatmen, dann vom Zehn-Meter-Turm in die Tiefe, los! Das Gleiten des Zuges ist eine andere Bewegung als das Schaukeln des Busses. Die Straßen sind auch viel nervöser. Näher kommst du deiner Seele im Zug. Heute beruhige ich mich nicht. Ich bin die einzige, die so schwitzt, alle anderen haben langärmeliges Zeug an und schwitzen nicht. Ich wische und wische und sitze im ärmellosen Shirt. Murmeltier sackt von einem Loch ins nächste. Vergnügen. Mit Nike in den Liegestühlen auf der Terrasse lachen. Lachen lachen lachen. Ihre Zähnchen. Ihr kleines Koboldgesicht, das Näschen.

## SAUNA.

Der übliche total überhitzte Zug. Ca. 1000 Grad. Du gibst gleich alle Jalousien gegenüber runter, die Fenster haben sie geschlossen, wohl damit es nicht »zieht«. Wenn ich an Tante Mildreds fröhliches Getue denk, wenn ich heimkomm, wird mir schlecht. Jetzt sind sie wohl den ganzen Tag zuhause gesessen und warten auf mich: Wenn die A kommt, ja dann! Ich will nicht, dass sie zu zweit warten. Hilfe! Hoffentlich fällt ihr den einen oder anderen Tag was ein, dass sie für ihn kocht. Hitze drückt so, in einer Minute bin ich weg. Jetzt gehen sie den Strache an, wegen der bearbeiteten Fotos. So ein Trottel! Schlaf schon, geht schon los. Träumte heute. Sehr realistisch. Wusste leider nichts mehr beim Aufwachen. Kleiner Lehrlingsbub mit verschreckten Riesenaugen, roten Ohren, Armer, irgendwas stimmt mit seinem Fahrschein nicht. Solche Nackenschmerzen! Eisenschultern. Oz holt mich mit Auto ab. Waldidylle wie immer, aber niemand pflegt den Garten. »Morgen! – Fahrschein?!« Zum Dicken. Der sucht und sucht auch, aus dem Tiefschlaf geweckt. Kann es sein, dass ich V für fähiger einschätze, als er ist? Und eigentlich wäre er lang schon heimfähig?

## EIN EINSAMER ROTER MANTEL

auf der Bank bei der kleinen Insel vor dem Straßenübergang, wo sie den Baum weggeschnitten haben. Frauenmantelkreis. In der Hitze des Gefechts hat den irgendeine wohl vergessen. Die armen Eltern zahlen und zahlen, denk ich. Vandalismusspur, aber was passiert schon viel, Mistkübel aus Plastik über den Eislaufplatz verstreut und eine Zigarettenschachtel am Boden. Nicht einmal über die Stränge schlagen können sie noch, der Gesellschaft ins Gesicht. Nichts Wirkliches mehr, kein Schaden. Schwitze wieder. Ganz in Braun, neu, gestern drei Jeans gekauft wie vorgehabt: braun-schwarz-blau. Sie sagen, auf die Hitzewelle folgt gleich der Winter, Absturz. Werden sehen. Zum ersten Mal meine neuen Schuhe an, tun (noch) nicht weh. Neben mir sitzt das Mädchen von gestern, aber ich bin keine Glucke, sie darf sich allein fühlen, ich bin nur freundlich. Selbstverständlich ist hier frei, ich lächle, ich schreibe, ich werde ihr helfen, wenn sie was braucht. Sie soll jetzt mal einen schreibenden Menschen beobachten. Das Schreiben den Schreibenden. Heute Kollegen-Geburtstag deftig steirisch zu feiern mittags. In der Früh geh ich zum Orthopäden kontrollieren, hoffentlich keine neue Spritze, aber auch wurscht. Dann Therapiestunde weinen. Dann Jausnen mit den Kollegen, nachhause, und wie befürchtet kümmert sich Tante Mildred nicht um ihn und sein Essen, sondern wartet auf uns, damit wir das Werkl in Gang setzen. Ganz entsetzt schüttelt sie den Kopf: »Der kann ja gar nichts mehr…!« – Nein, liebe Mildred, der kann wirklich nicht mehr viel und deshalb ist alles abgesperrt und geht der Herd nicht, damit uns nicht das Haus abbrennt, während wir weg sind. Und deshalb ist im Kühlschrank nur das Nötigste und in der Speis auch. Weil schreckliche Sachen mit dem Essen passieren… Abends Vernissage. Morgen Nike mit Johanna, ich will, dass sie bei uns bleibt, mein Trost. Auch um Johanna zu

helfen, schon klar. So geht die Zeit und mein Wochenende. Wieder nichts geschrieben. Aber (Waldidylle wie
immer) dennoch Gefühl, es ginge was weiter. V schaut
frisch und vergnügt drein, umso verwirrter, wenn wieder
allein. Egal, alles egal. Werden sehen, was wir heute zu
weinen haben oder zu lachen. Werde heftig und schnell
ein paar Sachen arbeiten. Die Kleine schläft, hat die
Augen zu, fromm gefaltet die Hände, die Kinder sind
ja auch so überfordert! Gemeinheit! Welches System
muten wir ihnen zu? In welche Utopien wollen wir sie
wachsen lassen? Haben wir nicht schon erlebt, 68, dass
es umsonst ist und noch mehr kaputt macht? Wohlstand,
zuviel davon, erzeugt anscheinend nur Neid, Argwohn,
Angst vor Verlust. Ich möchte wieder eine Füllfeder haben zum Schreiben! (Kein Problem – wir haben genug
davon in der Lade…) Federkratzen wie in der Schule.
Die bürgerliche Existenz gibt viel Platz, aber auch Enge
und ja, Argwohn! Misstrauisches Beäugen: Wo ist der
Feind, wer will mir was wegnehmen/einbrechen/rein-
spucken und schmutzig machen? Dicke gelbe Kürbisse in Reihen. Raschelndes Maisstroh, die ersten Nüsse
fallen. O Jesus! Der Hässliche hat sein weißes Shirt an,
das löst sich langsam auf, dreieckig wirkt sein Gesicht,
geschoren die Haare, spitz höhnisch ironisch grinst er
mich an, saugt an seinem Stäbchen. Schöner oranger
Himmel mit Ball zwischen graulila Wolken. Das Mädchen und ich lächeln uns an, weil ein Familienvater sich
zu Frau und Tochter zwängt (auf Zweier), das gefällt
allen. Familie, Nähe. Behütet gemütlich warmes Nest.
Menschen sind Vögel. Kleine Unterhaltung mit Mädchen. »Einen schönen Tag wünsch ich dir.« – »Ebenfalls!«

## WEGEN EINER ZUGKREUZUNG

wird sich die Abfahrt dieses Zuges um fünf Minuten verspäten, wir bitten um Verständnis. Jaja. Und voll gestopft bis auf den letzten Platz. Es regnet. Ich hatte es ja bequem. Mit dem Rover auf den P+R Parkplatz, da wartet Oz auf mich und in fünf Minuten bin ich zuhause. Zug ist warm. Wochenende mit Mildred und V und Nike und Margot – war lustig. Bin zufrieden mit mir. »Du, i hob di net aufgweckt, oda? Uh, Scheiße, des tuat ma laad, du host mi gestan angrufen, i woa am Fuaßbollplatz und hob des Scheiß Handy net ghört! I waaß net, mia is so schwindlig immer, i bin goa net guat drauf!«[38] – Graue Wolken, nasse Autos, herbstlich kühl, Jahrhundertkühle! sagen sie. Dieser Wahn, alles *im ranking* sehen zu müssen. Rekordsommer! Jahrhundertkälte! Warum stehen wir jetzt schon wieder bei Laßnitzhöhe?! – Aber egal, mit dem Auto würd ich auf der Autobahn auch stehen und mich wahrscheinlich noch mehr ärgern. Dunkel werden die Zwetschkenbäume, Laub fällt. Winden und asiatischer Knöterich überwuchern alles, die Streuobstwiesen werden weniger, viele Flächen mit Kürbis und Saubohnen. Andrerseits ist der zunehmende Reichtum nicht zu übersehen. Die immer größeren Anbauflächen. Einsam steht ein Stier und kratzt sich, ich denk an Weihnachten und meine Papp-Krippenfiguren, meine Ohren fallen zu. Waldidylle ist zugestellt von Scheiß Güterzug. Meine Ohren gehen nicht mehr auf. Mag nicht. Wie so viele

---

38   »Du, ich hab dich nicht aufgeweckt, oder? Oh, Scheiße, das tut mir leid. Du hast mich gestern gerade angerufen, als ich auf dem m Fußballplatz war, und da hab ich das verdammte Handy nicht gehört! Ich weiß nicht, mir ist immer so schwindlig, ich bin gar nicht gut drauf.«

andere… Der kleine Ingenieur schläft mit gekreuzten Armen. Die Frau neben mir hat eine Hose aus dem gleichen Stoff wie mein graues Jackett an! Der September vergeht, ich tu nix – was das Schreiben betrifft! Wenn man so schaut: Was wir alles an Zeug haben! Unsere Gärten sind voll! Sträucher und Blumen und Wege und Planschbecken und Naturteiche und Steine + Schaukel + Gartenmöbel + Skulpturen + Vasen + Tröge + Keramik + Carport + Wäschespinne + Grill + Zwerge + Rosenkugeln… überladen wie unsere Wohnungen, Kleiderkästen, Hirne. Jeder muss alles haben. Bananen und Himbeeren. Kürbis und Wein. Gartenschirm und Ginko-Baum. Fahnenmast und Pfeifenstrauch. Sat-Anlage. Müllbehälter. Raaba. Mildred war jedenfalls nett. Eine Woche war sie da, und Johanna bekam Geld von ihr, das sie dringend braucht, und auch die Unterhaltung war gut, für V vor allem. Vorbei.


IM ZUG, DIENSTAG, 16.9.2008
## ICH WEISS GAR NICHTS MEHR.

Ratlos das Papierl anstarrend, die Tschik, Bahnsteig, Kälte, Mantel, Schal, zu dünn, zu dick, Waggon überheizt, überfüllt, Ankunft zu spät, Gelächter des Kommunikativen mit der Steirischen, wir grüßen, wir kennen uns, Pendler, ich sitz neben dem Murmeltier, die Jugendlichen drängen. Meine Haare sind außer Fasson und gehören gefärbt. Der blonde junge Mann lauscht in seinen Kopfhörer an der Wand des Waggons, ich erstick im Zeug, wenn ich meine Jacke aber auszieh, hab ich keinen Platz, es ist eng hier, Tasche zwischen den

Beinen, Handtasche am Schoß, Mantel Schal Armrei-
fen überm Tisch, Krampf. Dafür verlangen sie Geld,
eigentlich müssten sie einem was zahlen. Waldidylle
noch angespreizt, Tür halb offen, aber alles sieht ver-
wahrlost aus, verlottert, entblättert und traurig. Wer
jetzt kein Haus hat. Absturz aus August in einen Ok-
tober/November, sogar der ATX fällt um 3%, die Weltwirtschaftskrise droht schon wieder und die Zeitungen machen Panik. Ich schwitze. Weil Hitze, obwohl
Kälte. Die spinnen. Du kannst dich nicht mehr richtig
anziehen. Jacke aus. Beige und grau und schwarz, dies
ist ein Sommer ohne Farbe. Sie erlauben ein wenig
kastanienbraun, eventuell ein Violett, aber mit Vorsicht. Farbloser Herbst und noch immer steckt alles.
Diese Hefte, diese Zeit jetzt wird sowieso in der Zeit
des Gehängten[39] eingehen – alles steht, klemmt. Dabei
hab ich dauernd Schnelligkeit als Karte, den Ritter der
Stäbe, den Wagen. Oz viel Turm[40]. Hoffentlich wirkt
sich die Krise nicht dahingehend aus. Graue schöne
Wolken, heute war der Vollmond so schön, um halb
vier aufgewacht und ihn angeschaut aus dem Küchen-
fenster, wie im Film. Heute vergeht die Zeit langsam,
alles braucht viel Zeit. Dauert lang. Die Rote hat ein
grünes Jackerl an, der Pferdemann frisch gewaschene
Haarte, Murmeltier erwacht, der Direktor rennt mit
Staubmantel, grauem Anzug und strengen Falten –
auch kein leichtes Leben…. »I sog immer zu meiner
Frau, wias kump so kump«, »Ja«, sagt die Steirische,
»muastas nehmen wias kump, i sog imma des Schicksal

---

39   Tarotkarte: Der Gehängte. Steht für Stillstand.
40   Ritter der Stäbe, Wagen, Turm – ebenfalls Tarotkarten.

setzt den Hobel an…haha.«[41] – So gehts eine ganze Weile mit Seufzen und Lachen und jaja, Murmeltier gähnt heftig, seine Haube hat er abgesetzt.

## DIE KRÄHEN FLIEGEN SEHR HOCH.

Vereinzelt. Indigo Himmel, der Mond lächelt, nimmt wieder ab. Nichts zu sagen. Billiger Schmuck der Mädels, alles schwarz weiß, geschminkt, steirische Sprache, Murmeltier ist wach und spielt wütend mit seinem CPS System oder was das ist, es ist ihm gar nicht recht, dass ich sein Stammgast werde, wie schaut das aus? Heute fährt Mildred zurück. Vs Gier hat zugenommen, auf Essen, Unterhaltung, Leben. Die Mengen reichen nicht mehr, Fernsehen ständig, Reden viel, verhältnismäßig, Trinken auch. Klavierspielen, was Oz besonders nervt. Werde ich ewig hier fahren und schreiben? Über V und Oz und Nike und Johanna? Waldidylle und Tunnel?? Karten? O-Ton? Leber-Augenringe olivgrün. Oh! Mein Pockennarbiger spricht zu uns. Ganz verwundert ist er selbst darüber, trompetet dennoch. Nazar Hontschar gestern so langweilig, zum Sterben! Ich spiele mit meinen Haaren und überleg zu schlafen. Eine andere Art Kubin, nein, wie heißt dieser Maler mit der Brautkleidfrau und dem Geiger? Traumtänzerisch. Es wird ein schöner Tag. Murmeltier schielt her, tippt fanatisch, Pockennarbe naht. Neue Frisur, geschnitten, Lockerl wie Drafi Deutscher oder

---

41    »Ich sage immer zu meiner Frau, wie es kommt, so kommt es… muss es nehmen, wie es kommt. Ich sag immer, das Schicksal setzt den Hobel an… haha.«

Dave Dee. Ziemlich schlimm. Waldidylle übersehen! Schon wieder. Was ist los?! Ich will zu meiner Therapeutin, muss alles wieder aufrühren, bevor es sich setzt. Meine Mutter, die Königin, besuchen. Wenn ich dran denk, tut es schon weh. Phantomschmerzen. Warum hast du mich verlassen?! Jesus' Stöhnen. In der Welt sein. Losgetrennt. Freilich, andere Schönheiten. Stadt der Engel. Leben, in all dem Chaos, Ärger, Gelächter. Sonne geht auf, schön. Murmeltier ist ein rüpeliger Büffel, putzt an seinem Display herum und fährt mit dem Arm aus, stößt mich an, weit über Armlehne und sein Revier hinaus, hat den Eindruck von Grün, er hat aber einen blau-weißen Pullover, unruhig, dies und jenes, kann wohl nicht mehr schlafen. Mit Kopfhörer und jetzt anderem Handy, nur technische Geräte. Hab zu wenig Jause mit. Aber Hunger. Zwei kleine Brote, Joghurt, Apfel. Mit Johanna Regenjacke kaufen, wann? Britta kommt am Sonntag, meine Haare sind grau und gehören geschnitten. Nadelstreif-Jeansanzug und Schuhe mit Blumen. Lustig. Gefällt mir schon, aber was solls. Ist nur Kleidung. Murmeltier ist echt nervös, und neben uns landet wieder die Familie mit den zwei Kindern, Bub, Mädchen mit lieber Mutter und detto besorgt-interessierter Vater. Lebendige Kinder. Normal und fröhlich, so sollen sie sein. Kinder. S, die keine Kinder mag. Klar. Lebende Leiche mit gelbem Gesicht. Kunstmensch. Aber so ist Kunst eben nicht. Kunst ist Liebe, Schönheit, Kraft und Hoffnung, Lebendigkeit. Trauer Schmerz Freude. Nicht Tod. Und die Fahrt nimmt kein Ende. Obwohl der Himmel blitzend ist, unwirklich wie im Film, Sonne. Es ist ein Herbst, wie man ihn brauchen kann, und Murmeltier schafft es nicht, mich wegzukriegen. Wenn er noch so viel ruckt und gähnt und dehnt und rempelt und schielt. Keine Chance. Noch nicht, jetzt nicht. Wie aufgezogen der Typ hinter uns. Billiger weißer Acrylschal wird sorgfältig gefaltet. Bin vom H&M gestern weggegangen mit einem Tüchel, das ich allerdings mochte, weiß nicht wieso. Material macht aber viel aus und ein teurer Schal, Tücher, wie Accessoires, machen dich anders. Besser aussehend. Kleider machen Leute.

## EIN NEUER SCHAFFNER.

Mit Trolly reitet er ein, blonde Spitzen mit Wachs die Haare, Typ attraktiver Sportler, die Hose etwas zu kurz, schaut fast verlegen weg. Der da vorn ist was Stinkiges. Lang mit Britta telefoniert – meinem lieben Neffen gehts doch nicht so schlecht, wie ich dachte, er probt, sie haben einen Auftritt heute. Also. Sie kommt am Samstag, will Nike sehen, klar. Morgen mit Johanna Baumarkt und Einkäufe, sie braucht eine ganze Menge! Mick Hacknall in Blond kommt wieder angefahren mit seinem Roller, jemand hat das Tischerl niedergerissen, jetzt hab ich ein Pult. Der ehemalige Bezirkshauptmann steigt ein und tut, als kennt er mich nicht. Vielleicht ist es wahr, er war besoffen damals. Und ich war jemand. Keine Büromaus wie jetzt. Müde – müde – müde. Herrschaften im Staubmantel. Heut hab ich endlich meine Jahreskarte gekauft. Langsam werd ich ganz normal und schreib ganz normale Sachen auf. Wie einen Bericht. Wie einen Brief. Der junge Schaffner. Jetzt weiß ich auch, an wen mich seine Stimme erinnert: an Alfred Dorfer. Heute wenig Leute witzigerweise. Arme Nike, sie ist als erste in Kindergarten und wird als letzte abgeholt! Morgen hol ich sie! Oh oh der Zug wird voll – und wie! Auch egal. Ich schlafe. Sie gehen. Werden sehen. Jetzt noch Raaba. Immer eine Herausforderung… werd Beuschel kaufen für V, ganz einfach. Oder Würstel oder irgendwas für den Abend. Füttern. »Sou hiaz passts! Dere!«[42] – So voll Zwetschken dieser Baum – ohne Laub! Schöner Altweibersommer wieder, langsam lässt die große Kälte nach. Oz hat einen Bandscheibenvorfall und liegt, mit Spritzen und ganzem Programm. Ein Mann leidet immer mehr… bin schon gespannt. Muss aber noch zum Hofer fahren. Bald setzt sich jemand zu mir, schätz ich. Zug wird voll, Raaba. Traut sich niemand, die alte Vettel anzureden, die da schreibt. S war wieder da, die gelbe Leiche. Schwarz geschminkt und aufgeregt. Wenn ich so einen Kindergarten sehe, tut es mir fast körperlich weh. Sicher, dieses Kind wächst wenigstens nicht in einem Kibbuz auf! Schrecklich der Bericht heut. Sehnsucht der Kinder nach ihren Müttern, der Mütter nach ihren Kindern – Tagebücher! Jo – na, sagt man viel in Steiermark. Ich hab mir von Oz dieses sein »Hin & Her« angewöhnt. Fürcht mich vorm Heimkommen! Er ist so anspruchsvoll! Braucht soviel Zuwendung, Nähe. Egal, ich werd einkaufen, kochen, bügeln. Morgen mit Johanna Gewand kaufen. Zeit vergeht nicht. Ein Raubvogel sitzt in der Wiese. Waldidylle in der Sonne. Gespreizt, halb offen alles schön. Nein, Oz, nicht mich abholen. Ich fahr einkaufen, allein. Dann kochen.

---

42  »So, jetzt passt es. Guten Tag! (Habe die Ehre!)«

## TRÖSTLICHER MOND.

Eine einzige Krähe, hoch. »Sind wir noch eine Insel der Seligen?« titelt die Kleine Zeitung einen Artikel, jaja die Weltwirtschaftskrise. Sie halten uns auf dem Laufenden und in Panik, damit nur ja nicht der Adrenalinspiegel sinkt. Und die Spritpreise! ÖMV erhöht, obwohl weltweit Ölpreis sinkt. Jaja. Es lässt sich alles begründen, wenn man nur will. Und wir sollen den Prediger wählen – oder den lispelnden Apparatschik, oder den weisen alten Mann, oder gar den Verschlagenen auf Samtpfoten, den Wolf, der Kreide gefressen hat, oder den ketzerischen Burschen-schaftler. Ein strahlender wunderschöner Herbstmorgen bricht an mit golden-oranger Sonne und angenehmen Temperaturen, heut werd ich Nike holen. Blöd gesetzt neben einen unwilligen Dicken, aber in Panik: Alles, nur nicht wieder Murmeltier. Der Pferdemann gafft mich fassungslos erstaunt an oder auch nur mit seinem typisch doofen Ochsenblick, er hat ein blaues Sommershirt an und schwarze Kopfhörer auf, jaja, man lernt von den Jugend-lichen. Vor mir am Klapptischerl türmen sich meine alte Jeansjacke, mein neues braunes Tuch, mein olivfarbiger Mantel, ich bin heute schwarz-grau mit dem Regionale-T-Shirt. Lässig alternativ. Für Baumarkt und Kinderschauen. Armes Kibbuzkind Nike, berufstätige allein erziehende Mütter, berufstätige Omis, mein Gott! Ich könnte heu-len über so einen Mangel an Hilfe und Unterstützung. Scherenschnittränder Nadelwald gegen lachsrosa Him-mel, alles wie Airbrush, wir habens umgedreht. Natur wird mit Künstlichkeit verglichen, in Relation gesetzt, Men-schennähe geht uns auf die Nerven, der Dicke neben mir strahlt warm wie ein Kachelofen, aber mir ist nicht kalt, ich schwitze! Haare schmutzig. Ich muss sehen, heut einige Dinge auf die Reihe zu kriegen: Vor allem Übersicht, nichts darf vergessen werden. Waldidylle wie gestern, der Frauenschaffner mit der Olivenhaut, Tunnel, träumte sehr heftig von Johann H-Ähnlichem, und auch einer Frau, ich bat sie herein ins Haus und hatte das schlechte Gewissen von damals – öde Zeit, im Nachhinein. Hab ich nicht – wieder im Nachhinein gesehen – viel Lebenszeit verschissen? Und tu ichs noch? Statt »ordentlich« zu schreiben…? Denn wenn ich den Mut hätte, könnte ich meinen Roman fertig machen, ihn anfahren lassen. Um davon/damit zu leben. Wenn auch bescheiden. Aber auch, um endlich wieder Zeit zu haben für Unvorhergesehenes, Unvorherzusehendes, Familie z.B. V geht mir neu aufn Wecker, wie aufgeweckt durch Mildred & Co, tapsig herum und störend. Sein Uringeruch wie eine Wolke, einen Mantel um sich. Gleisdorf beginnt wie Glück. Gestern haben sie uns in der Wettervorhersage angesagt, als ganz besonderen Schönwetterpol. Aber nichts ist los in diesem Städtchen unter der Woche, bis auf Samstag, wo der Wochenmarkt tobt und alles in die Stadt strömt und in die Kaffeehäuser. Wer, Kinder, hat hier wieder diese gleichmäßig peitschenden Sachen im Ohr, so dass rasselnd klappernd klopfend der ganze Waggon Anteil nehmen darf? Mein Herz tut weh. S hasst Kinder und muss um die sechzig sein. Schöner Körper, sagt sie, mein Gott, Einbildung ist auch eine Bildung, ein dürres Knochengestell mit Totenkopf, gelb mumifiziert und leblos, tote Augen, böse Augen. Eine kranke Frau, durch Süchte und ihr Leben. Korrupt sei er, schrie sie ihn an während der Veranstaltung. Langweilig alles. Die kichernden Mädchen. Wenn sie mit dem Messer auf mich losginge, ich zu Boden, aber gerettet würde, könnte ich krankheitshalber in Frühpension gehen. Schmerzensgeld gäbs keines, woher auch, aber sie könne mal ein paar Jahr in die Klapsmühle und würde niedergespritzt – ruhiggestellt. Und dann könnte ich schreiben.

## IM ZUG RETOUR, FREITAG, 19.9.2008
## STARKER RAUCHER GEGENÜBER.

Mensch, ist das ein Gestank! Die Schüler sitzen falsch, bin ihnen ausgewichen, aber sie sitzen nicht im reservierten Abteil, sondern im anderen Waggon. Geheizt haben sie auch, die Wahnsinnigen! »Des is alls nua a Gaunerei.«[43] – »Des Luada hot genau gwusst, wos los is, dass der nie freikommt.«[44] – Er spricht vor sich hin. Ich bin nicht kommunikativ. Ein Waggon voller Männer. Große starke Männer. Die schwere Arbeiten machen können. Heben Tragen Schlafen Stemmen Umschmeißen. Der Selbstredner beruhigt sich, ich schlaf jetzt schon. Nike so süß. Kein schwerer Abschied, weil morgen eh wieder. Gott sei Dank! Dieses Kind wird so lustig und lebendig! Lustig auch, dem Abladen der Zürcher Autos zuzusehen. Der alte Mann hat aufgehört zu brabbeln und liest jetzt versunken. Was noch nicht viel heißt. Die Jugendlichen steigen endlich um, erhitzt, junge Gesichter, aufgeregt, »dei Krippeln! Wissen eh genau, waunna foat!«[45] – Der Alte

---

43   »Das ist alles nur eine Gaunerei!«

44   »Dieses Luder hat genau gewusst, dass der nie frei kommt!«

45   »Diese Krüppel! Wissen eh genau, wann er fährt!«

ist zwider. Sonne scheint rein und überhitzt den überheizten Wagen. Traumlicht! Gelborange auf grün, das macht diesen bräunlichen Effekt. Alles voll! Nein, ich lass niemand hersetzen. Die alte Hand schreckt auch ab. In den größten Tiefschlaf gefallen. »Deis kaus jo net gebn! A Frechheit!«[46] – Lass dich ja nicht in ein Gespräch ein, nur damit du nett bist, mit dieser kleinen negativen Figur, die nur aus Kopfschütteln besteht. Außerdem hasse ich jemand, der liest und die anderen mitlesen/erleben lässt wie V. »Lass di net ärgern«[47], sagt er und packt ein. Aus dem Tiefschlaf gefallen, weil Oz mich angerufen hat. Er ist müde, er geht jetzt auch schlafen. Müde alles. Möchte weinen und weinen. Worum? Um etwas sehr Altes. Letzte Stunde bei der Therapeutin hatte ich mit den Tränen zu kämpfen von Anfang an. Schräge Sonne. Der bohrt in der Nase wie V, unappetitlich. Männer, laut lachende Männer, schiach, derb laut. Klage Nike: »Laut!« – Über Mopeds usw., sie fürchtet sich: »Hoppa!« – Der Bohrende schläft. Große Ohren. Brillen. Frau wird höflich. Mist. Waldidylle wie immer, nur auf der einen Seite ein Gerüst.

IM ZUG, DIENSTAG, 23.9.2008
## FÜNF KRÄHEN VOR GRAUEM HIMMEL.

Eine Hornisse gegen die Scheiben, summ, wumm, ich sehe sie nicht. Eine Spinne lässt sich vom Dach am Bahnsteig. Das wird ein Tag, das wird ein Herbst! Aber ich lass michs nicht verdrießen, einmal muss man

---

46   »Das kann es ja nicht geben! Eine Frechheit!«

47   »Lass dich nicht ärgern.«

schließen[48]… Tod Tod Tod. Die große böse Spinne S verfolgt mich bis in meine Träume, meine schlaflosen Nächte. Hysterisch große Augen, wachsgelbes Gesicht, starr, eine lebende Leiche, eine hässliche Zeichentrickfigur. Raab still. Die Stimme ist das Hässlichste an ihr und der Wortschmutz, dieses verrückte verzweifelte Wahnsinnsgewirr. Dennoch will ich nicht der Anlass sein, dass sie endlich eingeliefert werden kann. Tod Tod. V im Spital, will dringend heim, quietschvergnügt ist er, sagt Inga, heute muss ich hin. Und auch sagen, dass es nicht mehr geht. Nicht von ihm aus und für seine Einschätzung nicht mehr geht – für meine! Dass ich jetzt jemand will, der sich kümmert um ihn, der immer im Haus ist. Alternative Altersheim. Das ist die erste Etappe, die schwierigste. Ich hätte so gern, dass ein Arzt mir entweder sagt: »Der hat nicht mehr lang!« oder: »Der hat noch einige Jahre vor sich!« – Der pflichtbewusste kleine Schaffner. Meine Haare glatt wie aus dem Moor. Mit einem Dialekt oder Klang der dort, ein Serbe oder ein Slowene, Kroate? Könnte auch Lette sein. Erzählt von »Exfreund, geschlagen, verletzt, Anzeige, Auto, beschimpfen – gibts überall«, sagt er. Die Gewaltbereitschaft wächst, überall. Sting neben mir nickt ein. Nebel. »Indien«, sagt er. Kann auch sein, die Sprache ist so weich. »Weich!«, sagt Nike. »Laut!« – Da runzelt sie die Stirn, »leise«, da schaut sie aufmerksam, Beifall heischend. Waldidylle. Balken sind weg, Fenster zu, Tod offen. »Kriminalität«, sagt er. Irgendwas von einem »Meteoriten, genau auf die Erde zu.« – »Die Menschen haben alle diese Ideen.« – »Wart ma was passiert.« – »I

---

48    Liedzitat (Kanon): »Lasst euchs nicht verdrießen, einmal muss man schließen.«

hoff net!«[49] – Ach, Kinder. »Wär schon Scheiße!« Jaja.
»Das würde Europa brauchen!«, sagt der andere weise.
Stings Kopf fällt nach rechts. Heftige Träume wieder.
Verfolgungsjagden. Das meiste vergessen, Gott sei Dank.
Schlafe. Sacke weg. Fest geschlafen bis Don Bosco. Sting.
Bin unglücklich und warte heftig auf meine Therapiestunde, jetzt jede Woche. Das Widerliche für Oz und
mich: Wir sind im Prinzip gute Menschen – glauben
wir zumindest –, auf deutsch »guada Lopp«[50] oder Trottel, von uns kann man alles haben. Aber langsam gehts
an die Substanz. Letztes Hemd. Sterntaler.

## GANZ SCHÖN TURBULENT!

Zwei Stunden früher vom Arbeiten weg, Nike abholen,
mit ihr nachhause, auf Johanna warten, die eine leichte Ge-
hirnerschütterung hat, halb krank ist, Durchhalten ist das
Schwerste für sie. Zwei Wochen Ausgrabungen, das bitterlich
weinende Kind zurücklassen, man selbst die Rabenmutter,
Johanna selbst weinend, armes Kind. Mamas Kuli, tröstlich,
Mädchen gegenüber mit schwarzem Zeug, olivgrünem Un-
terrock und Spitzenleibchen. Die sind sehr mutig, die Kinder. Wenn ich heimkomme, ins Spital zu V; mit Arzt/Ärztin
reden. Einschätzungen, Zeitrahmen. Pflegebedürftigkeit.
Pflegestufe. Augen zu, da hab ich den Hauptbahnhof noch
nicht verlassen, in Raaba wieder auf. Was tun mit V. Lasse hat angerufen. Wird mir was überweisen. Putzen. Auch

---

49   »Ich hoffe, nicht!«

50   »Guter Lapp, Depp.«

gut, haben Oz und ich was davon. Muss V konfrontieren. Hab sehr tief geschlafen, jetzt gehts wieder. Ich werde mich erkundigen. Bett und Zimmer. Bedingungen, was nehmen sie. Ungarinnen. Slowakinnen. Was machen sie. Sie gehen einkaufen. Wie rechnen sie ab. Sie kochen, waschen, putzen auch den Haushalt des zu Pflegenden. Entlastung für Oz und mich. Wir arbeiten, verdienen die Brötchen. Lasse zahlt zu. Die andern Geschwister in Naturalien, Britta Kleidung, Inga Arbeitshilfe und Besuche und Arztfahren usw. Oz und ich entlastet. Können wieder einmal Buschenschank gehen oder Essen. Ab und zu was miteinander unternehmen. Vor dem Tunnel, ca. fünfzig Meter, steht ein wunderbarer Kronprinz-Apfelbaum! Rotbackig. Hagebutten. Langes gelbes Gras. Nussgesträuch wird braun. Der Junge gegenüber hat einen Pullover mit über und über Totenköpfen an. Die zickige hübsche Dünne lernt Buchhaltung. Spachtelnägel dick weiße Ränder. Indisches Springkraut. Bis zu sechs, acht Meter werfen sie, sagten sie im Fernsehen. Verdrängt auch alles, wie asiatischer Knöterich. Aus Waldidylle-Schornstein raucht es. Gemütliches Bild. Gotisches Lusthaus. Typ Gründerzeitvilla, reich geworden. Vielleicht bauen Oz und ich was Neues. Ein Kalb hüpft seiner Mutter nach, ein alter Bauer montiert den Elektrozaun.

IM ZUG RETOUR, MITTWOCH, 24.9.2008
**SUPER!**

Zwei Stunden früher! Für mich allein! Brauche nicht Nike abzuholen – heute wars viel leichter, sagt Johanna – brauche nichts Besonderes zu unternehmen, Oz ist nicht da, ich werde also zum Hofer einkaufen fahren, Jacke vom

Putzen, Mantel hinbringen, Vs Wahlkarte abholen – alles klappt wie am Schnürchen. Erkundigt nach 24-Stunden-Pflege hab ich mich auch, das Gesetz wird geändert im November, bis dahin geht sowieso nix. Jetzt dann »nur noch« das Schwerste: ihm mitteilen, dass. Nie mehr, wie es war. Chance auf neues Leben, neue Etappe. Neue Bekannte, vielleicht neuer Sinn. Familie ja trotzdem. Ist eh jetzt auch schon selten. Aufatmen. Oz ruft an, er hat einen Spray gekriegt, eigentlich für Altersheime. Urinspray. Für die Möbel, und für die Luft auch, weg mit dem Altersheimgerüchen! Bis Raaba mit Maria telefoniert wegen der Situation. Weitere Anforderungen. Aber dass wir sie keinesfalls verlieren wollen! So sauber so super so fantasievoll, wie sie putzt! So schönes Blaukraut! Kraut! Kohl! Kohlsprossen!! Der Zug bleibt jetzt überall stehen. Autal und Laßnitzhal. Große zottelige Schafe. Wie schön – hell – klar – richtig – wichtig sie jetzt dasteht, Idylle! Wie die Stimmung wechselt. Ist Grundgefühl.

IM ZUG RETOUR, DONNERSTAG, 25.9.2008
## NICHT ZITTERN.

Ganz normal nach Weiz fahren, nicht wanken. Du organisierst neu. Er hat zu gehorchen und zu folgen. Wenn man es so ausdrücken will. – Wie man sieht, komm ich aus der Therapiestunde. Loslassen, sagt die Therapeutin unerbittlich und hart – auch den Vater! Eh schon so ein dünnes Schnürl, sag ich. Den Ballon halt lassen. Auslassen. Loslassen. In den Himmel. Nicht in seine Schuhe, nicht in seine Haut. Ich bin seine Tochter, er der Vater, der alte Vater. Der gebrechliche Vater, der senile demente Vater.

Ich gestalte nun. Ich will es so und so haben. Gleich wird mir gegenüber jemand Platz nehmen. Oder auch nicht. Egal. Kopfweh, starkes, starkes Kopfweh. Junge Frau mit rosa Pullover und Brillen setzt sich gegenüber, Kurzhaar, hübsches Lächeln, liebes Mädchen. Könnte schlimmer sein. Das Problem bei Besuchen: Er hat nichts zu erzählen. Man kann also nur *small talk* machen und das interessiert mich nicht. Niemand von uns. Sabine heißt das Mädchen, verkündet sie, passt. Bei Raaba schlaf ich dann. Schaffner weckt mich vor Laßnitzhöhe. Die Rehe stehen heraußen, drei, wie verzaubert! Im Regen! Der Kronprinz-Apfelbaum, der Tunnel. Traurig, aber wahr. Realität. Stellen. Ich mache. V muss sich beugen.

IM ZUG, FREITAG, 26.9.2008
## WIE ANFANGEN?

Wie weitermachen? Diesen Tag, dieses Wochenende, die nächste Woche? Nun haben wir wenigstens die Aussage des Arztes (ich brauch immer eine Expertenmeinung?). Dass er nicht mehr allein gelassen werden kann. Jemand spricht arabisch, eine erwachsene und eine Kinderstimme. Der kleine Luca durch sexuellen Missbrauch umgebracht, 18 Monate, was ist das? Man möchte dreinschlagen, oder weinen, unendlich weinen. Vs Raab. Nie mehr fischen. Nicht einmal zuhause noch fähig, allein sich durch die Wohnung zu bewegen. Zu schwach, um sein Kreuzel zu machen auf der Wahlkarte. Autobahn staut, gut, dass ich Zug nehme. Zügig. Keine Kraft mehr, auch die Lust hat ihn verlassen. Tagsüber witzelt er noch, sagt der Arzt. Ich werde mir den Montag als Urlaub nehmen und dann so richtig räumen. Den grauen Kasten als Kleiderkasten. Bett bestellen. Schreibtisch und Dreieckskastel weg. Die braunen Kühe auf der Weide, ich heute anthrazit und rot. Entschlossen. Motiviert durch die Therapeutin. Die schottischen Rinder ruhen. Krähen hängen in der Luft. Grauer Tag. Freitag, Waldidylle wie gestern, immer schiefer der Blitzableiter. Vs Augen werden milchig bläulich greisenhaft. Jetzt muss ich organisieren, aber das ist gut, hab ich was zu tun, geht was weiter. Ihm sagen. Am Sonntag? Inga könnte auch. Jetzt wäre es wirklich schön, wenn er sterben könnte. Nicht, damit mir Organisatorisches erspart bleibt, das ist egal, muss ich sowieso machen. Aber das wird kein Spaß. Er kann sich schwer umgewöhnen, sein Zimmer hat er auch verloren. »Es ist nichts mehr!«, sagt er. »I mog net mea!«[51] – Oz fragt zu viel. Mehr reden, nicht fragen. Geschmack nach Kümmel im Mund, nach Teer. Manchmal denke ich, jetzt rufen sie an und sagen: »Ihr Vater ist verstorben«. Eine orange milchige Sonne geht auf, in grauer Suppe, leuchtet verschwommen, doch stark, mit Runge-Wölkchen als Verzierungen. Wochenende. Räumen. Es ist wohl Joschkas Tochter, die da immer bei ihm steht, sie hat die gleichen traurigen Hundeaugen. Der ehemals Missmutige wird größer und fescher jeden Tag. Viele Menschen, viele, viele, strömen. Alle missmutig zu ihrer Arbeit Schule Lehrstelle, Sonne leuchtend durch Blaufichten, feucht und kühl. Ratlos und doch nicht. Schwebezustand und doch auf dem Boden. Starke Kopfschmerzen, schlecht. Angst. Hunger. Traurigkeit. Der Schaffner fröhlich zackig pflichtbewusst. Es ist der, der nicht reden kann. Hitzewelle in mir. Altersfle-

---

51    »Ich mag nicht mehr.«

138

cken auf meinen Händen. Murmeltier vor mir erwacht, streckt sich, strafend schaut der Mürrische auf mich herunter, der Kommunikative reibt sein Kinn, heute kein Partner. Grauheit. Kühlanlage summt, junge Männer reden sehr angeregt.

# DIE WELT HAT SICH VERWANDELT

**DIE WELT HAT SICH VERWANDELT.**

Leeres Storchennest. Gelber Ahorn im Park. Nebel
über den Hügeln. Rosskastanien, prall und glänzend.
Arbeiten bis zum Umfallen. Geleistet, umgestaltet, wofür ich Monate/Jahre gegeben hab, in zwei Tagen. Mithilfe von Oz, nie vergessen! Wohnzimmer umstellen,
kleines Zimmerl für Pflege, Bett bestellt und geliefert,
Pflege organisiert, die beginnt am Freitag. Hoffentlich
keine Schwierigkeiten von Seiten des Spitals. Hellblau
und rosa der Himmel in der Gegend Laßnitzhöhe, neben mir der Familienvater liest irgend ein Blatt, schräg
links vorn der Kommunikative vertieft sich in die Regie-
rungsbildung, wie die Krone sie will, links der Typ lernt
aus einem sehr ordentlichen Heft. Weil ich die Weste
anhabe (dunkelblau und grau heute) und sehr schnell
gegangen bin, der Zug natürlich geheizt, ist Schwitzen
angesagt. Waldidylle wie gehabt. Ach V, warum (ver)lässt
du mich nicht. So schwer diese Organisation, und ich
hab das Gefühl, es fängt an, ihm zu gefallen. Alles wieselt um ihn und er bekommt netten Besuch. Zu wenig
natürlich, furchtbar fad ist ihm und die Nacht ist lang.
Ja sicher. Mir ist schlecht und schwindlig vor Müdigkeit, Oz hat wieder eine Säureattacke gehabt, mit viel
Husten und verätzter Speiseröhre, das war um vier, seit
halb zwei hab ich mich gewälzt. Bei Schlafmangel und
dringender Notwendigkeit! So viel zu tun! War nicht
locker, einziger Vorteil, dass er nicht da ist und wir uns
das Haus einverleiben. Eigentlich ist es wieder anders

als gedacht. Jedenfalls verblasst im Tun die Vorstellung des alten langweiligen Wohnzimmers, das wir hin- und herdrehen: Was tun damit? Jetzt haben wir bereits Platz geschaffen und verändert. Der Zug steht ganz schief, fährt langsam an, was ist los? Jetzt wieder normal. Autal war das, die Kurve vorher, ganz schief. »Is die Johanna zuhause?«, kann er z.B. fragen. Er meint, komm ich drauf, dass sie in Gleisdorf wohnt, im ersten Stock. Muss schon wieder aufs Klo, heut könnt ich dauernd rennen, in der Nacht auch. Jetzt hab ich einen ganzen Sitz. Aber an sich gehts mir gar nicht so schlecht. Ich staune selbst, was ich alles schaffe. Schlafe. Eigenartiger Tag. Als sollte ich heute nicht schlafen, sondern wach sein. Wachsam.

IM ZUG, DONNERSTAG, 2.10.2008
## TOPINAMBUR

blüht überall, nur in unserem Garten ist er grün, zu viel Schatten. Der Dumme zupft Mutti am grauen Poncho, sie soll sich zu ihm und dem Kommunikativen setzen. Morgen kommt V. Mir ist schon schlecht. Auch die Tricksereien mit dem Geld. Wir dürfen ihm keins mehr geben, sonst verschenkt ers dauernd. Ich werd ihm erklären: dass die Pflegerin (die er nicht will) seine ganze Pension kostet und wir noch dazu zahlen, vor allem Lasse. Wenn er also den Kindern was geben will, ok, aber bitte keine Trinkgelder und Geschenke für die Pflegerinnen, das geht sich nicht aus. Wird nicht einfach. Nach und nach wird er abmontiert. Aber so ist das. Wir bringen ihm ein Bier. Heute letzter Besuch im Spital. Wieder leichte Nebelschwaden, dunkle Nadelbäume und bunt sich verfärbendes erstes Laub von

Ahorn und wildem Wein. Bin ach so schwermütig. Träumte magisch. Von Fröschen und Kröten in allen Farben, da dachte ich noch, ich sei wach, weil alles so realistisch war. Und wenn man träumt, das merkt man doch! Dann ein rasches Wegziehen, viel schneller als im Film, und ich merke, dass ich das kann. Lasse mich fallen, gehe mit und sperre nicht mehr. Waldidylle übersehen. Eingeschlafen. Mag nicht arbeiten, viel zu müde. Immer dieses Aufwachen in der Nacht, zwei, drei, vier. Mutti erzählt von *fulltime* nach Arbeiten, es ist ähnlich. Wäsche Kochen Kinder bei Aufgaben beaufsichtigen usw., wenn sie heimkommt von der Arbeit. Der kleine Prinz ist Schaffner. Rot geht die Sonne auf. Ein Riesenball, man sieht nur ein Segment.

IM ZUG RETOUR, DONNERSTAG, 2.10.2008
## PADMA NERVOTONIN

soll ich nehmen, meint Eva. Davon ist sie immer so total ausgeglichen, gelassen, ruhig, *relaxed*. Mit Nike telefoniert eine ganze Weile. Na, das wird was werden morgen! V wird mit der Rettung nachhause gebracht, Nike übernachtet bei uns, dann kommt die Altenhilfe. Am Vormittag hol ich Windeln vom Arzt, eine Leibschüssel von Curasan, Urinsackerl nicht vergessen. Und jetzt, wenn ich heimkomme, fahren wir nach Weiz, ins Spital. Ich schlaf jetzt schon im Stehen! Die grüne PVA, lustig, jetzt sitz ich mal auf der anderen Seite und gegen die Fahrt, das hatte ich noch nie. Eingeschlafen, fest. Vor mir steigt der Johann H-Artige in Lederjacke ein, seine Kugelaugen treffen kurz und verunsichert meine. Jetzt gehts wieder. Munter. Die zwei kleinen alten Menschen sind wieder da. Zwerge. Lesen. SMSn. Schlafen. Tratschen. Jetzt ist mir wieder schlecht. Das Blaukraut und der Wirsing gehören geerntet. Alles ist in Ordnung, sagt mir alles. Überlass dich dem Sog, sagt die Therapeutin. Sei nicht zu nett und übernimm nicht die Arbeit der Pflegerin! Na, werden. Tierzeichen. Flugzeug von Fossett wurde aufgefunden. Vor einem Jahr abgestürzt. Wer sind die Erben? Wo ist die Leiche? Wer hat dran gedreht? So denk ich mir automatisch. Hendl.

IM ZUG, MONTAG, 6.10.2008
## DENKE NICHTS.

Trotte so dahin, in einen neuen Alltag. Aus Erschöpfung. Nicht einmal mehr Ratlosigkeit, denn es ist alles auf Schiene. Jetzt mal eingewöhnen. V ist nicht zufrieden, deshalb kann ichs auch nicht sein und bin unsicher, hab schlechtes Gewissen – hier hat er mich wieder, aus seiner Schwäche heraus. Die Müdigkeit total. Aufgewacht zwölf, eins; dann dachte ich, es sei zwei, aber es war schon halb sechs. Die ganze Zeit schmerzt mein Herz. Herzlosigkeit. Aber wohl auch nicht allein bei mir. Doch ich komm mir so vor. Grausamkeit. Zug übervoll und überhitzt, strahlend leuchtende Farben von Orange bis Lila bei Sonnenaufgang. Sitz neben Murmeltier, es tut regnerisch, meine Finger und Nägel schwarz, krieg ich nicht runter, Nüsse geklaubt, es hat in einem Guss fast alle runter gehaut, man geht auf harten Mugeln[52], rollt. Nike das lustigste liebste Kind. Wie sie plötzlich

---

52   Mugel = Hügel, Berge, Erhebungen.

zu weinen beginnt, als Johanna auf ihren Papa zu reden kommt. Aus dem Nichts ganz furchtbare Tränen, »Nike weinen!« – Da versagt einem das Denken. Das war für uns als Kinder anders: Unsere Eltern. Klar, und enorme Sicherheit (Waldidylle Tor weit offen, Blitzableiter sehr schief): Auch wenn die Alten sich nicht verstehen und immer streiten – aber keine Rede von Scheidung oder Auseinandergehen! Streiten ist normal, lernt das Kind. Will das anders haben, lernt es auch. Harmonie um jeden Preis. »Mir gehts gut und ich bin froh«[53] (nicht wahr?) Die Plage meines Vaters in diesem Leben. Warum kann er nicht sterben, fragt Johanna genervt. Allmählich gebe ich die Idee auf, dass alles, was von meiner Tochter kommt, das Evangelium sei. Träume von Oz, noch viel schrecklicher. Kurs: »Schatzi, wir werden Multimillionär!« – »Schatzi, was ist, wenn ich in Frühpension gehe?« Erschöpfung total.

IM ZUG, MITTWOCH, 8.10.2008

## GELUNGEN.

Mit Mühe und Not freilich. Aufgekämpft aus dem Schlaf – wieder mal ein bis zwei Stunden wach in der Nacht – und fast nicht aufgekommen, dennoch: Zettel schreiben, alles bedenken, Haare waschen, es geht sich alles aus. Soviel leichter jetzt. Ununterbrochen regt sich der Kleine mit dem Spitzschopf, der Blonde mit den verhatschten Schuhen, schöne Haut, über Gott und die Welt auf, »Scheiße«, jedes zweite Wort. Macht dummen schlech-

---

53   Ein alter Schlager von Heinz Rühmann - oder Heinz Erhardt?

ten Nebel. Neben mir Murmeltier mit seinen Jungmann-händen, weich tapsig ohne Arbeit, paar Haare, Musik im Ohr, die blau-gelb-grün gestreifte Kappe. Unsere jungen Männer sind teilweise nicht beschäftigt. Unbefriedigt, unterfordert. Oz hat sich über zu wenig Körperkontakt beschwert. Ist sicher ein Problem. Ich brauch nichts, aber er. Vorne endlich verstummt. Der Pferdemann hat sich zum Skeptischen gesetzt. Skeptisch ist besser als unfreundlich. Nebelwogen, dicht über den Wiesen bei Laßnitzhöhe. Schweigen im Walde, endlich. Als ob die Wiese Wäsche kocht. Heut viel vor. Brauch außerdem Übersicht. Nächste Woche dann lockerer. Wird schon gehen. Sei nicht unruhig. Die Strenge ist dazu überge-gangen, den Standard zu studieren. Die Weltwirtschaft kriselt in einem Ausmaß, man kann gar nicht hinsehen. Sehr gefährlich, das wissen wir alle. Dünnes Eis, weil ein paar Machtgierige alles wollen. Jetzt kriegen die kleinen Sparer Garantien. Wenn wir euch schon tagtäglich aus-rauben (Lebensmittel Wohnen Benzin Öl Steuern…), eure Ersparnisse nehmen wir nicht (alle)! Super, danke, Politik! Bin ich froh, dass ich nicht mehr drin sein muss, Jasager, Erfüllungsgehilfe in der Abstimmungsmaschine, Alibidemokratie. Murmeltier macht sich breit und Mü-digkeit steckt an.

IM ZUG, MONTAG, 13.10.2008

## EISENGESCHMACK

im Mund, Spitzwegerich, etwas neutralisiert dann durch Isabella-Trauben. Kühl und dunkel der Morgen, Sterne, am Montag wie wild die Autos, Hummeln. Wir fahren schon, Tag in Braun, Nike abends, Johanna hat ihr erstes Privatissimum und beginnt mit ihrer Diplomarbeit. Eigentlich passt alles, Traurigkeitswellen kommen hoch, V tut mir leid jetzt, Liebe, kämpft mit dem Tod, gibt nicht auf, hilft nichts. Wieder ein Wochenende mit Harnstau und Arzt, langsam waren sie alle bei uns, die Ärzte. Nägel noch immer schwarz von den Nüssen, aber langsam wirds überschaubar. Im Garten gestern so viel getan, die schweren Töpfe nach unten, Terrasse frei bis nächstes Frühjahr… ciao, Abschied an allen Ecken. Nebel, darüber Lachs und Dunkelblau, Lila. Heute wirds spät, Diana anrufen. V bedürftig nach Liebe seiner Kinder. Musik. Schemen von Häusern und Wald, Spooky Time, Halloween naht, der große Kürbis, Johanna geht auf eine Party, lustig. Braucht keinen Mann jetzt, nur zum Amüsieren, will sich ihr Leben selber bauen. Später dann, meint sie, unter den Archäologen findet sie sicher einen, oder vielleicht einen schrulligen Schlossherrn oder Gutsbesitzer in Tweed, mit Pferden und Hunden, vor allem Geld. Sie braucht Platz und jemand, der zusammenräumt. Träume. Seien ihr vergönnt. Waldidylle nur als Schatten, nichts Genaueres zu sehen. Werde heute wieder eine dieser Listen machen, schön ruhig und gemächlich, blöde Besprechung vorher, unangenehm, dann normaler Tag. Angstgegner am besten gleich angehen, meine Bandscheiben machen Probleme. »Spaziergang« auf den Schöckel war zu viel für mich. Der junge Prinz mit junger ausgeschlafener Stimme (Schaffner). Das Normale wird zum Besonderen. Wie es sein sollte, wie es fast nie ist. Ausgeschlafen zum Beispiel. Heute fühl ich mich etwas eingezwängt. Links gleich drei Mädels im Schlaf, jede bequem mit der Tasche auf dem Sitz neben sich, damit sich niemand hinsetzen kann. Vergnügt bin ich nicht heute. Das muss im Lauf des Tages kommen. Ostbahnhof, die Chice steht neben mir, ihr Hüftgürtel an der Jean, die grad den Hintern bedeckt, und das lila Shirt, in Augenhöhe, aber teure Lederjacke und -tasche, satter Klang eines teuren Dings, der Reißverschluss sogar klingt anders, tut anders. Bin auf leeren Sitz rüber gerutscht, der Starke war nicht besonders begeistert von mir als Nachbarin, aber wer ist das schon außer Oz. Er liebt dich wirklich, sagt die Therapeutin, ich weiß, sag ich. Ich lieb ihn auch (wirklich).

## SO EINE SCHEISSE!

Soviel Pech heute! Ich verpass den Bus um ein Haar. Wär sich bequem ausgegangen, aber der fährt zwei Minuten zu früh weg! Ich extra zu Andreas-Hofer-Platz, weil bequem, wenig Leute, Sitzplatz. Muss dann retour alles, noch mal Bahnhof, den um 20.11 nehmen, bin halbe Stunde früher als geplant daheim, muss noch froh sein. Hab meine Bankomatkarte irgendwo vergessen, angebaut, weiß nicht. Unruhig, sag nichts davon zu Oz, sonst wird der wieder verrückt. War anstrengend für mich – und mein Kreuz ist nicht gut. Morgen gleich wieder arbeiten, bin so k.o. und so unglücklich. Erreiche Oz nicht. Wegen einer halben Stunde! Früher weggegangen, was: gerannt! Es ist so anstrengend, wenn man über fünfzig ist. Und die Augen tuns auch nicht. Aber alles ok, wenn nur Johanna gesund ist! Bitte keine schlimme Lymph-Geschichte! Bitte Gott! Ich werde fröhlich sein und ohne Bedauern und gern und froh arbeiten und alles machen! Wenn mir nur meine Tochter erhalten bleibt! Was mir – diesem meinem wunderbaren Enkelkind, das so an seiner wunderbaren Mama hängt! Der junge Prinz spricht wieder und der Zug hält überall. Neben mich hat sich ein Grobschlächtiger mit Stiernacken, der sofort seine McDonalds Sachen ausgräbt, wühlt, menschlichen Abschaum haben wir da, tut mir leid, brutale und dumme Leute, gesetzt. Er schmatzt auch. Zwei zierliche Mäuse mit einem Fettberg steigen ein. Ein humpelnder anscheinend Albaner oder so, Stachelhaar und billiges Baumwollzeug. Der neben mir knuspert und schmatzt. Schleckt seine Finger ab, stierer Blick, rotes Gesicht. Der Zug fährt nicht… Getrieben wie eine Maus, eine Ratte, ein Tier, hin und her gehetzt bis zur Erschöpfung. Ich mag nicht mehr, kann nicht mehr. Mit geschlossenen Augen frisst dieses Tier. Ich bin in Gefahr. Vorhin setzte ich mich neben einen Säufer in der Straßenbahn, wahnsinniger Blick, Grinsen, graues Kraushaar lang, dünner Mann, stank nach Fusel, aber es war schon zu spät. Redete in urigstem Kärntnerisch plötzlich in sein Handy: »Jörgi« und »Adi« usw., als hätte er den Anschlag geplant. Gegenüber ein Hippiepärchen alt und grau, er mit gelblichen langen Fransen, dünn, Vollbart, sie mit Kraushaar, wie betrunken, Bergschuhe und so altes Gewand, Jeans, Pullover, dass du nicht mehr weißt, was die tragen, sie kniet neben einer leeren Schachtel Biobananen. Ich übertreibe, aber ich bin empfindlich bis zur Explosion. Das Vieh neben mir frisst mit geschlossenen Augen, tunkt Semmeln in Mayonnaise, frisst eine Knabbernossi, tunkt, bis laut in seiner Tasche mit einer schwarzen Musik, ganz laut, ganz wild, ewig, er lässt läuten, bis er reagiert, zieht es langsam aus Hosentasche, mit geschlossenen Augen, spricht neben Fressen und Knistern von Papier – ein Schwein. Was für eine Sprache? Fetzen. Rumänisch oder Russisch. Nur Stöhnlaute. Ist das überhaupt eine Sprache? Knüllt alles und schmeißt hin. Könnte auch Steirisch sein. Ist Steirisch. »Deis stimp! Wou bistn?«[54] – Vollmond. Weißer Vollmond ohne einen Schatten. Ich bin unglücklich und eingeklemmt. »Tschüss! Baa!« unglaublich… Der geht und schmeißt das Zeug in den Mistkübel. Verschwindet aufs Klo. In Raaba begrüßen sich zwei Jünglinge glücklich auf Treppe, herzlich, mit Umarmung. Nächster Halt Autal. »Dieser Zug hält in allen Stationen.« – Bin vielleicht auch alkoholsüchtig, dumm mit verhaltener Aggressivität und Irritation, auch Verlorenheit speist sich zum großen Teil aus meinem nicht Getrunken-Haben heute, nicht einen Schluck! Ich warte hart auf meinen ersten Schuss! Campari-Sekt, darunter tu ichs nicht mehr. Vielleicht bins wirklich nur ich. Und sollte mich in eine Ecke verkriechen und nicht andere beobachten. Das Tier kommt vom Klo zurück und legt die Beine auf die Bank, in dreckigen Schuhen, versteht sich. Stinkt nach Alk. Hat jetzt anscheinend am Klo getrunken. Alles stinkt. Jetzt zieht er sich die Schuhe aus und legt sie auf die Bank. Was ist besser…? Tunnel. Ein Mädchen geht vorbei. Ganz in Schwarz, mit riesigem alten Rucksack, die Haare in grellem Türkis, zu drei Schwänzen gebunden, dazwischen sind die Kopfhaare rasiert. Ring in Mund gepierct, klar. Die Hässlichkeit ist so deprimierend… das Tier schaut irgendwas in seinem Handy an, gafft. Laßnitzthal. Qual. Nichts geht. Der Zug röhrt, alles steckt, in mir steckt es. Drei kichernde Hexen hinter mir. Ein Geräusch, als ob

---

54  »Das stimmt. Wo bist denn du?«

jemand ganz laut durch in ein Rohr… sie reden von Partys und Pizzas. »Iwas Aeissn«[55] reden sie. Waldidylle ist kohlrabenschwarz, wie unsichtbar, die Fenster sind oben und unten alle leicht beleuchtet, warm, wie verzaubert. Wie im Märchenbuch, aber gruselig. Ich seh mich in den Scheiben, meine Nase rinnt. Nein, ich will nicht sterben und ich will nicht, dass irgendwer stirbt! Das Tier, krebsrot, ist per Du mit dem Schaffner (der Stinkgeruch aus seinem Mund bis hierher) »weckst mi auf in …«[56], was weiß ich, Feldbach oder Fehring, der Gestank ist die Pest! Wann sind wir zuhause?! Ich bin in der Hölle. Nicht mal schlafen geht noch. Angst. Ekel. Solche Aggressionen gegen dieses stinkende Fleischloch. Mond Mond bleiche Scheibe… ich werde noch verrückt, glaube ich. Wenn Gott das alles übern Haufen dreht, meinen Vater leben lässt und meine Tochter… Dem stinkenden Tier ist endlich das Handy aus der Hand gefallen, der dünstet was aus, unbeschreiblich! Was er gefressen hat. Fett Fleisch und Mehl. Sterben. Solche. Aber nein, die nicht. Die nicht.

IM ZUG, MITTWOCH, 15.10.2008
## EIN BUNTER HAUFEN.

Und langsam komm ich wieder dazu, sie zu beobachten in Ruhe, wie sie heraufströmen die Stiegen, sich verteilen auf dem Bahnsteig. Bin gespannt, wer sich zu mir setzt, hab einen Zweier allein erwischt, gegen die Fahrt – es

---

55    »Übers Essen.«

56    »Weckst du mich in…«

ist eine junge Frau, blond, mit oranger Segeltuchjacke und Jeans, einem Reisekoffer und der Kleinen Zeitung, gepflegt. Mir fällt das Mädchen auf mit der schwarzen Plastiktasche, auf der »Melissengeist« steht, samt den Nonnen. Der grüne Rock der Dünnen schwingt zu all dem Schwarz, dunkle Storchenbeine in gekrempelten Leggins, sehr modern. Der Junge in braun karierten Shorts und Mondrian-Karo-Jacke nicht dazu passend, »kurze Housn!«[57] höhnt der Missmutige, jetzt immer gut drauf. Rattern über Brücke, Raab still, Schimmer, Enten, hab mir blaue Jeans kürzer genäht gestern end-lich, mit Streifenleibl und Segeltuchjacke, beige dickem Fleeceschal in Karamell mach ich auf Segelfrau, eigent-lich nicht passend. Der Himmel wird schön, noch soll es mild bleiben, alles in Ordnung, sehr gut und lang ge-schlafen, endlich, weil mit V alles ok, wir lachen, ich sitze bei ihm abends, stehe in der Küche, Diana erzählt viel, eine halbe Stunde sicher, er schaut Fußball. Vorhin wa-ren sie in der Stadt bis halb sechs, eine Kapelle spielte. Er wollte gar nicht nachhause. Mit Johanna dieses Moo-reiche-Laminat vom Baumax holen, liegt mir auch im Magen. Viele Krähen über Autal, nein, Laßnitzthal, das im Nebel liegt, sonst alles frei, der wilde Wein wird rot, Scheiben blitzen. Waldidylle-Tor offen, oberes Fenster beleuchtet. Es fahren immer mehr mit dem Zug, neue Fremde. Horrorangst vor Johannas Befund, bitte! Ich bete um ein harmloses Infekt-Krankheitsbild, nur nichts Schlimmes! Richard Frankenberger mit seiner KULM-Aktion groß in Kleiner Zeitung, Rehe grasen im Acker. Rote Eiche, Blätterteppiche in Orange auf dem Boden,

---

57   »Kurze Hosen!«

schöne Frische, bei diesen gemäßigten Temperaturen kannst gut denken/arbeiten. Was träumte ich? Irgendwas von Ordnern, Mappen… Schlafe. Könnte immer immer schlafen. Beruhigt, ihn auf Schiene gebracht zu haben. Raaba. Pauli wird immer größer, spitzer, schaut neugierig, schließlich haben wir ihn beim Fünfziger von Inga gesehen, im Gasthaus sitzend mit seiner Familie, und er mich. Die Chice ist heute schwarz-gelb, haben Madame also auch einen starken Farbwechsel-Tag. Bin so müde, drifte dauernd weg im Schlaf, muss so dringend aufs Klo. Der lässige Blonde hat sich das Haar dunkel färben lassen, jetzt nur noch einen blonden Schopf wie Leemal. Heute wär schön ein kleines Fest. Prosecco oder Schokolade. Don Bosco. Die Krähe ist bereits skelettiert. Die Mädchen über Essen und Pizzas, kichernd: »und dann ist er mit einer Rose daherkommen…«


IM ZUG, FREITAG, 17.10.2008

**ICH WERDE KRANK.**

Ganz bestimmt. Obwohl es mir jetzt etwas besser geht. Zwei Aspirin. Margot hat mich runtergeführt zum Bahnhof, ich hülle mich in defensives Dunkelblau, nein, Haare nicht gewaschen, beim Gedanken tun mir schon die Haarwurzeln weh. Das Halskratzen hat sich verstärkt, ist trotz Honigmilch weitergegangen. Soviel geschwitzt in der Nacht, Fieber hab ich keins, aber das kann noch kommen. Will mich vorm heutigen Tag nicht drücken, schreib meine Listen fertig am Vormittag und dann eben dieser Termin, wobei sich eh schon einige entschuldigt haben wegen Krankheit. Der lustige Schaffner… »passt scho…«[58], ich brauch mich nicht zu bemühen und meinen Ausweis zeigen, neben mir ruht Murmeltier. So müde, könnte schlafen schlafen, zuerst wegen Oz, der gestern Nacht wieder eine Attacke hatte, erst um zwölf, und dann war ich wieder wach ab zwei, es ist eine Qual. Und V tut mir leid, wieder. Schaut nicht auf. Eigentlich haben wir jetzt den Rhythmus: Einen Tag gut, zwei schlecht. Diese unendlichen Energien der jungen Mädels! Schläfrig gegenüber dem Unfreundlichen, nein, er heißt der Unhöfliche, eigentlich könnt ich sagen: der mit dem strafenden Blick. Das trifft's am ehesten. »Schularbeit?« – »Eh, Scheiße!« Das Hasenzahnmädchen mit dem karierten Käppi daneben schaut vor sich hin, während ihre Freundin telefoniert. Das war jetzt natürlich der Tunnel, hör ich an Geräusch, also Waldidylle verpasst, und einer hat das Fenster mit seiner Jacke verhängt, ist alles egal, heute schaumgebremst. Heut werd ich nach dem Arbeitstag auf »Krank ab sofort« drücken und ab die Post. Und am Montag geh ich nicht arbeiten, eventuell Dienstag auch nicht. Oder Dienstag doch. Ganz langsam wird es etwas hell.

IM ZUG RETOUR, FREITAG, 17.10.2008, 14.52
## AUS.

Finito Ende kaputt. Hals und Kopf und Körper. Kann nicht mehr. Den Tag grad noch geschafft. Brav. Sogar noch eine Chef-Vertretung beim Kongress. Schlaf ein. Jetzt geht wieder das große Fressen los. Die Dicke links

---

58   »Es passt schon, ist schon in Ordnung.«

153

eine dicke Wurstsemmel und ein Haufen Sachen im Spar-Sackel. Der lustige Schaffner. Ich trinke. Ich müde. Dazu trinkt sie Cola. Diese Müdigkeit ist scharf. Wer hat da wieder getschikt? Grausig. Wochenende. Vor dem großen Run. Die Aufregung. Möchte dünn dün dünn werden. Sein. »Audall und Laßnitzhöhe«[59], hier bleiben wir also auch stehen. Wir stehen. »Zugführer bitte Lokführer rufen«, sagt Schaffner über Lautsprecher. Es geht nicht weiter. Wir stehen und ich bin abgetaucht im Tiefschlaf. Jetzt gehts weiter. Jetzt bin ich wach. Munter nicht. »Nexta Halld Laßnitzhöhe.«[60] – Kaum dachte ich: Jetzt aber Blick Waldidylle – bin ich schon weg. Haider auch schon weg. Grässlich, wie schnell ein Mann weg ist. Schade. Sie hätten BZÖ-Grün-Schwarz gemacht, das hätt ich mir gern angeschaut, aber nein, jetzt wieder Schwarz-Rot. Die streiten nur, weil wir auch nur streiten. Drei Spatzen. Werde allein einen Waldspaziergang machen.

---

59    »Autal und Laßnitzhöhe.«
60    »Nächster Halt Laßnitzhöhe.«

# VERZWEIFELT

IM ZUG, MONTAG, 3.11.2008
## UNGLAUBLICH, VIERZEHN TAGE

sind vergangen, seit ich das letzte Mal ins Heft geschrieben hab. Die Verkühlung ist noch nicht mal durchgestanden, aber wir leben in einer Zeit, wo man sich Kranksein, Auskurieren, Erholen nicht erlaubt. Musst noch froh sein, wenn du Arbeit hast. Feuchtes Wetter, hat etwas genieselt, auch Nebel, feuchte Blätter, Teil ist noch oben, müde, das alles so müde. Heute hatte Oz in der Nacht wieder eine Hustenattacke, ganz schlimm, heute muss er nach Deutschland, morgen Tag der Entscheidung, das große Gespräch. Die entführten Touristen sind aus der Sahara zurück, Ebner und Kloiber, sie schaut aus wie eine Mohammedanerin mit orangem Kleid und gelbem Turban, sehr kleidsam. Eigentlich bin ich zufrieden. Glücklich in dem Zustand. Dunkelblau. Schon auch traurig und abgekämpft. Aber mein Gott. Ich bin gesund, die Sache mit V ist geregelt, die Finanzen kriegen wir auch noch hin. Tür ist offen, Fensterläden auch, Blitzableiter der Waldidylle kippt immer weiter nach vorn. Alles wird so hell, diese wunderbaren Gelbs, Rots, Orange- und Rosttöne heuer. Fast die ganze Zeit geschlafen.


IM ZUG RETOUR, MONTAG, 3.11.2008
## ERSCHLAGEN.

Von der Wucht dieser Sachen. Dieser Herzlosigkeit, sobald es um Geld geht – aber da sind wohl alle gleich.

Neid. Wenn man Geld hergeben soll. Sehr laut und korrekt der graue Schaffner mit der Bürstenfrisur. Mein Magen knurrt. Es knurrt in mir und ich möchte einfach was haben – Zahlungen, Geld. Wenn wir schon ihn haben. Jetzt geht sich nicht einmal der erste Monat aus… das wird echt knapp. Das geht sich einfach nicht aus mit der Pflege… mir schwirrt von all dem schon der Kopf. Bin ich gezwungen, das zu machen, das zu lernen? Anscheinend. Bevor er stirbt, auch noch das komplette Handeln von Finanzen. 1.021,–/Pflegegeld pro Person, 2.042,– für beide. Das geht sich aus, wenn ich alles, also seine Pension plus Witwenpension, rechne. Aber eben keine Ausgaben mehr zusätzlich. Aber die kommen! Versicherung und Medikamente und Pflegegeld und Windeln und und… Mein Gott… wenn ich jetzt die Versicherung und die Heizung usw. übernehme und auch einen Anteil fürs Haus – geht es dann leichter? Aber zahlen wir nicht schrecklich drauf dabei?

IM ZUG, DIENSTAG, 4.11.2008

**VERZWEIFELT.**

Wirklich. Verschwitzt geplagt verhetzt. Lasse glaubt, er hat alles getan. Einmal 1.300,–, dann 500,– monatlich zugeschossen – und geht schon. Aber geht nicht! Solche Sorgen wegen des Geldes. Das ist sowieso immer das schlimmste. Aber diese Falschheit eines Lebens, wo das Junge, Neue nicht mehr leben kann, weil mit allen Mitteln das Alte, Verbrauchte am Leben gehalten wird. Erhalten. *Never die*, alte dumme Sehnsucht von Menschen. Nicht auslassen, nichts hergeben. Grinsendes Gesicht meines Vaters, hässlicher alter Joker, triumphierend: Ich bin immer noch da! Fassungslosigkeit. Weil du es ihm ermöglicht hast. Und jetzt, mit den Pflegerinnen, überwacht und betreut, stirbt er schon gar nicht. Kann gar nicht sterben, darf nicht. Wird immer neu aufgepäppelt, damit das Radl funktioniert – die Mädels leben schließlich davon! Da ich aber an Gottes Gerechtigkeit glaube, unerbittlich, noch immer, hinter dem Ganzen, wahre Hioba, sag ich mir: Gott findet eine Möglichkeit! Das Schlupfloch. Mein Vater wird über seine eigene Verschlagenheit stolpern, er wird hinterm Rücken der Pflegerinnen was machen, das ihn trotzdem umbringt. Wird alle austricksen, der letzte große Trick. Waldidylle offen. Mamas unendliche Geduld. Nein, auch nicht. Mamas Freude. Aber: »Ganz mühlos lässt sich Freude nicht erjagen« oder »Wer Blumen pflanzt« – das wäre ein Titel für ihr Leben. Denn sie hat was geschaffen. Sie hat was aufgebaut, das nach ihrem Tod noch wachsen kann, aus sich, weil da die Quelle der Lebensfreude ist. Mit ihrer Hilfe haben wir sie finden können. Tun, Bewirken, Glaube. Unendlicher Glaube. Das war Mama. Ich stehe so sehr unter Stress, dass ich nur wischen kann. Meine Schrift fast unleserlich. Meine Wut unbändig! Er aber – der Teufel – hat alles vernichtet. Alles gefressen, alles genommen. Denn der Teufel ist ein Sandwurm, eine Sauf- und Fressmaschine, früher Fick-, aber das ist alles unterbunden, durch Schläuche, jetzt noch sichtbarer durch Sackel. Tragst du dein Urin äußerlich? Ich träumte, mein steirischer Roman hätte derartig eingeschlagen, auf der Website 8.000 Zugriffe, dann 20.000, 40.000, die Fülle nahm zu und zu. Es war so ein göttliches Gefühl. Ich sitze jetzt an dem Punkt – ich spür das –, wo Wut in Kreativität sich wandelt. Löse und binde. Ich hab eine Gehaltserhöhung bekommen. Irgendwas hinter den Kulissen bewegt sich. Ich werde bewegt und die Dinge entwickeln sich gut. Viel Arbeit, mein Job – aber meine Position ist gefestigt. Brauchen diese Basis, weil Oz jetzt unsicher. Heute sein großer Tag, zum Fürchten. Ich fürchte, dass er alles hinschmeißt. Tobt und dann sagt, was er denkt. Obwohl es die Befreiung schlechthin wäre und wohl auch nötig. Wie damals bei seiner Mutter. Er muss es ihnen und sich selbst sagen: Es reicht! Freilich ist er dann seinen Job los, sein Auto los. Könnte aber neue Ideen kreieren, vielleicht mit Johann wieder?! Warum nicht. Mein rechter Zeigefinger wird langsam kaputt, das Glied tut weh, oberstes, entzündet, wird gichtig oder so, wie bei Mama. Vielleicht ist diese Eruption notwendig. Gott *only knows*. Ich arbeite gern in meinem Job. Mein Vater wird sterben. 6. Dezember ist das nächste schöne Datum, da die Katze am 6. Juni gestorben ist an ihrem Krebs, sechs Monate vorher, Sex ist wichtig, mit großer Verachtung. Verzeihen wird immer schwerer. Das Mädchen mit dem Jugendstilmantel ist wieder da. Ostbahnhof. Warum fahren wir nicht. Der nebenan seine Aufgaben macht, sehr säuberlich, schaut. Der gegenüber schläft weiter, grell oranges Plastikuhrband. Murmeltier, neben dem ich täglich sitze, zuckt im Schlaf. Der Fredi-Schaffner ist sehr ernst heute und spricht knappe Worte. Schäfchenherden von weißen und grauen Wolken, gelblich und blaues Licht, will uns streicheln, die Sonne. Muss dringend aufs Klo. Viel Arbeit. Macht nix.

## OZ KOMMT ZURÜCK

aus Deutschland. Und hat seinen Job nicht verloren – keine Kritik an ihm und seiner Arbeit, alles ok. Johanna kommt zu mir und spricht von den Schwierigkeiten einer allein erziehenden Mutter an ihrem Institut, als Studentin nicht wahrgenommen, als gäbe es keine allein erziehenden Studentinnen. »Ist da noch frei bei Ihnen?« – Sie lassen uns in der Dunkelheit sitzen. Nike ist ein gescheites Kind, aber in welche Zukunft wächst sie hinein. Alle die schönen jungen tüchtigen Frauen gegenüber sitzend, die eine mit dem durchsichtigen Taschel mit Leopardenmuster, roter Jacke, die andere mit ihren Skripten, alle mit ihren Handy, alle modern und ausgerüstet – alle müssen sie sterben. Alle diese guten toten Menschen mit fantastischen Voraussetzungen. Ich auch, klar. Kein Problem, Mensch Teufelsvater. Ja, leider. Johannas Träume, meine. Was war das noch, was sie geträumt hat, habs vergessen, hab zu viel Prosecco getrunken, sags mir, mein Loch im Hirn, was hat sie erzählt?! Ich hab nicht aufgepasst, einfach nicht genug aufgepasst. Ich bin eine alte Frau, vergesslich. Da sitzen die Jüngeren, die sind dran. Man hat nur kurz Zeit. Und dann, wenn die Kinder erwachsen, ja sicher, aber. Du musst das vorher aufgebaut haben. »Der Michi«, die mit der roten Jacke erzählt am Handy. »Heute eine Besprechung… die so dumpf… persönliches Gespräch…«, und so geht das in einer Tour. Als ob alle Karriere machen wollen, und Geld. Sie sind lieb. Sie sind dumm. Sie sind gescheit. Johanna will mir ihren Traum nicht noch mal erzählen, unwillig, nein, sie isst jetzt gerade, sehr schön. »Der Aufsichtsrat ist… vom Arbeiten her… der Chef… nicht wir die Außenseiter… eben… ich weiß nicht, obs jetzt die spezifisch waren. Aber die von der Verteilung her – wie immer, ja…« – Es ist alles nur Handel und Wandel. »Ja eben… ich sage dir, wir müssen mit ihm reden. Bevor du auf Urlaub gehst!« – Kabelrollen, Geleise und Autos. »Bestehende Sachen, die Subventionen… also das muss er mir erklären… genau! Das ist der springende Punkt. I hab da an Zettel aufgeschrieben, a ganze Seite, nach der gehen wir morgen vor – ja sicher! Wal sonst, da kannst es alles ad absurdum führen, i hab geglaubt, des haben wir alles vom Tisch gewischt… i hab mi mehr oder weniger delogiert vom Sator… i war so grantig! I waß net, was er für a Problem hat! Er war …, sonst wär er net wieder antanzt heute!« – »Des hab i net amol gsagt, des hob i dreimal gsagt!« – Das Interessante an diesen uninteressanten Gesprächsfetzen, die ich manisch festhalte, ich denk nicht mehr an meinen Vater. Er ist mir wurscht, ich vergess ihn. Er kriegt also keine irgendwie erdenkliche Energie von mir, wenn ich weg bin – super! Freiheit, aber auch keine Stütze. Spitzenlachen. Wie Eislaufschuhe. Ich bin benebelt. Oz hat seinen Job nicht verloren! Das ist gut!! Heute kriegt Olga ihr Geld. 1.021 Euro kriegt sie.


IM ZUG, MITTWOCH, 5.11.2008
## WUNDERSCHÖN DIESER NOVEMBER!
## (OBAMA HAT GEWONNEN)

Wie ein Hauch liegt Nebel über allem, dämpft, dämmt. Autofahren darfst halt nicht an solchen Tagen. Feucht alles, Blätterteppiche in allen Muster und Farben, japanische Ansichten, letzte Blätter an schwarzen Ästen, dahinter indigofarbener Himmel, vielleicht noch Neonlicht, befremdlich, verfremdlich, das ist unsere Zeit. Wie Milch, Mull. Und die Autos stauen. Lange Zeilen roter Lichter seh ich. Krampus-Vorfreude. Ob wir es schaffen, irgendwann im November wenigstens für ein Wochenende wegzukommen, wär so nötig, für Oz und mich. Heute mit Johanna und Nike spazieren, sie auch so bedürftig, beide. Wochenende ist sie wieder bei mir. Vielleicht gefällt das Oz nicht so gut, aber wenn sie dann da ist, doch auch. Katastrophe mein Aussehen. 70,9kg seit drei Tagen, absolute Spitze, gestern so betrunken und soviel steirische Brettljause in mich gestopft, Kuchen nachher, logo. Richtig übel vor mir selbst. Gott sei Dank vor Schnäpsen noch beherrscht. Todmüde dann. Vorher so zornig und aggressiv, die Therapeutin konnte nur zuhören, zwanzig Minuten, sagte ich, ausdampfen – es waren sechzig, am Stück. Aufgeblasen, voll Wasser und Wut. Gelinkt, gelegt von einem alten Mann, der es schafft, diejenigen, die für ihn sorgen, am Nasenring zu führen. Ich lasse dich nicht, du segnest mich denn. Schaff ich das? Ich bin momentan weit weg davon. Kann das nicht kompensieren, nicht weg tun, schimpflich wütend gegenüber Geschwistern, die wundern sich, ducken sich ängstlich, müssen sich das anhören und geben geduldig Ratschläge – danke! Waldidylle offen und schief, Blautanne wird mächtig hoch. Wie unsere. Vatergestalt. Bergender fruchtiger Nussbaum. Nadel macht nur Wald. Aus der Milch tauchen wie Schemen die Baumgerüste auf und verschwinden wieder. Die Kinder aus Bullerbü, denk ich, mehr von uns Kindern... genial diese Idee. Überhaupt der Zugang: Kinder verstehen, wirklich in Kinderperspektive gehen, so denken, nicht aus Erwachsenenperspektive, so tun aber die meisten, wenn sie noch so kindlich tun. Wirkliches Verständnis. Das setzt voraus, dass du diesen Kinderteil in dir noch hast, nicht vernichtet, weg geschmissen.

IM ZUG RETOUR, MITTWOCH, 5.11.2008
**SCHEISSE SCHEISSE SCHEISSE!**

Er fangt schon wieder an, sich aufzuführen! V, wer sonst. Diana ist verunsichert, ob sie zu streng ist (sagt Oz). Olga war lockerer, ja, dafür aber gestresster, weil er ihr auf der Nase herumtanzt. Löckt wider den Stachel. »So ein unguter Mensch!« Und tut dann, als könne er kein Wässerchen trüben. An mir wird gezerrt. Ich habe hier Johanna und Nike, dort den Job und den Haushalt, dann Oz, dann V – und jetzt auch noch Diana. Mein Gott… gegenüber sitzt eine üppige junge Afrikanerin mit blond-brauner Zopffrisur und sehr sanfter, angenehmer, schön weicher Stimme. »en sisis umatu re noia a e in e kome kome he…« vor Müdigkeit klapp ich schon wieder… nur halbe Stunde, gleich zuhause, Oz holt mich. Kann nicht einmal Ruhe sein…? Ich will schlafen. Sie spielt mit den Perlen an ihrem Griff. Lasse will uns sechs alte Sessel übermitteln. Er richtet sein Wohnzimmer neu ein. Die sind echt gut! Jedenfalls besser als unsere. Wir sollen einfach einen Transporter bestellen… Wenn ich die alten SMS lese, sehe ich, dass V am 22.10. den letzten Harnstau gehabt hat. Überdrüssig all dessen. Weher Zeigefinger. Keine Lust mehr. Will er Kampf? – Reflexantwort: Du kannst einen haben! Blödes Gelächter und eine primitive Männerpartie. Aber Spaß haben sie. Ganz pri-

162

mitiven Spaß. Über Bier usw. Keine Sorgen. Die werden von den Frauen getragen. Erst Laßnitzhöh. Keine Nerven mehr. 5,- und 3,- Gewand für Johanna bei KIK, alle werden wir ärmer. Ich krieg die abgetragenen Sessel von meinem Bruder. Die Mädels sind tief eingeschlafen. Die Schwarze ist schön. Mir gefällt das sehr, einschließlich dem vielen Fleisch. Ein Tag und die anderen… solche Arbeiten (?). Seltsames Leben…

## NUR DIE INTUITION, SAGT EDDA,

bringt uns dorthin, wos schön ist. Heute nacht war ich ab eins wach bis ca. vier, immer wieder Phasen, auf & ab, keine Frage, klar bin ich tot. Wenigstens letzter Tag. Allerdings Kinderschauen am Wochenende, wieder. Anstrengende Zeit. Wo ist Intuition, wie komm ich hin, so hart am Boden, so nah. Beton. Es hat ein wenig geregnet, macht nichts, Luft ist gut, im Park steht das Zirkuszelt von Stefan Brumbach oder Brombach bis Sonntag. Ich hab wieder mal mein stahlblaues Hemd an, das heißt, ich bin zu dick und das fällt lose, kaschiert.71,2, immerhin weniger als gestern, dennoch, sogar meine neuen Hosen spannen. Wie konnte das kommen? Keine Frage: paar Mal pro Tag essen, zweimal warm, viel Brot abends, Schokolade, Jause, Proseccokonsum bis zu einer Flasche pro Tag und oft Whisky. Weil ich meine, dieses Leben nicht mehr ertragen zu können. Allerdings Träume, die Nacht und Gedanken. Ich selbst verbeiße mich wie eine Ratte in den Zustand und mit Anstrengung, die jetzt ja keine mehr ist. Diana ist da. Brauche nur noch nett zu begrüßen, paar Worte, er ist angewiesen auf sie, kann nichts machen, nichts anschaffen, ich geh wieder. Er gewöhnt sich an die Pflegerinnen. Ich beginne mein Leben wieder zu leben, schreib meinen Roman, zum Beispiel. Traum: Da war der dunkelblaue Kinderwagen von Johanna (wo ist der eigentlich hin? Mama?). Jedenfalls fahr ich mit diesem Kinderwagen, sehr nett, das Baby lächelt, strahlt, weiß auch, dass die Kaiserin von ihrer Weltreise zurück ist, in ihrem Trevira-Faltenrock, intensivste Fünfjährige, nicht mehr verschreckte Katze im Kellerversteck. Ich ging in den Garten, die Glyzinienlaube, Obst am Tisch, am Wochenende wollte ich Kuchen backen, erklärte ich meiner Frida, war freundlich lustig zum kleinen Architekten-Schnösel sogar. Hatte dann was Weißes an, Hose, dicken gestrickten Rollkragenpulli, alles total schön und teuer, dazu Bettelarmband gold mit großen Klunkern dran. War sehr fröhlich. Und dann traf ich auch den großen Organisator und besprach den Betonblock. Man könne ihn bewachsen lassen, ja, Efeu und Mauerkatze, sagte ich, dann wenigstens lebendig. Und an der Seite Pappeln, die Beleuchtung, meinte er, Nadelbäume, lache ich. Und die Papierl wegräumen natürlich.

IM ZUG, MONTAG, 10.11.2008
## MEIN DENKEN ÄNDERN.

Das muss Vorrang haben. Nicht täglich in diesem Wust aus Überdruss Abwarten Zorn Verzweiflung Ratlosigkeit Verzagtheit Unsicherheit dahinwaten in den Gummistiefeln. Die gar nicht hoch genug sind. Statt auf das zurückzugreifen, was das Beste in mir ist: mein kindliches

Denken, meine Seele, die kleine Kaiserin in A, die sie nie verlässt, höchstens mal paar Reisen macht, kürzer oder länger. Wie schön Nike, wie schön die Zeit! Das Wandern zum Bahnhof bei jeder Tages- und Jahreszeit, bei jedem Wetter. Der Geruch nach frischem Gebäck beim Wurm, die Musikschule, Denken an Instrumente, Töne. Da ist der Zirkus. Mir begegnen Katzen, wie weich das Fell, zärtlich der Blick und die Begrüßung, die Lust und Aufforderung, den weichen und geschmeidigen Körper ausgiebig zu streicheln, Trost! Schönheit, Freude. Handy vergessen, ja und. Soll mal Abstand kriegen. Handy vergessen. Freuen auf Advent und Keksebacken. Kerzen abends. Johanna so lieb mit Kind. Nicht so anstrengen. Einmal werd ich sagen: Meine anstrengendste Zeit war zwischen 50 und 55. Vielleicht sag ich das. Weiß ja nicht, was noch kommt. Waldidylle Tor zu. Als ob etwas an mir rüttelt und sagt »Ändere dein Denken!« – Und dann, vorher, dass immer diese Hitze hoch steigt in mir, bis alles schweißbedeckt, Hand in Gesicht muss zu wischen beginnen, bevor es rinnt, spür kalt den Rücken, die Arme und Schultern, will nicht denken, was sich unter den Brüsten abspielt. Es muss nicht der Wechsel sein, das ist wohl zu Ende, es ist sicher Stress, aber die Überreaktion kommt vom Übergewicht. 71,2. Ich stehe einbetoniert auf 71, die ich mir angefuttert habe. Die zwei Zornwochen haben mir zwei Kilo beschert. Frustfresserei. Du musst dein Denken ändern. Lande bei den Puppenstuben. Bei den Puppen. Als wäre diese ganze Welt eine Kinderbuchillustration. An den neuen Garten denken. Frühjahr. Heut früh, beim Duschen, hatte ich seltsame Geschmacksfantasien, Einbrüche in der Wirklichkeit, schlechte Gerüche, von Moder bis Scheiße bis Fäulnis bis Käsefüße und dachte immer: V! Der jetzt hilflos zwischen Desorientiertheit und Wut schwankt, kann sich nirgendwohin mehr richten, nichts mehr ausdrücken, erstickt an dem Unausgesprochenen, da kann ihm niemand helfen. Eine Fliege! Setzt sich einfach an mein Dekollete, das keins ist, schlichter Ausschnitt im Braun. Kein Geld für Gewand. Kleine Leute. Schwerpunkte. Unserer ist das Zuhause, das Essen & Trinken. Chronik der Sperlingsgasse. Ist nicht mein Roman was Ähnliches? Was tut sich bei denen im Dorfe… bin sicher, dass es gut wird.

IM ZUG, DIENSTAG, 11.11.2008
## LIEBE BUNTE KATZE AUF DEM ZAUN.

Miaut. Wohl rollig. Das ist Trost und Lächeln. Trott, wollte ich vorher schreiben. Gleichförmigkeit, Gleichgültigkeit, ewiger Trott. Murmeltier hat seine Tasche neben sich auf Sitz gelegt, besetzt! Geh weg, Alte, mit deiner Schreiberei! Ich habe grünen Pulli und Jacke an, zu schmutzig, zu dick, wenigstens bissel runter von gestern 70,8, ist natürlich noch immer viel zu viel. V nicht sehen zwei, drei Tage, das ist schon gut. Soviel Abbau. Er vergisst uns langsam. Nein, das nicht. Sein Leben spielt sich in anderem Rahmen ab jetzt. Und das ist gut so. Die Sprachkonstruktionen in meinem Roman sind sehr schlicht. Zusammengeschustert wie mein ganzes Leben. Resteverwertung. So lebst du, wenn du arm bist. Alles verwerten musst. Woanders ist Reichtum und Überfluss. Die Kinder, die im Müll nach Essen suchen, davon leben. Naschmarkt z.B. Bei uns bleibt zuviel über, wird so viel weggeschmissen! Trübsinnig das Wetter.

Aber Laternenfest heute! Lichter und leuchtende Kinderaugen, der unbedingte Glaube an die Zukunft. Und Mama und Papa. Aber Papa ist das Laternenfest wurscht und Mama muss arbeiten. Oma kommt zum Laternenfest. Nach dem Arbeiten. Das haben die Konzerne und Machtapparate gut geschafft. Die Kleinen einspannen. Bis die Volksseele kocht. Gebt uns Brot! Ihr müsst ja nicht Nussbrot oder Olivenbrot essen, tadelt der Minister. Aber normales Brot ist selten geworden und sehr teuer und jeden Tag flattern uns Prospekte ins Haus, die uns alles doppelt und in Riesenpackungen/Riesenflaschen verkaufen wollen, einreden. Kauf kauft! Die Wirtschaft muss florieren, der Konsum angekurbelt werden, das ewige Wachstum! In die tadellose Vorstandspolitik und das Management wird die Politik sicher nicht eingreifen, die Zeiten sind hoffentlich für immer vorbei, sagt Molterer. Er steht auf Glas, auf dünnem Eis, auf Spiegel. Sieht nur sich selbst. Ist blind gegenüber allem, was nicht seinen Klischeevorstellungen entspricht und sich demgemäß ausdrücken lässt. Nicht im Singsang vorgetragen werden kann, mit Zähnen und Spitzbart, wo sind die Klauen. Drin sein wollte ich nicht mehr. Könnte ich gar nicht, die hätten mich gleich rausgebissen. Vielleicht sollte ich ein neues Buch schreiben über Hunger oder die Kleinen, über Masse und Macht? Über die Gefahr. Satt sind sie, überdrüssig, geistig hungrig, und diese Gesellschaft hat keinen Platz für sie, keine Arbeit. Die 9.000 Arbeitsplätze weniger sind nicht nur konkrete Jetzt-Arbeitsplätze, sind auch Arbeitsplätze für Zukunft! Werden nicht nachbesetzt. Überall enger. Und die Jungen haben wir auf der Straße, mit einer Potenz und einem Grant, Aggressionspotenzial heißt das, dass wir uns alle fürchten müssen. Gestern Zwiebel gegessen mit Oz. Öder Geschmack im Mund. Aber das Essen und Trinken mit ihm abends, das ist immer lustig. Abholen. Zuviel Firma halt. Andrerseits, was soll ich erzählen, tief schürfen will er nicht, hält er nicht aus, geht dann weg an seinen PC. Ist Mutti Lehrerin? »Wal i hob sehr woll… wal i hob gsogt, wir sind eine große Klasse…!«[61] – Heut wird ein eigener Tag. Kann sein. Muss nicht. Heute krieg ich vielleicht zwei Listen zurück, dann geht Arbeit gleich weiter. Aber wenn ich das hab, fertig. Da kein Geld mehr da. Kästen räumen, ordnen, schlichten, Fabasoft, …(?) man kann viel machen! Joschi und Tochter setzen sich vor mich, das ist sicher seine Tochter. Ostbahnhof. Fredi hat eine neue Uniform an. Dafür hat ÖBB Zeit/Geld. Aber keines für archäologische Projekte. Gehen in Konkurs. Außenwirkung. »Die Post bringt allen was!«, sagt er, »waast wia du ausschaust? Wia a Matrose!… es schaut oba was zgleich!« »Alles war schon bestellt… interessanterweise… i hob nix gsogt!«, sagt er. Angst geht um. Die Kinder, gebückt unter ihren viel zu großen, viel zu schweren Taschen.

IM ZUG, RETOUR DIENSTAG, 11.11.2008

## NIKE IST WOHL DAS SÜSSESTE KIND AUF DER WELT!

So freundlich herzlich aufgeschlossen interessiert lustig die Zeit. Auch wenn sie in der Trotzphase ist, irgendwie geht es immer. Wie lieb sie zu ihrer Mutter ist! Müde

---

61    »Weil ich habe sehr wohl… weil ich gesagt habe, wir sind eine große Klasse…!«

müde müde, muss aufpassen, dass ich nicht einschlafe so fest, dass ich in Gleisdorf nicht aufwache. Der Zug beginnt zu…(?) Kein ganzer Uhrkreis und ich sitz schon wieder da. Nicht wahr. Schon wieder Fredi! Rechts kletzelt einer an der Hornhaut an seinen Händen und hat ein wunderschönes Weckerl mit Käse/Schinken, in der Mitte durchgeschnitten. Mutti… Die schönen Lichter! Würd gern wieder mal fliegen. Mond wird voll. Oz kommt um halb elf heim. Da geh ich schlafen. Fredi hat mich geweckt, in Tiefschlaf abgesackt, ziemlich verwirrte verwirrende Träume, finde mich nicht zurecht. Waldidylle rabenschwarz.

## UNGLÜCKLICH.

Nichts mehr, was mir gefällt/auffällt unterwegs. Die Bäume werden kahl, gestern hörte ich eine Frau sagen, wenn zu Martini, was angeblich gestern war (nicht am 9.11.?) die Bäume das Laub verloren hätten, würds ein milder Winter. Seltsam, ich dachte umgekehrt. Murmeltier hat seinen Sack wieder zu sich genommen, also nicht mehr beleidigt, vielleicht, anscheinend, ist es nicht egal? Jeden Tag paar weitere Kapitel, ich drehe das Mühlrad, bewege mich im Kreis, will aber auch nicht raus, oder? Alles Unvorhergesehene schmerzt, Dummheiten, Kleinigkeiten, davon nicht den Tag verderben lassen, überhaupt verderben, 70,2, das verdirbt meine Laune. Sabine vom Parkinson-Forum ist besorgt, dass ich depressiv klinge. Ja. Mit den Äpfeln ist es vorbei, kein Geruch mehr, mit den Rosskastanien auch, das Laub ist weggekehrt, alles kahl – und sogar die Wehr haben sie abgelassen, noch nie gesehen! Kahl und sumpfig der Boden, kein Wasser, was soll das, wohin verschwinden Fische Kleinlebewesen Wasserpflanzen? Ist das normal? Linker Arm schmerzt, dass ich ihn bald nicht mehr bewegen kann, schlimmer als vor der Behandlung, es ist was anderes. V geht es gut und immer besser, auch geistig. Sie hat sich ganz normal mit ihm unterhalten können, sagt Inga, und mit den Finanzen hab ich die Scherereien. Buchhaltung, Abrechnungen, Zahlungen – inkonsequent, es ist so viel Arbeit und mit dem Geld geht sich sowieso nicht aus, nur Lebenszeit geht flöten. Ich schaff es doch nie, vom Schreiben wieder leben zu können. Hab nicht reich gelebt, aber gut. Durfte viel denken. Hatte Zeit. Menschen, die Zeit haben, sind anders. Nebel Nebel alles grau. Könnte ein ruhiger Tag sein, aber nein, die budgetären Aufregungen in der Firma. Heute tiefst geschlafen, konnte kaum aufwachen, realistische Träume, ich kämpfe. Kälteempfindlichkeit am rechten oberen Schneidezahn, kaputtes erstes Zeigefingerglied rechts. Der steife graue Schaffner heute jünger, lächelt und redet. Wenn mir zu kalt ist, soll ich einen Waggon weitergehen, sagt er. Nur dieser hier ist ungeheizt. Muss repariert werden. Danke, sag ich, mir ist nicht kalt. Ich lächle, ich hab die Jacke an. »Trotzdem so gut drauf!«, sagt er, lächelt, ich muss die Jacke zum Putzen bringen, es macht mich verlegen, wenn ein Mann freundlich zu mir ist, das bin ich nicht mehr gewohnt, Entschuldigung, Oz, du natürlich auch, manchmal, aber das ist was anderes. Waldidylle zugestellt von Güterwaggons. Ein Omen? Heute verstellt und schwierig? Oder nur hier nicht geheizt? Kalt im Inneren, das stimmt. Die positiven Dinge, die zu bemerken sind: Du bist ausgeschlafen, dein Körper funktioniert, dein Hirn auch. Du hast einen ruhigen Arbeitstag vor dir, mit einer kleinen Besprechung morgens, die gut für dich verlaufen wird. Du hast ausreichende, sehr gute und auch gesunde Jause und Mittagessen mit. Du wirst auch mit deinem Roman eine ganze Etappe weiterkommen heute abend. Kiefer entspannen, nicht so verkrampft. Muskelübungen, Dehnen, Strecken, Entspannen. Aber keine neuen Impulse mehr, bitte. Ich bin durch die Neuigkeiten, die V mir geliefert hat, geschockt genug, muss mich mal ein halbes Jahr erholen dürfen. Wie soll ich ihn auslassen können, wenn er immer da ist? Ja, langsam wird es wirklich kühl hier.

IM ZUG, DONNERSTAG, 13.11.2008
## IN WINZIG KLEINEN SCHRITTEN GEHT DIE ZEIT.

Dieser November scheint endlos. Und im Nachhinein dennoch alles so schnell, zusammengefasst, komprimiert, *in nuce* – Autoarchivierung kann Speicherplatz freigeben! Gestern interessantes Gespräch mit Oz, eine Beobachtung, eigentlich ein Merksatz: Wer in der Gegenwart baut, ohne die Zukunft zu berücksichtigen, ist schon in der Vergangenheit gelandet. Oder nein, wie war das, die Firma, die nur in der Gegenwart baut und keine Zukunft hat, ist schon Vergangenheit! Oder so ähnlich. Die steirische Frau hat heute wieder ihr Gelächter eingeschaltet und Mutti in der Steppjacke telefoniert ihrem Söhnchen nach, ob er wohl die Jacke an hat und nicht in der Pause vergessen usw., die Welt ist in Ordnung. Seltsamerweise heute weniger Schüler, die Missmutigen-Clique fehlt fast zur Gänze, die Raab sieht ungeheuer traurig aus. Wenig Nebel, es blaut auf, am Wochenende werd ich beginnen, Nikolosachen zu kaufen, oder ist es noch zu früh? Ja. Was braucht Johanna. Für Nike einen Pyjama. Oz und ich schenken uns wieder nichts, nur Liebe. Was das meiste ist. Ungeheuer schön die Momente gestern am Tisch, kleine Jause in der Nacht nach Spaziergang, wo er uns Wurst brutzelt mit Ei und Senf, dazu trinken wir Rotwein und er entwickelt seine Gedanken. Das ist das Beste an ihm, sein Philosophieren und Denken, das sind die schönsten Zeiten für uns beide, so einig! Was war das noch. Über die Zeit hat er gesprochen. Weil ich die Uhr aufgezogen hab, den Schlüssel wiedergefunden, ihm gezeigt, dass der im Kastel links liegt, in der Uhr, und wie man das auf-macht, damit ers weiß, »wenn ich mal nicht mehr bin«, und er sagte, dann zieh ich die Uhr nicht mehr auf, und es war wie ein Schatten, will ich nicht mehr sein, wenn du nicht mehr bist, hat Leben keinen Sinn oder so, meinte er wohl, war schön und innig. Ich möchte auch lieber, dass er ist, als nicht, denn wenn nicht, was hab ich davon, dass ich alles haben, machen, richten kann nach meinem Ge-schmack, wenn ichs mit niemand teile? Wenn niemand mit mir genießt, ist alles sinnlos. Ja, und dann ging es über die Zeit, wie schön die Uhr tickt, sagte er, wie laut, und wie schön das sei, ruhig zuhause, kein Geräusch als das Ticken der Uhr, wie beruhigend, und so vergeht die Zeit in einem menschlichen Maß, aber digitale Zeit, sag-te er, sei unmenschlich. Zwinge uns dazu, 17-18 Stunden durchzuarbeiten, aus dem Rhythmus zu kommen, am ewigen stillen Tropf, eine Zahlenkonstruktion die Zeit, digitale Zeit sei Verstand, aber reale Zeit sinnlich, ele-mentar. Tick tack vergeht sie und das spüren wir. Digi-

talzahlen sehen wir nur. Spüren wir nicht. Die Budgetge-
schichten mit V am Wochenende klären für Lasse. Den
Garten in Ordnung bringen. Der Pferdemann hat einen
behaarten Bauch. Es müsste sich wirklich mit 600,– Zuschuss im Monat ausgehen, wenn die Förderungsmittel
erhöht werden. Inga macht ihren Jahresausgleich. Ta-
schengeld kriegt er wenig, 13./14.Gehalt kommt aber
auch. Ich denke an die Finanzen. Einkäufe, Gaspreiser-
höhung. Alles wird massiv teurer, man rutscht schnell ins
Minus. Einnahmen, Ausgaben. Pension, Witwenpension,
Pflege Olga, Pflege Diana, Zuschuss von Lasse, Einkäufe, Apotheke/Hilfsmittel, Versicherungen, Strom/Gas/
Haus, Differenz. Diese Tabelle baue ich heute.


IM ZUG RETOUR, DONNERSTAG, 13.11.2008
## JETZT HABEN SIE LICHT GEMACHT.

Vorher waren alle Waggons dunkel und kalt. Ich les bei
der Neonbeleuchtung von draußen mein Kapitel »Eddas Söhne« und bin so gerührt am Schluss, dass ich mit
Luis an Eddas Totenbett weine… wenn da endlich ein
Segen liegt auf diesem Buch, diesem Roman. Ich selbst
fühl mich ja manchmal ganz schlecht, gehetzt, wie krank.
Irgendwas in der Speiseröhre hab ich, das kratzt immer,
nein, Luftröhre. Kratzt. Muss dauernd husten. Die Kinder überschreiten die Geleise, was verboten ist, Musik im
Ohr, zu laut, was ihren Gehörsinn kaputt macht, aber das
ist egal, sie schauen nicht, sie rennen in die Züge. Sieben
oder acht in einem Jahr in Österreich, haben sie gesagt.
Draußen geht der lustige Schaffner zusammen mit dem
anderen Halblustigen. »Viktoria? Hast du angerufen?«,

sagt eine Frau in die Stille. Langsam belebt sich der Raum, so kalt er ist. Mit der Buchhaltung, das hab ich aufgelistet alles, es wird sich ausgehen. Ich bin munter, wie man sieht. Müde war ich beim Arbeiten. Nicht viel zu tun, aber knifflige Dinge. Werde morgen viel lesen, schlichten, ein paar Sachen kommen eh immer zusammen. Der lustige Schaffner spricht anzüglich: »Sie befinden sich! Im Euregio! Nach St. Gotthard! Über…« – Lustig telefoniert mit Oz, langsam werd ich heiterer, entlasteter. Ich bin verkühlt, gebe ich zu verstehen (Raaba, dann Ostbahnhof), mit dem Taschentuch vorm Mund, setzt euch nicht her, ich bin ansteckend! Ich kann nicht einmal ein Faschiertes kaufen, weil ich null Geld eingesteckt hab. Silvia hat mir 5,– geborgt, 40,– brauch ich für Maria zum Putzen – weg alles! Bauch gebläht, müsste mehr gehen, mich mehr bewegen. Müsste schlafen, auch. Straße glänzt. Prächtig. Lichter. Bunt. Schöner später Herbst. Hatte heute einen Stich in Lunge oder Herz, dass ich dachte, das wars. Viel zu müde. Mein V hat mich viel gekostet. Aber das ist vorbei. Ich fühle nichts mehr. Wir sind durch den Tunnel und ich habs verschlafen wieder mal. Wilde Müdigkeit! Tobend. Breitet sich aus, ist richtig wie Hunger… beinah wieder verschlafen. Waldidylle fast unsichtbar. Mit Inga noch kurzes Telefonat über Bank und Überweisungen. »Alles klar! Tschüss ciao danke!«

IM ZUG RETOUR, FREITAG, 14.11.2008
**WEISS NICHT.**

Geschäftsessen beim XY mit noblen Gästen, englisch parlieren auf Teufel komm raus, halb so schlimm, drei profilierungssüchtige Männer, da kommst sowieso nicht dran. Lasse, der wieder mal, zum wievielten Mal?, meine Kontonummer braucht, bevor er abhaut nach Lakatos, Labrador, wie heißt das, Lanzarote. Passieren darf ihm nichts, sonst können wir selber zahlen. Aber die Förderungen nehmen hoffentlich zu, wie gesagt. Die Politik hats versprochen. Ja und?! Wieder müde und abgebaut. Dabei steht alles zum Besten. Und die brave A schreibt sich die Finger wund, um das Ihre zu tun, zu retten und zu helfen, denn anderen geht es schlimmer… Eine Musik geht mir nicht aus dem Kopf, ich glaub, das ist Grieg. Mein Kreuz tut weh. »Kreuzweh?«, fragt Nike mit sorgenvollem Blick, sie ist erst zwei, aber sie kennt das, von ihrer Mama. Oz' Einschätzung meines Braut-Traumes war klass. Ich selbst, geopfert, mit Kleid, Brautkranz und Schleier. Erwartung, Freude, die kippt. Auf der gefährlichen Brücke, viel zu weit, zu brüchig, fragil, nur eine Erscheinung, nur Geist, nicht echt. Noch mal und noch mal. Ständige Angst vor dem Zerfallen und Kippen. Das Brautkleid ist ein Totenkleid. Blutiger Mund und Drachenzahn… Rache, sagt er, schauerlich enttäuscht bist du. Er sieht die Braut als Betrogene. Allein gelassen. Ihre Freude grausam enttäuscht. Sie hat sich geirrt. Gehetzt. Todmüde. Müde müde. Mag den V nicht sehen. Gestern saß er da, nackte rosa Kopfhaut, von Diana eingerieben mit Brittas kostbarem Öl, dann Waschen, wie ein gerupftes Huhn mit Federstielen, dann eifrig pickend die kleinen Brötchen, die sie ihm geschnitten hat. Wurst Käse, Vierecke, kleine Vierecke. Fix noch mal, was da alles einsteigt… wenn ich jetzt Platz machen muss, krieg ich einen Anfall. Aber egal. Irgendwie gehts immer, und man kommt heim. Es stinkt hier. Texte aus dem Barock. Einer ehemals stolzen Jungfer. »Ich stink!« Ein sehr munteres Baby mit allen Lauten, die ein Kind nur machen kann… Raaba, bitte nicht noch wer, das Kind beginnt zu quietschen. Müde Heizung, müde Schlafen müde. Ich schlafe. Öder Geschmack im Mund.


IM ZUG, DIENSTAG, 18.11.2008
## MINUS EIN GRAD.

Hände frieren, wo sind die Handschuhe? Nüsse-Transport an die lieben Kolleginnen, schöner blasser abnehmender Mond. Klarer Himmel, viele Sterne, und gestern ein orange-gelber riesiger Mond. »Was ist das?«, fragte Oz, »eine Neonreklame?« – Und das über die ganze Ries nachhause, mit dem Bus. Denn Johanna kam erst um halb neun, Nike war lieb und begeistert, Oz und ich bissel entnervt/verunsichert, obwohl er mit ihrem blauem Ballon spielte, ein Kind, er kann das nicht genießen, sicher, unrunde Stimmung in seiner Firma, aber das ist eh immer so. Weiße überreifte Wiesen und satt preußischgraublaue Wolken von Weiz herunter, als hätten sie Schnee geladen. Auch schön. Heute normaler Tag, komme dann hoffentlich an meinen Roman, am Wochenende nichts getan, also mindestens neun bis zehn Kapitel in Verzug!! Sowas kannst nicht einholen, denn je weiter es im Dickicht auf die Mitte zugeht, desto mehr ist zu tun am Text. Der Waggon schweigt. Kalt, still und starr ruhen die Menschen, paar fürwitzige junge Mädels geben immer wieder mal kurze Kiekser von sich, ab und zu ein junger Mann mit Raucherhusten. Gestern Sauerkraut-Feier, war eh lustig. Nur sitzt man ab bestimmtem Zeitpunkt eigentlich nur noch bei Wein oder Schnaps, schad um die Zeit, denk ich dann, könnte ich ganze Ecken am Roman machen! Das ist ja das Komische, niemand schreibt einen Roman, sonst wüssten sie, wie das ist. Und dann fragen sie immer: »Ja, wann hast du denn das gemacht?!« – Als hätte man sie um Zeit betrogen – aber vielleicht ist das nur eine Projektion von mir. Britta hat heute Geburtstag, ihren 47. Auch nicht ohne... Waldidylle gemütlich offen. Ein Auto von einer Bäckerei steht mit laufendem Motor davor. Heut mittags muss ich zum Kastner, brauch dringend neue Creme, mein Parfum geht auch langsam aus, aber sie rufen dauernd an, ich komm nicht weg – drei Rehe! Aufmerksam lauschend oben am Waldrand! Und ich hätt so gern einen weiten lässigen Pullover, der passt und mich auch nicht so enorm busig aussehen lässt, vielleicht in einem netten Grau...? Über das Schreiben und Lesen von anderen. Was ist mein Motor? Ich will etwas wissen. Es interessiert mich nicht in erster Linie, wie die leben oder welche Abenteuer sie bestanden haben. Ich will nicht belehrt und nicht unterhalten werden, auch nicht auf eine Insel oder weit weg entführt. Ich möchte nur eine Bestätigung. Mich wiederfinden möchte ich. Von anderen lesen, dass sie auch erleben/fühlen/beobachten. Dass es ihnen geht wie mir. Dass es menschlich ist, was ich tu. Ich möchte von ihnen hören, dass ich ganz normal bin. Und dennoch besonders, schon klar. Einzig als Individuum – aber nicht allein mit meinen Emotionen. Dass ich verstanden werde. Dass jemand »Ja! Ja!« sagt, und »Kenn ich!« oder »Geht mir auch so!« – Das schönste Kompliment hab ich gekriegt, als eine Frau sagte: »Endlich find ich jemand, der das auch so sieht!« – Und das allein ist die Erklärung für meinen Schreibzwang und meine Sandwurm-Produktion. Immer immer geht die Schreibmühle, und beobachtet wird nicht das Große oder die Großen, gesucht werden nicht die Gesetze, die die Welt bewegen, oder doch, aber im Kleinen. Stifters Nachsommer. Dasein im Puppenformat, übersichtlich, einsichtig, lebendig. Ein Fertigwerden mit der Zeit und der Umwelt. Eine Enträtselung. Entschlüsselung. Erkenntnis des Musters. Der alte zwidere Mann zum Beispiel, der da immer arbeiten geht in Raaba, was macht der? Vinzenz Liechtenstein, du… in deinem grauen Anzug so teuer, mit den Apfelpausbäckchen und Igelaugen, sonderbarer lustiger Mann mit Prinzipen und Bassstimme, betrogen und verlacht, Armer. Hinterm Rücken. Nie hast du sie fassen können! Begreifen. Deshalb haben wir uns gemocht. Konnten nicht anders. Ehrliche Kinder erkennen sich schnell. Und Nike. Beobachte das. Wenn ich das tue, wird es leicht mit ihr. Verbieten und zulassen, den Stress brauch ich nicht mehr. Bei der kleinen Johanna wollte ich ihr alles ersparen, ihr alle Schwierigkeiten vermeiden – das machte solche Probleme. Weil ich als Kind es schwierig hatte, wollte ich, dass sie es leichter hätte. Aber sie war nicht ich, sie war Johanna – und sie war ganz anders. Das wusste ich und schnallte es dennoch nicht. Der Volvo ist noch immer da, überreift und befreit von Brombeer-Dornenranken. Hab am Wochenende viel gemacht. Am nächsten geht nicht so viel – Ungarn. Aber freue mich. Freitag fahren wir. Und Donnerstag kann ich noch immer mit Johanna ins Ikea. Traum orange-gelber Sonnenball, lachsrosa Himmel, die Stadt erwacht erfrischt, die jungen Leute in sich zusammengezogen vor Kälte. Junge vertragen kalt nicht und leiden fürchterlich, brauchen auch wesentlich mehr Schlaf. Wir alten Betweiber sparen uns den Schlaf auf den größeren, sitzen in unseren Hubertusmänteln in kalten Kirchen, Hauch vor dem Mund, Rosenkranzperlen, zünden Kerzerl an und gehen mit den Enkerln zum Kripperl. Das süßeste »rl« hat Nike!

## ICH KOMM MIT DIESER RECHNEREI NICHT ZU-RECHT!

Ich weiß schon, dass ich viel Geld für V ausgegeben hab, von Lasse haben wir 1.300,– bekommen, aber ich hab auch die Hälfte von Olga zahlen müssen, weil einfach nichts mehr da war, und die ganze Diana jetzt. Also theoretisches Geld, das V hat. Aber ich soll ruhig sein. Jeden Tag ein Stückel weiter und durch. 150,– Wirtschaftsgeld. Und 200,– hat er Inga gegeben. Kommt ja alles nicht vom Konto, oder doch? Doch. 200,– vom Konto. Mein Gott... so ein Chaos. Fahren fahren Zug. Dennoch: als ob ich einen Sieg errungen hätte. Wir fahren am Freitag nach Ungarn. Auch wenn Johanna lieber meine Zeit hätte. Auch brauchte. Ich sage Babysitter, aber das ist zu teuer. Ich bin billig. Ich weiß schon, die Oma. Und die Liebe. Ganz sicher ist das so, aber niemand kann sehen, wie müd ich bin...! Nike mein Liebling. Absolut. So vertraut auch. Schön und Glück, dass Oz anruft, außer sich: hat 10.000,– verdient in einer Stunde! Forinth, wohlgemerkt, nicht Euro. Weiß nicht genau, wieviel das ist, ca. 40,– schätze ich. Für eine Stunde ein guter Lohn, sicher, und wenn er das noch ausbaut... vielleicht eigene Praxis dann in der Wohnung, z.B. Oder die Wohnung verkaufen und Praxis bei seiner Arztkollegin? Meine

Gleichgültigkeit. Irgendwie, auch weil ich nicht mehr kann, rutscht er mir aus den Händen… jetzt erst Ostbahnhof, sehr langsam geht alles heute… Die Zeit steht steht stockt still gehe… Ilonka heißt die Frau in Budapest. Ich würd durchaus gern mehr dort sein und Ungarisch lernen, es würd mir allerdings das Herz zerreißen, meine Nike, meine Tochter Johanna nicht ständig sehen zu können! Liebe. Waldidylle so finster, nicht einmal Schemen. Jungmännerrunde, Primitivlinge, können nicht sprechen, geben nur Laute von sich: »Um seixe in da friah aufbliehm….!«[62]

IM ZUG, DONNERSTAG, 20.11.2008
## MUTTI HAT MICH ZUM ERSTEN MAL GEGRÜSST!

Ein gutes Zeichen? Zeichen, Zeichen, meine Zeichen-Sucherei geht mir allmählich auf die Nerven, hilft doch nichts. Schau dir die Kontoauszüge an, schau an meinen Bauch und mein Gewicht und meine Kleiderkammer und wie Maria mühsam das Chaos in Zaum hält und Oz sich plustert wegen Firmenproblemen jeden einzelnen Tag. Und was? Ich soll zum Hofer fahren?! Gläser und Dosen weg? Mantel vom Putzen? Keine Zeit! Ja und ich? Irgendwas muss passieren, wir müssen runterkommen. Diese 900,– Rechnung von der Ferngas ist der totale Hammer! Sicher, wir werden versuchen, heuer sparsamer zu sein, auf Langzeit muss ich aber eine neue Heizung überlegen, Erdwärme wie Margot vielleicht, und wirklich einen Kamin für die Übergangszeit? Bald verbieten sie

---

62   »Bis sechs Uhr früh auf (wach) geblieben.«

uns das sowieso. Davor verkaufen sie uns aber noch eine Menge Kaminöfen. Wir sind zu viele. Umweltdenken muss gesetzlich vorgeschrieben werden. Mädchen mit Headset kommuniziert, seit wir weggefahren sind, wer zahlt das Handy, na wer wohl?! Heute mit Johanna ins Ikea, einerseits toll, andrerseits teuer… ich verliere Haare in Büscheln und Oz regt sich auf und sagt, ich muss zum Arzt. Es nervt ihn. Vielleicht hängt Wechsel und seine Dauer mit innerer Einstellung zusammen? Und da ich unrund bin und nervös und gespannt und gereizt, beruhige ich mich einfach nicht? Waldidylle ruhig und grau. Um 4h aufgewacht und immer nur an die Gas-Rechnung gedacht. Bitter, aber manche Dinge schluck ich, und zwar ganz allein. Er regt sich zu sehr auf. Was Frauen alles stillschweigend auf sich nehmen, weil er sich zu sehr aufregt. Das Wichtigste ist anscheinend, dass er sich nicht aufregt… wenn wir dieses Haus packen sollen, müssen wir beide viel mehr verdienen! Ich muss endlich einen Roman anbringen und Schulden zahlen.


IM ZUG RETOUR, DONNERSTAG, 20.11.2008
**SEHR TRAURIG.**

Obwohl Ikea lustig war und Nike lieb, bin ich so daneben! Weil Oz angerufen hat, total aufgeregt. Warum wir so eine Riesen-Gasrechnung haben, und dass es Vs Schuld ist. Er hat so lang herumgedreht, bis er einen kleinen Schalter auf »Ständiger Betrieb« gesetzt hat. Deshalb also der doppelte Verbrauch. Gut, sag ich, das heißt, wir haben nächstes Jahr ein Guthaben. Ein gewaltiges! Aber nutzt nix. Wird sich außerdem sowieso einschleifen… so hoffnungslos alles. So böse. So heimtückisch, gemein. So hinterrücks und falsch. Und ohne Absicht. Nur trotzdem deppert. Weil schlimmes Kind. Immer nur an Geld denken müssen. Und an einen zwideren Mann, der es hasst, dass wir hier wohnen. Obwohl dann wieder: »Passt eh«. Ich hab ihm schließlich auch geholfen bei Ungarn. Es wird weiter gehen und besser gehen. Wir werden das schon schaffen! »Mei Freundin kommt am 21. Jänner eini«[63], sie hat einen Operationstermin an der Augenklinik am LKH, leider. »Unguat, ja. Wirklich unguat, aber bleibt net aus!«[64] – Es gibt auch andere Sorgen, A. Nur Geldsorgen hast du, nicht um Gesundheit, Leib und Leben. Die 900,– sind unangenehm, aber wir rechnen weiter wie gewohnt. Ist nur Geld. Nur Geld! Vorne telefoniert auch eine Oma, mit Enkerl anscheinend, »Jo, Schatz…«, sehr gepflegt, liest Scheiße, aber hat teures Gewand an, »ein Rosinenweckerl kauft, bis morgen, schlaf gut!« – »Wie gehts jetzt weiter mit der Regierung«, sagt der hinten. »Und die Regierung soll bald stehen! Bin schon gespannt!«, sagt sie. Johanna sagt, ja, dass sie »unbewusst« anscheinend wohl wieder einen Mann sucht, »ich brauch das anscheinend«. Einen Partner. Zum Leben. Und sie will noch ein Baby. Vielleicht findet sie in England einen, sagt sie. Sie hatte einen Traum, tauchte ganz tief, und da lagen viele viele Ringe, ganz verschiedene. Und sie probiert an, passt der, passt der… aber es passte doch keiner. Und überhaupt ertappt sie sich jetzt öfter, wie sie ihre Hand schüttelt und erschrickt: Oh! Wo ist mein Ring?! Dabei trägt sie ihren Ehering schon lang nicht mehr. »…kommunistische Zeitung… sehr interessant…«, sagt eine Frau

---

63    »Meine Freundin kommt am 21. Jänner hinein.«

64    »Ungut, ja. Wirklich ungut, aber so etwas bleibt eben nicht aus!«

um die Fünfzig, schwarz gefärbt, stark geschminkt, etwas ordinär. Und die Oma hustet dauernd. »…jobmäßig den Leuten nix bringt, die auf der Straßen stehn…!« – Leute, ihr seid so weit weg von allem, aber so weit! Vielleicht ist das alles ein großes Poker – jetzt bin ich abgelenkt durch diese Umfrage, die die ÖBB veranstaltet. Ich spitz die Ohren. Die Frau hinter mir fährt täglich nach Riegersburg! Wird in Fehring abgeholt mit dem PKW. Wahnsinn! Der bleibt in »Audall Laßnitzhöhe und Laßnitzdall« stehen. Dass der Zug 18.41 in Gniebing wenigstens stehen bleibt. Er ist erst um 20 Uhr daheim, und wenn sie den Zug jetzt streichen, dann noch später. Ja, jeden Tag fährt er mit dem Radl, es ist nicht so nahe… Mein Gott, der muss noch fahren, bei Glatteis und Schnee… die fahren alle nach der Arbeit nachhause… und dann weiter mit dem PKW. Sie kaufen zuhause ein. Ach ja… so traurig. Schade. Kratze wieder an meiner Kopfhaut herum… muss mehr mit Oz machen. Zuhause, aber auch Wegfahren, alles. Meine linke Hand tut sehr weh… schön beleuchtete Waldidylle und ein Bücherregal, über den Häusern wieder der leuchtende Komet. Gleich sind wir da, wir schweben, driften, träumen durch die Nacht. Kopfweh. Angst vor Oz' Ärger – kann ich aber abschmettern und entkräften. Entfetten. Denke ich. Das wird schon. Kriegen wir alles hin. Die Frau vor mir hat blaugrüne Fingernägel.

IM ZUG, FREITAG, 21.11.2008
## UNGARN!

Heute! Freu mich so! Auch wenn nur kurz. Seit August nicht! (Am Montag brauch ich ein neues Heft.) Neben mir lässt sich ein junges Mädel in roter Karohose die Ohren kaputt machen. Ein Typ schreit ihr rein. Proletenbubi geht heute umsonst in die Schule, sein Blondie-Girl ist nicht da, er hat schon gefragt nach ihr, nein, auch gestern wurde sie nicht gesehen. Links von mir Murmeltier. »Du, wir haben erste Stund Chemie, gell du, schreiben wir… Scheiße… ich weiß gar nicht…– Glück gehabt!« – Schwarz und dunkelgrau ich, abwesend, aber heute müsste es ruhiger sein. Jetzt haben wir die 900,– irgendwie begriffen. Verkraftet nicht. Es war ein furchtbarer Abend anfangs gestern, wo Oz tobte und wütete und nebenbei bat, ihn toben (wüten) zu lassen – sagte schon sehr schreckliche Sachen: »Will sich nur mehr hinlegen zum Sterben, für was braucht er den Scheiß?! Wofür eine Therapiestunde, 50,– für nichts! Dafür, dass sie ihm sagt, er soll sich ausruhen?! Da hast 50,– und sag mir das auch!« – Unser Freund Pockennarbe rennt durch: »Morgen, griaß di, seavas, Morgen, danke…«[65] – Ganz traurig schaut Klein-Prolet. Kein Blondie mit langen Wimpern, seidige Prinzessin kaugummikauend, gnadenlos kalter Blick. Regen- oder Schneewolken, Mädchen neben mir tanzt mit Daumen auf Handy. Müde. Aber nicht schlimm: ein Arbeitsvormittag, mittags nachhause mit Bus, einräumen, fahren! Und ohne ein Problem, denn an V denkt jetzt Olga. »Werte Fahrgäste!«, sagt Röhre. Usw. Ich bin jetzt eingeschlafen oder in Trance. Da stehen neue Kräne beim Haus mit Teich, die Gärtnerei hat alles zugedeckt, das Plastik ist milchig angelaufen, ein Grau-Weiß beherrscht die Landschaft, Wolken versprechen Regen oder Schnee – sind das Fin-

---

65    »Morgen, grüß dich, servus, Morgen, danke…«

gerübungen? Ja. Mein guter Roman muss gut und bald durchgesehen werden. Mein Verleger schweigt. Aber vielleicht ist das alles auch Schicksal und soll so sein, und er meldet sich zeitgerecht, denn ich bin mit dem Roman eigentlich noch nicht klar und könnte ihn gar nicht sofort schicken – morphogenetische Felder. Die Botschaft transportiert sich doch, oder? Der Hässliche pafft. »Ihr nächster Halt Ostbahnhof? Umsteigemöglichkeit zum Stadtverkehr?« quält sich Röhre. Das hübsche Mädchen neben mir richtet sich zusammen, blond, montiert alles ab, »Sie wollen da aussteigen«, ich raffe mein Zeug, »dankeschön!« – »Gern!« – Schöne Blicke, Achtung in den Augen, ein gutes Mädchen. Sogar die Rote hat jetzt gelächelt, knapp über meine Schulter. Gestern hatten Oz und ich Mayonnaise mit Lachs, so verbraucht waren wir, so kaputt. Und heut hab ich trotzdem fast ein Kilo weniger! 69,7 – dass ich dafür dankbar bin! »Nächster Halt Don Bosco…Umsteigemöglichkeit zum Stadtverkehr…« – Röhres Stimme erstirbt. Ich sags ja: Der Mann ist ein Schauspieler! Unentdeckt! Grauslich werden alle Hausfarben an so einem Tag. Rot, gelb, orange – zum Fürchten! Grau ist das Einzige. Soßengrau, lichtgrau, pastellgrau, farbgrau, grellgrau. Murmeltier erwacht. »Einen schönen Tag wünsch ich!«


IM ZUG, DIENSTAG, 25.11.2008
## QUÄLEREI MIT DEM REISSVERSCHLUSS.

So beginnt der Tag. Nicht mit »Schönheit. Klirrende Kälte« oder so ähnlich, denn es hat minus fünf Grad, Schnee knirscht, Mond schmale Sichel, letzter Rest abnehmend,

Sterne, alles stark überzuckert. Stiefel Jacke Handschuhe, die Kinder frieren und lachen, ein ungarisches Spuckerl-Auto fährt gegen die Einbahn die Flurgasse rauf. Es ist wirklich wunderschön! Und nachdem ich mich aus der Jacke gequält habe, nachdem ich die Abrechnung endlich samt Brief an meinen Bruder, der nicht glauben will, dass Leben teuer ist für einen alten Mann, der nichts mehr braucht, gesendet haben werde, passts auch wieder. Was ist los? Bin ich ein Drecksack oder so? Von meinen derben Stiefelsohlen rinnt es grausam bis zur Mitte des Waggons, kleine Bächlein. Aus meinem Heft fällt Dreck, pickig, was ist das? Gestern Babysitten, Malen mit Nike, Einkaufen, Nikoläuse und Krampusse, davon redet sie jetzt viel. Johannas Blick auf sie. Meine Tochter hat so viel Liebe! Wie glücklich ich bin! Wie gesegnet. Und schon bei Waldidylle im Schnee, Tor geschlossen, unberührter Schnee, keine Spur. Olga ist nicht fähig, den Haushalt zusätzlich zu schaffen. Oder Einkäufe. Schreibt mir dauernd was auf, räumt die Wäsche nicht raus – Diana ist schnell, ist praktisch. Olga ist verkühlt, halb krank, ihr Mann ist auch krank, erzählt sie wichtig – was kümmert mich ihr Macho-Mann in Slowakei, von dem sie so abhängig ist, dass sie ihr Haar lang lässt und den Körper mager, weil er es will. Reinhold Mitterlehner ist Wirtschaftsminister! Endlich! Bin so froh, hab ihm gleich gratuliert per Mail. Am meisten bekümmert mich, dass Lasse wegen Geld so tut. Als ob ich ihn ausziehen wollte. Es ist so schwer. Du bist nicht dabei, merkst es nicht, bist nicht belastet. Warum genier ich mich eigentlich, dass seine Pflege so viel kostet?! Ich mach so viel und organisier so viel! Es ist eine Schande, Bruder! Ich muss aufhören zu kriechen. Fühl mich grausam. Leer, kalt, allein.

**ERLEDIGT.**

Keine Chance, von irgend woher noch Geld zu kriegen.
Kopfweh. Lasse zahlt seufzend. Kann ihm nicht helfen.
Britta ruft an, ist dann nicht erreichbar. Kopfweh. Sagte
ich schon? Kopfweh. Sorgen. Geldsorgen. Ich schau mir
an, wie die anderen leben, Kleinen, wer vergönnt sich was.
Hab jetzt Obst und Kaffee gekauft für ihn. Waldidylle
finster. Nirgends Trost. Doch! Kugeln Lampen Sterne.
Hoffnung. Nicht aufgeben. Drei Kapitel, nein, zwei.

**HOFFNUNGSLOS.**

Die Lage. Grad, real, kalt, leer, grausam. Nichts. Keine
Märchen, keine Puppenstuben. Kein tröstlicher Lam-
penschein, nur das grelle Lachen der Steirischen, in aller
Früh, auf nüchternen Magen. Sicher, das ist alles nicht
so schlimm, ich komme zurecht, von einem Tag auf den
anderen, *step by step*, ich habe die Buchhaltung für V erledigt, zur Zufriedenheit aller, wir können in einen Monat Dezember gehen. Es wird knapp. Und kalt. Wieder
minus fünf Grad. Eis und Schnee, Knarren und Knistern
unter den Sohlen. Nein, mir ist nicht kalt. Ich hab meine schwarze Winterjacke wieder entdeckt, der Reißverschluss der braunen ist wohl endgültig dahin, das riskier
ich nicht mehr. Kein Schwitzen, kein Stress, keine Angst,
keine Aufregung. Keine Freude, kein Glück. Nur das
Grauwolkige des Himmels mit seinen lachsrosa bis orangen Ansichten ist schön. Die bereiften Bäume und die

Schneeflecken auf den Ackerschollen. Ich werde Kekse backen. Ich nehme mein Los, den Mühlstein, das Rad, ich gehe – V, das ist mein Sibirien. Du bist es. – Sei nicht so dramatisch! Das ist total übertrieben. Du bist nur eine Frau in der Jetztzeit. Du musst nicht hungern und nicht frieren und du musst keinen Mangel leiden. Du wirst nicht verfolgt, du darfst reden und schreiben, wie Schnabel gewachsen, du darfst lesen, dich bilden. Das ist alles sehr, sehr viel. Wieviel, merkt man erst, wenn es genommen wird. Also! Du bist kein politischer Flüchtling, du bist eine starke Frau des 21. Jahrhunderts, mit allem ausgestattet, was man braucht. In der Heimat, geborgen und zuhause, der Sprache mächtig. Fährst täglich in einem bequemen Zug. Hast Arbeit und Sicherheit. Und Talent zu schreiben. Freude also! Deine Familie liebt dich, dein Mann liebt dich, deine Tochter ist ein guter und wertvoller Mensch, dein Enkelkind ein Engel, fantasievoll, lustig und gesund. Also! Du musst nicht alle 14 Tage in die Slowakei und dort fremde alte Menschen pflegen! Eben. Ok, Gott. Danke. Glanz des Himmels, blauer Schimmer. Nicht unzufrieden sein, A, das wäre wirklich undankbar! Weiter im Gebet: Du darfst auch stolz auf dich sein, du hast es geschafft, deinem Vater ein menschenwürdiges Altern in seinem Heim auf den Tod hin zu bieten. Mithilfe der Geschwister freilich, aber dass das funktioniert, ist ebenfalls teilweise dir zu verdanken! Beziehungsarbeit und Diplomatie! Du darfst dir auf die Schulter klopfen. Du musst nur noch genauer werden beim Arbeiten. Ja. Lernen kann man immer – sein ganzes Leben lang. Gehe mit derselben ruhigen inneren Kraft und Zuversicht durch diesen Tag, halte Augen und Ohren offen, bleib sauber, lass ich nicht beschmutzen, verärgern, irgendwie kratzen – es ist nicht nötig! Bewahr dir dein reines kleines Kaiserinnenherz! Strahle weiter diese Zuversicht aus, das hilft anderen. Schreib deinen Roman, das hilft anderen auch. Weil sie sehen, dass andere auch leben. Anders. Und irgendwie durchkommen. Die Botschaft ist: Leben ist ein Fluss. Es gibt einen Anfang und ein Ende. Wir begegnen einander in verschiedenen Etappen und begleiten einander nur kurz. Alles geht und vergeht. Alles fließt. Alles dreht sich, alles bewegt sich. Und die Moral von der Geschicht: Vergiss auf deine Seele nicht!

IM ZUG, FREITAG, 28.11.2008
**ROSA LEUCHTEND.**

Grau und weiß, starker Reif, minus sechs Grad. Hab einiges vor an Organisatorischem – der Trost: Eines nach dem anderen kann ich abhaken, erledige im Lauf der Woche einfach Unglaubliches! Krieg auch eigene Sachen auf die Reihe, am Rande. Meine privaten Kontakte, mein Tagebuch, meinen Roman. Nachher muss ich zur Bank, Unterlagen abholen für ihn, dann Großeinkauf Hofer, dann kommt Oz zurück, werd irgendwas kochen und vielleicht Kekse backen. Wann sonst. Vor lauter Korrigieren die Waldidylle versäumt! Wär heut wirklich schön gewesen? Aber was solls. Irgendwie bin ich gestern im Rahmen der Therapiestunde so energisch geworden und fröhlich. Etwas fatalistisch, jedenfalls aktiv, nicht re-aktiv, gar nicht passiv, nicht weinerlich, grüblerisch oder melancholisch. Knackig hart und in schönen winterlichen Pastellfarben. Wie der Winter! Vielleicht bin ich ja ein Winter-Typ? Muss nur sehen, die passende Kleidung zu kriegen. Wieder auf derb-lässig, Landleben. Da hab ich mich am wohlsten gefühlt. Irische Pullover und Jeans, derbe Stiefel und Taschen. Werd mir laut Angebots-Adventkalender vom Kastner zwei Herrenpullover kaufen, die Laptop-Tasche, neue Stiefel. Alles Markenware. Was solls.

IM ZUG, SONNTAG, 30.11.2008

**ICH FAHRE MIT NIKE.**

Mein Glück, meine Seele. Sie schläft. Wir hatten solche Hetz. Es war schön. Angst vor den Krampussen und auch vor Margot hatte sie, ganz ernst wird sie plötzlich: »Gemma heim?« – Greift nach der Hand. Oma, Oma, der Schutz und Schild und Rückhalt. Ich bin mit allem zurechtgekommen, mit Weihnachtsvorbereitungen und den beiden im Haus, Oz und Nike. Wie grausam verlassen bist du, Waldidylle! Ganz still. Wie damals in den 50ern, frühen 60ern. Verzicht, und sehr leer. Und einsam. Sonntag. Diese perversen und immer ausgeklügelteren Rezepte von z.B. Johanna Maier. Die andere Trostlosigkeit hinter dir, jetzt eh fröhlich freundliche Fassade gegenüber deinem alten Vater: Du bist halt nicht verstanden worden. Aber ich glaube, meine Tochter hab ich ihm doch vermitteln können – nicht immer, beileibe nicht. Aber eigentlich hat er sie verstanden. Und geliebt, auf seine Weise. Ach, wer weiß. So schlimm ist das alles nicht. Ungerührt. Lass andere die Arbeit machen und bezahle. So müde, dass ich schlafe. Passt schon. Bald sind wir da, bin ich bissel bei Johanna, fahr dann mit dem Zug wieder heim, schlafe, backe Kekse, schreib ein bissel, es war ein angenehmes Wochenende.

## FRÜH DUNKEL.

Alle Menschen in Graz mit verloren grauen Blicken – was machst du in der Stadt? Nike und Johanna bezaubernd, bunt. Freundlich hell, die Försterchristl im Fernsehen. Nike voll Freude, dass ich bleib und morgen wiederkomme, auf mich zu mit Küsschen. Diese Herzlichkeit. Und von einem Kind kommt alles so echt, 1:1. Wenn ich jetzt heimkomme, hab ich gleich die Möglichkeit, an meine Kekse zu gehen – Olga und V sind unterwegs, Oz kommt grad erst nachhause. Hinter mir dippelt ein sehr mongolisch aussehender Asiate auf einem weißen Laptop. Zug ist so gut wie leer. Müde. Da vorn tut einer auf seinem Handy herum, ich hab vorgerufen, er soll abschalten, wir hören da alle hämmernde Disco-Scheiße, ich kann nicht mehr denken. Der spinnt ja. Es reicht die Frau mit dem Handy, die jemand erzählt, wie schwer der Abschied. Bis nächsten Oktober sehen sie sich nicht mehr. Ein paar fliegen nach Panama oder sonst wohin, Spiele, Gruppen, die einen sind die »Ameisen«, eigene Sprache, mit Fingerfarben malen – wo bin ich?! Eine Minute noch, dann fahren wir endlich. In meinem Hals kratzt es fast immer. Ich sollte vielleicht meine Schilddrüse wieder untersuchen lassen, solche Angst, dass heimtückisch irgendein blöder Krebs einen schon frisst heimlich. Sehr kalt hier herinnen, ich zieh die Jacke wieder an. Johanna hatte soviel Spaß, Gäste bei sich, alles Knabberzeug haben sie aufgegessen, Spaß gehabt. Schön! »Homa denkh, kum va dea Saitn!«[66] – Drei mittelalte Steirer. Gleichzeitig geht alles los. Flüsternder Schaffner.

---

66 »Ich hab mir gedacht, ich komme von der Seite.«

# ACH BITTRER WINTER

**ERSTER DEZEMBER**

Nun ist effektiv Winter, es geht auf Weihnachten hin, jeder Tag wird dunkler, die Autos stauen, der Schnee ist durch Menge Regen heut Nacht zusammengesackt, ich überlege Weihnachtsgeschenke und Geschenke für Oz, der Geburtstag hat, aber so zusammengehaut und unlustig ist, aggressiv auch, dass es ganz und gar nicht lustig ist, für ihn was auszudenken! Dennoch hab ich für heut alle Kräfte gesammelt, geh in Dunkelblau und Gold, weil ich einen blöden Fehler gemacht habe im Job und es hasse, wenn ich Fehler mach und dann Predigten, Lamento oder gar Schimpfen folgen. Geldsorgen wegen V und Sorgen, ob Lasse wirklich finanziell einspringt wie versprochen. Diverses Organisatorisches, und wie Oz sagt, Olga ist Vs Alter Ego geworden, sein verlängerter Arm. Lauert, wieselt, ist falsch, tut wichtig, ist immer dort, wo man gerade was erledigen will, hat kein Gefühl für andere, macht sich wichtig, Fehler passieren, ihr Schuldbewusstsein geht mir gewaltig auf den Geist, aber das hat sie wohl auch zuhause in der Tschechei und bei ihrem Mann. Heute blöde Besprechung und ich träumte furchtbar. Vom Chef, wie er schimpft, und ich hatte diverse Verletzungen, da fiel mir noch ein großer Teil von einem hinteren Zahn oben links aus, ich hielt ihn im Traum in der Hand und war so verzweifelt, und dann hielt es Chefe hoch und es war wie eine Messingpatrone und er spottete, so hätte das unser hochgelobter Orthopäde gemacht, »auf russisch«, und ich dachte, wie kann das möglich sein, dass ich so was im Mund hatte, und es machte mich ganz unrund, dass ich jetzt auch noch nach einem anderen Arzt suchen sollte. Beim Aufwachen aber ist alles nicht mehr so schlimm. Ich leg meine Kleidung zurecht und wappne mich. Das Licht ist schön und weich, das erste Türl vom Adventkalender, Weihnachtsmänner und Christbäume, alles rot-grün-weiß, sicher nehmen wir das Amerikanische an, Christkind tritt in Hintergrund. Tim Allen als Weihnachtsmann gestern, träumte ich auch was in der Richtung. Werde einfach alles erledigen! Auch abends Nike hüten. Spät heimkommen, ja, morgen auch, dann aber ist es bis Jänner vorbei damit, nur noch Dienstag bis sieben, das geht. Die weihnachtlich geschmückten Häuser unterwegs – das ist schon schön! Licht und Sterne. Die kletternden Weihnachtsmänner gibts inzwischen schon beim Hofer zu kaufen. Raaba, der Alte schaut nicht mehr auf, der Hässliche grinst und saugt und pafft. Mein rechter Zeigefinger schwillt weiter. Knochen verdickt sich. Tut weh und ist rot.

IM ZUG, MITTWOCH, 3.12.2008
## ROTWEIN MIT MARGOT

gestern abend. Kannst dir denken. Stumpf heute und fast nicht aufgekommen. Rote Jacke in meinem Blickfeld vorm Fenster, auf so was reagier ich allergisch. Aufgeblasen aufgedunsen, einer meiner fettesten Pullis, dunkelbraun, Kookai mit Rollkragen, aber dachte, vielleicht witzig, im Lauf des Tages. Nachlässig lässig. Magische Welt draußen, Guckkasten, seltsam beleuchtet. Werde Herrenpullover kaufen, weit und locker fallende. Marke. Hilfiger oder so. Gestern ein wilder Tag. Vormittags Vertretung Chefe, war interessant, dann Präsentation einer Zeitschrift, war auch ganz interessant. Und dann abends, nach Babysitten noch die Vernissage, *small talk*, naja. Keine Bilder, nur Video-schau. Grimmige Galeristen. Olga wie eine Spinne auf einem drauf, entkommen! – Zu Margot eben, siehe oben. Dunkle verschlossene Waldidylle. Heut wieder paar Kapitel – arbeite eigentlich doppelt. Wenn nichts zu tun ist im Job, tu ich umso mehr an der Schreib-Front.

IM ZUG RETOUR, MITTWOCH, 3.12.2008
## ACH BITTRER WINTER.

Ziemlich erfroren. Ziemlich müd. Ziemlich beansprucht auch. Röhre kann vor Langeweile fast nicht mehr reden – so ein Präpotenzler! Ich sah zwei wunderschöne Krampusse aus dem Fenster, einer weiß, anderer schwarz. Müdigkeit überfällt mich wie ein Tier, umhüllt mich wie Mantel, durch letzte Löcher Blick wo hören…(?) Mit der Fahrt geht allerdings nächst (?) So müde… so so so müde… Röhres Stimme erstirbt vor lauter Flügel… (?) was war der Grund für die Verzögerung, wollte ich Röhre fragen, der heute ins Auge schaut und mich anlächelt fast. In letzter Zeit sind die Menschen netter zu mir. Heut geht alles so langsam. Todfinster Waldidylle. Und ich glaub noch immer, dass er bald stirbt. Aber die Hoffnung zuletzt…

IM ZUG, DONNERSTAG, 4.12.2008
## TROST UND FREUDE.

Kleine Zeichen, kleines Lächeln, so was brauchen die Leute dringend in dieser kalten und dunklen Zeit!

Feucht, der Boden knapp am Gefrieren, schmale Reif-
schichten überall, gefrierender Nebel, in der Luft tanzen
wunderbare schmale Nadeln, glitzernde Punkte, ein flim-
merndes Kühl, durch das du gehst im dunklen Park mit
den Laterneninseln, unter deinen städtischen Winter-
stiefeln kracht der Kies. Heute wird ein langer Tag, weil
nach der Arbeit mit Johanna/Nike, schätze, wir kaufen
für sie Stiefel und Mantel, dann Lesung im Literatur-
haus, und irgendwie sollte ich auch zur Eröffnung dieser neuen Galerie, aber organisatorisch keine Ahnung
wie. Vielleicht vorher. Kollege L ist wieder krank. Heute
dachte ich, wenn er jetzt stirbt! Kann gut sein, er macht
es still und will niemand mit seinem Sterben belästigen.
Edgar Allen Poe-Typ. Ich denk an ihn, er spürt das, ich
sah seinen Schädel so blank leer gelb, fiel mir auf in der
letzten Zeit. Ich werde sein Büro kriegen und seine Arbeit zusätzlich machen, weiß ich – es wird kein Spaß sein.
Aber ich bild mir ein, dann wichtigere Aufgaben zu kriegen und mehr Einfluss. Mehr Raum hätte ich jedenfalls
als jetzt in meinem Kammerl. Ein richtiges Büro. Zu V
ist mir aufgefallen, dass die Liebe sofort wieder da ist,
wenn er uns nicht mit körperlicher Präsenz seckiert. In
ihm ist ein guter Teil, ein großer Teil. Mit dem spreche
ich. Den anderen, den Teufel, muss man sowieso lassen,
ein Kobold ist das, ein Dämon, je nach Laune und Ta-
gesverfassung. Die große und verständnisvolle Liebe zum
einen Teil ist jedenfalls da. Gott sei Dank. Die spreche
ich an. In Liebe. In Dankbarkeit. Der Himmel leuchtet
dunkelblau hinter dem Wald von Lanzen. Die junge Frau
rechts mit braunen Sämischlederstiefeln geschnürt, einer
grünen Robin Hood-Jacke mit Kapuze, schläft mit verschränkten Händen, die grobe Tasche steht neben ihr –

ich hab meine nicht gekauft, die ich so gern gehabt hätte.
Wenn Oz schon verzichtet auf alle Geburtstagsgeschen-
ke – zugunsten Carport und im Frühling dann Terras-
sen-Sommerhaus, Laube und zusätzlichem Balkon… So
viel, so schön, was wir vorhaben! Vor allem: ein Leben als
Künstlerehepaar. Es wird ja auch wieder leichter. Später.
Dunkle Waldidylle. Kein Mensch da. Alles schläft oder
liest. Auch Bücher. Bures und Heinisch-Hosek als Mi-
nisterinnen sind so was von peinlich… andrerseits: waren
das nicht Männer auch? Eben. Der große Chaos-Mann.
Der große lächelnde Chaos-Mann. Der Krieger. »Wenn
dus verstehst, ist es leichter zu merken!« – Ein fescher
rothaariger junger Mann in weißem Hemd holt seine Tasche aus der Ablage. Mein Vater. Eine Krähe. *The Crow.*
*Demolation Man.* Mars. Der Krieger in Person. Muss
sich in dem kleinen alten Männchen da zusammenkau-
ern, diesem Rumpelstilzchen. Muss große Wut sein. Die
Dinge zerstören sich von selbst, Fingerzeig, Blick, Zau-
berei. Der große Vogel muss aus ihm heraus und fliegen.
Fliegen! Sein Traum! Der Figur des großen schwarzen
Mannes müsste ich nachgehen. Ist Kraft, Sexualität,
Mord und Tod zugleich. Der schwarze Ritter. Heute sah
ich einen Jungen, hergerichtet und kettenklirrend ging
er in die Schule, sein Haar verhängte das Gesicht wie
bei einem indianischen Krieger. Die Augen umrahmt,
langer schwarzer Mantel, soviel Metallteile wie möglich.
Der ganze Mann klirrte in Eisen, keine andere Farbe als
schwarz. Dunkle Ritter in der Menge, in Ehren ergraute
würdige Männer, Reichsverweser. Würdige Frauen. Der
große Krieger erhebt sich. Meine linke Schulter schmerzt
wie wild. Der junge rothaarige Mann hat Achataugen
dunkelst und eine Krawatte schräg gestreift in starkem

Blau und Schwarz. Eine Eischale bricht, ein Kokon, stark wie ein Straußenei, gesprengt. Eine rothaarige Prinzessin sucht ihren Platz, aufgescheucht die Menschen, wie Ameisen wimmeln sie. Der große Vogel schüttelt sich, blink blink macht es schwarz weiß wie Auge des Raben. Zwinkert. Soll ich, soll ich nicht. Ich lächle ermutigend. Kind! Trau dich! Es ist kein Abgrund, es ist das All. Flieg, V, flieg!

IM ZUG, FREITAG, 5.12.2008
**KRAMPUS.**

Oz hat Geburtstag, den 53. War nicht einfach, all die Krampuspackerl zu richten, nur mit Cellophan, hatte vergessen Sackerl zu kaufen, aber wenigstens hatte ich genug Cellophan zuhause. (»I woaß, wos si ghert!«[67]) Johanna ist krank, hatte 38,5 gestern, armes Kind, wenigstens kommt heute die andere Omi und holt Nike. Ich stell ihnen ihren Nikolaus vor die Tür, samt Klopapier, das sie braucht und per SMS bei mir bestellt hat, langes Wochenende, nichts eingekauft, armes Kind, armes. Kind. Aber man kann niemand was abnehmen. Ich fühl mich abgewrackt und bin auch kaputt, erst halb eins schlafen, aber halb fünf war Oz munter, Magensäure und Husten, das hat er immer öfter, grausige Sache, müsste er wirklich aufpassen mit Essen/Trinken, aber. Unser Leben. Ich werde noch Semmelkrampus kaufen und vielleicht krieg ich auch eine Rute. Eine alternde Hausfrau, abgefuckt, ausgelaugt fühl ich mich. Schlecht ist mir und Herzstechen hatte ich den ganzen Weg. Angst, zu we-

---

67   »Ich weiß, was sich gehört!«

nig zu tun für die anderen, zu wenig zu denken. Oz' Geburtstag – aber er hat selbst verboten, ihm was zu kaufen. Ich kann dennoch was machen. Eine CD und bissel Alk z.B., aber ich glaub, er wills voll durchziehen. Wir werden also ein gutes Essen machen, ins Bett gehen, ein gutes Wochenende verbringen, kleine Freuden. Die Steirische schreit grell lachend auf. Der Rothaarige von gestern, es muss ein Engländer sein, dieses lange blasse Gesicht. Waldidylle übersehen, heut bin ich nicht gut drauf, zu viel vorgenommen für den Vormittag, in diesen Tag und die vergangenen zu viel gesteckt. Wollte Romankapitel fertig machen heute – wie soll das ausgehen, wenn noch ein paar komplizierte Sachen zu lösen sind? Während ich noch was tu, warte ich schon, bis es vorbei ist. Dann raste ich. Keuchend. Auch bei Erfolgen: wie die Meisen. Nehmen das Stück und fliegen auf entfernten Ast, allein fressen. Augen klappen zu. Lautsprecheransage ist hin. Dieses Gelächter durchschneidet die Luft. Mutti erzählt wieder von den Heldentaten ihres Kleinen.

IM ZUG, DIENSTAG, 9.12.2008
**GESTERN FEIERTAG.**

Und was für einer! Johanna am Zusammenbruch, psychisch. Hatte nicht gedacht, dass sie arbeiten muss, alle hatten doch Feiertag, und von der Uni kennt sies nicht anders – aber der Handel boomt. Jetzt hat sie Angst, der schmeißt sie raus. Nirgendwo kann sie bleiben, nichts bleibt bestehen, auf unsere Jugend wartet niemand, alles besetzt, verdrängt oder verarmt. Die Zuwanderung ist kein Gewinn. Für unsere Kinder jedenfalls nicht. Die

haben wir außerdem schwach gemacht, labil, liberal, ego-
zentrisch, unduldsam, aggressiv. Ich verallgemeinere, ich
weiß. Aber wo sind Lösungen? Morgen muss ich nach
Wien, ich hasse es. Mit Oz fahren, der alles umorgani-
siert hat meinetwegen. Er meint, das sei eine Hilfe für
mich – ja und nein. Wenn ich mit dem Zug fahre, mit
Laptop, hab ich Zeit zu denken, zu arbeiten, zu mir zu
kommen. Mit ihm heißt es die Firma und dreimal die
Firma. Ich weiß, es ist mörderisch da draußen in der frei-
en Marktwirtschaft, in der eigentlich nur ein paar große Tiere sich noch bekämpfen, rundum haben sie schon
alles niedergetrampelt, die Kleinen verstecken sich und
kommen irgendwie durch. Ich muss aufs Klo. Ich muss
weniger essen, ich fress mir zuviel an, 70,8, ich komm immer höher, und die Wirbelsäule macht mir beim Liegen
schon Probleme. Schwitz wieder viel, also Stress, wach
auf um drei und bleib dann wach. Waldidylle stockfinster.
V lacht viel, auf debile Weise, freut sich, wenn wir Positives erzählen – wir bemühen uns. Ich finde meine weichen
schwarzen Lederhandschuhe mit Pelzbesatz nicht mehr.
Schätze, bei Johanna vergessen? Arme Johanna, armes
Kind, viel brutaler der Kampf noch als damals für mich,
oder? Nein, ich wusste auch nicht wohin. Und was sie
wollten für mich, wollte ich nicht. Es ist ähnlich. Ihre
Vorwürfe greifen nicht, aber Vorwürfe machte ich meinen Eltern ja auch, tun das nicht alle Kinder? Gestern
wurde sie auch noch angeschnauzt, gedemütigt von so einem Busfahrer. Das dünne Mäntelchen, die ausgelatschten Schuhe, eine erschöpfte junge Frau mit Kind, der zu-
gemutet wird, alles allein zu schaffen in einer Umgebung
von Wohlstand. Sitzt im Schlaraffenland und darf nichts
berühren! Groß ist mein Zorn! Wieder in Kommunis-

mus und Umverteilung gehen! Diese Sachen haben sie mir auch gesagt: Hättest nicht! Ein Kind bekommen! Geheiratet! Den falschen Mann! Und ich wiederum hab keine Zeit, große Bücher zu schreiben. Oz auch nicht. Johanna auch nicht. Wir sind vollends damit beschäftigt, unsere Zeit, Geist, Kraft, Nerven, Körper zu verkaufen. Wir sind neue Sklaven. Sklaven des Kapitalismus. Ich muss dünner werden, damit ich schöner bin und in meine alten Gewänder pass, die dann neu werden. Damit ich auch gelenkiger werde, biegsamer, und nicht mehr so viel schwitz. Aber das Gegenteil passiert. Schicht um Schicht fress ich mir an, um Empfindlichkeiten zu übertönen. Ich habe keine Ahnung, was ich zu Weihnachten schenken werde. Nur für Johanna und Nike weiß ich genug, und Oz will ja nichts. V braucht nichts, die Geschwister auch nicht. Ich glaub eher, Johanna verliert ihren Posten. Wappne mich zu Tröstung und Aufbau. Nimms positiv! Schau auf deine Diplomarbeit! Kümmre dich um Job im Ausland. Vielleicht ists mit Kinderunterkunft besser in England? Möchte so gern helfen. Und Oz mit seine Firma. Aggression darf nicht raus. Der nebenan hat so lauten Rave im Ohr, dass der halbe Waggon mithört, sicher schon kaputte Ohren.

IM ZUG, MITTWOCH, 17.12.2008
**WIE GLAS.**

Schwer schwarz undurchdringlich. Glänzend. Geschmolzenes und erkaltetes Glas, Steingärten der 50er-Jahre, Bozener Straße. Thira Vulkaninsel erloschen erstarrt, schwarzes Wasser. Schnupfen. Schwarz und blau ich, glänzender

Lack, stumpfe Wolle. Die Abfahrt wird sich voraussichtlich um fünf Minuten verzögern. Mama ist immer bei mir, gestern Abend bei Tisch haben wir unsere Hände verglichen. Ich habe mich zur Feier des Tages schwarz weiß angezogen, das spürt man doch, mein Perlmutreifen von Oz, das bestickte Leibl, meine kindliche Weste. Ich nehme meinen Vater an der Hand, ich bin fünf Jahre alt, ich begleite ihn, ich bin die kleine Kaiserin, wir gehen nach China, Teedosen und Opium, es tut nicht weh, es ist schön, ich gehe mit meinem Vater in die Fremde, aber die ist nicht fremd, in jedem neuen Moment geht sie neu auf wie die Papierblumen im Wasser, hat nicht er sie uns gegeben? Der Tod als Fest, als ruhiger Gang, als Reise. Keine Betäubung notwendig, keine Unruhe, keine Angst. Etwas Traurigkeit immer, jeder Abschied ist ein Schmerz. Eine junge blonde Frau hat sich neben mich gesetzt, ein Versehen? Nike wünscht sich eine blonde Puppe, heute fahren wir nach Seiersberg und kaufen die. »Das Blut ist so dick und das macht es so…« – Sein Blut, sein vieles Blut im Sackel, ganz normal, sagt Doc, ich danke, ich bin froh, dass er ihn nicht zum Quälen schickt ins Spital. »Setz die Thrombass ab und beobachte, ob es die nächsten zwei bis drei Tage besser wird. Urin ist gut«, sagt er fröhlich, ich auch fröhlich, »alles normal, V!« – Da ist zwar jede Menge Blut im Sackel und Gewebe, gestern ein Mix von mindestens eineinhalb Litern, sagt Diana. Die jetzt zurück geht in die Tschechei zu ihren Kindern, ihrer Mutter, liebe Diana, schöne Weihnachten! Jetzt kommt Olga, die Punkige, die Magersüchtige. Oz kriegt immer einen Schreck. Aber zivilisiert, wie er ist, lässt er sich nichts anmerken. Schimpft nur in meiner Gegenwart über sie – egal. Ich bin sehr ruhig. Ich fahre durch die rabenschwarze kühle Nacht mit ihren weißen Lichtern, ihren gelb grün rot blauen Lichtern. Der Zug rattert ein wenig, ich werde schlafen. An der Hand meines Vaters. Der große Bruder Prinz Tod geht mit uns, hinter uns. Wir drehen uns nicht um. Mein Vater geht in eine goldene Zukunft. In den Himmel geht er. Sogar Mama freut sich. Und Oma wartet sowieso schon lang. Du bist mein Liebster! sagt sie. Und er darf wieder Hasen züchten, weiche Hasenfelle. Waldidylle als kurzes Aufflackern im Widerschein des Bahnhofs. Stockdunkel. Zappenduster. Im Mund Geschmack der Zwiebel gestern im Salat, leichte Übelkeit, das kommt von der Müdigkeit, der Rothaarige schläft, die Schaffner kenn ich alle nicht. Weißes Mehl an Schal und Mantel vom Brot gestern. Wohin gehen wir, V? Schauen wir. Auf das Licht zu. Den Tunnel oder den Fluss? Wir schauen von der Brücke hinunter. Forellen. In einem Bächlein helle. Der Tod und das Mädchen. Das blonde Mädchen hat einen schwarz-weiß-karierten Schal um. Zahnweh, vorne rechts oben. Kalt warm. Kloepfergasse. Hauptplatz. Jemand schnarcht. Sie werden mich anrufen, Oz wird, Olga wird, dass er gestorben ist. Ja, werde ich sagen. Ich weiß, werde ich denken. Ich hab ihn gehen lassen können. Eine ganze Strecke hab ich ihn begleitet. Vor dem Tod musste ich umdrehen. Das Kind musst du dann im Kindergarten lassen. In seinem eigenen Leben. Du schaffst das schon. Danke. Es war schön. Nicht immer, aber oft. Grundsätzlich. Danke grundsätzlich. Für alles. Da ist auch schon der Kindergarten Raaba, orange, die Steirische lacht, der Tischler erzählt Witziges, bei Gemüse schaut sie schon, dass es österreichisch ist, aber man hat halt keine Zeit. Es schneit nicht, es friert nicht, es ist kein Winter. Ich will die Geschwister noch nicht benachrichtigen. Als ob er bis dahin mir allein gehörte. Außerdem hab ich sie schon zu oft gewarnt, vorschnell. Aber muss ich ihnen nicht die Chance geben, ihn ein letztes Mal zu sehen? Die Blonde geht ohne Gruß, rote Augenränder vor Müdigkeit. Im Ostbahnhof ist ein Fenster knallblau von innen beleuchtet, davor sitzen drei Mädchen, zwei rauchen. Auch andere sind in schwarze Schals gehüllt. Mütter Töchter Wüste. Kind komm geh Vater jetzt los dann später wann jetzt.

IM ZUG RETOUR, MITTWOCH, 17.12.2008
## WIR WAREN IM MURPARK,

nicht in Seiersberg. Doch zu weit. Die verzauberte Welt, sagt Oz. Ganz wichtig, mit dem Kind vor Weihnachten einkaufen zu gehen! Viel halt. Und durcheinander. Und müd. Und erschöpft. Running Sushi, zwei Paar Stiefel im Ausverkauf, bissel neues Gewand und eine Puppe mit langen Haaren. Nicht blond. Eh besser. Abgelenkt eine lange Zeit. Nicht mehr das Elend daheim mit dem langsamen Bluten. Ach ja.

IM ZUG, DONNERSTAG, 18.12.2008
## WARTEN.

Aggressives Warten. Die Zeit vergeht nicht, steht. Man selbst trudelt, stolpert, bepackt mit Zeug. Ein Sack Nüsse in Sewa Plastik. Zug vollgestopft, wie die Bremsen Wespen Hornissen aufgescheucht, alles durcheinander. Ewiger Regen. Ewiger Schmerz, das noch zusätzlich. Schön anziehen, Weihnachtsfeier, für Maria einen Keksteller und Geld richten, weiter. Das auch noch. Reden werden sie schwingen und Kolossales von sich geben. Sparkurs und Lob für die Administration. Meine Nase rinnt auch, kein Taschentuch, grelles Hexengelächter die Steirische, neben dem Kommunikativen, der heute in Bestform ist. Alles lächelt, nur A nicht. Haare gewaschen, das auch noch. Oz muss jeden Tag nach Wien, Wiener Neustadt fahren, jeden Tag! Was ist das für ein Leben! Um Unterlagen vorbei zu bringen, Werbung. Als wäre man die Post. Dies bald nicht mehr gibt und die soviel kostet, dass man es bald nicht mehr macht, diese Art der Kommunikation. Olga erzählt, dass er schimpft, laut. Mit einer ganz normalen Stimme! sagt sie. Total fertig ist sie, verblüfft. So hat sie ihn noch nie gehört! So laut! Mit so viel Kraft! Da fühlt sie sich bedroht wie ich auch, was lächerlich ist, von dem armen Manderl ohne Blut und Kraft. Er blutet noch immer. Blute weiter, V. Blute aus, mach es fertig. Nicht einmal allein aufs Klo, denkt er wohl. »Himmel Kruzitürken!«, schreit er, flucht er. »Ein Leben wie ein Hund!« Aber dieser Hund wird gut versorgt… Freilich, fühlen tut er sich, ich wills gar nicht wissen, und emotional wird es weniger jeden Tag. Wenn nichts zu sagen ist, einseitige Kommunikation, er alles vergisst. Aggressiv ist er wohl auch noch, uns gegenüber jammert er nicht, aber die Pflegerinnen kriegen einiges mit. Kein Wunder, dass sie ständig auf einem drauf pickt, sobald man zuhause ist, Olga. Sie leidet. »Ja, was sollen wir tun?«, fragt sie. Nüsse knacken… Jetzt hat er wenigstens saubere Hände. Vögel füttern. Bleib liegen, V. Es soll sich so entwickeln, sie hat schon ein paar gesehen, sagt sie sorgenvoll. Jaja, das Leben, seufzen wir. Das Ende und der Anfang. Ich bin sehr schlecht drauf. Ich warte. Ich sehe sehr schlecht aus, richtig elend. Verquollen. Unfähig in der Früh, noch die eigenen Schlapfen anzuziehen. Mühselig alles. Träumte von Benita, mir fiel der Name nicht ein. So froh, dass ich nicht mehr zu Weihnachtsfeiern, Frauenkränzchen, Punsch usw. gehen muss. Wenigstens das!

**UNGERÜHRT.**

Lokomotivenkräfte mobilisiert. Notprogramm. Geht nicht anders. Augen zu und durch, wie in dem kitschigen Schlager vor ein paar Tagen. Heute die Eierpunsch-Feier. Alle Kräfte zusammenhalten. Mit den Leuten in der Firma Weihnachten feiern – zuhause ist nur schwierig! Oz gestern so wütend verletzt depressiv aggressiv, wütet bis Mitternacht, kocht draußen auf Balkon seine Knochen aus, fühlt sich wieder wie ein Flüchtling, kein Platz für uns, er meint uns als Ehepaar/Zentrum/Familie. Zutiefst verletzt, weil seine Mutter wieder mal in seine Suppe spuckt – aber spucken wir nicht die ganze Zeit und wird gespuckt – ist das nicht »normales« Sozialverhalten? Diese »Integration«, die er meint, ist nichts als Kontrolle aus Hilflosigkeit, die Bedrohung durch Chaos, sobald er die Zügel nicht mehr in der Hand hält und ein Familien-Harmoniegefühl nach seinem Plan haben kann. Sich so aufregen! Mit den Türen schlagen bis tief in die Nacht! Sicher, Olga hat vergessen, die Heizung abzudrehen in Vs Bad, aber das ist kein Verbrechen, sondern ein Versehen. Waldidylle wieder mal vorbei, Tunnel. Ach, es geht alles so schnell. Oz hat Angst, ich überarbeite mich, für ihn bleibt zuviel Arbeit usw. Kann schon sein, aber ganz so passt es nicht, dass wir nur kuschen vor unseren Kindern und Eltern und alles tun aus schlechtem Gewissen – es geht für mich eher um die Verlagerung der Lasten und was ich auch übernehmen, wo ich helfen kann bei meiner Tochter! Sicher, heute abend ist Nike da und morgen den ganzen Tag, noch eine Nacht, da ist man nicht frei und kann verschiedene Sachen einfach nicht machen, eben weil sie da ist und viel Aufmerksamkeit braucht. Aber sie ist ein Baby! Werde versuchen, nicht zuviel zu essen wieder. Vor allem auch nicht zuviel zu trinken. Nike, ihr Wagerl macht mir vor allem Kopfzerbrechen. Schwer und groß. In einen alten Zug bring ich das gar nicht rein. Und die neuen Garnituren werden ja nicht extra ausgeschrieben. Aber einen Schritt nach dem anderen. Nicht nachdenken. Keinen Verfolgungswahn entwickeln. Zu Oz nett sein, er braucht so viel jetzt, verletzte Seele. Seine Mutter, keine Absicht, ihren Sohn zu verletzten, wie sollte sie. Sie merkt ja nicht einmal, was sie sich selbst antut, geschweige den anderen. Raaba. Fredi-Schaffner mit Mordsfieberblase scherzt mit Freund gegenüber, über weißes Hemd, wird gelobt gleich, leuchtet ihr mit einer grausigen blauen Laserlampe direkt in die Augen, so eine Hetz, hat sie lang zu tun damit, »meine Augen sind eh so empfindlich« – »Hast was gsagt, hab nix ghört.« – »Wia mei Bua, der hert a nix, redst gegen die Wand!«[68] – »Die Wand« von der Haushofer schenke ich Inga, Umberto Eco für Lasse, für Britta »Stolz und Vorurteil« von der Austen. Hoffentlich passend. Simply Red kommt nach Graz Mitte Juni. V geht es wieder besser. Verdacht, dass

---

68    »Wie mein Sohn, der hört auch nichts, da redest gegen die Wand!«

es uns deshalb wieder schlechter geht. Energiediebstahl. So fröhlich freundlich sind wir innerhalb der bekannten Gegenwart, jeden Tag, das Unterwegssein tut gut. Lichter der Stadt, jede Station vertraut. Konstanten im Leben. Das hilft für psychische Gesundheit.


IM ZUG, MONTAG, 22.12.2008

## WINZIGE GLITZERNDE NADELN,

aber nur in unserer Gegend. Beim Park nur Nebel. Ich bin brav und seh so aus. Cremeweiße Damenbluse und goldener Damenschmuck. Wir warten, wir sind brav. Brave, tapfere Krieger, die jetzt verharren und warten. Im Respektabstand. Bin ganz froh, dass ich arbeiten gehen kann – oder auch nicht. Weiß nicht. Es gibt nichts zu sagen. Mein Schreiben ist leer, ich weiß. Ich sitze neben dem roten jungen Engländer, der freundlich ist, weil die jungen Damen nicht reagieren, tun, als ob sie schlafen, lassen ihn nicht daneben sitzen. Heute weniger Leute, dennoch kein Platz. Was werde ich tun. Die Abrechnung für V und Verständigung mit den Geschwistern. Dass es nicht so gut steht und anscheinend das Ende wohl wirklich nah ist. Jetzt mag er nicht mehr, die Kraft lässt aus, sein Leben neigt sich. Er hat Angst und ist bitter, das ist schade. Sicher, das Leben lassen müssen, jetzt wirklich von hier weg, zur Erde, aber Kern sein mit seinen Kindern, alles geht weiter ohne einen – ich red mich leicht, ich leb ja noch. Aber das ist auch keine Schuld, und meinen eigenen Tod krieg ich ja garantiert, wie jede/r. Der Kommunikative sitzt still ohne seine steirische Gelächter-Freundin, ihm gegenüber der Missmutige mit Igelschnitt und schwarzer Kunststoffjacke, der Pullover des Kommunikativen ist grün kariert, gefälschter Burberry, die erweiterte Damenrunde schildert lebhaft alles mögliche – die helle und die dunkle Verkäuferin sind übertönt, überstimmt. Was tun heute? Reste organisieren. Müde. Ich hab vorschnell verschiedene Arbeiten eingestellt. Das Marylandhuhn wird eine Kleinigkeit für nebenbei. Ingas Kinder sind die Hoffnung, peppen wenigstens die Familie auf. Britta haut sich mit Margot auf ein Packel. Gegen Ende und am Ende trage ich immer brave Blusen. Weinrot für meine Mutter (mein Gott, gings mir schlecht!), Cremeweiß für meinen Vater. Er soll gehen. Der alte müde Krieger schleppt sich mühsam vom Telefon in die Küche. Niemand hilft ihm, alle helfen ihm, organisieren, aber das hilft ihm nicht. Denn keiner gibt ihm Lebenskraft und er kann uns nicht mehr anzapfen, sogar das hat er vergessen. Mein Vater liegt in seinem Bett und stirbt. Es hat am letzten Sonntag begonnen, am dritten Advent, nun war der vierte. Es ist soweit. Ich hoffe, er kämpft nicht mehr. Er sollte den Tod nun willkommen heißen können, bei all den Schmerzen, der Mühsal, er kann nicht mehr essen. Ich denke, dass es ein Krebs ist, Nieren, schätzen wir. Da kann er nicht mehr umsetzen. Isst kaum, muss zum Trinken gezwungen werden. Warum noch einen Zwang, warum nicht lassen. Sie müssten sich nicht so lang quälen, wenn man sie ließe. Liegen lassen, erstarren. Waschen Cremen Reden Streicheln Dasein. Wasser auf Verlangen. Die jungen, noch menstruierenden Frauen, teilweise ohne Kinder noch sogar, und ihr fröhliches Junggänsegeschnatter. Das Leben ist sonderbar. Von weiter hinten der gewisse Überblick. An manchen Dingen hebt man nicht so schwer. Oz mit dem ganzen Haus. Allein. Nachdem er bereits w.o. gegeben hatte, plötzlich die Anerkennung seiner schriftstellerischen und »gourmetistischen« Arbeit – und das ganze Haus dazu, mit Garten und Sonnenuntergang! Freiheit. Ich hatte es ihm auch versprochen. Und auch für mich: nicht mehr soviel schlechtes Gewissen. Heimkommen tu ich ja gern. Leben, Familie. Wieder werden sich die Dinge ändern, Schwergewicht. Wird Johanna fertig studieren, wird sie nach England gehen? Kommen Oz' Bücher heraus und schafft er es gesundheitlich, die Früchte seiner Arbeit auch genießen zu können? Allen Ernstes erzählt ein junges Mädchen dem anderen am Telefon, in gebildeter Stimme, dass ihm der halbe Fingernagel abgebrochen sei. Wie wird der Tag. Warten. Nichts wird passieren heute. Oder doch. Der englische Junge mit den dunklen Augen und den kurzen roten Haaren ist aufgestanden, Ostbahnhof, elegant, ich wünsche ihm einen schönen Tag, was ihn leicht verwirrt, so freundlich war das alles auch nicht gemeint. Graz ist eine Waschküche, Autos stehen. Seltsame Weihnachten, seltsamer Winter. Alles verzogen. Aber geht schon. Wenn ich ihn nicht ins Idyllen-Korsett zwinge, ist alles ok.

IM ZUG, DIENSTAG, 23.12.2008
## SCHÖNER MOND.

Guter, gehst so stille. Dennoch unruhig ist der Mensch! Trostlos will ich sein, ratlos. Hat es wieder mal geschafft, Tod von der Schaufel, ausgetrickst, nix is mit Sterben, lustig ist mein Vater, hollera, hoppsassa! Wie ein ewiger Krabbelkäfer. Besteht nur mehr aus Hülle und innerer

Auflösung. Aber der Geist ist willig anscheinend. In meinem Vater steckt ein Dämon, ein Kobold. Alle Zeichen stehen auf Sturm, aber das wacklige Männchen mit Blutdruck 90:60 taumelt vorwärts. Und ich versuch mich wieder mal zu erholen, weil ich zum 1000. Mal versucht hab, mich gegen Schmerz und Abschied zu wappnen. Keine Chance. War melancholisch mild und freundlich. Oz im Haus, krank sich gebärdend wie ein Säugling, rechthaberisch und kindisch und laut, wenn er krank ist (aber wie krank schon! Nicht einmal Kopfweh, Halsweh, nix! Nur bissel insgesamt schlapp. Was eher auf die Scheiß-Firma zurückzuführen ist, die seckieren ihn). Anderes Thema, lustiger: Nachdem wir heute alles mögliche gearbeitet haben, gehen wir auf ein Weihnachtsachtel in eine Galerie, dann kaufen wir Kaffee und arbeiten weiter. Dann holen wir Nike, kaufen Reste ein für Weihnachten, spielen mit dem göttlichen Kind und wanken heim, wo die Schlangenspinne Olga sich auf mich stürzt, der Vater seine Tentakel um die Tür schlingt aus dem Bett, Oz nach mir stöhnt und greint… locker war das Frauendasein noch nie – gebraucht wird man halt – aber zuhause, nicht am Arbeitsplatz! Träumte, ich hätte den Zug verpasst. Nach München, knapp. Dabei hatte es so ausgesehen, als ginge sich das aus. Ich rannte dann, diese schmalen Stufen, alte neogotische Halle viel Holz, ganz schnell über die Stufen, aber so klein eingezeichnet waren die Nummern der Bahnsteige, und es waren so viele, und ich steh dann auf Bahnsteig 2 statt auf 4 und seh den Zug langsam abfahren. So verzweifelt und ratlos. Wie meinen Verleger erreichen, muss doch das Gespräch absagen, wie peinlich, ich will doch ein Buch! Einfach weg. Nix mehr. Trostlos. Ich bin trostlos. Meine Augen rinnen, mein Hals brennt, ich geh am Rande einer Grippe spazieren, aber dieses Jahr war ich schon zweimal krank, es wird mich nicht noch mal erwischen. Jedenfalls zunehmende Immunschwäche. Es wird schon wieder heller in der Früh. Indigoblau der Himmel – meine Hoffnung – vielleicht, denk ich, ist es wegen des Geldes gar nicht so schlecht. Wenn er nämlich im neuen Jahr noch lebt, kommt wenigstens das Jänner-Pflegegeld aufs Konto. Vielleicht ist es das. 6. Jänner. Ich mit Oz fahr noch ruhig in den Winterurlaub nach Ungarn. Dann Arbeiten und Prüfung. Lernen geht besser. Warum immer so viel Aufregung?! Plus drei Grad und guter föhniger Wind, als wir den Christbaum holten. Oz sehr theatralisch, mit Mittelmeersehnsuchtsgetue, als gehörte ihm alles, ziemlich lächerlich. Größenwahn. Aber wenigstens freut er sich über was. Nur ist es so eine wütende Freude, eine traurige, eine verbissene Freude. V hat uns alle kaputt gemacht, die Beziehung versaut, reingespuckt auch in diese Suppe. Er hat zu lang gewartet und es scheint mir, als hätte er es geschafft. Das ist der eigentliche Punkt, hier sind wir. A + Oz. Alpha und Omega. Mein V hat beweisen, dass ich ihm gehöre. Und nicht dem Ehemann. Nach Art aller großen Neurotiker und Schauspieler: Wenn ich ihm schon nicht gehören kann, so auch nicht dem anderen! Und so verdorren wir. Alles verdorrt, der Rest verlogen, verkrüppelt. O ja, mein V schafft das. – Kann sein, dass ich ein Feindbild entwickle, aber welcher Schluss sonst bleibt mir übrig? Ich stricke Sinn aus dem, was ich habe. Vielleicht sind es deduktive Schlüsse, falsch. – Aber vielleicht auch nicht. Beißhemmung, Denkhemmung. Bevor ich Dinge noch ausspreche, verurteile ich sie schon, verschlage sie. Denn Wut und Hass, die dürfen nicht sein. Das Korsett ist innen, die Reifen ums Herz. Aber betrogen bin ich und versaut auch. Und versaut mein Geist. Viel Lebenszeit verbraucht. Aber vielleicht ist auch das einer der Sinne meines Lebens? Den V überwinden. Den Archetyp Mann, der mich versklaven will, wieder und wieder, der meine Männer wegdrängt, nichts Junges, Neues darf kommen. Und mein Mann hat bereits resigniert, gibt w.o., ist krank. Ich bin wütend auf seine Krankheit, wütend, dass er krank ist. Seine Krankheit macht mir Angst. Denn es kann nicht sein, dass mein Mann stirbt. Vor dem Vater. Dass mein Vater meinen Mann besiegt, das darf nicht sein, das Alte darf nicht über das Junge herrschen despotisch. Ich bin also ratlos aus verschiedenen Gründen. Aber meine Ratlosigkeit hat entschieden Gründe! Ich bin nicht dumm! Und ich bilde mir nichts ein! Und V – bei allem Mitleid –, du gehst! Und nicht Oz!

# WO BIN ICH MIT MEINEN GEDANKEN?

## WO BIN ICH MIT MEINEN GEDANKEN?

Bei der Arbeit, der kommenden Restwoche, so Vieles: abgesehen von den Mails, ausständigen zu behandelnden Ansuchen… alles im Griff, A? Organisation von Vs Sachen. Oz wird wieder jammern. Über die Kälte, er mag den Winter nicht, das Haus nicht, sein Zimmer ist das kälteste usw. – ich bin müde, schon wieder meine Tochter und Enkelkind, kaum dass er da ist, er sieht mich kaum, zu wenig Miteinander… ja und ich, die versucht, dem allen gerecht zu werden und sich als Person zwischen dem allen aufzuteilen. Wo bleibt A? Allein? Für sich im Zug, wie hier (wo sie an andere denkt, wie man sieht), im Job, wo sie an andere denkt. Seit halb zwei immer wieder aufgewacht. Ein bedrohlicher Traum: drei schwarze Schirme, schöne Muster, wie venezianische Spitzenschirme, alle anders, dennoch unheimlich. Es war Nacht. Oz fuhr, beim Reversieren beinah drei Leute übersehen. Kleine Gleisdorfer Bürger. Es war irgendwo in der Gegend der Volksschule Kernstockgasse. Ich beseitigte drei Flaschen, Reste einer grauslichen Flüssigkeit waren drin, vorher hatte ich schon überlegt, ob das noch trinkbar wäre, dann dachte ich, spinnst du?! – und mir grauste so sehr. Ich sehe schlechter aus als vor dem Urlaub, ich bin 1,5 kg schwerer! (Ja! 71,5 zeigt die Waage, unerbittlich! Und ich war mir so sicher, dass ich abgenommen hätte, wo ich mir doch dauernd vorsagte: Ich hab 50kg, 50kg!) Aber das geht wohl alles anders. Ganz mühlos nicht, Mama. Weder Blumen noch dünnes Mädchen noch Augen bzw. Brillen. Diese Zeit ist so scharf. Wenn sie mich – wenn ich mich alt werden ließe (Murmeltier hat mich gestoßen!), in Ruhe alt werden. Wenn ich jetzt – wie andere in meinem Alter, aber die haben halt immer malocht – nicht Zeit vertrödelt hätte (die rot schwarze Frau gegenüber in ihr rotes Handy: »du, ich fahr jetzt gleich in den Tunnel, die Verbindung ist weg! Schönen Schultag! Tschüss! Bussi!«). Jedenfalls: So dürfte es nicht sein. Diese Zeit, diese Gesellschaft, diese Arbeit. Mütter von ihren Kindern getrennt, alte Frauen, die schlecht sehen, werden mit Arbeit zugedonnert, im Beruf, müssen Prüfungen machen in einem Alter, wo andere aus dem Beruf gehen. Aber egal. Das wird auch gehen. Ich muss nur ruhiger werden und mehr auf mich achten. Mehr im Moment sein, freundlicher, glücklicher. Gut, das Wetter und das Klima spielen auch nicht grad mit. Und das Gasproblem. Wir brauchen eine andere Heizung! Die Russen drehen den Gashahn zu. Mir ist schlecht. Raaba. Schüler. Schnäuzen. Geruch nach Zigaretten. Handys. Ganz starke Schmerzen, Schulterprobleme, linker Arm. So, am Ostbahnhof wieder nach links gesetzt, halber Sitz, blödes schnippisches Dirndl mit üppigen Lippen besetzt zwei Plätze, tut, als ob sie schläft. Zu viel Schnaps, dann auch noch Süßigkeiten, ungarisches Fett und Fleisch und Kohlehydrate – eh logisch! Aber besonders elend dadurch. Statt dass ich besser ankomm, immer noch schlechter. Verzagt. Sei heute mal aufmerksam für alle netten und schönen Sachen. Kleinigkeiten. Z.B. schöner blauer Schnee. Rote Lichter, gelbe Lichter. Mein schöner Brillantring. Die rot-schwarze Lady bekommt einen Anruf, der sie zu einem Lächeln bringt, einem Lächeln... hört nicht mehr auf, kriecht in Telefon, sie gibt nicht auf noch während des Anziehens, »hast guat gschlafen...?«, und das meiste leise unhörbar. Zärtlich schaut sie das Handy an, bevor sie es einpackt.


IM ZUG, DONNERSTAG, 8.1.2009
**NICHT DENKEN.**

Trotten, tun. Müde. Schritt Schritt Wiegeschritt. Oz gibt mir Baldrian um halb eins, weil ich nicht einschlafen kann. Fünf Stunden bleiben zum Schlafen, rechne ich aus. Schlaf schnell ein – aber 3.33 bin ich munter. Bis Oz aufs Klo geht um fünf. Und ich warte, bis der Wecker geht, ich erwarte ihn nicht. Heut Nacht, dachte ich. So unheimlich ist die Nacht, so grässlich. Endlos. Und die Geräusche. Spüre die Katze schleichen, denke, die hat ihm paar Knödel abgenommen. Alles ändert sich, nichts. »Unsere nächsten fahrplanmäßigen Aufenthalte«, sagte eine viel zu helle Stimme, eine Schaffnerin, gestern auch, eine Kontrollorin. Irgendwas kippt. Bei ihm kann man nichts machen, grinst der Urologe, alter Mann, was wollen Sie?! Er löst sich auf, von innen her, wie eine Made, in der eine Schlupfwespe wächst, der Teufel. Ich bin öd und abergläubisch, ich weiß. Aber so müde, überreizt, ausgereizt. Mag nicht mehr, kann nicht mehr. Ich denke, es handelt sich um Tage (wenn ich so denke, sinds wahrscheinlich Wochen oder Monate...), aber wie lang kann ein Mensch bluten? Zug rumpelt sehr. Von Waldidylle sieht man nur ein kleines Türmchen, weiß von Schnee. Blonde freundliche Schaffnerin. Meine Sackeln fallen um, bin unfall- und sturzgefährdet, da unausgeschlafen.

Horror der Tabellen/Listenerstellung, kann heut nichts tun. Unser Kollege wird auch sterben. Vielleicht löst er sich leichter – aber glaube nicht. Menschen, die nicht glauben, können nicht auslassen. Und ein stolzer Königssohn der wartet schon der wartet schon[69]… viel zu schnell heute. Acht Grad minus um 6.33.

IM ZUG RETOUR, DONNERSTAG, 8.1.2009[70]

## SO SCHNELL KANNS GEHEN.

Er ist für mich noch nicht tot – ich denk nur dran. Und jetzt hat ers überstanden: L. Wie man oft sagt und es auch richtig ist: nur mehr Schmerzen, kaum mehr Freuden, die einzigen bei uns, seinen Kollegen (glaub ich, aber was weiß man…), jedenfalls hat er alles aufgeräumt, seinen Schreibtisch, den Platz, alles Persönliche weg, leer. Gerüstet, um jederzeit abzutreten. Hinter mir ist einer, der Zug füllt sich schnell, bei der Tür ist es mir zu kalt, dabei hätte ich einen Einser haben können. So traurig. Unseren lieben L nicht mehr sehen. Hätte man doch deutlicher reden müssen? Und V gehts wieder gut. Stehaufmanderl. Mit jedem Tod wird er munter. Es riecht nach Schmalz, Wurst, Brot, Chips hat er auch noch, es kracht. Der Telefonredende. Viel ge-

---

69    Es war eigenartig. Als ich im Zug zur Arbeit fuhr, wusste ich ja noch nichts von seinem Tod. Aber als ich an ihn dachte, und ob er nun schwer oder leicht stürbe, weil er uns doch immer was vorgemacht hatte, gleich wie V: »Mir gehts gut und ich bin froh und ich sag dir auch wieso…« - nur ja niemand merken lassen, dass es Scheißescheißescheiße ist und der Mensch eine Fehlkonstruktion – doch da war die Erzählung von seinem Sohn bzw. dem jungen Mann, der vor der Tür stand, und er dachte, das könnte sein Sohn sein, oder den hat sein Sohn geschickt. Und da dachte ich plötzlich, der L kommt zu seinem Sohn! Ein Königssohn! Und da fiel mir das ein und ließ mich nicht mehr aus. Und dort ist er jetzt und ist glücklich. Bei seinem Sohn!

70    Heute Nacht ist unser Kollege L verstorben.

macht heute. Viel weitergekommen. Liste und Überblick und alles schnell und ordentlich. Augen fallen mir zu. Ich ertue (?) meine Hände nicht, damit die nicht belästigt (?) werden… Bären… Kalte Hände. Essen. Papierhüllen. Wegen großer Müdigkeit. Wunderschöner bleicher Mond. L hat bei Lehmden und Hutter gelernt. Monumental. Und grau. Perlmutterfarbenhimmel. Du darfst nicht mehr als – Melone du, es wird sich jemand setzen…(?) Und V gehts wieder gut. Dauert nicht lang, sagt L, das sind die Reste. Dieser Krebs hat ihn. Kein schöner Tod. Der Rest ist gesund, aber Prostata, Blase Niere. Macho. Nicht weinen. Frauen verachten. Nichts darf weinen. Ich bin froh! Gestern sagte er: »Irgendwie taugts mir!« – »Was«, sagte ich. »Dass ich arbeit?!« – Ja, irgendwie taugt ihm das. Elster steigt auf wie ein Drachen. V trippelt mit kleinen Schritten, verdammt, leben zu müssen! Er würde am liebsten. Stachelkugel ich. Mächtigkeit. Mein Platz nicht. Wenn man umkommt… Gang (?)

IM ZUG, FREITAG, 9.1.2009

## WIE EIN KLEINER AUTOMAT,

Schritt für Schritt, trapp trapp, knirsch knirsch, Eiseskälte, minus sieben Grad, Nasenlöcher frieren zu, Eiskristalle überall, auf den Zäunen, wunderschön! Wie die Zuckerleitern von damals, die Eistropfen und Sterne auf dem Christbaum von Oma. Sting freut sich nicht grad, dass ich mich neben ihn setze, in depressivem Dunkelblau heute und schwarz, Todesfarben, für L, denke ich, in Ehren. Hab das Gefühl, er sitzt da, in meiner Gegenwart, wie eine Katze, freundlich, Seele, die sich noch nicht auf den

Weg gemacht hat, sondern noch ein wenig da bleibt. Drei Tage. Tibetanisches Totenbuch sagt ja alles mögliche dazu. Weiß nicht. Weiß gar nichts. Die Doppeldeutigkeit, sagt L, die Absicherung. Ich kann keine Garantien haben, will aber, Menschen sind so. Seine Hand hat er wieder, überhaupt gibts drüben keine Temperaturprobleme, Gefühl ist super, meint L. Und stinkt nicht. Ob ich seinen Raum kriege? Denke, dass Chef nicht unbedingt dafür ist. Aber werden schauen, ich nehms als Schicksal. Wie ich weiter will. Wie lang bei Job überhaupt. Und ob nicht schreiben besser. Momentan halt alles eingefroren, steht schon wieder. V vergnügt, soweit, Inga und ich wie geschäftige Hühner, Olga, wieseln alle. Nur um sich nicht zu konfrontieren mit dieser seltsamen Leblosigkeit, diesem Gerüst, Gerippe, das noch immer sich plustern möchte am liebsten – wenn man es ließe, aber niemand lässt mehr. Das hat seine Seele nur noch nicht begriffen, seine Pupillen sind sehr groß, fällt mir auf, die Augen seltsam und fremd. Bemühte Schreiber und Arbeiter rundum. Irgendwas ist im Busch. Oz enttäuscht, weil Sarah Wiener nicht aufspringt auf seine Idee – war mir von vornherein klar. Manchmal kann ich Menschen einfach nicht ertragen. Muss wegschauen. Auch. Kann mich erinnern, hab seinen kantigen Schädel gesehen, nein! Dachte ich. Dennoch. Wenn er mit seinen Anzügen, im Winter schwarz, im Sommer weiß, nie mehr auftaucht bei uns… meine Leberflecken an den Händen und das schwammige Gesicht, kann mich selbst ja nicht ausstehen. Oz in seiner gefährlichen Stimmung, auf die ich ablehnend reagiere und mich zurückziehe – so künstlich aufgedreht. Der Mann da hinten, einen Schwall Eiseskälte bringt er und atmet auch so gepresst, da kommt Kälte wie aus einem Kühlschrank von hinten… kalter Tod.

V kein Problem mit Kälte. Olga sieht schon abgehetzt und abgearbeitet aus – er legt uns alle. Und im Moment, wo es ihm wieder gut geht – die alte Geschichte, alle liegen schon, alle seine Freunde, und nun mein Kollege – aber er wie ein Stehaufmanderl, Automat. Ich bin sicher, dass ich – auch die Geschwister, wir alle in Puzzlemanier, besser als Hexen – ihn aufbauen, ständig neu. Durch Hilfskonstruktionen lebt er, durch seine Familie, seine Kinder. Wir halten zusammen – und diese ungarische Post hab letztendlich ich geschafft, wenn man so will. War viel Arbeit. Trostlos freudlos kalter Sonnenaufgang, Liebe verschwunden, verzogen, wie ein kleines Erdmännchen im System verschwunden. »Lutz! Du, hörst du mich? Hast du schon Beispiel 68 gerechnet?« – Blonde mit Mantel. Frau mit silberner Tasche. Lametta! Denk ich. Das alte Kaufhaus Kreimer, für die Bauern. Lametta an einem dünnen Bäumchen in der Auslage, die mit weißem Packpapier ausgeschlagen ist. Mein Magen knurrt, ich gähne. Sting steigt gleich aus, Don Bosco. Unduldsam. Schmerz im Magen. Traurig. Weil V hält. Deshalb. Weil es ein Zeichen für mich ist, dass ich noch immer nicht auslasse. Bis zum Geburtstag. Nächster Schritt: Bis zur Verhandlung. Noch einer. Bis zum Frühling. Bis Sommer. Noch einer. Die Jahre gehen.

IM ZUG, DIENSTAG, 13.1.2009
**EINGEFROREN.**

Minus neun Grad um 6.36. Ich sitz zwar auf einem Einser, aber gegenüber hat sich die kleine Bunte hingesetzt, eh lieb. War zu erwarten, gerammelt voll jetzt immer. Die Dicke schräg gegenüber liest, Pauli in Sichtweite, der

Psychologe vor mir, hab ein neues langärmliges Shirt an, schwarz, alles schwarz, alles zusammengeräumt, bin gut beinander, Königin, alles im Griff. Dennoch. Gerammelt voll der Arbeitstag, aber ich krieg Übersicht. Bunte schläft gleich, klar, diese Winterschlaf-Monate. Aber gut, dass so kalt, sterben die zu vielen Insekten, Schädlinge, ich denk an meinen Garten. Ich denk. V mit dem dunklen Blut. Was soll ich machen. Wenn man sitzt, Reden geht nicht, er schaut fern oder reißt Nasenhaare aus, unruhig, und auf die Seelische will ich nicht mehr. Keine Emotionen, zu viel ausgenutzt worden. Ich bin ein Phosphortyp, nach Homöopathiebuch. Oz eher nox, schätz ich. Mit bissel Lachesis oder wie das heißt, ich, nicht Oz. Viel Rot und Rost im Blickfeld, wollte auch schon dahin, aber. Bin schon wieder ärgerlich, abgespannt, warten auf Tod und überall vermuten. Auch ein Zeichen von Erschöpfung Übermüdung Überreizung. Eigentlich gut geschlafen, halt zweimal aufs Klo, aber gleich wieder weggeschlafen, das ist mehr, als ich hoffen kann. Die blonde liebe Schaffnerin. Mehr Frauen. Eh klar, weil Verdienst so gering, keine Aufstiegschancen, Fallschirmposten. Ach L. Bin heute etwas rebellisch. Seit Tagen keine Waldidylle – absolute Finsternis. Jetzt wirklich Höllental. Dunkel. Semiramis. Das Reich des Todes. Oz ist heimgekommen gestern aus Budapest, gar nicht so spät. »Ist er schon gestorben?« – Wir jetzt auf fröhlich. »Was ist los?« – Ach, Blut halt immer, dunkles Blut. Inga wundert sich. Was willst du. Da kann man nichts mehr machen, kein Arzt macht da noch was. Froh sein über jeden Tag – mehr oder weniger. Ich weiß, dass seine Tage nicht schön sind. Aber jede Art von Verschönerungswillen wird abgeschmettert. Ein Gerüst ist geblieben: Früher konnte ers oder hätte anders können, jetzt nicht mehr.

Phrasen bleiben. Unfähigste Kommunikation. Aber auch, weil man sich immer wundert oder schimpft. Jetzt sagt er nichts mehr. Er macht Anstalten, aufzustehen, was ihm nicht gelingt. – »Was willst du?!« – »…begleiten!« – »…aber ich wohn da!« – Aber ich sehe, jetzt! Als ob Schlangenhäute von meinen Augen fallen. Kalter Blick, noch frisch, aber die Angst ist weg, das Ungeheuerliche, die Bedrohung. Wieder eine Rote in Raaba. Roter Mantel, rote Haare. Das Weinrot der Dicken, das Rostrot der Roten, die Dünne, Pippi, Seltsame, mit Hose, kariertem Rock, Anorak, rot und Muster, die kleine Bunte mit ihrem Rot. Wie gesagt, rebellisch. Rot aktiv. Heute Aktionen aus der Normalität. Keine Besonderheiten. Wartetag mit Zeitvertreib. Würfelspiel. Modelleisenbahn. Wenn ich bei meiner Nike bin endlich am Nachmittag! Rechts oben Zahnweh. Roter Mantel rote Brillen bei der Dunkelhaarigen, Ostbahnhof, lauter kleine Kreuze seh ich bei Don Bosco, dabei sind das nur Lampen. Willst du wirklich im Zorn gehen, frag ich mich, im Ärger, in der Ungeklärtheit? Egal. Wenn nur überhaupt, denn ich komm als nächstes dran. Eine Aussöhnung ist kaum zu schaffen, wie auch. Die Enttäuschung war zum Schluss, weil du drauf kommst, du hast nichts in der Hand, nichts…

## IM ZUG RETOUR, DIENSTAG, 13.1.2009
### MICH NERVT NICHT DAS BABYSITTEN

bis sieben Uhr und dass ich erst den Zug um 20.11 nehmen kann – mich nervt der Stress, den er deswegen hat! Aber ich geh schon keine Veranstaltungen mehr. Nur wenn er weg ist. Schon wie bei V, dass man ein schlechtes

Gewissen hat, weil man nicht da ist und wenn man da ist, null Zeit für einen selber, sie okkupieren einen und man hat wieder mal schlechtes Gewissen, wenn man nicht dauernd... – Wie bei V! Dass ich mich schlecht fühl, obwohl ich gute Sachen mach, einen guten Job. Das ist nicht in Ordnung! Er soll nett sein zu mir und sich freuen! Hoffentlich tut er das. Den Fisch, denk ich, kann er vergessen. Er hat Fisch gekauft, dazu will er gedämpfte Bohnschoten machen, das mag ich gar nicht! Ich will lieber Salat. Aber egal. Sturschädel. Verordnet einem was. Will gar nichts erzählen... Oh! Der Hässliche an mir vorbei! In meinem Waggon, mit geflickter Hose und seiner schwarzen Synthetikjacke, hässlich wie eh. Es riecht nach Gasthaus, alter Rauch, altes Öl. Alt. Mir grausts ganz leicht. Wenn ich zusehe, sehe ich bei »Hilfe holt mich hier raus« Mausi Lugner, und dass sie so was essen, dann reckt es mich schon. Wenn Nike aus dem Badewasser trinkt, spielen wir so lang, bis mir graust, bis ich wirklich fast speib...

IM ZUG, MITTWOCH, 14.1.2009
## UM GOTTES WILLEN!

Was ist das?! Schneeregen. Grieselig. Grauslig. 6.35 minus fünf Grad. Ab zwei Uhr war ich heute munter. Den Tag schau ich mir an! Bin nicht wirklich da. Noch dazu viel Arbeit. Olga wieder da, Diana nur erleichtert, wegzukommen, zählt die Minuten. Wenn ers bis März, April schafft, ist er gut, meint sie. Das tröstet Oz natürlich. Der Kommunikative erzählt Wissenswertes. Mutti gibt pari. Das ist nun wirklich Ende, spür ich. Den Geburtstag muss ich noch organisieren. So was von Nichts sieht man bei Waldidylle. Bin tief eingeschlafen. Dachte, ich hätte was gesagt oder geseufzt. Wetter bombt zu. Überall blauer Schnee. Lampen. Gemütlich. Traurig.

IM ZUG, DONNERSTAG, 15.1.2009
**ANDERS.**

Irgendwas ist passiert. Der Zug hält auf Bahnsteig zwei statt vier, es gibt eine Verspätung, es hat doch geschneit, entgegen der Vorhersage. Wenig, aber deckend. Winzigkleiner hübscher Schnee, brauch keinen Schirm, ich heute in Farbe, orange, habs mit Dunkelblau kombiniert, mir war danach. In Zukunft mehr aufpassen auf Unterwäsche und Strümpfe. Tu mir beim Anziehen schwer wie alte Frau. Sollte üben. Und mit dem Essen, wie Oz jetzt kocht, das ist auch nicht ok. Vor lauter Angst, dass er zu wenig kriegt, wenn keine Kohlhydrate, macht er Berge, zu stark gewürzt, Gemüse zerkocht, viel zu viel Fleisch, Fisch. Das ist nicht gut so! Mit Gemüse kann er nicht umgehen. »Morgän? Zugestiegen, bittä?«, der jüngere Schaffner, aber schon ziemlich kahl, komplett das Gesicht von – wie heißt dieser Lieblingsschauspieler von Oz, der so doof schaut…[71], wird mir einfallen. Schupft das schlafende Mädel mit Kopfhörer. Diese immer gleichen ausdruckslosen verständnislosen Mienen! War verblüfft über V gestern. Wieder eine neue Lebensetappe! Ganz glücklich ist er über Olga anscheinend. Er lacht! Er kommt mit dem Witzeln und Reden mit, bissel. Dann

---

71    Jean Reno.

223

wieder Klo. Immer geht er. Immer will er Klo gehen.
»Verzeihung«, sagt er. »Entschuldigung.« – »Pardon.« –
Wackelt da hin und her. Kann nicht. »Aber sie brauchen
nicht, das geht alles in Schlauch! Müssen Sie Stuhl?!« –
Oh, der geht zehnmal am Tag, sagt Olga. Dauernd Klo-
gehen wollen, dauernd zupfen schauen tun. Untergestell.
Sonst nichts mehr spürbar. Andrerseits denk ich immer
an sein: »Ich will gesund sterben!« – »Nach langer, geduldig ertragener Krankheit...« geht nicht. Ich formulie-
re Partezettel... Bin so müde. Obwohl durchgeschlafen.
Bis fünf. Dann wütend aufgewacht, weil hinter meinem
Rücken Heizung wieder hochgedreht! 25 Grad! In der
Nacht! Verschwitzt, Pyjama, Haare kleben, vor Hitze bin
ich aufgewacht, jetzt im kalten Januar, das ist nicht normal! Heute hat es wieder minus ein Grad, mir ist sowieso
überall zu warm. Vielleicht auch, weil ich mich so auf-
rege. Wirklich wütend. Wollte beginnen mit »Zwider«.
Heute geht alles rückwärts. Oranger Kindergarten Raaba im morgens dunkel erblauenden Schnee. Sehr poe-
tisch gesagt, sehr Scheiße. Bin eingeschlafen. Die vor mir
hat meinen Hut auf, den ich verloren hab, von Tschibo,
schwarzer Kunststoff mit beigem Fleece-Futter.

# SCHÖNHEIT UND REINHEIT

**SCHÖNHEIT UND REINHEIT.**

Klarheit. Schnee ist gefallen, nicht einmal wenig, alles sauber. Welche himmlische Wohltat, diese Weiße gleichmäßig über allem, keine Ausnahme. War in der Stadt, wird sofort lästiger Dreck daraus und Matsch, aber wir sind hier. Friedlich, sagt Oz, endlich. Er ist zufrieden. Ich bin zufrieden, wenn endlich der Mann, mit dem ich lebe, zufrieden ist. Nichts ändert sich wirklich. Der Schnee beginnt von innen heraus zu leuchten, magisch blau, fast indigo. Träume jetzt. Schlimm. V mit aufgeblähtem Bauch, geschlossenen Augen liegt im Wohnzimmer auf der Couch, Entsetzen. Ich rufe Arzt an, Doc ist verwundert, da er doch schon den Tod festgestellt hat – aber so was! Ein anderer Arzt, als ich Rettung und Notdienst anrufe, Dauerkatheter-Wechsel! Harnstau! Spricht wie dieser Arsch, der damals sich gedrückt hat. Verhandelt. Er kann erst um fünf. Aber da kann er tot sein! Und da fällt mir ein, dass er schon tot ist. Oder? Verunsicherung. Ist er tot? Nein. Ja. Nein. Zweiter Traum in einem Hörsaal, der Professor schießt zur Demonstration irgendwas an die Decke, im Scheinwerferlicht sehe ich eine Spinne an ihrem Faden, die fällt jetzt, »getroffen!«, ruf ich und bin entsetzt, die Spinne fällt oder lässt sich fallen, ist jedenfalls vom bröckelnden Verputz über und über bestäubt, mit weißem Mehl, sieht furchtbarer noch aus und bedrohlicher, und groß! Sie rennt immer in meine Richtung und ich in Panik, Oz schüttelt mich wach – unruhig geschlafen… Zweimal aufs Klo, ich nehm jetzt Gott sei Dank wieder ab, nachdem ich auf über 72 geklettert bin, 70,8 in der Früh, da bin ich schon froh. Die Therapeutin angerufen, eine Stunde täte mir gut. Bleiern wie in einem Mantel. Spinnen sind Sorgen. Das kann ich gut. Ich zähle täglich meine Sorgen. Was ich weniger kann, ist Freuen. Ich hoffe, dass Oz es eines Tages schafft, im Haus sich zu bewegen in Freude. Dass ihm das Haus wirklich Spaß macht. Nach und nach werden wir es schaffen. Das hässliche Klo. Ich weiß noch, wie entsetzt ich war – und Mama so stolz! Morgen Verabschiedung, alle Leute, mir graust es. Passedan. Heute zur Aufbahrung. Wenn ich heimkomme, noch Abmeldung der Pflegerinnen. Morgen wieder zur Aufbahrungshalle. Und zu Mamas Grab. Es wird schon heller. Heute letzter Tag des Kurses. Morgen. Dann zwei Tage Ausruhen, Oz ist weg. Kann ja Johanna besuchen. Neben der Chicen gesessen, die aufsteht ohne Blick und Gruß, gemütlich sich anzieht, unhöfliche dumme Kuh, weiß nichts vom Leben. Ich schau furchtbar aus, das weiß ich, aber will das jetzt gar nicht anders. Schwammig bleiches Gesicht, traurig und tot, Haar in allen Farben, grauer Nachwuchs, sonst alles schwarz. Macht nichts. Sodbrennen. Hunger. Dringend aufs Klo. Hysterisch lacht Mutti. Es schneit wieder stärker. Dieser Tag kommt weich. A, bleib dabei und freu dich über alle Kleinigkeiten, schau nur das Schöne an jetzt. Der Dechant kriegt seine Worte. Später. Nachdenken. Traurig traurig…

IM ZUG, MITTWOCH, 11.2.2009
**»IS DO FREI?«**

Ich bin nicht schnell genug. Dauernd an der Wand, keinen Anlauf, um zu reagieren. Alles schwarz. Mitte der Woche, keine Rede von Aufarbeiten oder Abrasten, kurz Innehalten, diese Zeit hetzt einen mit all ihrem Müll. Dauernd musst aussondern und wegschmeißen, nachdenken und entscheiden: Was ist Müll und gehört weg, was muss als Info aufgenommen werden, was sind die vordringlichsten Arbeiten. Dabei entwickelt sich ein schöner und ruhiger Frühling, verhangen von schweren Tränenwolken, einem verschleierten Mond, das ganze Gelände ist ein Test-fahr-Sicherheitsgelände voll Beton und Hässlichkeit, die Rabnitz zur Unkenntlichkeit rasiert und kanalisiert. Was glaubt diese Zeit eigentlich? Was glauben unsere Men-schen?! Eine schwarze Amsel ist mir kürzlich direkt ins Auto, ein leichter Schlag und hinter mir ein Federhaufen, vorbei ist es mit der Schönheit. Ich kann mich nicht zu-sammenreißen, abends komm ich allein heim, Oz in Buda-pest. Schreiberin. Ziemlicher Wahnsinn eigentlich. Mein eigentlicher Beruf nebenbei, im Zug, wie jetzt, mit mei-nem Mantel und Schal und Tasche auf den Knien, Heft und Kuli, zusammengekauert, alles knapp an der Heizung, neben mir eins dieser Kinder, Bauernmädchen, Arbeiter-mädchen: billiges schwarz-weißes H&M-Zeug, zur Mol-ligkeit neigend, große Augen, liebe naive patente Personen, aber eben auch da, sehr da, und ihren Platz ausfüllend/beanspruchend. Ach, A, immer ein neuer Tunnel, und ein Chef, der aufsitzt und hetzt und blinkt – kann dem allen gar nicht entsprechen! Zu viel! Dabei sollte ich das irgendwie lernen, angesichts des Todes: Aufmerksamkeit und Freude am Augenblick. Langsam. Genießen. Eigentlich hab ich gewusst, als ich diese Vier-Jahreszeiten-Hefte kaufte, beim Libro im Abverkauf, dass er erst beim letzten Heft sterben würde. Nun schließt sich der Kreis, ich schreibe – verfrüht – im Spring-Heft und er ist endlich gestorben. Es tut mir leid, dass es so sein musste, aber mit ihm zu leben war echt nicht einfach. Jetzt ist es auch nicht leicht, aber einer der schwierigsten Faktoren ist weggefallen. Es wird leichter jetzt. Ich beginne meinen Tag wieder zu gestalten. Ich beginne wieder zu wollen und zu wünschen. Zu nehmen.

IM ZUG, DONNERSTAG, 19.2.2009
## MUSS DOCH ZU SCHAFFEN SEIN!

Die paar Jahre Job! Auf verlorenem Posten, aber egal. Es geht um Geld! Deshalb meine Prüfung gut machen, damit mehr Geld. Mit möglichst viel in die Pension. Dann »nur« noch schreiben. Bis dahin Haus organisieren. Mein eigenes Archiv verwalten. Nichts wirklich Schlimmes kann passieren. Und das Haus wird langsam hell, die Räume frisch gestrichen. Aber steht halt noch viel Zeug herum. Und meine Prüfung liegt mir im Magen. Kleine Bissen nehmen. Lernen! Jeden Tag! Wenn jetzt dann die große Kälte gebrochen sein wird (heute minus acht Grad um 6.35!), kommt der Frühling. Primeln Sträucher Knospen Schneeglöckchen usw. Muss mal schauen nach der Schneerose. Fünf Rehe auf dem Feld! Sie laufen. Auch wenn ich fast gar nicht geschlafen habe, zwischen zwei und drei Stunden, mir schlecht ist, keimt Hoffnung. Da kommt Neues. Die Vögel sind so fröhlich. Weit offen das Waldidyllentor.

IM ZUG, MONTAG, 23.2.2009
## RUHIGER ANGEHEN.

Es ist schließlich meine Lebenszeit. Oz erinnert mich daran: Hab ichs doch erst kürzlich zu ihm gesagt: Eins nach dem anderen! Hier bin ich, hier sind die Sachen. Erledigungen. Ich gebe das Tempo. Ich mache, was ich kann, so gut ichs kann. Was will ich. Freundlichkeiten, Freudigkeiten rundum, Mutti telefoniert für den ganzen Waggon, lachend, voller Lockerl und selbstverständlich, Scheiße, sagen die Schüler, Schule geht wieder los. An einer Geschichte geschrieben, immer ein kleines Stück, und ich denke, wenn ich schreibe, so aus dem Moment, wie ich immer geschrieben habe, also: stopp! Dann steht alles und schaut sich um. Was ist da, wie fühlen wir es, dann hab ich keine Als-Ob-Geschichte, keine parallele Wirklichkeit, keine Konstruktion und kein Talmi, sondern Echtzeit und Echtleben. Das ist auch ein Wert, vielleicht ein großer, und das tun wenige. Kommt aus meiner Manie und Verrücktheit und Unfähigkeit, anders als irgendwie beschreibend benennend im Selbstgespräch durchs Leben zu wandern wandeln taumeln torkeln schweben träumen tanzen... hell ganz hell draußen, es hat viel geschneit, alles weiß wieder, nachdem Frühlingsgefühle schon keimten. Muss heute die Ruhe bewahren. Unberührter Schnee vor Waldidylle, alles still und dunkel. Einfach denken. Die Liste, die Liste... die Liste. Als erstes aber meine eigenen Tätigkeiten im Auge und nicht treiben lassen von den Mails. Es reicht, wenn ich die ein-, zweimal am Vormittag und ein-, zweimal am Nachmittag anschaue. Nicht hetzen lassen, sonst kommst ins Schleudern.

IM ZUG, ASCHERMITTWOCH, 25.2.2009
**ZWEI POLE.**

Wieder mal Mond und Sonne, Mondlandung und Woodstock. Technisierung und Kommerzialisierung.

Die Worte so schmal, nicht ausreichend. Der Psychologe setzt sich neben mich mit seiner interessanten Lektüre, aber ich hab den Titel schon wieder vergessen, Piper-Verlag, ein Autor mit Y, ein Titel mit Nietzsche. Über die Zeit reden. Sind es zwanzig, sind es vierzig Jahre? Fliegt, rennt, rast. Wie gehen die Kinder damit um, die wachsen in eine Welt der Medien hinein. Waldidylle: weißer Rauch aus dem Schornstein! Hinter mir telefoniert der Fade, ekelhaft. Lass dich nicht ablenken. Kein wirrer Kopf, Gott sei Dank, nicht zu viel gesoffen, harmloser Fasching, auch viel zu erschöpft und müde. Online, alles online, keine Personen mehr, nur noch Handys, unangenehme Stimmen, die dumme und nebensächliche Sachen reden, »ich kauf mir eine Strumpfhose«, »wo muas i da fahren, links oder rechts, halt ma a Platzal frei, wia segn uns dann, segns ma uns am Abend tschüss!«[72] – Die Formen haben sich verändert, die Inhalte. Juchu! schreien wir wieder bei nächstem Fortschritt, wenn Ikea uns selber die Preisschilder scannen lässt, neue Apparate, derweil noch erklärt durch freundliche Mädels, bald keine Mädels mehr, nur mehr Apparate, wir durch Supermärkte, beobachtet von Kameras – wer sitzt hinter den Kameras? Menschen? Letzte Jobs? Beobachter, Spione? – Bis die Kassen geschlossen werden, weil wir uns selbst die Rechnungen stellen und ausdrucken und online bezahlen, virtuelles Geld, bis wir selbst virtuelle Wesen geworden sind – oder doch nicht, denn der Hässliche muss rauchen, der Marathonläufer laufen, das Mädel seine Haare blondieren. Wir leben und müssen was tun, und

---

72  »Wo muss ich da fahren, links oder rechts, halt mir ein Plätzchen frei, wir sehen uns dann, sehen wir uns am Abend? Tschüss!«

arbeiten und verdienen müssen wir auch, sonst können wir nicht überleben. Aber die Arbeitslosenheere wachsen und auf den Kuchen stürzen sich viele. Darwins Lehren, nur die Harten kommen durch, *only the strong survive*. Sind wir unter den Gewinnern, Oz und ich, zum Beispiel? Oder Johanna und Nike? Pokerface, nicht in die Karten schauen lassen, gefrierender Nebel, Smog, so dick, Hand nicht vor Augen. Die Mädels mit ihren begeisterten Stimmen, laut und lustig noch, die jungen Hormone sprudeln. Ich weiß nichts mehr. Der Nachbar kratzt sein Auto ab, Frühpensionist, Schikoffer auf dem Dach, Ohrenschützer, »seas, A«[73], verwundert, »so früh schon«, in Klammer: Der Vater ist gestorben, soll ich was sagen, da geht sie, als wär nichts gewesen, vorbei, vorbei, jagen wir durch unser Leben. Die Sonne scheint, Fasching vorbei, Aschermittwoch. Rauchende Schlote. Es geht eigentlich immer nur darum, ob und wie du das verkraftest. Männer bleiben schöner als Frauen im Alter, haben wohl was zu vergeben, Frauen nur mehr Hirn und Erfahrungen im Kinderhüten, schön langsam Änderung, aber wie überlebe ich die Arbeitswelt. Jeden Tag die gleichen Gesichter, und sie schreibt und schreibt, denken die, und doch ist es schön, das alles aufzuschreiben. Verdächtig war ich denen, Frischmuth z.B., in der politischen Zeit, zu Recht, die kaufen dir nicht nur die Seele und die Zeit, die kaufen wirklich Seele und Inhalte und Moral. Ideologie, das ist überall. Schönen Tag! Sonne kommt jetzt durch. Orange. Komme mir vor, als stricke ich aus Resten einen Teppich, Streifen von Plastiksackerl und ich häkle… etwas machen aus Abfällen, *recycling*, moralisch sind wir, gute

---

73   »Servus, A.«

Menschen, bin ich, muss ich sein, Rechtfertigung für mich selbst, mein Leben, wie dufteten diese Nelken, rosa altrosa magenta zyklam, wie dufteten sie. Zug hält. Wie war das? Keine Ahnung. Zug steht. »Jetzt hat sich wer auf die Zuggeleise geschmissen«, sagt kalt ein Mädchen in meine Gedanken.

IM ZUG, DONNERSTAG, 26.2.2009
**GELD.**

Abheben. Ich bin auf Null, nein, im Minus. Gehalt kommt noch. Aber viel darf ich in dem Monat nicht mehr ausgeben. Die Rechnungen werden nur so hereinpurzeln. Boden und Türen und Möbel streichen. Malen und Fliesen. Ikea hat eine Menge gefressen. Heute kommen die Sofas. Noch immer ist es kalt, aber Schnee allmählich zu Flecken, tagsüber oft Sonne, aper heißt das schöne Wort. Waldidylle streng. Es ist dieses unfreundliche Spätwinterwetter, hässlich, noch Fasching. Und Fasching regt einen immer auf. Nike kriegt Fieber, hoffentlich heute nicht krank, aber Johanna muss arbeiten, soll ich Pflegeurlaub nehmen? Wenn nötig, ja. Aber meine Arbeiten bleiben hinten. Macht nichts, ist nur A. Ich explodiere beinah. Nein. Bleib ruhig. Was willst machen. Prüfung, na und? Ich lerne halt, was ich kann. Tue, was ich kann. Letzte Anstrengungen, dann ist das Haus ok. Nike auch wieder ok, scheint es, Johanna schickt Entwarnungs-SMS. Jetzt noch die elende Prüfung und dann bin ich im ruhigeren Fahrwasser, kann Frühling kommen, ich im Garten. Nike bei mir und Johanna und Oz, wir haben Spaß. Vielleicht kommt meine Zeit erst im Alter? Im hohen Alter…?

## UND DANN WEINEN WIR BEIDE,

Nike und ich, weil wir uns nicht trennen wollen. Das Gesicht sehen! Diese beide traurigen Gesichter, Tochter und Enkelin! Eineinhalb Stunden vertrödelt! Hätte leicht die ganze Liste fertig kriegen können – andrerseits bin ich jetzt heiterer und entspannter. Kann ja lernen auf der Fahrt, damit ich daheim weniger zu tun hab!

## DER PLAN.

Nächste Woche Dienstag und Mittwoch freinehmen zum Lernen, und wenn nötig, noch ein-, zwei Tage die Woche vor der Prüfung. So müsste es zu schaffen sein. Mit ein paar Seiten täglich – mein Gott! Es will der Stoff auch nicht in meinem Hirn bleiben, weil vieles so unmöglich und unsinnig zu lernen ist. Der Blöde sitzt parallel, bis jetzt sagte ich »der Fade« zu ihm, aber er ist eindeutig blöd, schlimmer noch: rücksichtslos. Vordränger. Vielleicht soll ich ihn so nennen. Immerhin guten Platz bekommen. Einen Einser. Zwar hat er mir die rechte Seite weggenommen, aber hier ist es heller. Heute abend Versicherungsmakler. Ruh kriegen wir keine. Immerhin, langsam zeichnet sich Ende ab. Heute der Boden in der Diele, die Ikea-Sofas. Es fehlen noch die Wohnzimmermöbel. Dann einräumen. Und umräumen meines Arbeitszimmers nach unten. Mein Herz tut weh. Ich muss jetzt auf mich aufpassen. Zwei wunderbare entzückende Feldhasen, ein heller und ein dunkler, spielen abfangen!

Waldidylle abends. Die Thujenhecke hat anscheinend in den 60ern, 70ern jede andere Heckenform verdrängt. Manchmal Tannen, selten Buchen, kaum Liguster, und gemischte nur, wo ein Bauer sie gelassen hat. Die Haseln treiben aus. Röhre sagt »seawas«[74] zum Teigigen, dessen Gesicht zur Pizzascheibe wird. Ein einsames großes Pferd mit weißen Fesseln schaut. Mein Herz sticht. Schöner Fasan. Aber dann, während ich inzwischen immer weiter wegsacke: den Bestellschein nicht vergessen! Und die Versicherung, was ist mit der Liste? Ich träumte von H… (?) auf einem Hügel, mein Hirn zukünftig (?), aber wie sollte das sein, andererseits vorbeimüssen (?), eine Burg, nachher eine Durchfahrt – wir würden diese Kappe dem Kopf und Hügel retten für die Zukunft…(?)

---

74   »Servus.«

# VERHEISSUNGSVOLL

**VERHEISSUNGSVOLL.**

Dabei ist es ein bewölkter Tag, knapp am Regen, ganz grau und weich. Sechs Grad plus, Eis schmilzt. Fühle die Energie kommen. Erster Tag mit einem orangen Leibl, dazu Jeansblau. Neues Gewand, neue Taten, Situationen, vielleicht sogar Menschen, aber darauf bin ich nicht aus. Zurechtkommen mit dem Vorhandenen. Mit meinem Mann zum Beispiel, der mein Gefährte ist. Ein guter Gefährte. Es ist lustiger zu zweit. Mädchen gegenüber schläft, Bluse überm Busen gebunden, nackte weiße Bauchhaut. Ich werde wieder vergnügt werden. Vielleicht sogar Gutes schreiben. Festgestellt im Gehen, dass ich die Eckpunkte meiner Geschichte bereits habe. Legende – Mysterium. Es sind Punkte, die wir beliebig festgesetzt haben. Weil festgestellt wird: 1969 ist der Keim, der Beginn, ein Körnchen, an dem man etwas festmachen kann. Von damals bis jetzt. Von A bis B. Eine Linie. Aber was für eine! Was ist aus uns geworden? Unseren Träumen, Hoffnungen, all dem Einsatz, der Arbeit. Einige sind auf der Strecke geblieben, ein paar verrückt geworden. Der Hauptteil hat sich auf die Seite der Zukunft geschlagen, die immer ökonomisch denkt: Wo ist der Vorteil. Fürs Überleben des Einzelnen, der Gruppe, Familie, sozialen Klasse, Land, Staat. Nicht anders denken können, das Beste daraus machen. Verbünden mit Gleichgesinnten. Lobby – Mobbing. Wir killen niemanden mehr, zumindest kann keiner uns Mord nachweisen. Bachmann war eine der letzten, die es noch deutlich sagen konnte: Es war Mord. Aber wir leben noch. Das Wasser steht uns bis zum Hals, wir kriegen keine Luft, aber irgend eine Nische, eine (Sauerstoff)Flasche finden wir immer noch. Ein Wettlauf mit der Zeit. Sie wollen auch noch die Reste, alles wollen sie. Das Leben, die Seele, die Zeit. Ein Reh unten einsam auf der Wiese. Vorsichtiges Grün, man traut sichs noch nicht zu sagen. Morgen und übermorgen nehm ich mir frei. Heute abend lernen. Morgen Bodenleger und Installateur, Nike abholen, nach Gleisdorf, wieder nach Graz. Ist aber besser, wenn sie in Gleisdorf schläft, obwohl schwierig. Im Wald hinter der Waldidylle schlägern sie. Wind, wenig. Heute Bestellscheine, Rechnungen, Protokolle, Material-Liste korrigieren, abschicken, Telefonate. Bei Messendorf haben wir dringenden Aufenthalt. Zwischen Graz Ostbahnhof und Hauptbahnhof ist die Strecke unterbrochen. Na gut, fahr ich eben mit der Bim, Vierer oder Fünfer. Nachdenken. Wieder Nebel bei Hart. Der Dreck wird mehr. Der Zug steht. Ein LKW hat die Brücke beschädigt. Zeit ist noch keine bekannt. Also schauen wir. Vielleicht soll ich auf diese Weise Schreibzeit kriegen. Scharfes Sodbrennen. Vom Kaffee. »Wie gehts deim Buabm?!«[75] – »Bundesheer!« »Naa!!!« – Jemand hat eine Menge Brösel auf meinem Tisch hinterlassen. So, hier stehen wir in Messendorf. So. Ich sitz hier in meiner Nische im Zug. Es geht mir gut. Denke und schreibe also. Sie bereden Fachliches. Zeitpunkte und Routen. Er fährt wieder. Wenn bis Ostbahnhof, eh kein Problem. Nur in der Nacht kann ich schreiben. Nichts fertig denken. Auf Zeit-Suche, wie Oz und ich es besprochen haben gestern Nacht. Wieviel bleibt, was wollen wir noch vom Leben?

---

75   »Wie geht es deinem Buben?«

## ZWEI TAGE WAR ICH ZUHAUSE

und fühl mich ganz weit weg. Hab eine Pause vom Arbeiten gemacht – zum Lernen! War nicht so leicht. Die Kinder reden auch vom Lernen. Zug ist überhitzt. Es hat sieben Grad um 6.37 und ich muss mich beeilen. Fang jetzt an zu trödeln. Draußen regnerisch weich. Hoffe und glaube, dass ich heute nicht überfrachtet werde mit Arbeit. Muss eigentlich alles zu schaffen sein. Schön. Die Landschaft vollgesogen und friedlich. Klar, dass hier die Römer eine Freude hatten, sich anzusiedeln. Wir hier sind allerdings ziemlich viele. Und überzüchtet, überkultiviert, pervertiert. Verwöhnt. Uralte Häuser. Uralter Mann. Denke an meinen Vater mit den kleinen Augen, frettchenhaft. Vorher waren sie groß, wurden dann blass, karpfenartig. Armer Mann. So schwer sterben, so schwer Abschied nehmen – ein Vorgeschmack auf meinen, denke ich. Wird ähnlich sein. Will nicht und kann nicht gehen, brauche ewig. Kann nicht loslassen. Hadere. Verhandle. Es sieht so aus, als ginge alles immer so weiter – aber Irrtum, es ist ein Prozess, und hast du nicht gesehen, ist es vorbei und aus und du bist woanders. Jedenfalls bin ich in einer Krise. Mein rechtes Ohr meldet sich immer wieder. Angst vor Tinnitus. Heute Lehrerstreik. Große Probleme für Eltern. Mutti beschwert sich. Auch meine Schwester, die Lehrerin, sagt, dass sie zu wenig Zeit haben für den vielen Stoff. Dabei würd es für Bewegung und kreative Betätigung viel mehr brauchen. Und sie machen 22 und keine 16 Stunden! Ja sicher. Nur, die Bevölkerung geht davon aus, dass die Lehrer so lange Ferien haben und am Nachmittag ihre Arbeit selbst einteilen können. Und stimmt ja auch. Keine drei Stunden täglich Vorbereitung, also auf vierzig Stunden kommen die nie. Dafür andere Belastungen. Psychisch. Und das kannst du nicht in Zeit ummünzen. Es ist nicht einfach. Jedenfalls müsste es wieder Bestrebungen geben, dass wir weniger arbeiten. Da oben wird wirklich abgesahnt. Aber so wars immer. Es ist einfach Neid. Und Schielen auf die anderen. Jedenfalls eins ist sicher: Ich schwitze hier wie in der Sauna!

## LOST & ALIE PRESENT DESTROYO

ist in Weiß und schimmligem Grün auf den rostigen Waggon gegenüber gesprayt, eine zerfallene technische Landschaft mit weißen und grünen Schlieren und Zerronnenem, in einer Säule ein Wickelkind mit geschlossenen Augen. Die Seele unserer Kinder, unsere eigene Kinderseele, liegt im Koma. 1969 liegt in der Urzeit, wir können uns kaum erinnern, sogar das Erinnern haben wir verlernt. Dafür gelernt, durch Gehirnwäsche, zu sagen: Der Moment ist wichtig, immer nur der Moment! Ein Schritt nach dem anderen, in der Zukunft liegt die Hoffnung! – Wenn aber keine Hoffnung mehr und wir nur mit sibirischen Schritten uns weiterschleppen, von einem Tag in den nächsten durch die Eishölle, durch die Freudlosigkeit, durch den Dreck & Gestank? Verschleimt. So ein Schleim! Auf alles und jedes. Aggressive Ratten, zusammengesperrt in immer engeren Käfigen von Zeit und Raum. Einzelne flippen schon aus und machen Dinge, die wir uns nicht einmal ausdenken hätten können, oder doch. Es geht weiter, immer weiter. Die Hoffnung stirbt zuletzt, stirbt sie jemals? Momentan stehen jedenfalls die Chancen gut für den allgemeinen Hoffnungstod, viele Auswege haben wir uns nämlich nicht gelassen, wir Perfektionisten, sogar die Sprache haben wir vermurkst, verkorkst, entstellt. Das ist kein Spiel mehr, das ist Verrücktheit, Wahn und Traurigkeit. Babylonische Verwirrung. Aber egal, sagen wir uns. Schau, die Schneeglöckchen! Und die Enten und die Tauben – gemma füttern? Die erste Barbiepuppe, die erste Micky Maus, der erste PEZ-Automat, jetzt im Antiquitätengeschäft zu kaufen oder auf Ebay oder bei Christie's. Unbezahlbar. Unsere Vergangenheit, unbezahlbar. Schön ist die Jugendzeit, sie kehret nie zurück. Oder wie heißt es bei Raimund: Brüderlein fein, musst nicht traurig sein. Oder Nestroy, lakonisch, das Schicksal setzt den Hobel an und hobelt alle gleich. Fatalismus österreichischer Prägung. Mach weiter, raff dich auf, sack nicht ab. Wer still steht, stirbt, wer nachdenkt, bleibt hinten, wer hinten bleibt, hat schon verloren. Soviel zur Vergangenheit. Mach zu die Truhe. Regen und Nebel, schön und weich und kühl, aber nicht kalt, nicht grausam. Tröstlich kühle Hände des Regens. Und so sprießen denn wieder die Gräser und Blumen, graue Wogen von samtigen Weidenkätzchen, gelbe Primelnester und ergrünende Schatten. Sanfter Himmel tröstet das verschlagene Hirn, die Rinder stehen dunkel im Regen und warten. Solange es Wunsch und Warten gibt, ist die Welt noch in Ordnung, auch wenn ichs ständig bezweifeln muss jetzt, in dieser knochenharten Zeit, in dieser Nussschalenzeit, in dieser Katzenpissegeruchszeit. Nach diesen hysterischen Schüben voll Angst und Wut. Gereinigt. Bei mir selbst. Das ist nur eine Prüfung. Mir kann nichts passieren. Ich mache diese Prüfung und bestehe oder nicht. Wahrscheinlich bestehe ich. Wenn ich bestehe, kann sein mit Auszeichnung oder nicht. Ich muss nur sehr ruhig bleiben, beim Thema am Ball bleiben, Zeit vergehen lassen, durch mich durchgehen. In einer Woche. Kommt auf mich zu, ist da, liegt hinter mir. Andere Anforderungen werden kommen danach, neue Hoffnungen, neue Äußerungen, ja und? Bleib ruhig. Es bist immer nur du. Solang du da bist, atmest. Sandwurm, durch den Leben geht. Das mehr oder weniger verdaut, absichtlich oder unwillig aufgenommen, leicht oder schwer wieder ausgeschieden und gelassen wird. Der Wurm wird vertrocknen oder sich wandeln. Aber jetzt, momentan is(s)t er (noch).

IM ZUG, MONTAG, 9.3.2009
## LERNEN LERNEN LERNEN!

Nein, nicht verkühlen, nicht niesen, nicht krank werden. Oz' heisere Stimme. Bald ists vorbei. Heut nacht wieder mal aufgewacht und lang nicht eingeschlafen. Sorgen. Auch größere, dahinter Schuldgefühle. Ängste. Sorge und Stress. Unser ständiger Begleiter. Wir wissen, wir müssen runterfahren, zurückschalten, ruhig werden, immer im Augenblick, der ist größer, ist prächtig, nichts kann uns passieren. Müde selbstverständlich. Heute noch Nike schauen abends, Johanna hat ihre Prüfung, da kann ich gleich mitzittern, und morgen reicht sie die Scheidung ein. Wird schon was anfangen, das Kind, mit sich und seinem Leben. Tatkräftig und voller Ideen. Ich hab in der Brust große Schmerzen. Wie Messer schneidet das oben nach unten meine Lungen durch. Fredi Schaffner hat ein gutes Eau de Toilette. Möchte auch duften. Wenn endlich die Prüfung vorbei ist, kann ich mich ums Haus kümmern. Regale einräumen, Vorhänge kürzen. Schlafe.


IM ZUG, DIENSTAG, 10.3.2009
**HOFFNUNG.**

Auf gerechte Behandlung bei der Prüfung. Übermorgen ist es soweit. Dann kann ich wieder klar denken. Hoffentlich. Freilich immer wieder Ablenkungen und Ärgernisse: Zug bleibt so weit hinten stehen, anderer Sitz, aber nicht schlecht vielleicht, nur die dumme Quasselfrau nebenan, eine reine Quatschente (Stupsnase, Typ »Fromme Helene«), ständiges Geklapper. Allerdings göttliche Sonne, schöne Raab mit ruhigen Enten, auf dem nackten Feld picken Fasanenfrauen, Frühling lässt sein blaues Band, ach Mama, heut würd ich gern mit dir Kaffee trinken, mit V auch. Waldidylle: im Keller brennt Licht! Der Hässliche grinst vorbei und Paulis Ohrenlöcher werden immer größer. Wie mein Busen. Tu mir schwer mit mir selbst. Hoffe, dass es besser wird nachher. Dass ich mich abfinden kann mit Vs Tod. Zurechtfinden. Nachdenken. Schreiben. »Nachher«.


IM ZUG. DONNERSTAG, 12.3.2009, 15.19
**GESCHAFFT GESCHAFFT GESCHAFFT!!!!!**

Sowas von glücklich, wie ich bin. Und zufrieden. Und dankbar. Soviel Hilfe von Gott und all den Daumen haltenden liebevollen Menschen! Nebenan reden sie Ungarisch, ich will wieder hin. Ein Wahnsinniger mit Hund, laut redend: »Bitte weniger hassen!« – »Grüß Gott!«, hat er gesagt, als er den Bahnsteig betreten hat: Ganz anders alles heute... Die Sonne beginnt zu scheinen, die Wolken sehen ganz wunderhübsch aus, im Gefängnisgarten haben sie schon umgestochen. Aber jetzt lass ma das mal wirken. Rast dich aus. Denk dem nach... Wollt explodieren und alles zugleich machen, Räumen im Haus und Essen Trinken Fernsehen Tanzen Musik! Auf dem Hang mit dem kleinen Haus rennt ein kleiner Bub mit rotem Anorak und einem Drachen, sein Vater hinterdrein. Ich bin gesegnet. Und so undankbar! Das geht nicht. Mein Schreiben ist in Gottes Hand wie meine Prüfung, meine Anstellung usw. Ich werde für Oz guten Schinken und Schweinsbraten und Wurst vom Höfler kaufen, er wird sich so freuen! Er ist ein so lieber Mann und hat mich in letzter Zeit aushalten müssen mit all meinen Launen, war sicher nicht leicht!


IM ZUG, FREITAG, 13.3.2009
## DER LILAFÄRBIGE

mit der karierten Jacke ärgert sich, dass ich mich neben ihn setz, der mag mich gar nicht, egal. Heute kämpf ich. Stark, alles überstanden. »Das ganze Leben ist Arbeit, is da das scho aufgefallen?« – Heute schon halb fünf aufgestanden, wollte an meiner Geschichte arbeiten. Übrigens was Interessantes passiert: Konnte fast nicht aufstehen. Mein Rücken kaputt, oberer Bereich, konnte mich nicht mehr drehen in der Nacht, wie Hexenschuss. Kann nichts tragen oder heben, wird ein anstrengender Tag, weil Glückwünsche und Feiern und überhaupt. Dann Nike abholen und mit dem Zug heim, morgen retour. Jetzt redet der alte Clown über Hortensien und ihr Blau, er versteht nicht das Zusammenschneiden. »Mei Frau ghört auch dazu«, sagt er traurig/abfällig, »die schneidt ja auch alls zsamm!« – Gleich ist er bei den Rosen. Und Schneeballen, die gefallen ihm auch. So verhärtete Schultern, wie Eisen. Die Hänge hellgrau von den Katzerln. Mein Rücken wächst also wieder zu, die Schmerzen wachsen. Großer Hunger und aufs Klo muss ich auch. Schlapper Tag. Lass sein. »Der Vorleser«, den Film empfiehlt der Clown. »Mit Tiefgang«, sagt er, »Schuld oder Nichtschuld. Es gibt Situationen, wo du nicht auskommst.«

IM ZUG, MONTAG, 16.3.2009
## KAPUTT VOM WOCHENENDE.

Oz Sklaventreiber. Was nicht alles passieren soll an so einem Wochenende! Freilich hat er Recht: Was erledigt ist, ist erledigt. Nach und nach und sehr schnell und spürbar wird unser Haus lebendig und schön und restauriert. Meine Schultern noch immer Eisen, verspannt und hin, keine Massage, kein Wellness, sondern treppauf treppab, zwischendurch verstohlen an meiner Geschichte, damit die fertig wird. Nach der Prüfung war ja das der nächste Punkt. Nun ists erledigt, eine gute Geschichte, zu lang und zu ausufernd vielleicht, ein Lamento über diese Zeit. So eine richtige Altkriegergeschichte. Aber egal, ich hab mich ausgetobt, und vom Aufbau her ist es eine interessante Mischform zwischen Tagebuch und Konstrukt geworden, eine Ost-West-Geschichte, ein Damals-Heute-Vergleich. Was willst du mehr. Randvoll mit Beatles und einem Memento an Brian Jones. Die Geschichte stimmt schon. Es geht darum, Ruhepausen zu finden. Wie die Frau da vor mir, goldene Ohrringe und Ring und Brille und Tasche und Bluse und Westerl und schön manikürte Nägel – das ist auch was Tolles, möcht ich auch gern haben wieder mal! Wird schon, wenn jetzt das Haus in Ordnung kommt. Forsythien schneiden und Hortensien. Hab ich wieder nicht gemacht am Wochenende. Primeln und Schneeglöckchen, die verblühen schon. Hab etwas aus dem Internet kopiert über das Schneiden von Stauden und Sträuchern. Forsythien erst nach der Blüte.

IM ZUG, DIENSTAG, 17.3.2009
## CHAOS.

Es beginnt damit, dass ich aufgeblasen bin wie ein Ballon, 71,7kg, kein Wunder, gestern abends noch mit Oz gejausnet, Brot und Wurst und Käse und Alk. Göttliche CCR unten im Wohnzimmer, *I put a spell on you*, mir fällt ein, wie es war damals, und jetzt, meine Jugend vorbei, die alte Trauer. Neben dem Murmeltier, das sich räkelt, unbehaglich, ich projiziere sicher, denn Unbehagen ist meins. Kein passender Mantel für die null Grad, die Jungen reden über Gewerkschaft. Dass die nur vom Geld reden, von den Arbeitsbedingungen, einer gescheiter als der andere, »wenigstens hats an Sinn«, »wer zahlt drauf? Wir.« – Flachgesicht, der Dicke, das junge Mädchen, »immer noch besser…, nur Hauptschule und Poly zieht runter…«, die Sorgen der Jungen, sogar Murmeltier horcht auf. Arme Menschen, die lernen mussten, dass Geld alles ist. Ich mit meinen frisch gewaschenen Haaren, die nicht sitzen, bleich, mit dem aufgeschwemmten Gesicht, den Flecken an den Händen, die Absätze abgetreten, ein Knopf lose, schlecht geschminkt, ewige Jeans. Allerdings. Knopf kannst annähen und Absätze reparieren. Den schwarzen Mantel gib weg und kauf bei Gelegenheit was Neues – aber da ist eben die Hoffnung, dass ich eines Tages dünner (wie, durch ein Wunder?) sein werde, und schöner… Mein starrer Nacken, meine Schultern, heut muss ich zu dieser Tagung, empfindlich und gereizt wie nur, immer weniger zu öffentlichen Veranstaltungen wollen, richtige Neurose. Trauma. Aber unbeirrt zwitschern die Vögel und wollen weiter machen, keimt das Gras. Gott seis gedankt, ist das alles nicht von unserem Wohl & Wehe abhängig. Aber unter den Bedingungen kann ich kaum noch arbeiten. Krank! Ja, weil ich zu wenig schreibe. Die Kleine liest ein Skriptum über Freud und sucht ein Beispiel für Verdrängung. Flachgesicht kann sich nur Vergessen vorstellen. Oder Versprechen. Wenn ich mit Nike bin, endlich in Sicherheit. Auf dem Niveau der Dreijährigen gelandet. Johanna so glücklich – »Hör auf, sowas zum Lernen! Du analysierst dann zu viel!«[76] – mit ihrer Entdeckung. Nämlich einen antiken Text, der Caligulas Schiffe erklärt. Das Mädchen lernt unbeirrbar, gelb markierter Text, auf Steirisch verstärkt, aber sie spricht. Und die jungen Männer zuerst fassungslos und still, dann der Dicke: »Deis muas da einfallen!«[77], ein kurzer Stopp, dann bemühen sie sich, ihre A-Position nicht

---

76    »Hör auf, so etwas zu lernen! Du analysierst dann immer zu viel!«

77    »So was muss dir einfallen!«

zu verlieren. Aber das Mädchen ist sehr gescheit und bleibt dabei, lächelnde Weisheit von Frauen, sie müssen weiter. »Darf i wieder weiter dazählen!«[78] – »Katharsis«, sagt sie. »Psychoanalyse«, sie hält ein Kurzreferat – das wird den Typen in der Schule helfen. »Die Analyse des Widerstandes. Alles erzählen, was da einfallt. Wennst einschlafst oder nicht drüber reden willst, dadurch weiß er… Analyse der Übertragung, Gegenübertragung«[79], sie hören inzwischen nicht mehr zu. Fußball und Autos, Gewerkschaft. Erklären ihres für nebensächlich. »Wie heißt die Todeszeit?« – »Thanatos.« – »I kennt praktisch als Tischler arbeiten, was glaubst, was da für Kohle kriegst!« »I waß, i bin als Maurer gangen, 2.000 Euro! Aber waßt eh, was für Bierbauch i kriagt hab, a halbs Jahr braucht, bis weg.«[80] – Verlegen. Alles verlegen, darüber reden sie jetzt, »na, des is einfach, weil du chaotisch bist!«[81] – Die Jugend der Zukunft, man sieht genau, wie sie sein werden, wenn sie drankommen. Da sind. Und ich nur so halb, mit dieser unausgegorenen Traurigkeit, Groll und Verzweiflung, alles gärend. »Fehlleistungen«, referiert sie unerbittlich. Sonnentag. Schmerzentag. Muss hin zu dieser Veranstaltung, mag nicht, werd mich selbst wieder überlisten überreden, es interessant zu finden, einbringen, mit Leuten reden, präsent sein – oder auch nicht. Alles für den Job. Die Freundin des Flachgesichtigen, an ihn gelehnt, lernt Vokabeln, »seelisches Widerstreben«, ob ihm die Haare

---

78    »Darf ich endlich weiter erzählen…?!«

79    »Alles erzählen, was dir einfällt. Wenn du einschläfst oder nicht darüber sprechen willst, weiß er dadurch…«

80    »Ich könnte gut als Tischler arbeiten. Was glaubst du, wie viel Kohle du da kriegst! – Ich weiß, ich bin als Maurer gegangen, 2.000 Euro! Aber weißt eh, was ich für einen Bierbauch bekommen hab, ein halbes Jahr hat es gedauert, bis ich den wieder weg hatte…«

81    »Das kommt einfach daher, dass du so chaotisch bist!«

schwarz gefärbt passen würden, nein, da würd er noch viel blasser wirken, kurze Debatte. Die Dame mit dem Gold von gestern. Manche von den Jungen werden schöner und schöner, z.B. die kleine Asiatin, der junge Prinz, dunkel, langes Haar, zartes Gesicht, eine Haut wie Blüten, wie kostbar das alles! Wie ideal! Eine neue weibliche Stimme, hoch und monoton. Nicht angenehm. Alle mit ihrem runden L. »Vull! Wos sull daeis?!«[82]

## IM ZUG, DONNERSTAG, 19.3.2009
### FERTIG.

Kaputt. *Rien ne va plus.* Graubraune Maus in ebensolchen Klamotten, nicht mal mehr unter die Dusche kann ich, zu müde, zu kaputt. Und auch wenn die Schüler nicht da sind (Streik?), Zug voll, ich zum 1000. Mal neben Murmeltier, der lässt wenigstens Platz, bei den anderen muss ich urgieren, Tasche weg! Der Psychologe liest, meine Fingerspitzen sind trocken, trotz Cremes, gestern abends bis elf Bücher geschlichtet, aber der Platz reicht nicht. Dummes, wie seufzend aufgegeiltes Gelächter eines ausgeklinkten Girlies. Graublass verhangen und eiskalt, der Frühling lässt auf sich warten, ich muss ja auch noch die Gerichtssachen machen und die Nachlassverhandlung für V und den Urnengang mit den Geschwistern. Viel zu müde. Chef begreift nicht im Ansatz, was ich meine. Dauernd mit Rechnung und Bestellungen herumschlagen, das zerhackt die Zeit, sowieso schon durch E-Mails und Telefonate, Kurzbesuche aus jedem Arbeitsgang gerissen,

---

82    »Voll! – Was soll das?!«

das macht verrückt und müde. Unsere Jobs sind Schretter. Scharfe Messer dauernd, keine Befriedigung nach getaner Arbeit, nur das Gefühl des Ungenügens. Den Maschinen nicht nachkommen, Fehler machen, andere auf ihre Fehler aufmerksam machen, das aber erst wieder händisch, telefonisch, persönlich ausbügeln müssen – es ist einfach zuviel. Schief steht der Blitzableiter der Waldidylle. Weshalb wir alle so sentimental sind und die guten alten Zeiten wenigstens in Möbeln beschwören – Ikea mit seinem billigen Zeug, aber fast alles gedreht und geschnörkelt, voll Perlen und Zierrat – so das Gewand, die Kleider, die Mode. Wir wollen die Gemütlichkeit wieder haben, die Ruhe, das In-Der-Situation-Sein. Mein Schreiben zum Beispiel will ja auch nichts tun, nichts bewirken, beweisen, auslösen, es will einfach nur sein. Es ist. Menschenrecht auf Dasein. Recht auf Leben. Grundrecht. Und ich krieg immer öfter mit verzweifelten Künstlern zu tun, die nichts mehr verkaufen. Armut sowieso. Aber diese Kleinen müssen verhungern oder Jobs suchen – nur: Es gibt keine! Schon gar nichts für Ungelernte! Aber was jetzt? Sollen sie sich erschießen? Ja bitte, wir stellen alles Notwendige zur Verfügung! Der Tischler will am Wochenende umstechen. Der andere wollte auch, aber jetzt hat »der Bua Reifen kriagt, fürn Traktor, kosten völli 3.000 Euro, die Reifen vurn und hinten, arbeiten kannst eh... die Wirtschaft... i geh nocha in Herbst in Pension... kann i mi nocha betätigen...«[83] – Der Trost der Arbeitenden: in der Pension beginnt das wahre, das eigentliche Leben. Johann H schaut rein beim Fenster (Ostbahn-

---

83    »Aber jetzt hat der Bub neue Reifen gebraucht, für den Traktor, die kosten allen 3.000 Euro, das komplette Set, vorn und hinten, arbeiten kannst du bis... die Wirtschaft... ich geh nachher im Herbst in Pension... kann ich mich wenigstens noch betätigen...«

hof), genauso verwirrt und erschrocken wie ich, auch in Braunbeige. Schade, heut keine gemeinsame Straßenbahn-fahrt. Die Entwertung ja auch beim Schreiben: Nehmen ist so leicht, Material beschaffen, schreibt man so viel Ramsch und Makulatur. Mit Gänsekiel und Pergament hast du noch überlegen müssen, Schreibzeug ist wertvoll! »Wegen eines Computerabsturzes wird sich unsere Weiterfahrt auf unbestimmte Zeit verzögern.« – Gott sei Dank sinds dann grad zehn Minuten. Mulmiges Gefühl, so auf der Brücke zu stehen. Ausgeliefert, denkt man. Wenn irakische Hacker die Systeme boykottieren und Abstürze provozieren, legen sie alles lahm, können theoretisch alles aufschmeißen.

IM ZUG, FREITAG, 20.3.2009
## EISKALTES PASTELL.

Der Winter ist zuviel. Krähen. Schnee liegt und tut, als gin-ge er nie mehr. Finger frieren, Haut trocknet aus. Meine Schuhe werden zu klein wie all meine Anzüge, ich nehme an Volumen zu und im Alter wachsen angeblich die Füße. Muss dauernd an V denken. Was hilft das, schadet nur dir selbst. Heute nacht ab zwei so gut wie nicht mehr geschla-fen. Heute Preisverleihung, muss ich hin. Ich hasse öffentli-che Auftritte. Auch wenn ich im Hintergrund bleiben darf, die Verantwortlichkeit bleibt mir. Mit zwei Kolleginnen, als hätte ich Familie mit. Zur Unterstützung. Einen Stick ver-loren, blöd, mag das nicht. So müde, dass mir nichts gefällt, Blick Stäbe müd nichts mehr hält. Grüne Schönheit der Raab, hell glitzerndes Geplauder im Waggon, kleine Sit-tiche beim Aufwärmen, Sonne sticht durch Graurosagelb. War der Himmel über Hollywood schwarz oder rot. Szene. Szenen. Unendlich müde und ausgepowert. Wenn ich mich am Wochenende ausraste, gehts mir bald wieder gut. Und dann kommt auch Ostern. Muss das Urnenbegräbnis organisieren! Ich muss immer an seine Leiche denken, wie sie sie aus dem Bett gehoben haben, die alte grüne Bettwäsche, sein gelbes Gesicht, der Mund ging nicht mehr zu. Die Tage vor seinem Tod. Als ich ihn streichelte, er nur mehr halb bei sich, die Augen so klein. Muss an Fritzl denken, die kleinen huschenden Augen, böses Wildschwein, dachte ich, auch die schwarzen Borsten im grauen Haar. Frettchen Ratte, das Huschende. Er sollte sich umbringen. Er sollte weg sein. Wie lebt diese Frau, seit sie sechzehn ist, in Dunkelhaft war, gefangen, ohne Licht und Luft, vergewaltigt, schwanger, gebärend, dort unten, allein. Dass da nichts passiert, niemand stirbt! Kein Arzt und kein Zahnarzt. Nichts. Hat er ihnen Zeitungen gebracht? Kalender? Uhr? Oder waren sie ohne Zeit? Was redet sie mit den Kindern, ihren, seinen, wie erklärt sie die Situation. Was ist mit deren Tatendrang und Bewegungsdrang? Was, wenn der Vater Großvater kommt und seine Tochter vergewaltigt, passiert das vor den Kindern? Sicher auch. Meine Füße eingesperrt, eingezwängt, ein blasses schönes Jünglingsprofil griechisch, ein wenig zu große Nase, neben mir. Schlafend. Alles ist mir runtergefallen heute. Zu Oz empfinde ich wenig Liebe oder Freude. Es wäre zu notwendig, wieder mal was Schönes zu erleben, miteinander wegzufahren. Ungarn. Im Hamsterrad des Arbeitens der Möhre nach, die Erfolg heißt und Geld und Fernsehauftritt in Ungarn. Ob er es jemals schafft oder ob sein Lohn daraus besteht, es nie zu erreichen? Nur die Jagd, nicht die Beute? Mein Nacken, meine Schultern, ein einziges schmerzendes Paket. Wenn die Feier vorbei ist, der Auftritt. Immer: wenn vorbei – dann!

## IST DAS JETZT DER DURCHBRUCH?

Die Botschaft? Mama, Wink? Übermorgen hast du Geburtstag. Du hast so viel, sagte Johanna zu mir, und du hast schon so viel erreicht, du kannst einfach ruhig weiterschreiben und leben, Arbeit und Platz, meint sie, hab ich alles, und sie hat es nicht – und sie hat Recht. Wenn ich jetzt hergehe und z.B. »Mit Vati« zusammenfass und überarbeite, bin ich sicher, da beisst ein Verlag an. Ich weiß das einfach. Nur die Scheu. Aber was ich wirklich kann: autobiographisch schreiben. Abschreiben, wie wir leben. Erfinden und Konstruieren ist nicht meins, Fantastisches und Geschichten, das ist nett, aber ohne Pepp, glanzlos und unsexy für mich. Aber wenn ich beschreib, wie wir leben, Sting neben mir zusammengekauert in seinem armseligen kleinen Parka mit dem schwarzen Kappel auf, Strick, und weiße Stöpsel in den Ohren, versunken in Morgengedanken, die Rote mit ihrem Steppmantel, denn noch immer ist es kalt, dezent, aber hat ihre Raubkatzen-Plastikbag mit, eigentlich ist sie nämlich eine Tigerin, Pantherin, und der kleine Tischler mit seinem zornig roten Jackerl, dem Steirisch, das sie alle drauf haben, als Pendler unterwegs. Das kann ich, das bin ich von klein auf: Betrachterin. Ich bin die Beobachterin. Ich brauch nichts zu machen, nichts zu montieren, ich stell es einfach hin, roh: Hier ist es – Leben. Jetzt. Schwere Zeiten im Wohlstand. Wieder ein Titel. Jetzt fliegen sie mir zu. Der Stress, die Hektik, die Arbeit – die vielen Ebenen, die großen Ängste. Die Frauen allein mit ihren Kindern, aber Ernährungsarbeit machen sie alle, Jobs müssen sie machen, sonst überleben ihre Familien nicht. Und dafür werden sie verachtet und verachten sich selbst, weil sie nicht in der Familie bleiben können, die sie braucht. Und ihre Tätigkeiten werden als minder eingestuft. Die größte Schande. Wieder ein Titel. Ich kann noch berühmt werden, jetzt, als Alte. Heute Listen, dann die Verhandlung, weil ich ums Pflegegeld kämpfe. Posthum. Dann meine Schuhe besohlen lassen, eine Kleinigkeit essen unterwegs, weiter arbeiten, Enkelkind aus der Krippe holen, einkaufen für meine Tochter, warten auf sie, dann mit dem Bus nachhause. So geht das. Und nichts, was ich geschrieben habe, geht verloren, kein Strich, kein Kreuzlein, kein Tröpfchen. Ihr werdet schon sehen! Wir werden ausgepresst und leistungskomprimiert, im Job. Und Privates müssen wir schauen, wie wir das daneben organisieren, jeder sein eigener Einzelkämpfer. Vielleicht ist das alles nicht wahr, ist ein Märchen, vielleicht wohn ich noch mal in der Waldidylle. Tunnel. Tief denken, Tauchen. Unser Haus wird schöner und schöner. Ich mag meinen Mann und seine Kraft. Sogar seine Kraftausdrücke. Seine Explosionen. Er ist so – hyper in jeder Hinsicht. Wie glücklich doch Kinder sind, wenn die Eltern glücklich sind mit ihnen! Zu allem fähig. In Raaba steigen sie ein, heute der Bruder nicht, deshalb ist das Mädchen besonders aufgedreht, alle Aufmerksamkeit für sich. Die Frau gibt die Lehne rauf, der Mann wartet und setzt sich dann neben die beiden, der Zweier als Dreierbank verwendet! Damit sie alle zusammen sind! Eine Familie. Sie mögen die große dichte Nähe und besprechen Alltägliches: Freundin, Fahrtgeld, Strecke… wie zufrieden! Wie menschenwürdig und gut. Wie selten. Sonst nur mehr Alleinerzieherinnen, überall. Wie Olga gestern erzählte. Von der Familie, bei der sie jetzt Altenbetreuung macht.

Die Männer strecken ihre Beine von sich und sitzen vor dem Fernseher. Immer. Die Frauen arbeiten. Immer. Job und Haushalt. Alte verwitwete Mutter betreuen und Kinder und dies und das. Frauen, die vom Pendlerzug aus per Handy ihre Kinder und Haushalte organisieren. Die Männer sind nicht vertreten, außer in den Gesprächen der Frauen, erregt, dann fast flüsternd, er, er, er! Hat das getan und jenes nicht getan. Faule Paschas. Nix geändert. Alltagsgeschichten aus unserem Jahrhundert, Pendlerge-schichten. Ja. Und mit einem Mal fühlt sich der Früh-ling weich an, und freundlich. Und ich wieder in Frieden. Sehr vorhanden und präsent. Versäume nichts.

## IN EIN RUHIGERES FAHRWASSER

allmählich – wie es scheint. Ich bin misstrauisch, gebrann-tes Kind, was kommt als nächstes, aber nein, ist nicht Muss, alles ruhig. Bitte. Es wird Frühling, noch kalt, null Grad um 6.35, leicht Schnee sogar hat es hergestäubt, aber jetzt scheint die Sonne. Mein Schal ist aus Acryl und ich hab meinen grünen Pullover an, es soll hell werden, zwei Enten schwimmen. Oz nicht da, ruhig. Ein bissel Gemüse, paar Nudeln gekocht, Salat. Seine laute Aufge-regtheit. Aber das ist ok, inzwischen brauch ich es wohl, ich selbst würde an meinem Ruhe-/Harmoniebedürfnis versanden, deshalb hol ich mir anscheinend von außen Beziehungen, Katastrophen und Aufregung. Situationen. Nun haben wir das Haus. Und die Feier meiner Dienst-prüfung, Kontakte zu den Geschwistern, die Öffnung des Nachlasses und das Urnenbegräbnis, die goldenen

Buchstaben für unseren Vater. Ein schöner fetter Fasan sitzt neben dem Bauernhaus. Schwierige Zeiten – aber waren die Zeiten nicht immer schwierig? Einmal mehr, dann weniger. Nach und nach werde ich alles aufarbeiten, ganz ruhig. Eins nach dem anderen. Schwarze Henne in weiß-grauem Feld. Palmkatzerl bereits gelbgrün und ausgewachsen. Die Schneeglöckerl braun und vorbei. So schnell geht alles. Oz, wie gehts dir? Gefährte. Zittert um seine Mutter. Ich denke, das ist jetzt dran für ihn. Wir machen diese Sachen immer parallel. Es wird bald was brauchen, eine Änderung. Heim oder Sterben. Ihr tut ja alles weh. Aber sie mag auch Oz nicht allein lassen. Und Oz fehlt sie jetzt schon. Wird sich sehr auf mich stützen, noch mehr. Wenn seine Mutter stirbt, dann muss er die Budapester Wohnung verkaufen. Aber jetzt ist kein guter Zeitpunkt wirtschaftlich. Ungarn am Boden. Vielleicht noch zwei, drei Jahre warten.

IM ZUG, DONNERSTAG, 26.3.2009
**GESPANNT,**

was das wird heute. Der Zug hat fünf Minuten Verspätung und Waggon zwei, also unserer, ist abgesperrt. Keine Ahnung wieso, vielleicht hat wer hingespieben. Also aufgereiht wie die Spatzen im Radtransporter-Waggon, mit Müh und Not kriegt jeder überhaupt einen Sitzplatz. Ich heute in Rot, ausgerechnet, und mit dem Cordjackerl, dabei hat es minus ein Grad, die Punktasche passt ganz und gar nicht, wurscht. Stilbrüche überall. Angestarrt von den meisten zwischen einem zeitungslesenden Jungmann und einem passiv wartenden Kleinmann, gegenüber der schlecht Gefärbten, schlecht Geschminkten. Und was bin ich?! Eben. Heute wieder Arbeitstag durchschnittlich bis überdurchschnittlich viel zu tun, aber die Stöße werden kleiner und wenn heut keine massiven Ablenkungen kommen, könnte ich sogar was bewältigen. »Die Zeit ist für mich ganz gut«, meint Schützenhöfer gelassen in der Kleinen Zeitung, seine Haut anscheinend besser jetzt. »Houewa öulfei…«, »Hot jeda an Ausweis, hot jeda ouls? Daun passt!«[84] – der große graue Schaffner ist etwas genervt von Verzögerung und Sperre und überhaupt. Aber er schaut fast menschlich aus mit seinem Schmollmunderl. Die zweite Nacht, dass ich so tief schlaf und so matt bin in der Früh, verworren von Träumen, »matschik! Sou matschik!«[85], sagt der. Soviel Traum, immer wieder vom Haus in der Jahngasse, wie schön es war, und die Weinlaube – wir brauchen bei uns auch eine! Unser Haus so schön. Hell weiß bunt. Ich werde Johanna fragen, ob sie mit Nike bei mir bleiben will von Freitag auf Samstag, Oz fährt nach Ungarn bis Sonntag. Neben mir sitzt jetzt eine indonesische Frau, schöne Olivenhaut und dunkle Augen, schwarzes Haar, lange Nägel, gepflegt und durchsichtig lackiert, Asiatinnen sind meist so, vorbildlich für dich Schlamperte. Und weiters eingestiegen eine große Blonde mit langem Haar und Roller, den sie zusammenstaucht, sportliche Figur im edlen Staubmantel, schüttelt Haar wie ein Pferd, der Glatzkopf bei ihr, eher gestockte Figur, wird rot, grinsend vor Begeisterung und Freude. Gestikuliert heftig. Heute ist die Fahrt eine Qual und ein Spießrutenlauf. Aufs Klo muss ich auch dringend.

---

84  »Halb elf…«, »Hat jeder einen Ausweis, hat jeder alles? Dann passt es!«
85  »Matschig, so matschig (zerquetscht).«

## EINER, DER GLAUBT, ER IST ALLEIN IM ZUG.

Irrer Lacher, einfach verrückt hässlich. Heute fühlt sich alles seltsam an. Komischer Schaffner auch. Hab wahnsinnig viel aufgearbeitet. Jetzt bereite ich morgen noch ein paar unangenehmere und kompliziertere Sachen vor, ich bin wirklich schnell. Zudem verlangsamen sich die Dinge endlich. Das Leben wird wieder normal. Morgen mit Nike. »Zugführer bitte beim Triebfahrzeugführer melden!« – ? Was ist das wieder? Ich möchte wieder mal einen Kuchen backen. Ganz normal. Zwei Schwarzafrikaner, die aber nun wirklich kriminell aussehen, auch wenn mans nicht sagen darf.… Eingeschlafen. Britta ruft an. Wir tun mit dieser Urne herum, das ist wirklich sonderbar. Eine Schande. Warum geht nichts weiter? Warum bringen wir die Asche unseres Vaters nicht unter die Erde? Weil wir alle nicht wirklich wollen. Nicht können. Ist vorbei und soll vorbei sein, wollen uns erholen von all dem. Ordnung. Endlich nur wir allein. Aber wir können nicht loslassen. Ganz langsam kommen die Forsythien. Ganz langsam. Weil so kalt. Aber das allmähliche Grünwerden ist schöner. Ich bin so müde. Schöne Sonne im Gesicht. Schöne Wolken, schöne Landschaft, schöner Nachmittag, schöner Arbeitstag, schön schon! Joe Berger, du alter Depp! Hast du gehört, was ich gesagt habe?! »Schön!!!« – Erste Mücken in Laßnitzhöhe.

## ES HAT SICH WER AUF DIE GELEISE GESCHMISSEN,

sagen die Runde und die schlecht Gefärbte. Ich nehme deshalb den Eilzug, der eigentlich um 7.02 in Graz sein sollte. Der andere wird vielleicht stehen. Bei Laßnitzhöhe ist es passiert. Schrecklich muss das sein für den Zugsführer, sagen sie, o ja. An diesem schönen Frühlingstag. Ratzekahl abrasiert haben sie den Bewuchs der Rabnitz, glatt kanalisiert, alles im Griff, die Männer, das nennen sie Hochwasserschutz und Landschaftsschutz – zwanzig Jahre später sagen sie Verbrechen, was ich heute schon sage. Rotten Arten aus. Dennoch. Ich hab mir selbst das Versprechen gegeben, in Anlehnung an Louise Hay, die als 80jährige ein Vermögen zusammengeschrieben und -geheilt hat. Was du denkst, das wird. Gedanken sind eine Kraft und Gefühle können alles manifestieren. Langsam kommen die Knollengewächse raus. Langsam richte ich mich auf und specke ab. Ich kann es spüren. Eine halbe Stunde Verspätung, ärgern sich die Pendler, weil einer es nicht mehr packt und durchdreht. Bald werden es mehr sein. Die Angriffe und Vandalenakte, die Entführungen von Managern haben bereits begonnen. Ich denke mir beim Runtergehen, da denke ich dann ja immer, haha, das Gras wird grün und grüner, es wächst auch in der Nacht. Es will grün werden, und ich denke, dass ich alles, ja alles gemacht habe, um meine Familie zu haben, meine Beziehung, mein Kind und Enkelkind, mein Haus. Nicht für die Familie, das brauche ich zu sagen, also nicht selbstlos, sondern weil mir das Ziel Familie bzw. Leben in Familie mehr wert war als die Literatur. Und das gefällt mir. Sag ich »Ja« dazu. Ich kann nur leben mit meinen

Lieben. In Liebe und gern und hier. Und dazu brauch ich Verschiedenes, brauche ich vor allem Geld, und jetzt Regelmäßigkeit und regelmäßiges Geld. Erwirb es, um es zu besitzen. Vor Waldidylle ganz viele Schneeglöckerl gesehen, hier noch weiß, weil kühler. Glück und Dankbarkeit. Für die Scharen von Spatzen, die ein Muster in den Himmel zeichnen, unten grün schimmernd die Wiese zwischen gelbbraunen Grasgebüsch, in dem einsam als schwarzer Punkt eine Amsel sitzt. Sieben Mädchen ziehen durch den Waggon. »Klanan Waunnatog mochn!«[86] Mit dem Zug heut geht natürlich gar nichts weiter. Ich werde Nike haben heute. Kann mit ihr malen und spielen. Ein Buntspecht steigt den Stamm hinauf. Ich habe Zeit bekommen, um zu schreiben, zu denken. Warum will ich an meinen Arbeitsplatz hetzen?! Hier ist Sonne und Schönheit und ich habe Zeit geschenkt bekommen. Wenn es Probleme mit den Weichen gibt – nicht so schlimm. Weiden und Thujen kommen weg. Stattdessen Hasel und Holler, vielleicht Knöterich, Flieder und Schneeballen und Jasmin – wie ich immer wollte! Oz ist zu ungeduldig und hat zu viel Angst. Ich hab auch Angst, aber mehr Urvertrauen mitbekommen anscheinend, regenerier mich schneller. Naturverbundenheit und Kunstgespür hab ich zusätzlich als Geschenk und Gnade, das hilft zur Bewältigung. Ich mag die Speckwülste jetzt loswerden – und ich werde sie los! Wenn sich nun langsam aus der Zwiebel schälend eine Beziehung für Johanna sich neu entwickelt mit einem freundlichen Jungen, der arbeiten will und in ihrem Gebiet noch dazu, mit dem sie dann gescheit reden kann und Familie und Zukunft

---

86  »Einen kleinen Wandertag machen.«

und Haus und Garten und Familienleben hat, ein normales Wochenende, mit Mann. Welche Gnade wäre das nun. Gebet! Gott ist groß. Wünsch dir was, sagt er. Und überleg gut, was du dir wünschst, denn deine Wünsche lassen dich nicht. Deshalb meine Entlastung durch die Devotionalien. Nur Mama ist noch zu wenig vertreten. Kommt in die Küche zu mir. Die alten Fotos. Mama. Ich denke, ohne uns hat sie nicht sehr gut leben können. Allein mit ihm. Deshalb die Schmerzen. Wenn sie es ausgehalten hätte und überlebt, ihn überlebt, hätte sie jetzt das Haus allein. Könnte ganz gut leben, als Gemeinderätin oder in Pension, verdient. Wartend auf uns. Gern kaufend, verschuldet vielleicht inzwischen. Keine Ahnung. Liebe Mama. Ich werde einen Kuchen backen mit Nike am Wochenende. Lange, lange Fahrt heute, durch diese ständigen Aufenthalte und das ständige Denken…

# STRESS!

Absoluter Stress! Schwitzend, keuchend, mit Schmiere-
flecken am Kragen des Mantels, die krieg ich nicht weg,
hab aber keinen anderen, furchtbar! Elend! Klein! Hand-
werkerstochter! Hab mein grünseidenes Sakko an über
Schwarz, aber entwickle totalen Komplex, weil kein Gürtel, und Leibl zu kurz, jetzt blitzt der Reißverschluss, auch
nicht grad edel. Soll ich heut gleich was Neues kaufen?
Aber wann?! Vormittags Termine, abends dann drei Vernissagen, eigentlich vier. »Katastrophe«, flüstert der Schaffner, »fast jeden Tag fällt was aus.« – Mutti hinter mir mit
dem Kommunikativen, großes Thema: Die Züge kommen
nicht oder erst später, Verspätungen dauernd, niemand
kommt mehr pünktlich zur Arbeit, in Bus umsteigen usw.
Es wird sehr dicht alles und sehr ungut. Kein Zipfel von
Waldidylle, sitze ohne Fenster, wenigstens allein. Langsam
abschwitzen. Muss mich entstressen. Muss ja nicht alle vier
Vernissagen gehen. Muss nicht hetzen. Ein Baum steht
schief, ein Nadelbaum, er wird fallen. Meine Seele darbt.
Ich kann meine eigentliche Arbeit nicht erfüllen, weil ich
mit Verwaltungstätigkeit, Verrechnung usw. zugeschüttet
bin. Und nicht nur ich, die Leute haben Sorgen. Arbeits-
losigkeit im Steigen. »Jetzt 40.000«, sagt der Kommunikative, »aber wenn jetzt noch 100.000 dazu kommen, wie sie
sagen…« – Verhangen und grau geht das Frühjahr weiter.
Ein Sorgenfrühjahr. Tod steht im Tarot, immer wieder, jeden Tag. »Dass die Leut nicht zusammenhalten«, sagt der
Kommunikative, »is ja einer gegen den anderen!« – Ja, er

hat den Finger auf dem Punkt. Mutti mit dem Toni über die Sitze hinweg. »I bin ja für Hardrock«, sagt Toni, weil Mutti ihn zu irgendeinem Fest am Wochenende vergattern will. »Kennst ihm?« – »Kenn ihn ah nur so.« – »Aha.« – Leut ausrichten. Der Hässliche wie immer, der Marathonmann wie immer. Jetzt neu, die Wienerin mit Riesen Buchstaben in Rosa, die üblichen künstlich PC-verbesserten Schönheiten auf dem Cover. »Daunn is a sou z'Lochn kemman…!«[87] – »Kumpt jo olles zsamm!«[88] – »Nimm an Souck und hau eini, wosd net mea aunziagst! Dess ziag i an daham, sog sie, owa, do kao sie hunnat Joa oid wean, bis sie des olls aunziag. Gwisse Sochn hängen fümpf Joa scho drin!«[89] – O ja, genauso schlimm wie bei mir…

IM ZUG, FREITAG, 3.4.2009

## DER STORCH IST DA.

Die Tauben vögeln auf dem Dach, die Wölkchen sind rosa angehaucht, es ist kühl. Gut für die Narzissen. Gefärbte Blondie neben mir mit Rascheln im Ohr, eine helle Damenstimme schreiend, sie nervös auf ihrem Handy im Schoß tippend und drückend, am Kabel, Blick aus dem Fenster, was soll sie machen, armes Kind. Eine Zukunft vor sich, von der sie keine Ahnung hat oder doch, ich projizier ja nur. Gestern göttlicher Tag mit all den Vernissagen, rot-orange Sonne, die Dinge ordnen sich neu, die

---

87   »Dann hat sie so sehr lachen müssen.«

88   »Es kommt ja alles zusammen.«

89   »Nimm einen Sack und wirf hinein, was du nicht mehr anziehst! Das zieh ich dann zuhause an, sagt sie, aber da kann sie hundert Jahre alt werden, bis sie das alles anziehen kann. Gewisse Sachen hängen schon fünf Jahre da drin!«

Welt fühlt sich anders an, ich im Umbruch. Julius Meinl eingesperrt und gegen 100 Millionen Kaution frei, was man sich nicht vorstellen kann, aber eine Nacht doch im Gefängnis. Meine Oberschenkel sprengen bald die Jeans. Kein Wort im Waggon, alle warten aufs Wochenende. Waldidylle weit offenes Tor, beim vorderen Haus viel frisches Holz, Grund daneben wird hergerichtet für – Bau? Schade. Tunnel. Magenknurren. Gestern nur Brötchenzeug, Salzcracker usw. Diese Apothekercreme hat gegen die irren Schulterschmerzen wirklich geholfen. Änderungen! Der Hässliche gebückt mit einem Plastiksackel, Röhre verkleidet auf privat in Jeansgewand und weißer Jeansjacke! Die kleine Widerlingsmaus neben mir ist empört. In ihr Handy. »Jo! Passt! Paassst!«, wischt sie ihre peinliche Mutter weg. Mutti telefoniert unermüdlich, organisiert ihr Leben und das ihrer Lieben. Unfreundliche kleine Tussi du, ohne Blick, ohne Gruß, ca. 15 Jahre, unsicher bis ins Mark. Egal, ich bin ein Mensch, eine Frau, ich bin, wie ich bin und tu, wie ich tu. Und sie wie sie. Massen von jungen Menschen strömen, in Jeans und Turnschuhen.

IM ZUG, DIENSTAG, 14.4.2009
**NACH OSTERN.**

Zum Zug rennen, k.o., Reizhusten, Allergie, Schniefen, Taschentuch, bin wahrlich nicht die einzige. Los gehts. Auf in die Arbeit. Lassts euch nicht verdrießen. Es ist eigentlich zu viel, aber irgendwie kommt man immer durch. Die Zeit vergeht, das Gras wächst. Mädchen neben mir im Vierer schnieft, Kopfhörer auf, montiert am iPod. Der mit dem kaputten Gesicht schaut neugierig, detto die hüstelnde Prolobäuerin mit den weißen Socken, die Raab mit Grün rundum ein Bild der Schönheit. Muss heute Geld vom Sparbuch organisieren für Maler-Rechnung. Blühende Kirschbäume. Aber dafür hast dus ja gedacht, sag ich, zipf nicht so herum. Unsere Beziehung nicht grad glänzend zur Zeit. Hat wohl Recht, hab mich verausgabt, letztens mit Enkelkind, vorher Haus und Vater – aber war es nicht mörderisch und eigentlich zu viel!? Und seine Forderungen, sein ewiges Nörgeln, zu wenig, schrecklich, böses Erbe, schlechtes Erbe – das lässt Liebe auch nicht grad wachsen. Der lustige Steirer-Schaffner. Ich hab abgenommen, das ist wirklich grandios. Mindestens 1,5 kg! Ich war ja schon auf fast 72, jetzt steh ich ca. auf 69,5 und es wird immer noch besser. Die Proletenbäurin schielt, Krankenkassa-Brillen, Kurzhaar, weiße Weste über rotem Polo, auf dem steht gold gestickt: »Stoakogler«. Fixiert mich, ich starre zurück, sie schaut weg, Kuh. Ich bin nicht freundlich, bin nicht nett. Narzissen verblühen, alles wird grün. Ich wollte auch weiße Socken anziehen, wie Mädel, »Waßt eh, wüvü des kostt! Zwatausend Euro!«[90] – Ihrer Freundin ist nämlich vor dem Diesel-Kino das Moped gestohlen worden. Wie sies gemacht haben? Wohl auf einen LKW gehoben. Rumänen, Moldavier. Buchenwälder. Nein, ich bin nicht nett und gar nicht freundlich, und auf meine Arbeit freu ich mich auch nicht. Anfangs war das so, aber jetzt ist es Stress pur. Zuviel zu bewältigen und zu viel, wo ich mich nicht auskenne. Sollte mehr dahinter blicken: Welches System? Wo was wie? Aber ich hab schön langsam den

---

90  »Weißt eh, wie viel das kostet! Zweitausend Euro!«

Verdacht, ich mach mir aus jeder Arbeit Stress. Weil ich zuviel tu, immer. Sollte skrupelloser werden. Langsamer. Unberührter. Das Mädel in astreinem Steirisch setzt ein Lächeln nach jeden Satz, aus Verlegenheit, »chm, chm«, eine »Nina«, und »wie ältere Leute denken«, und »die eine, wirklich hübsch, mit einem 27-Jährigen, der hat sicher scho gleich viel Blödsinn gmacht wie wir... er tut so gern Auto fahren, deshalb trinkt er dann nichts. Das ist scho auch gut oder?!« – »Die Zugfahrt kommt mir heut so schnell vor, simma scho in Raaba, zwa Stationen no, dann steig i aus, haha.«[91] – »Du sullst amol Rossini kemman!«[92] (gähn) – Der Hässliche zündet sich eine an, vor strahlendem Grün. »Du wirstn scho wieda segn! Am Samstag gemma Rossini«[93], »I muas da no so vü dazön! Aba erst in da Pause! Wast du, wann du Pause hast? Uma ans sicha!«[94] – So fertig hat sie ausgschaut gestern, »wal ma imma a vull Trottel ins Aug gracht hot!«[95] – Bewölkt und grau, kühler als die edlen sonstigen Tage jetzt, wunderbare Ostern. Prangende Landschaft und blühende Obstbäume »Wa, i bin so miad, du«[96] (gähn) – Die Freundin ist inzwischen in den Bus umgestiegen. »Und, wos gibts sunst so Neigs?«[97] – Sie hat jetzt die ganze Strecke telefoniert, wir sind am Ostbahnhof. »Du, derf i mi in da Pause bei dia mödn, wal i muas bold aussteign –

---

91  »...sind wir schon in Raaba, zwei Stationen noch, dann steige ich aus, haha«.

92  »Du solltest auch einmal ins Rossini kommen!«

93  »Du wirst ihn schon wieder sehen, am Samstag gehen wir ins Rossini!«

94  »Ich muss dir so viel erzählen! Aber erst in der Pause. Weißt du, wann du Pause hast? Um eins sicher!«

95  »Weil mir immer ein Vollidiot direkt ins Auge geraucht hat!«

96  »Wow, ich bin vielleicht müde, du!«

97  »Und, was gibt es sonst noch Neues?«

ok, passt!«[98] – Mädchen ist ausgestiegen in Don Bosco und ich sitz da mit der Proletenfrau, die mich anstarrt. Schielend. Kann wahrscheinlich kaum lesen/schreiben, muss für sie ein Wunder sein, was ich da tue. Übrigens Projekt zwei: Werde jeden Tag mein neues Manuskript ein Stück weiter ausdrucken, dann Textpassagen aussuchen und an alle Verlage, von denen ich eine Absage bekomme, schicken. Nicht locker lassen. Die sollen mich kennenlernen!

## DAS TRÄNENDE HERZ.

Muss ich unbedingt wieder setzen, in Weiß und in Rosa. Diesmal werden es die Wühlmäuse nicht kriegen, es wird ein großer dicker Strauß werden. Mit linkem Fuß hab ich ein Problem, die Fessel dick geschwollen, weiß nicht, was das ist, schon lang, wie Wasserstau – oder Schleimbeutelentzündung, wieder aufgetaucht nach Bauly-Behandlung, hat sich festgesetzt, kleine Polster, und mit dem rechten Fuß bin ich gestern umgekippt beim Abendspaziergang durch unsere Gasse, Knöchel verstaucht. Schweineglück, denn ich sah schon die Sterne und musste mich am grünen Haus festhalten. Dunkel, Oz neben mir, die Sterne. Warten. Konnte nicht auftreten. Es war dann eh nichts, Wärme, leichte Schmerzen, konnte sogar weitergehen, und heute ok. Als er meckerte, dass ich mich zu wenig bewege, und ich sagte: »Ich geh den ganzen Tag genug, eine Stun-

---

98    »Du, darf ich mich in der Pause bei dir melden? Ich muss nämlich bald aussteigen! Ok, passt!«

de mindestens!« – Und grollgroll, da kippte ich auch schon. In seinen heiligen Segelschuhen, den dunkelblauen, guten, von denen er wollte, dass ich sie nehme, so bequem… Muss sehr aufpassen, keinen Partnergroll zu entwickeln. Wie früher. Das kocht auf. Immer und ewig das Feindbild draußen, der Mann. V. Hält mich, Geburtshelfer und Todbringer, an der Ferse, hebt mich, zeigt mich dem Volk: Seht da, mein Fleisch, nehmet hin und esset! Sonderbarer Tagesbeginn. Wie Schönwettertag. Der kleine Sting neben mir. Heut hab ich nur einen Gedanken, zitternd wie Mariengras oder Tränengras oder wie heißt das, Muttergottestränen, sagte Oma K. Dachte an Mama. An Johann H und Martin K. Vor mir ist der Psychologe tief in ein anderes Buch versunken, ein dicker TB-Roman. Ich möchte zu Hanser oder Berlin oder Knaur oder Rowohlt, vorher ist mein Lebenssinn nicht da. Vorne sitzt eine junge Marie (mein Sessel ist nach vorn gekippt, von allein) und liest auch. Brillen und Locken. Was ist mit mir, was mit diesem Tag? Hüsteln bringt nichts mehr, Schnäuzen auch nicht, das schreibt man jetzt anders, es kratzt so im Hals, brauche ein Zuckerl, ein Taschentuch, der junge Prinzschaffner naht, wie das alles bewältigen, mit Chef konferieren. Würd gern eine schöne Ledertasche haben. Auch eine Reisetasche in Leder. Würd gern eine große hofierte Literatin sein, die spinnen darf. Das alles mit Christine reden wollen, Freundin suchen, wie damals. Stings Kopf kippt, müdes Kind, armes. Wenn in der Früh Menschen lachen, besonders Frauen, ist das sehr unangenehm. Diese demonstrierte Einverstandenheit! Dieses devote Wieseln vor der Uniform. Danke! Grad hab ich mir so sehnlich ein Reh gewünscht, steht da groß und breit ein Rehbock in der Wiese und schaut mich an. Mich, den Zug. Sting schläft stark. Was ich vermeiden möchte bei Christine und was der große und wichtigste Punkt ist, wie damals bei Freundinnen-Gesprächen: Dass Johann H eine große Liebe war. Und irgendwo versteckt noch immer ein perverser Funken. Absolut weg von jeder Realität. Wie Mama mit Theo. Ich zu alt und hässlich, alles vorbei, ich mit Oz, lieber braver treuer Mann, gute goldene Seele – aber manchmal, im Frühling, taucht das wieder auf, sehnsüchtige kleine Zuckerwünsche. Ist ja auch lieb, soll auch sein dürfen, ich würd Oz so etwas auch nicht krumm nehmen. Sind ja nur Wünsche. Und wir haben eine gute Ehe, eine Partnerschaft. Wie wohltuend ist das heute. Früher musste ich immer verliebt sein in Männer, die nicht an mir interessiert waren. Allein an sich selbst. Vaterbild. Am Fuß in die Welt gehalten das Ding, kopfüber, gezeigt denen allen, seht her, das ist die Frau, meine Tochter! Mein Eigen! Für mich, von mir! Der Hässliche schaut lässig aus seinen Wolken, die Forsythien halten lange Finger in die Luft. Der Tischler erzählt, dass er nur mehr ein Jahr fährt, dieses Jahr. Pension dann? Alles geht zu Ende. Der Tischler erzählt, dass er früher viel Küchen gemacht hat, Wohnzimmer, Schlafzimmer, jetzt ganz selten, Küchen überhaupt. Ein Himmelbett sagt er, lacht. Ostbahnhof. Sonne lacht auch. Auf den Scheiben Kalkspuren, Tropfen vom letzten Regen. Der mit dem kaputten Gesicht geht vorbei, die Chice heute sehr elegant in Schwarz und Steingrau mit Perlenkette, der Kleine ist zu sommerlich angezogen, Shorts und T-Shirt, es hatte fünf Grad in der Früh! Sicher, zu Mittag könnte es zwanzig haben. Sting wacht nicht auf, wir sind aber schon in Don Bosco! Ich hab ihn aufgeweckt. »Entschuldigung, müssen Sie da nicht aussteigen…?« – Er fährt auf, ganz leise, »stimmt…«, lächelt und rennt weg, kleine Maus. Alles Gute!

IM ZUG, FREITAG, 17.4.2009
## ÜBERMÜDET.

Zu viele Kontakte gestern, Situationen, Menschen. Nach dem wüsten Arbeiten noch vorgearbeitet für heute, arbeitend um mich geschlagen, sitz ich (noch) allein in einem Zweier, vor dem kleinen Sting. Wüterei in der Arbeit, und somit eigentlich unerwartet in einer Woche alles in den Griff gekriegt! Gratulation! Plus Ausdruck-Beginn von Manuskript zwei, was wirklich gut ist. Und das Ding ist echt witzig, tragisch, dramatisch. Die Raab, V, verliert sich in der Ferne, von gedämpftem rosa Licht bestrahlt. Heute alles gedämpft. Temperaturen leicht zurück, wechselhaft regnerisch sagen sie, was außerordentlich gut ist, nämlich für Land und Gras und Pflanzen. Oz krabbelt herum, todmüde, die Strenge liest ganz gescheit ihren Standard, daneben langweilt sich die Kleine mit den langen Haaren, sie hat ein bezauberndes weites kariertes Hemdchen an, darunter Leggins, entzückende Kindergestalt. GL gestern getroffen, staune, wie ich einmal in so jemand vernarrt sein konnte, dabei kommts mir gar nicht lang her vor. Jetzt ist er an die 70, noch immer allein, hört schlecht, ganz dünn und faltig, aber noch immer eine Goschen – und eitel. Nein, er will niemanden kennenlernen, nichts wissen. Er ist der Beste, Erste, Einzige. Ach, denk ich, du Armutschkerl! Und wir, Ans und ich, als fünfzigjährige Frauen, wilde Hennen der 68er-Jahre, noch immer grimmig auf eine Zeit, die uns zwingen wollte, nicht für unsere Kinder Nester zu bauen, sondern als Fickmaschine unserer Rebellenprinzen allein deren Weisheiten aufzusaugen und sie auf Wink an unsere Brust zu lassen. Kinder ab in den

Kibbuz oder ins Arbeitslager, für die Zukunft des Landes oder irgendwas – nur wir wollen keine Zeit haben für dieses Kleinzeug, weil urlästig. Laut und anspruchsvoll und Mittelpunkt sind wir schließlich selber! Waldidylle offen, ein Auto steht vor dem Haus. Der glatzerte Schaffner schaut jedes Mal meinen Ausweis genau an, dabei ist er mir nicht einmal unsympathisch. Ein wunderschönes Reh stakste durchs hohe Gras und zeigte seine Rose – so heißt das doch, oder? Fettes Fasanenmännchen, mein Rehbock äst, schaut kurz auf. Schreibe schreibe schreibe. Ich denke, wir leben unter viel zu viel Stress und dieses »Na, dann werdets es halt los, tuts joggen oder gehts ins Fitness-Zentrum, dann können wir wenigstens noch mal abzocken!« – ist nichts als Hohn. Sanft, langsam, stark und voll Kraft baut sich dieser Frühling auf. Behutsam und genau in der Wahl der Mittel. Ein Super-Frühling, sozusagen, ein Frühlingsheld. So satt, dauernd noch von Männern zu lernen. Krebs ist schon eine schlimme Sache. Hartmut, was seine Ex-Frau erzählte. »Die Chemo«, als wäre das eine Freundin oder doch wenigstens eine lästige Bekannte.

IM ZUG, FREITAG, 24.4.2009
## HARTMUTS TRAUERFEIER.

Mensch! Wer hätte gedacht, dass ich einmal da hingehen muss! Unruhig. Selbstgenügsam lächelt die Rote, ganz in türkise Streifen und entsprechenden Schmuck gehüllt, kann richtig die Farbberaterin hören. Das wache Murmeltier neben mir zappelt auf seinem Gerät herum, seufzt und braucht Platz, tut, als wär ich nicht da, ich tu auch, als säh ich ihn nicht. Sie reden, sie sind fesch, die Mädels, aufgeregt vor dem Wochenende. Ich bin fast nicht aufgekommen aus tiefsten Traumlöchern. Reh watet durch hohes Gras. Verzerrte Wahrnehmung. »Petra«, sagt eine, »die is sou klaa und sou dünn!«[99] – Waldidylle offen. Die Blüten vergehen, sogar mit den Tulpen ists vorbei, so schnell rast alles. Und ich könnte heulen, weil ich nicht zum Schreiben komm. Oz sagt, »vielleicht kriegst in einem Jahr schon 10.000,– im Monat, dann kannst aufhören.« – Möhre vor der Nase, ewig. Durch Liebe gezogen. Die Irren heizen wieder mal, weißt nicht, wohin mit dir. Wieder Rehe ins Grün gestickt. Der Dschungel beginnt zu wuchern. Hier drin stinkt es nach Scheiße. »Hochzeit« sagt sie. »Bin eh schon sechzehn… und dann das Blumenmädchen sein!«

IM ZUG, MONTAG, 27.4.2009
## STARKE ALLERGIE.

Armer Sting neben mir muss aushalten. Die Alte packt ihr Zeug aus. (Scheiße, den wichtigsten Stick hab ich natürlich vergessen! – Und noch mal Scheiße! Wohin ist meine Bankomatkarte gerutscht?!) Wo war ich, wann war ich wo, displaziert komm ich mir vor, disloziert, viel zu orange und schwarz weiß gestreift, und es klappert in den Ohren der Nachbarn. Die junge Unscheinbare fixiert mich, die Rothaarige ist eingebildet wie eh, Mädel mit Stoff aus Mappe markiert alles orange, kaut Nägel und Haare, verbissen. Kenn mich nicht mehr aus, Leben wird

---

99   »Petra… die ist so klein und so dünn!«

komplexer, komplizierter, bald bin ich arbeitsunfähig, merk mir nichts, ertrink in Gefühlen, Sentimentalitäten, Erinnerungen, aber kann meine eigene Schrift nicht lesen und hilft auch nichts, erinnere nicht. Mein Hals kratzt sehr, Allergie plagt mich, Nase, Hals zugeschwollen, weh, Hüsteln, wie alle, aggressive Pollen, gelbe Schichten auf den Autos, die Natur würd uns am liebsten rausbeißen, verständlich! Organisierende Mutti: Verbirgt ihre Liebe hinter ruppiger Fassade, tut hart und harsch, so sind Bauern. Meine Socken rutschen. Die schmeiß ich jetzt weg, meine Schuhe sind verhatscht. Wer »racht«[100] da alles? »Im Büro wird net gracht, Gott sei Dank wird im Büro net gracht, des is fia mi scho guat, die poa Stund, die i in Büro bin!«[101] – Viel an Mama gedacht am Wochenende. Ihren Schmuck, ihre Ausweise sortiert. Nächstes Wochenende wird lang, 1. Mai, wir fahren Ungarn, juchu, jetzt freu ich mich schon. Überhaupt, wenn ich Nike so viel seh wie jetzt. Gestern zum Beispiel. Das göttliche Kind. Ihre furchtbare Angst vor der Waschanlage, von allen Seiten kommen Monster – schreckliche Idee! Aussteigen können wir nicht, »wegfahren!«, ruft sie, schluchzt, »Mama, hoppa!« – »Hilfe!« – »Ich will Mama!« – »Oma, muß lulu…«, flüstert sie verschämt und still dann auf der Autobahn. Ich sehe mich in ihren Augen und ihrer Haltung, so war ich, genau so. Intensiv, gescheit, begabt, intelligent, hypersensibel, aber auch mutig, um jeden Preis gut sein wollen und geliebt und angenommen. Dieses liebe Kind! Ich in Blond mit braunen Augen, noch mal

---

100    raucht

101    »Im Büro wird nicht geraucht, Gott sei Dank wird im Büro nicht geraucht. Das ist für mich schon gut, die paar Stunden, die ich im Büro bin!«

mich als Idee eines Kindes erleben dürfen. Ich mir selbst helfen. Brauch mehr positive Gedanken. Also nicht: Bin so müde, wie soll ich das schaffen, sondern: Ich bin putzmunter und freu mich auf die Aufgaben und darüber, dass ich noch so fit bin… »Allig ghkopp!«[102] is auch gut, »allikopt klinksoukoumisch«[103], jetzt steht sie auf, rote Hose, grünes Polo, dunkelblaues Jackett, schwarzer Rucksack, Kurzhaarschnitt, fröhlich-unkomplizierter Blick, auf die Dicke hat sie eingeredet. Nike: Indem sie Worte nicht versteht, hört sie anscheinend genauer hin jetzt und probiert das Wort so lang aus, artikuliert immer genauer, bis es greift und verstanden wird von uns – gut so!

IM ZUG, DIENSTAG, 28.4.2009
## ZIEMLICH KNAPP HEUTE.

Zu sehr getrödelt, konnte mich nicht trennen vom Haus. Schwitze. Die Rote sitzt gegenüber und versucht zu schlafen, ich denke, sie bemerkt jeden Schweißtropfen auf meinem Gesicht und denkt: Wechsel! Und dass es sie hoffentlich noch lange nicht und überhaupt nicht und ganz anders, wenn überhaupt, trifft. Der Unfreundliche wie immer in seine Kleine vertieft, die blonde Lady arbeitet mit markierten Skripten. Großer grauer Schaffner, klar, gestern wars Röhre, der sich mühte, resch-verwundert zu tun, nicht lasziv-depressiv. Steirische Dumpfbacke hinter mir spuckt ein paar Brocken, weit vorn müht sich stotternd der Blöde detto. Schönes Tal. Positiv Denken

---

102   »Eilig gehabt.«

103   »Klingt so komisch.«

müht sich mit Kraft, keine schlimmen schlechten Gedanken aufkommen zu lassen, aber so geht es auch nicht, das Hässliche des Lebens negieren. Denn halb-halb ist alles. Nur: Ich könnte mich sehr wohl entscheiden, auf der *sunny side* zu gehen und dennoch Schatten zu bemerken und zu würdigen, wenigstens als Kontrast. Nein, der Glatzerte, nicht der Graue. Sumpfdotterblumen und erster Kümmel. Eingetrocknete Regentropfen am Fenster. Muss sehen, meine Lupinien und Tagetes zu säen! Spät! Jetzt ist das Gras wieder etwas voraus, wirkt schon wie fast Juni, haben noch nicht einmal Mai! Meine Emotion. Verrücktes Pferd. Besänftigend einreden. Is ja gut, deine Mama kommt gleich! Wie Nike immer sagt zu ihren Puppen.

IM ZUG, MITTWOCH, 29.4.2009
**REGEN.**

Nicht unangenehm, vor allem fürs Land. Stille, Ruhe im Haus. Ich trödle und komme nicht zurecht mit den vielen Sachen, die ich mir vorgenommen hab. Vor allem würd ich so gern schreiben! Mit dem Haus mich beschäftigen, mein großes, ernsthaftes Spielzeug, mein Erbe, schwer genug erworben. Schönes Wochenende allein mit Oz vor mir, Ungarn. Schönes stilles Haus, helles Haus. Mit dunklen Ecken. Vielleicht kannst wirklich früher heim. Bin mit Rover gekommen. Damit ich so schnell wie möglich zuhause bin. Nebel auch, kühl, aber macht nichts, total Basic heute, blaue Jean, schwarzes Leibl, braune Weste. Goldener Pashmina, braune Windjacke, Leopardenschirm, Gina-Tasche braun. Heute passt es. Arbeite meine Sachen runter, eins nach dem anderen. Träumte heute, so tief, viel und farbig. Letzte

Erinnerung: Gänse, weiße, in blauem Himmel, in Formation, immer mehr, V, dann Strich, auf uns herab, blitzend, Geschrei, wie Crash zuerst, eine Art Observatorium oder utopische Landschaft mit Stahlkuppeln, sie kreischen herab und verteilen sich im Gelände. Ich mache voll Bewunderung und innerem Schaudern Nike auf Schönheit und Besonderheiten aufmerksam. Parallele zum August-Traum im Manuskript: Ich mit den Störchen: als ginge eine Ära zu Ende. Geht auch. Eltern, vorbei. Nun definitiv erwachsen und reif und auch schon der anderen Seite zugeneigt, Platz machen den nächsten, Jüngeren, Nachrückenden. Waldidylle feucht und weit offen. Ja, irgendwie gab es auch sexuelle Momente in den Träumen. Sitze zwischen Murmeltier und Sting. Die Wälder werden ganz ganz grün. Murmeltier gähnt mit offenem Mund und spielt ununterbrochen auf seinem iPod, nimmt sich die ganze Lehne, unhöflicher Büffel, dennoch am ehesten Platz bei ihm, auch Berechenbarkeit, Gewohnheit. Wie Nike mich gestern »rausgeschmissen« hat…, »du heim, ich mach Tür auf, wart, kannst du Auto mitnehmen, wenn du magst« (sucht schnell ein Abschiedsgeschenk), »baba!« (hat es eilig, wieder reinzukommen, will x-mal »Hit the Road Jack« hören), besinnt sich, »Bussi!«, kommt wieder raus und gibt »Gea-Oma« ein Bussi, »Haare auch«, ich auch. Haare wuzeln – das beruhigt. Ja, und nun sind alle zufrieden, Ritual vollbracht, Kind wieder bei seiner Mama, wie es gehört. Der junge schlanke Schaffner kennt uns schon und will gar keine Karten sehen. Die Chice vor mir mit einem scharf-erbsengrünen Schal schaut bitter zum Fenster raus, Leben bietet ihr wohl auch nicht zuviel Freude… Die Rote in einem frühlingsgrünen Hosenanzug. Heute im Sitzen auf der Couch noch mal eingeschlafen. So müde, als hätt ich Jahre Schlaf nachzuholen. Hab ich wohl auch. Hat mir gut getan, allein schlafen.

# SEHR AUFRECHT

IM ZUG, MONTAG, 4.5.2009
**SEHR AUFRECHT.**

Stolz und mit großen Schritten, zügig, leicht ärgerlich, weil nix weitergeht. Frisch gewaschenes Haar, sehr gepflegt, Sakko, nicht ganz entschlossen: schwarz? Schwarz-weiß? Braun-beige? Dann doch die Punk-Tasche, aber dazu Mamas Blutsteinkette, glänzt, freut sich – weiß noch nicht, was tun. Werde erstmal das Seidentuch nehmen, schätz ich. Kühles Wetter, fast kalt, acht Grad in der Früh um 6.36. Der Schaffner hat ein kleines silbernes Flinserl, überall 68er-Menschen, der Psychologe trägt ein braunes Jackett, ein anderer Weißrücken, Grauhaarmann, überall sind sie, sitzen, gehen. Neben mir der Unwillige mit der karierten Jacke, den Karpfenaugen, einsam, verschränkte Hände und sumpfig-teigige Gesichtsfarbe, die lila Haare sind ihm vergangen, schnell macht er Platz, wünsch dir Freude, Junge! Bin Schriftstellerin, durch und durch, fühle das, will das und nichts sonst. Silbrige Wiese mit laufendem Reh. Lila Junge schläft. Psychologe liest in dickem Buch, Unfreundlicher links von mit studiert wie immer die Kleine, »Ciao Berlusconi«, die Sophia Loren, nach allen Seiten operiert und um die 30 schaut sie aus, sich auszahlen lässt, sicher nicht zu knapp. Das steirische Gurgeln. Mädchengespräche im Zug. Wie Bläschen, plopp, zerplatzen leise die dicken Ls in der Luft. Eine Laube, über und über voller Glyzinien, lila Haube, Waldidylle offen, hell und schön. Ja, ich will. Schriftstellerin sein. Mit allem, was da komme, Buchmessen, Auftritten, Talkshows, TV. Meine Romane sollen sich verkaufen wie die warmen Semmeln! Ja, ich mache alles, nehme alles, was dazu gehört. Ich kanalisiere nicht mehr. Und ich schmeiße alles ins Spiel. Echt. O-Ton. Authentisch. Jedenfalls schaff ichs, nicht dauernd an den Job zu denken. Erst dort, an Ort und Stelle. Das reicht. Raaba. Jetzt sind die prächtig weißen Spiersträucher dran, die mit den runden Blütendolden, ganze Kaskaden, bräutlich, den Bahnsteig entlang. So was Schönes hinter dem Hässlichen! Mit Bus und Zug und Bim zur Arbeit. Dienstbesprechung. Lieferscheine. Entlehnscheine. Abholscheine. Die Traumhaut der jungen Mädels. Die trotzig verschlossenen Mienen: Rühr mich ja nicht an!

IM ZUG, DONNERSTAG, 7.5.2009
## VOR MICH HIN.

Und ins Blaue. Starre. Gehe. Links am Fuß, der Sohle, ein kleiner brennender Fleck am Ballen. Der Kuli fällt mir aus der Hand, mit Krach, beim Fangen verletze ich mir den Daumen. Gestern lang Babysitten, Johanna ist schwer verliebt, und sie denkt, er ist Jude. Zarter Typ, ähnlich ihren früheren Männern, blaue Augen, dunkles kurzes Haar, eher blass, ruhig, schüchtern, sagt sie. Begeisterter Sportler, Akademiker, hält Vorlesungen. Das wär was! Aber Johanna ist tätowiert. Mal sehen. Warten. Ist nicht die Zeit des Handelns, sondern Vorbereitens. Bei der Arbeit viel Unnötiges. Verhandlungen, Schachern um Preise, steuerliche Feinheiten. Oz anhänglich gestern, sehr betrunken. Hat sehr viel Angst. Hohl, sagt er, die Firma, keine Anrufe, Mails keine. Bewerbung bei der TV-Firma. Casting-Vorbereitungen. Angst bringt ihn fast um, macht ihn zugleich fassungslos. Wovor denn Angst?! Er kann es ja, er will es! Und er kauft ein Riesending von einem Pfannengrill und neue Messer usw. Mein Blick trifft plötzlich und genau die Waldidylle, und zwar das geschlossene Tor, aber mit toller dunkel lila Fliederhecke. Überhaupt ein Jahr von Dunkelrot, Dunkelblau, Violett, dunkles Jahr. Armer V, spür ihn grollen, wollte länger bleiben. Einsehen. Es ging nimmer. 68,8 hatte ich heute, Jubel, fühl mich auch gut. Meine Ängste sind größer als Oz'. Hab das Gefühl, ich kann nicht mehr schreiben. Sehr am Boden, darunter. Nur die einfachsten Dinge, in dieser Kriegszeit.

IM ZUG, MONTAG, 11.5.2009
## DIE QUALITÄT ÄNDERT SICH.

Deutlich. Wilde Hummeln im Zug; alles voller Kinder mit lauter Lehrerin, die versucht, all das zu schlichten, Kids + Koffer… nichts geht weiter, Getümmel und Geschrei. Pendlerzug okkupiert, Gelächter und Aufregung, die Kids sind unterwegs in einem wilden Miteinander, wer weiß, wie lang. Ich überlege. Schreiben Schreiben. Es ändert sich. Alles. Die Überlegung eines Umschwungs und Wechsels – den ich diesmal selbst herbeiführe. Oz wird verdienen, Hoffnung und Gewissheit, das Zittern, und doch: Ja. Es wird viel geben. Geld. Damit wir schreiben können, Zeit haben. Ich werde dich begleiten, jubelt Oz, immer und überall hin! Aber das ist traumtänzerisch. Dass ich wieder mal uns beide erhalten soll, samt Steuer, und er mit seinen Träumen von Jaguar und Swimmingpool, ich weiß nicht. Andrerseits ist da das erste Mal jemand, der mich stützt, begleitet. Nächstes Wochenende zum Denken nach Ungarn. Müssen uns vieles überlegen. Ich bringe »Weiße Mischung« nicht an – noch nicht. Den Brief an Wolkenstein kann ich jedenfalls schreiben. Und an die, die abgesagt haben, aber nur mehr die Deutschen, Hanser, S. Fischer. Und Diogenes natürlich. Andrerseits. So schlecht stehen die Österreicher nicht, Haymon, Deuticke, Residenz. Aber das will ich einfach nicht mehr. Ok, Überlegungen. Wichtig ist: die entgegengebrachte Liebe nicht mit Füßen treten, achten. Aufmerksam sein und genau hinhören. Liebe erarbeiten, Liebe lernen. Transformation unseres Lebens, Zusammenlebens. Haus und Heim und Arbeit. Ich wünsche mir nur das Schreiben als Beruf, und zwar so, dass sich flexible Zeiten ergeben. Zeiten mit Johanna und Nike auch, mit Familie, denn das ist mein Leben.

IM ZUG, DIENSTAG, 12.5.2009
## ICH MAG NICHT MEHR,

stell ich fest. Der Job nervt mich. Heut wieder zwei Stunden wach gelegen, in der Früh mehr tot als lebendig, alle Zustände, zum Zug hetzen, schwitzen, Angst um Platz haben, dann im Job die kniffligen Dinge in die Hand nehmen: Telefonate und das Problem der zu starken Identifizierung mit den Ansuchenden. Verstehe sie zu sehr. Schweißgebadet. Karte hier, Karte da, Jahreskarte ÖBB, Stechkarte, Bankomat-Karte. Schwimme. Zu viel gegessen gestern, das hasse ich, brauche wieder Tage, um zurück auf meine schon ereichte 69-68er-Grenze! Weil Oz gekocht hat. Stimmt nicht ganz, denn ich hab bei Johanna schon ein Weckerl mit Butter gegessen und ein Stück Rhabarberkuchen, sogar ein Glas Prosecco dazu.

## ICH SUCHE MEINE PERLENKETTE,

die mir V geschenkt hat, 800 Euro, wo ist sie?! Ich kann mich erinnern, sie getragen zu haben, lang ist es her, lang nicht gesehen, alle meine Schmuckschatullen durchgewühlt, nirgends. Vielleicht wieder mal in eine Hosentasche oder andere Handtasche – ich bin so schlampig und ich vergess so viel! Vielleicht ist es auch so: Man muss an so vieles denken! Und alles taucht wieder auf, irgendwo im Universum ist sie, im Gleisdorfer Universum, taucht wieder auf. Ein verzweifelter, verkorkster Tagesanfang. Und gestern der Abend war auch nicht grad gelungen. Vernissage im KHG mit Clemens Hollerer, schön und gut, aber eigentlich verstehe ich diese Konstruktionen/ Dekonstruktionen nicht. Was für Sinn macht das?! Mann baut Turm und baut ihn wieder ab, schmeißt um. Gespräche und Brötchen, Austausch von Gescheitheiten mit dem Galeristen, dems nicht gut geht, wie ich von anderer Seite weiß – aber wir tun beide nichts dergleichen, ich mag den Mann ja. Aber. Nebel. Arme Johanna mit dem Hund, den ihr verantwortungsloser Ex ihr hinterlassen hat, aber Scheiß drauf, ich geh auf Urlaub. Das Geld hat er ja, für sich selbst – nur für Frau und Kind leider nichts. Das Übliche. Wahrscheinlich bringt er was mit, Schlechtes-Gewissen-Geschenke. Nur Zeit schenken sie einem keine. Aber sie muss ihr Referat machen!

Beengte Verhältnisse. Margot führt mich zum Bahnhof, hat sich überladen mit Fahrten, Arbeiten im Geschäft, einem Dienstausflug nach Meran, »vielleicht fahr ich nicht«, sie hat solche Rückenschmerzen, dass sie schreien könnte! Und ihr Auge entzündet sich, kommt ein Gerstl, ach Margot. Jaja, den Balken im eigenen Auge. Die Farne mit den hohen Stielen kommen. Hohe Stiele, spitze Lanzen im Wald! Hab gestern mein Manuskript bei der Arbeit vergessen. Hohes Gras, vom Regen niedergedrückt. Brauchen dringend Sonne. Heute Nike aufpassen (+ Hund!), Oz kommt von Ungarn, einpacken für wieder Ungarn, morgen Abfahrt, Wochenende. Eine schwarz weiße Kuh brunzt. Was ich für Worte kenne... Vor Hügelart grün-grauer Schleier, denke, es ist Hafer. Silbriger Tag, Perlmut, rosa T-Shirt neu von gestern. Ein dicker Fasan in einem Garten. Raaba: Pauli in Rot mit seinen Ohrenlöchern, der Hässliche immer mit der gleichen Flickenhose. Schönes Gras. Freu mich auf Nike, aber der unerzogene Sabberhund, dieser Schrank, der nicht folgt, ist ein echtes Problem. Hat sich Johanna allerdings selbst gebaut und muss sie selbst abbauen – ich spiel freilich mit und helfe. Ja. Achtsamkeit. Ständig. Wut wie ein Baby nehmen, sagt das seltsame Ärgerbuch, über das ich mich ärgern muss. Da kann man nichts machen. Ist Wut. Ist ein Baby. Kann nicht anders als schreien.

IM ZUG, DONNERSTAG, 28.5.2009

**ICH BIN SCHRIFTSTELLERIN. HILFE!**

Ich bin nicht mehr Jungautorin, die »Spielräume« liegen weit hinter mir, und am Markt herrscht jetzt eine andere

Professionalität, vor allem: Härte. Aber braucht es wirklich diese glasige Grausamkeit und den Design-Touch? Und war es nicht vielmehr so, dass ich damals genauso eingeschüchtert war, halt von der Machopartie, und ich dauernd meinen Körper hingehalten hab als Mittel zum Zweck, nur damit sie mich endlich anerkennen, überhaupt sehen, kleines Insekt, die Herren Autoren, Kritiker, Verleger? Ich wusste nicht, dass die nur gekonnt auf dem Klavier spielten, das sie von klein auf gelernt hatten. Überhaupt waren ja alle Frauen so, nämlich wie Mutti, blöd und unterlegen und mit links fertig zu machen – außer Uschi Obermaier natürlich, den RAF-Frauen oder Marianne Faithful! Aber horch an, was Simone de B. und Maria Lassnig so alles an privater Wut rauslassen, wenn sie erzählen von sich als jungen Frauen… ich jedenfalls könnte nun, alt und älter, mit ganz anderem Selbstvertrauen neu starten, die Chance krieg ich, aber nutzen muss ich sie natürlich selber. Neben mir die blonde Tussi in weißer Hose, blauem Leibl, stark überschminkt, aber liebes Lächeln. Die V-Geschichte macht mich traurig und müde, selbstverständlich k.o. So viel Dreck und Chaos! Und Traurigkeit. Ich hab mich bemüht, das kommt raus aus dem ganzen Material, das ich gesammelt habe, und hab mir schwer getan. Und hab geliebt. Und bin verzweifelt geworden und müde. Und erholt bin ich noch lange nicht. – Schau an! Murmeltier liest, vielleicht bin ich doch ansteckend. Und der griechische Gott zupft verunsichert an seinem Ohr, mit einer großen Mappe voll Schreib- und Zeichenzeug neben sich. Blondie ist auf und weg am Ostbahnhof mit einem bezaubernden Lächeln, wir grüßen beide freundlich. Heute geh ich zur Vernissage von der Lore Sammer, das muss sein, Würdigung dieser Frau, die ihr Leben im Schatten ihres Mannes, des berühmteren Malers verbracht hat, selbst eine Zeichnerin, »begnadet« (sagt er), jedenfalls… ach. Schlecht ist mir, arbeiten will ich nicht mehr, oder irgendwie schon, es ist doch ein Schutzschild gegen die Verrücktheit und das Chaos im Kopf, es bildet Ordnung und Struktur, nur allmählich wirds Korsett und Käfig. Aber wie sagt das Tarot: Eine Zeitlang werd ich die Rolle wohl noch spielen müssen.

IM ZUG, FREITAG, 29.5.2009
## PETER GLASER SCHREIBT GUT.

Wenn auch ziemlich arrogant. Und ich scheiß mich wieder mal an wegen meinem Interview. Was darf die Frau sagen und was nicht? Auch Oz, gleich hysterisch. Egal. Dass ich selber zu wenig Worte habe, beunruhigt mich. So abgebaut. Sentimentalitäten. Verdrängungen und der Versuch einer Umdeutung. Das wäre schon der Titel.

# FÄHRT EIN WEISSES SCHIFF
# NACH HONGKONG

IM ZUG, DONNERSTAG, 4.6.2009
**DEUTLICHER SCHREIBEN!**

Mit der Feder ist es nämlich anders als auf dem PC. Fließt toll, aber die Leserlichkeit – oje! Handschrift wird immer seltener. Mal wieder Inventur/Rekapitulation: Sitze neben Murmeltier, das ärgerlich sich rührt und stöhnt, rechts von mir der Kommunikative, wir grüßen uns jetzt immer, er hat extrem schmale, sehr misstrauische Augen und niemanden zum Reden. Hätte mich in den leeren Vierer setzen können, aber wer sagt, dass niemand kommt, außerdem gibts da keine Ablage fürs Schreibzeug. Gewand wie der Himmel: blaue Jean, schwarzes Leibl, braune Knitterjacke, täglicher Basic-Look, langweilig, bedeckt arbeitsam, gerüstet für alles, Regen oder Sonne. Der Chef nervt mit immer neuen, immer pitzligeren Vorschriften – oder umgekehrt: Werde ich immer empfindlicher für Beschränkungen, Fußfesseln und Maulkorb? Die Wahrheit wird in der Mitte liegen. Gestern Johann H gesehen, den echten, auf der Brücke, er redete mit einem Journalisten, den Oz kennt, sieht mich nicht, wie auch, im Auto mit den dunklen Scheiben. Helles Jackett, lässiger, schöner Mann. Aber je älter, desto hässlicher die Ohren, groß und fledermausartig abstehend, auch der Mund, größer und herabgezogen missfällig, die Augen werden hysterischer, jaja, die Zeit läuft. Dass ich dieses Muster der weit auseinanderstehenden Augen so integriert habe – es riecht nach Schweinsbraten, ist das der Schaffner? 77,70 kostet eine Monatskarte! Könnte jetzt ein Gespräch beginnen über die Teuerkeit der ÖBB, aber dann geht das bis Graz, ich will das nicht. Waldidylle düster und zu. Arbeiten nervt. Muss aber einfach ein paar Sachen weiterbringen: Inventarisierung, Listen, Archiv, dann gehts mir besser.

## WOW, BIN ICH ZWIDER!

Luftfeuchtigkeit macht Leben schwer, schwül, drückend, dicke Wolken, es wird einfach nichts mit diesem Sommer. Pickig alles, kannst waschen und dich bemühen... Johanna in Rom. Denk viel. Muss ihre Blumen gießen und Zimmer in Brighton bestellen, hoffentlich haben die geantwortet, und einen neuen Buggy braucht sie auch. Dann Wochenende Ungarn hoffentlich geruhsam. Wenn nicht Oz zu flippig, was er aber ist. Vielleicht geht es gut mit seinem Casting, bitte, Gott! Lass ihn beschäftigt sein und sein Ding machen, endlich dieser Erfolg, und bitte viel Geld! Viel, viel! Muss mehr gehen und weniger Fett essen, Kondition schlecht, Stimmung schlecht. Chef direkt bei Sitzung, ich soll Infos herzaubern. Zaubere auch. Stress pur. Aber eigentlich alles nicht so schlimm und zu schaffen. Hab viel Kraft. Muss nur wieder schauen, sie auch für mich zu nutzen. – Schreiben! Würde Erfolg brauchen. Ja? Was machst du, A, wenn sie dir schreiben: Ok, Manuskript-Auszug super, schicken Sie das Ganze!? Ich habs nicht und könnte es auch gar nicht schaffen. In den Ferien. Im August-Urlaub. Da wäre es machbar. Deshalb sollte Rückmeldung besser im Juli kommen. Du weißt sehr wohl, was du zu tun hast. Bist nur müde. Familiensorgen lassen dich nicht schlafen. Der Olivenprinz mit der Judennase schaut eigentlich ziemlich proletarisch aus. Liegt vielleicht an den kaputten Jeans und Turnschuhen. Kleider machen Leute. Auch diese Sehnsucht, dieser heftige Wunsch, Wirken durch Gewand. Hat wohl jeder. Dicke wattige Wolkendecke. Monotone Männerstimme, hektisch der Doofe. Toni steigt aus und grüßt freundlich wie immer, Raaba, seine Glatze wächst. Diese dicke steirische Sprache. Körperlich-seelisch ganz schwer zu verkraften diese fette Luft. Stöhnen. Hübscher, blond gefärbter Jüngling mit nach vorn gebürsteten Haaren, Kaugummi. Der Monotone redet nur von Handy PC Format Übertragung Video Fotos. Alle Menschen schauen deprimiert drein. Der depressive Clown hat eine graue Stoffhose an, der hässliche Professor gar einen Anzug. Was ist los heute? Meine Haut wird immer dünner und empfindlicher. Unter der Brust, am Bauch, Striemen, die bleiben. Je älter, desto eingeprägter alles. Mördermelodien im Kopf, tiefe Spuren. Werde noch verrückt. Will aber nicht. Nur überreizt. Übermüdet. Muss funktionieren. Und es geht. »Der E95 ist no goa net sou ould!«[104] – Hinter den Haaren im Nacken schwimmt alles. Meine Augen brennen, klappen zu. Was will ich und was nicht. Kommt aufs Gleiche raus angeblich, Unterbewusstes kennt kein Nein und Nicht.

IM ZUG, MONTAG, 22.6.2009
## TRAURIG & ÄNGSTLICH.

Ohne Grund. Oder wenn das ein Grund ist: Heute sind Johanna und Nike abgereist nach England, bin

---

104 »Der E95 ist noch gar nicht so alt!«

285

also allein – Vorteil: für mich was tun, wär das nichts? Seltsam, wie wenig wert plötzlich. Hinter mir reden sie über Pension, der Tischler »hat Aussicht«, geht Ende des Jahres. Könnte länger bleiben, sagt sein Chef, aber er hat zuhaus so viel zu tun, seine Schafherde wird immer größer, viel Arbeit. »So lafts halt«[105], sagt die Junge, und dass sie sich nicht vorstellen könnte… Floskeln und auf einmal das Gefühl des Abgeschobenseins. Endzeit. Oder? Heut bin ich anscheinend nicht sehr optimistisch. Was ich heut alles vor mir hab an Arbeit, nervt. Dienstbesprechung. Mein Gott! Das Tröstliche: Alles geht seinen Gang, gleichförmig. Keine Aufregungen – sie kommen zwar, sind aber nur kleine Wellchen. Was wichtig wäre: weniger Gewicht. Aber dieser kalte nasse Sommer. Ich züchte Ängste. Unnötig. Sollte lesen, kann nicht. Viel gemacht am Wochenende mit Oz in Ungarn. Jetzt wieder mehr Regelmäßigkeit. Werde ordentlich arbeiten. Beste Vorsätze. Vier Wochen regulär, dann eine Urlaubswoche, eine Woche arbeiten, noch einmal zwei Wochen Ungarn. Das ist der Sommer, und ich schreibe Vs Buch. Wird schön. So versuch ich mich zu beruhigen. Mein Kind im Flugzeug, meine beiden Kinder.

IM ZUG RETOUR, MONTAG, 22.6.2009

**FADESSE.**

Trübe Mienen. Grau. Wieder Regen, nicht viel, aber es ist mehr angesagt. Kalt wie im September, wie im April. Ungut. Johanna und Nike im Flugzeug. Angekommen?

---

105    »So läuft es halt.«

Noch nicht, glaub ich. Und dann müssen sie umsteigen, zu einem Zug rasen vielleicht. Wie sie das alles schaffen werden, mit Buggy und Gepäck…? Schnell vergangen der Tag. Soll sein. Eins nach dem anderen runterbiegen. Ich bin müde, zufrieden, sicher. Mein Mann erwartet mich, wir reden, was kochen. Ruhige Zeiten. Eine Woche. Außerdem hat sie ja ihre neue Liebe. Baut ihr ganzes Leben um. Als ich es das erste Mal hörte, war es wie ein Schock: allein plötzlich. Was mach ich, wenn mich meine Tochter nicht mehr braucht?! Eingeschlafen. Döse. Seh mich in einem rot-orange züngelnden Anzug, orange Schuhe, orange Tasche, Lippenstift, Nägel – scharf! Die Mexikanerin ist hellblau und dunkelblau. Die Lektorin weiß und gold mit einem Anker auf der Brust. »Dere! – Neit amol g'leit' und scho do gwest! Du frog, wos a Palettn schwoaza Zement kost!«[106] – Laute Baggerfahrerstimme. »Olda, wou bistn du?! Sakrament!«[107] und der ganze Waggon stinkt nach Tschik. Ich mit meiner visionierten Lektorin. Nur ein Traum.

## IM ZUG, MONTAG, 29.6.2009
## HOHE LUFTFEUCHTIGKEIT,

mein Herz schmerzt immer wieder. Mühsam, Fassung & Nerven zu bewahren bei dem Wetter. Lang ängstlich abwägend, soll ich Zug oder Auto? Bequemlichkeit beim Heimfahren, aber Stress, Staus, Baustellen beim

---

106   »Hallo (eigentlich: Habe-die-Ehre)! – Du hast nicht einmal angeläutet und schon war ich dran! Du, frag bitte, was eine Palette schwarzer Zement kostet!«

107   »Alter, wo bist du denn?! Sakrament!« (Fluchwort)

Reinfahren, hohes Risiko und ich fühl mich nicht sicher heute, abgesehen davon muss ich denken, schreiben – vor allem: das Manuskript korrigieren. Ungeduld. Nebelwolken bis ganz tief herunter, alles atmet, schwitzt und stöhnt. Schweres Sumpfloch, nun beginnen bei Feldbach die Hänge zu rutschen, Güssing war von der Umwelt abgeschnitten. Seltsame Dinge passieren.

IM ZUG RETOUR, DIENSTAG, 30.6.2009
## BLASEN

von den neuen Schuhen, eh klar, angeschwollen. Das schöne dünne Mädchen geht vorbei. Der Kollege, der ab heute vierzehn Monate frei hat. *Sabbatical Year*. Bei 80% Bezahlung. Zahlt sich aus. Lebens-Zeit. Dafür schreibe ich. Darum. Meine Lebenszeit sollte nur Schreibzeit sein. Schwül bis 90%, immer bedeckt, zwischendurch Schauer, jetzt kleine Pause. Viel gemacht heute, halbwegs fröhlich. Sogar inventarisiert. Dann – Sommerpause!

# SCHWARZER STORCH

## ERSTAUNLICH!

Leerer Zug. Miriam Mädchen mit langen schwarzen Locken drängt sich vor und geht dann nicht weiter. Der Kommunikative mit dem Dummen hinter mir, der wirkt geschwächt, ist ziemlich lang weg gewesen, LKH, Rotes Kreuz, erzählt er, Feldbach und sonst wo, Medikamente. »Vül gehen!«[108] soll er, sagen die Ärzte. – »Aber wenn man nicht mag«, ist der Kommunikative verständnisvoll. Interessant, was mit Menschen passiert. Oz hat sein Casting hinter sich und geht heut zum Arzt. »Du musst dein Leben ändern!« – Jaja. Lang vor Sloterdijk hab ich eine Geschichte geschrieben mit diesem Titel… Die schöne Perserin schmollt im Schlaf, damenhaft, sehr weibliche Frau. Raab sehr hoch und hellbraun. Die Kürbisblüten sind aufgegangen, ganze Felder voll. Die schöne Iranerin hat einen grauenhaften Dialekt drauf: »Naa…! I hob eh nix mit zan Aeissn!«[109]

## GROSSE LIEBE.

Seltsam, in der Straßenbahn plötzlich, vielleicht aus Übermüdung oder Erleichterung, weil alles erledigt oder so, diese Dichte des Gefühls. Zwar sitzt jetzt grad vor

---

108    »Viel gehen!«

109    »Nein! Ich habe eh nichts zu essen mit!«

mir einer, der sich länger nicht gewaschen hat und nach Männerschweiß riecht, aber: Aufmerksamkeit, Verwunderung, Bewunderung solcher Dinge wie dieser jungen Mutter mit ihrem Neunjährigen, dem sie erklärt, dass er nicht dabei sein kann, bei einer Tagung oder so. Zu viel, zu langweilig für ihn, außerdem habe er Schule…, er kämpft mit den Tränen, sie auch. Heller Typ mit diesen leicht rötlichen Augenrändern, Mutter wie Sohn. Und ich segne sie und wünsche ihnen die ideale Lösung. Und da ist eine andere Mutter und das Mädchen bemerkt den Jungen gegenüber. Und da ist ein kleines Mädchen, das mit einem bezaubernd schönen durchsichtig blassrosa Löfferl sein Eis löffelt, völlig versunken. Dieses Braun der Skai-Tasche erinnert mich an etwas. Etwas Viereckiges zeichnet sich darin ab. Diese Falten und das Licht darauf. Die Hitze ist groß. Schwüle. Kann der Schweiß nicht trocknen, der Körper nicht kühlen. Oz hat einen Bandscheibenvorfall, wie ich gesagt hab. Werd gleich wieder schlafen. Ausrasten. Den um 16.04 wieder, wie gestern. Abenteuer: Der junge Mann mit dem interessanten Geruch wird von mir gefragt – denn nicht geheuer ist mir diese Ansage der Abfahrt um fünf Minuten zu früh –, ob ich richtig bin. Nein! Wir sitzen im falschen Zug! Beide!! Nämlich nach Radkersburg Spielfeld! Weil der auf demselben Bahnsteig steht wie der 16.04er, aber heute hatte der Verspätung und steht also noch immer da. Aber kein allzu großes Malheur, Umsteigen in Don Bosco möglich. – Glück! Wir laufen zum anderen Bahnsteig, nämlich dem Sechser, und schon steigen wir bequem um. Ich sitz auf einem Zweier, gemütlich, die Buchhändlerin ruft mich an, braucht die Telefonnummer eines bosnischen Schriftstellers, der Stadtschreiber war, Name mit

K am Anfang, für ein Leseprojekt, ich sage Karahasan, und Markus Jaroschka hat sicher die Nummer, »danke danke!« Danke für alles heute! Seltsamer Tag…

IM ZUG, DIENSTAG, 7.7.2009
**KOPFWEH.**

Na sehr gut gemacht, A, echt! Hast dir geholt gestern Nacht noch, mit Margot eine Flasche Wein ausgeblitzt. Rot. Nachdem ich die Ouzo-Flasche geleert hatte und vorher noch einige Proseccos. Kein Wunder. Kater. Nicht Migräne, aber passend. Strafe, Buße. Ganz schlimm ich. Mein Weg zur Alkoholikerin. Zuschauen. 70,7 kg. Warum bin ich so gemein zu mir, so furchtbar. Alleinsein macht mich ja fertig. Fülle mein Leben mit Kram, um nicht – nein, keine Leere – Schmerz zu fühlen. Mein Schuldbewusstsein Nike gegenüber – oh, mein lieber Schaffner, tröstliches Rothaar, junger Fontane, erinnert mich an meinen lieben Verleger, den ersten, Herr Beckmann, ist wirklich so grottenschlecht, was ich schreibe? Oder ungenügend, zu wenig professionell? Kann sich das niemand leisten zu lektorieren, oder der Markt verlangt was ganz anderes? Gestern per Luftpost hat der Aufbau-Verlag mein Manuskript abgelehnt. Leichthin denke ich: ok, macht nichts, wollte eh nicht zu Aufbau… aber wenn Rowohlt und Suhrkamp auch nein sagen… – Im Haus riecht es wieder nach ihm. V. Heute wird Michael Jackson begraben. Ich gehe zu einer Ausstellung in eine kleine Galerie, parasite-net. Was für ein seltsamer Sommer. Verhaut versaut. Bin ich krank? Nein.

## UND WO BLEIBT DER VERSPROCHENE HOCHSOMMER?!

30 Grad fünf Tage lang versprechen sie uns seit einer Woche. Naja, seien wir zufrieden, gestern das Fest für Oz' Ex war ein voller Erfolg, samt Sonne, bis auf das, dass der Hund leider Oz' Festplatte zerstört hat. Weil sie ihn auch immer anbinden. Bewegungsdrang wird an die Leine gelegt, so was rächt sich. Ruhige Wolke, hoffe ich. Und mit meinem Gewicht/Silhouette muss was passieren. 70,6 kg ist zu viel. Zwanzig Kilo müssten weg. Eine dünne Person darf ich sein, wenn ich will. Mich selbst sein lassen. Vergangen vernebelt und zu, trauriges Wetter. Eine sehr verhetzte zerstörte verhutzelte Margot wieder, »mir gehts prächtig« – ist das nicht die »Mir gehts gut« Variante, an die kein Mensch glaubt, am wenigsten der/die Betroffene? Wie Maria sagt: Sie schaut aus, als hätte sie Krebs. Lässt sich von Arbeit auffressen, also wäre das der passende Tod. Und ich selbst? So weit ganz gut. Etwas traurig, etwas einsam. Vielleicht heut mit Johanna und Oz was unternehmen, wenigstens besuchen muss ich sie, hatte nicht genug vom Kind. Und wenn sie wegfährt oder einmal woanders lebt, was dann?! Sagte ich ja: Waldidylle in Urlaub. Wie gehabt. *City sleeps*. Alle schauen so trübsinnig drein wie das Wetter. Enttäuscht.

## JAPSEN NACH KLIMAANLAGE.

Im Waggon hats 40 Grad oder so, das eine Ende beginnt grad zu kühlen, Vollgas. 18.00 fahr ich, war mit Johanna und Nike Eis essen, dann zuhause bei ihnen, Johanna auf der Uni, arbeitet ordentlich, um ihr Studium abzuschließen. Trödle mich durch den Tag, gut so. »Dieser Zug hält in allen Stationen! Vorsicht…«, und ich schlaf schon wieder. Meine Fotos sind übrigens schockierend, weil ich so schlapp und dick bin und schrecklich, ich wirke wie eine alte Kröte.

IM ZUG, DIENSTAG, 14.7.2009
## DER SCHWARZE STORCH

ist über mich hinweg geflogen, ganz niedrig und ganz langsam, aus dem Bachbett über den Kukuruz, als ich mit dem Wagen auf den Parkplatz einbog. Schönheit! Bedeutung! Im Radio diese Woche Sendung über Schwarzstörche und weiße Störche. Die einen scheu und wild, die anderen folgen Menschen und halten sich gern in ihrer Nähe auf. Das hat einen Namen. Diese dunkle tiefe Traurigkeit wie als Kind. Ein Schatten über der Seele, Schattenkinder, wie die so fröhliche Nike. Wenn sie traurig ist, geht die Sonne weg, und sie sagt auch, dass sie traurig ist oder geweint hat, fast jeden Tag, als müsse sie beteuern, dass diese ihre ansteckende Fröhlichkeit und Lebensfreude nicht alles ist. Großes Problem mit mir. Mit meinem Körper, den ich in kein Gewand mehr zwinge. 70,4. Ballon (fliegt da hinten). Ich auch. Aufgeblasen. Der dicke Bauch. Auch die Angst, krank zu sein. Nun hab ich mich die längste Zeit nicht um mich gekümmert, nur V Oz Nike. Ich muss wieder auf mich schauen. Pflege. Zum Beispiel Füße. Frauenarzt. Vielleicht hab ich mich so lang konzentriert auf das Dicke, Aufgeschwemmte, auf Essen als Ersatzbefriedigung, dass ich das nun so anschau, wie ich ausschau, quallige Kröte, die niemand wollen kann. Und muss ich Oz dankbar sein, aber wage mich nicht mehr unter Menschen.

## AN DIESEM 16.

fallen die Leute um wie die Fliegen von der Hitze. In Budapest verteilen sie gratis Wasser, in Beutel eingeschweißt. Hitzewarnungen in der Stadt usw. Affenhitze. Unnatürlich ist das. Es war doch bis jetzt immer kalt. Als wollte sich die Natur abbeuteln von uns: heiß-kalt.

## ALLES GUTE ZUM GEBURTSTAG, LIEBE A!

Wer weiß, wer dran denkt, denkst du schon pessimistisch, und an all die Dinge, die zu tun sind, weil wir heute Nacht noch zum Balaton, mit Nike. Weil Johanna den Samstag braucht. Weil ich alles tu für sie. Und so beginnt der Tag. Zwar ausgeschlafen, aber 70,8 kg, da gestern zu gut und zu spät und zu viel gegessen, trotz weniger trinken. Also find ich wieder in keine Schuhe, Sommer, Schlapfen, meine Haut so dünn, dass alles weh tut, alles! Bin sogar hinausgewachsen aus den bequemen Mokassins, ein Wahnsinn! Und weil es heiß wird, doch wieder die weiße Hose, wenigstens rosa Schmuck, sei lieb zu dir, was werden die Kolleginnen sagen. Eigentlich wolltest ja zu Fuß, aber das geht nicht wegen der wehen Füße, also doch mit dem Auto, tanken müssen wir nachher. Irgendwie geht alles, aber ich zerquäl mich in Verpflichtungen, Knabberzeug zu kaufen zum Prosecco zum Beispiel, schließlich ist es mein Geburtstag, darüber vergesse ich mein eigenes Mittagsessen. Die Raab wieder ein gelblich brauner Sumpf. Nimms positiv, das Gewitter der Nacht hat wenigstens alles erfrischt, wir saßen unten auf der Terrasse, das Essen war perfekt. Mein Lieblingsschaffner. Tun wir mal so, sehr lächelnd, als wäre es der perfekte Geburtstag! Mama, danke, V, danke, für eure Glückwünsche. Danke, Geschwister. Was wünschst du selbst dir zum Geburtstag, liebe A? Ein friedliches Miteinander. Familie, Menschen – Weltfrieden! Haha. Friedliche Jungrinder, eines kratzt sich mit Horn. Gelsensommer. Was wünschst du dir? Gib deine gelben Stifte raus. Die »LIEBE« – Tür. Klein, alt, für Zwerge. Ausgewaschenes schönes graues Holz. Die Buchstaben, die Zuckerschlangen waren, glänzend rot, Nagellack, Wülste, verwandeln sich in altmodische Buchstaben aus den 56ern: LIEBE. Beim Aufmachen fallen sofort zwei Dinge auf: Hellblaue Luft und schwarz-weißer Boden. Duft von Orangen, die kullern wie Bälle, sonniger Süden. Aber das ist schon wahr: Das Luftig-Leichte des Himmels, die Atmosphäre, Luft, Licht, oben, Mama, Atem. Das andere ist Boden, elementares Spiel/Leben, Schach, V – deshalb das Zwiebelmuster? Tongeschirr? Was ist das?! Hat es hier die ganzen Kürbis zusammengehaut, um Gottes willen? Alles Getreide? Der Hagel?! Ja. Lauter Stiele, furchtbar. Aber so negativ darf diese Eintragung nicht enden! Was wünschst du dir? Glück, Erfolg, Zufriedenheit. Einen Anruf aus einem Verlag: Sie sind genommen! Wir machen Ihr Buch!

## DER TAG NACH DER KATASTROPHE

lautet die Titelseite der Kleinen Zeitung passenderweise. Und Oz wird es so sehen.[110] – Ich hingegen mit leisem Frohlocken und ganz seltsamem Gefühl sehe Morgensonne und nicht mehr das Dunkle, Verwaldete, Traurige, das mich zu bedrücken begann: das Haus zuwachsend. Diese kleine Insel, die Oz vorschwebte, mir ja auch, exklusiv, viel Natur rundum, die Weiden riesig – aber das Schlafzimmer im ersten Stock kriegt keine Morgensonne mehr, keinen Mond, zuviel Kühle. Ich weiß ja auch nicht, was Gott/Schicksal mit mir/ihm/uns vorhat, aber muss so viel Hader und Aufbegehren, Zorn, Wut, Ärger, Verzweiflung wirklich sein?! »Was mach ich falsch«, fragt er sich und Gott, »Geduld soll ich lernen?« – Muss ich antworten: »Ja«? – Geduld und mehr Freundlichkeit, wollte ich sagen, mehr Zusehen, Sein lassen, Glück und Beschaulichkeit, so was von Schrebergarten. Wie gestern in der Sendung von Elisabeth T. Spira, wo aber eher das Bösartige der Menschen rauskam. Aber heute fühl ich mich besser, richtiger. Leuchtende Morgensonne! Ich werde mich heute wieder gelb anziehen, das hilft. Ich zu mir selbst findend. Weil so beeindruckbar als Kind, war ich beeinflussbar und wollte kein Härchen krümmen, kein Wässerchen trüben. Da macht man die meisten Fehler, wenn man auf Zehenspitzen lebt und Mäuschen spie-

---

110   Ganz abgesehen davon, dass er heute wieder eine scheußliche Fluxus-Attacke hatte nachts. Wieder mal Whisky getrunken am Abend, damit muss wirklich vorbei sein, und er schiebt es auf Kernöl und Olivenöl, ich denke eher der Essig, die Aufregungen, das kalte Essen statt eines ordentlichen. Seine Speiseröhre ist wund, sagt er, aufgekratzt, es tut richtig weh.

len will. Man ist Mensch, Frau verurteilt zu aufrechtem Gang und Kampf um den eigenen Platz und *Stand Up For Your Rights* und Oz hätte gar nichts verbieten können, wie er meinte. Ja, wenn ich gewusst hätte, dass die Weiden, die große Silberweide oben ihm so viel ihm bedeutet, hätt ich nichts gesagt. Jetzt sind sie weg. Und auch mir tut es leid. Es war schöner mit den Weidenmonstern, auch wenn sie uns zuwuchsen. Jetzt haben wir Morgensonne. Aber um welchen Preis… Ich werde jedenfalls unseren Chaos-Garten neu angehen müssen. Ich bin nicht erschöpft von gestern oder dem langen Wochenende in Ungarn mit Nike, ich hatte sogar bei der Rückkehr 69,5! Heut früh wieder 70,2, aber man sieht, dass ich vorsichtig runter komme. Stiller Zug, wenig Leute, alles liest. Nur A schreibt. Vielleicht brauch ich diese ruhige Folie: Büroalltag, Pendlerfahrt. Frühling Sommer Herbst und Winter, die Abwechslung und Aufregung liegt im Detail. Dahinter liegt hübsch das Geregelte, das Beruhigende von 2.000,– auf dem Bankkonto, man braucht nur die Zeit vergehen lassen, schwupp ist neues Geld da, alles halb so schlimm. Kaufen wir Blumenerde, die 100ste. Wie hübsch diese dünnen Figuren, diese schmalen Mitten von jungen Frauen, die noch nicht geboren haben, schlanke Vasen, Amphoren, seit Rom hat sich nichts geändert. Das Hässliche pafft, Pauli wird immer noch größer und schlaksiger, Männer mit kurzärmeligen Hemden und Krawatten und Aktentaschen steigen ein. Was haben sie in den Aktentaschen? Kein Akten, keine Briefe, keine Tagebücher. Ihre Jause, das Kreuzworträtselheft, vielleicht einen Einkaufszettel, einen Führerschein. Ein Taschenmesser, Geldbörsel, die Schlüssel. *Thats it.* (Den Flachmann hab ich vergessen…)

## GANZ MÜD UND MUTLOS

werd ich zwischendurch. Was ist, wenn Oz ernsthaft krank ist? Was denk ich da. Werden sehen, wenn es ist. Kopf vor Müdigkeit hin & her in der Schwüle. Oz will Kisten kaufen. Gewitter naht. Kreuzweh, leichtes Stechen. Und dann ganz schlecht. Angst vor Oz, Angst um Oz?

## WIE WIR DIESE ZEIT ÜBERSTEHEN,

weiß ich nicht. Nervenkrieg. Das Wetter so zwider wie die Menschen, wechselnde Bewölkung, Bevölkerung dauernd hingehalten von den Medien, Prognosen, es wird heiß, kurze Hitzewelle! Aber Schauer örtlich möglich usw., den Schmarren kennen wir seit April. Ermüdend heuer, anstrengend, körperlich und geistig. Durchhalteparolen – es kommt wieder anderes Wetter, ein anderes Jahr, ein anderer Sommer, dieses Jahr, das erste ohne V, ist ziemlich schlimm. Selbstquälerei auch. Kopfschmerzen. Was ist los mit Oz. Warum »Scheißnacht wieder«, »Arsch Firma saukalt«… alles negativ und drastischdramatisch. Aber das ist eben sein Temperament, müsste ich wissen – längst, und komme auch damit zurecht, aber dennoch schade. Ich bemerke das andere (vielleicht durch den Kontrast?). Wie schön das alles ist, wie reich, wie üppig, wie freundlich. Wie farbig und bunt. Ich liebe meine Tochter und Enkeltochter, meinen Mann liebe ich auch, aber es macht es schwer und schwerer, dass ich mich freu, wenn er da ist. Immer zuviel arbeiten. Dann ist er zufrieden. Auch eine Art Workaholic. Als wir die Terrasse endlich so weit hatten, dass es wieder ein Gartenraum war für ihn, ist er zufrieden. Fast glücklich.

IM ZUG RETOUR, MITTWOCH, 22.7.2009
## UNGLAUBLICH!

35-37-40 Grad… du schmilzt, zerrinnst. Kann nicht mehr denken, mein Hirn ein gallertige Masse. »Du jetz wer i bald weg sein, wia foan in Tunnel ein!«[111]

IM ZUG, DONNERSTAG, 23.7.2009
## SCHÖN!

Einfach schön. Hab mich heut weiß und grün gemacht, auch wenn die Schlapfen von Esprit eigentlich weggeschmissen gehören, abgeschunden und alt, und meine Hornhaut – grauslich! Dabei bemühe ich mich jetzt. Auch um die Matronenhüften und den Hera-Bauch, aber es geht halt langsam. 69,9, da hab ich schon erstes Dankgebet geschickt, weil ich immerhin gestern abend doch die Flasche Prosecco hinuntergezwungen hab – für nix! Nicht mal Gusto, Wasser hätte es auch getan. Gebügelt, um mich abzulenken, denn das Haus zieht, wenn ich allein bin, die Geister, Mama, V, die Geschwister. Haare gewaschen, nützlich gewesen. Garten nicht fähig. Oz abends bei den Nachbarn, gut so. Wur-

---

111 »Du, jetzt werde ich bald weg sein, wir fahren in den Tunnel!«

de sicher spät und sicher viel getrunken. Wie langsam stellt man sich um! Wochenende vielleicht, trotz Hitze Ungarn-Fahrt. Oz und ich allein. Aber ich möchte, dass Johanna und Nike herauskommen aufs Land und gießen und hier wohnen und einen Garten haben. Schönheit. Nicht Stadt. Wie angenehm, die Stille und der fast leere Zug. Die Wiesen gemäht, alles wird gepflegt, ist kultiviert und betreut. Wie beruhigend! Weiße Kläräpfel! Wie sich die Menschen bemühen um Buschen von Blumen bei ihren Hütten, saubere Swimmingpools. Vor Waldidylle steht weißes Auto, gestern lag jemand im Liegestuhl vorm Haus, alles in Ordnung. Die hinter mir hat Ausweis vergessen, Scheiße, armes Mädchen, dem tun 2 Euro gleich weh. Warum leide ich mit anderen immer so mit und kann es nicht ertragen, wenn was unangenehm ist? Wunderbare Gladiolen in Weiß und Lachs! Eine schwarz-weiße Kuh schleckt die andere ab. Enttäuschung zieht Schlieren wie Rotz, nur weißlich. Ich bin nicht meine Gefühle, ich habe Gefühle. Also pole ich um auf angenehme Gefühle. Die Jahreszeiten als ständig wechselnder Fluss. Im vom Hagel zerstörten Kürbisfeld Unmengen gelber Blüten – gefüllt mit Schafkäse! denk ich. Das Glashaus voller Tomaten, rot leuchtend. Der Hässliche hat mir mit einem Auge direkt ins Gesicht geschaut, böse was gemurmelt, anderes Auge gegen Rauch verkniffen. Etwas Teuflisches ist unterwegs. Ratlos über Zeichen, mit denen ich nichts anfange. Porsche-VW Streik. Erstes Opfer tritt zurück. Ja und? Meine harten Furchen am Mund. Ich will nicht bitter werden. Das Mädchen ohne Ausweis telefoniert über das Thema. TIP-Kirtag am Wochenende, weiß auch sie. Also Teufel los *in the city of Gleisdorf*. Sie hat heute einen Haarreifen »rauf tan« und die Stirnfransen zurück, erzählt sie der Freundin. »Hast heut an Rock an? I aa! Und Flipflops! Und a Leibl und a Westen. Ja, i waß, owa ban Wegfahren wars kalt.«[112] – Ein Mops mit einer Frau. »Fehlt eh net ma vül, dann hats 40 Grad! Awa echt, i holt des neu aus! Jo echt: Dann kannst eh glei daham bleibn!«[113] – Sie haben eine Art Kanal gebaut aus Schallschutzmauern vor Don Bosco, man fährt durch einen grauen Schlauch jetzt, das ist nicht gut. Bissel übel. Das ist die Magensäure, schätz ich, aufpassen, A, nicht so viel trinken! Sie kommt nochmals auf den Ausweis zurück: »Der hat mi zahln lassn! Trotzdem! 5,50 für eine Fahrt!«

IM ZUG, FREITAG, 24.7.2009

## DIE BLONDE VERKÄUFERIN

arbeitet in einer anderen Abteilung unserer Firma, ist also eine Kollegin, unglaublich! Und meine Haut ist so dünn, dass ich von den Schnürsenkeln meiner so genannten »bequemen Sandalen« Eindrücke hab, fast blutig. Kosmetikbeutel vergessen, blöd. Muss ich Oz sagen, dass er Pflaster mitnimmt, denn heute fahren wir nach Ungarn, direkt vom Job weg. Supi! Erleichtert mich auch, weil pfeilgerade in die Ferien und unansprechbar für Familie, wobei ich dafür gesorgt habe, das Johanna ins Haus kann, Schlüssel usw. Ein gelber

---

112   »Hast du heute einen Rock an? Und Flip-Flops. Ich auch! Und ein T-Shirt und eine Weste. Ja, ich weiß, beim Wegfahren wars kalt!«

113   »Fehlt eh nicht mehr viel, dann hat es 40 Grad! Aber wirklich, ich halte das nicht aus! Ja wirklich: Da könntest du gleich besser zuhause bleiben!«

Ballon, nehm ich den als Zeichen für: Gelb! Freizeit, Freiheit?! Ja, A, bitte! Ich quäl mich mit Sachen, die gar nicht real sind. Wunderschön violette Dahlien, Riesenbusch! Herzlich, diese jetzt wie zueinander gehörigen Häuser neben Waldidylle, ein neues wird gebaut, Fundament und Keller sind fertig, Baustelle, die anderen stellen die Blumen auf Stellagen, hegen pflegen Busch und Baum und Gartenzwerg, es ist einfach nett! Wieder der Hässliche in der Wolke, wieder dieser stechend einäugige Blick! Paar Stunden noch. Und dann Inventar, Telefonate, Kunden. Nichts Besonderes. Eigentlich vergisst man den Regen schnell, Unbill. Alle gehen in Flipflops und ärmellosen Tops und freuen sich und tun, als wären wir in Miami und der Sommerzustand immerwährend. Der glatzerte Schaffner trägt jetzt Brillen. Alles verändert sich.

IM ZUG RETOUR, DIENSTAG, 28.7.2009
**UND DANN SITZ ICH DA UND WEINE.**

Weil die Trennung wieder mal ein Horror war. Das Kind, das an dir klebt, runterlösen, »Oma hoppa!« – »Oma, Bussi!« – Solche Liebe, so gern das Kind haben, tragen, spielen, schnuppern. Aber glücklich. Obwohl heut einer in meinen/unseren Sachen war, bei der Arbeit, Geldbörsel nach Scheinen durchsucht, doch, ich hatte was, war doch grad erst beim Bankomat… nutzt nix, weg. Sei froh, dass Karten noch da sind, Schlüssel usw., wir werden lernen, werden zusperren. Oz heute nicht da. Schön aufpassen auf die Energielöcher! Jetzt ruft noch ein von einer Bekannten vermittelter Geldberater an, ein »kostenloses

Gespräch«, »wenn Ihnen am Ende des Monats mehr iwa bleibt…«[114], ach nein, sooft schon, sinnlos. Heute wurde mir Geld gestohlen. Ein feiner männlicher Duft blieb hängen, ein Prospekt mit Jazzsommer in der Tasche. Hat er hinterlegt. Ein witziger Dieb. 19.21 geht der Zug, ein schöner junger Bock flüchtet in den Kukuruz.

114  »wenn Ihnen am Ende des Monats mehr übrig bleibt…«

# EIN LIEBESPAAR MIT KIND

IM ZUG, MONTAG, 10.8.2009
## UND SCHON SIND WIR MITTEN IM AUGUST.

Der freilich wie ein September sich gebärdet. Licht, Wetter, Sonne, Laub. Ich rieche nach Urlaub und unausgeschlafen. Oz' große Sorgen. Um Existenz, Job, Geld, Auto. Und Mamas Altersheim. Stark zerkratzt von den Himbeeren. Konnte nicht schlafen bis zwei. Oz mit offenen Augen und so entsetzt. Zug Gott sei Dank wieder ruhig. Keine Baustelle, keine Probleme. Was soll Oz tun? Was kann er tun. Ich will, dass er zufrieden ist. Er soll sich erkundigen, wie lang er bis zur Pension noch arbeiten muss. Um dann endlich sein Buch zu schreiben, seine Internet-Sachen zu machen usw. Er braucht nicht zu kochen, aber er kann auch Hausmann sein, wenn er will – aber zufrieden damit. Bitte! Notfalls reicht mein Geld für uns beide, wenn er sein Pensionsgeld kriegt. Vielleicht macht er auch eine Manufaktur und produziert/importiert oder verkauft Knoblauch? Oder eröffnet zusammen mit seiner Tochter eine Konditorei? Vielleicht gründet er in Ungarn eine Firma und beginnt, Lebensmittelproduzent zu werden? Nur Mut.

IM ZUG RETOUR, MONTAG, 10.8.2009
## SAGENHAFTER STURM,

Unwetter, Gewitter, taifunartige Böen, als wärst du auf Taiwan, alles feucht, trocknet nicht, schwül. Müde. Mit

Nike herumgegault[115], Pirat usw., hat Spaß gemacht, Abfangen und Puppen und Hausbauen – sie ist irr fantasievoll, quirlig, unternehmungslustig, empfänglich – ein richtiger Schatz! Aber Oma geschlaucht davon. Wenig Schlaf, sehen tu ich nix mehr, meine Augen lassen stark nach. Oz in Wien, wieder aufgebaut, weil er alle Hürden bravourös gemeistert hat, hoch motiviert – wird saumüde sein und hungrig wie ein Scheunendrescher. Irgendwas werd ich vorbereiten. Fantasievolles Tomaten-Mozzarella-Basilikum, vielleicht gebratene Zucchini, paar Nudeln oder so. Jetzt fällt mir ein, dass der Sturm vielleicht in meiner Wäsche auf dem Balkon gewütet hat. Werden sehen. Überraschung. Erster Tag nach dem Urlaub, angenehm. Keine besonderen Vorkommnisse, alle trödeln und tun dies/jenes. Neue Kopierkarte, neuer Schlüssel. Werde mit den Listen beginnen. Drei Rehe mitten in der Wiese.

IM ZUG, DIENSTAG, 11.8.2009
## UNLUSTIGER HERBSTTAG.

Überall steht Wasser, Raab wieder braun, Chaos und Schmutz. Mittags bist du mit Johanna und Nike beim Chinesen. Auch was. Abends normal, Einkauf mit Oz, Kochen, Zuhausesein, Bügeln. Hatte gestern rasende Kopfschmerzen. So düster! Himmel so grau, als ob ich in offene Wunden schau. Was ist mit dem Tag?! Sooo müde… Kopfweh. Es ist der Druck. Diese heitere Frau in Grün mit dem steirischen Dialekt nervt mich seit

---

115   Spielen, intensiv bewegen.

dem Einsteigen. Dieses lockere Lachen unentwegt…
»die Romana… laafen…«[116], mein Gott, diese Sprache!

## ICH SCHLAF SCHON.

Schwül, gekochter Waggon, ein Mann reißt alle Fenster
auf. Wieder bedeckt. Wenn wieder Regen, wieder Hoch-
wassergefahr. Große Aufregung, viel Putzen. Erledigungen, Johanna und Nike treffen. Ich schlaf schon.

## BITTE BITTE!

Diesen Tag nicht so müde, erschöpft, dauernd irgendwas nachhechelnd – es war doch grad erst ein Urlaub!
Oz hat schon Recht, dass ich mich wohl schuldig fühl
dem Kind gegenüber und jetzt alles nachholen will. Aber
ich will ja auch so gern mit ihnen sein, das Herz reißt
es mir raus jedes Mal, wenn sie weggehen! Eigentlich
sollte ich in der Nähe oder in demselben Haushalt leben, um Großfamilie zu bilden. Wenn sie schon keinen
Mann hat, dann eine Oma, die mithilft! Kocht, bügelt,
Kinder schaut – das wäre mein Job! Und nicht für fremde
Menschen zu arbeiten, nur für Geld! Seufz. Dort bin ich
wieder. Eine Urlaubspause, und schon schreit sie wieder
vor Pein. Wegen nichts! Wegen des menschlichen Be-
wusstseins, dass es nicht der ideale Platz ist und sie wo-

---

116  »…die Romana (Name)… laufen…«

anders hin gehörte. Wirklich? Ganz sicher bin ich nicht. Starke Schulterschmerzen. Aus tiefstem Schlaf durch den Wecker gerissen, ich muss wirklich sehr müde gewesen sein. Haare gewaschen. Zwang zur Selbstpflege. Weil heut wieder mal Konferenz mit den Herren Oberwichtig. Die uns ihr Ding reindrücken wollen. Hilft nichts. Unerbittlich. Weil Geld dahinter steckt und Preis, Ruhm & Ehre. Beim Zuschauen all der Selbstprofilierungen werd ich so müde! Ich pass nicht in die Zeit – oder doch. Vielleicht pass ich besser, als ich glaube. Die Zeit selbst sagt zu mir: Du! A! Du bist auserkoren, es zu sagen! Alles! Entgegen dem Trend! Entgegen allen Jungschnöseln, die das Rad neu erfinden, entgegen allen, die behaupten, es sei keine Kunst, Job und Kindererziehung und Haushalt unter einen Hut, ein Dach, einen Tag zu bringen, entgegen all den rücksichtslosen Designern moderner Gedanken! Du! Redest vom Leben, jetzt. Dazu gehört dein Job, das Büro, die Kinder und das einzige Enkelkind, das die Kinder noch zusammenbringen. Vor lauter Job, Karriere und Geld. Wir vergessen aufs Leben, aufs Atmen. Über all dem Zeug, das sie uns verkaufen, dem billigen Ramsch. Spielzeug, Versatzstücke! Ja, ok, Zeit. Machen wir. Passt schon. Oz hat mir gestern rote Crocs verpasst und schwarze Flipflops von Converse, und ich hab wunderhübsche Sommerschlapferl entdeckt, mit Stoff und Kork. Und dann diese karierte Jacke, zu Weiß vielleicht wirklich witzig, und eine Leinenhose mit Gürtel, eher männlich. Und eine Brille, schwarz-weiß, im Stil der 60er-Jahre. Ich bin halt riesig und fett, 70,8 heute früh wieder, das haut einen schon zusammen! Diese Zeit mit ihrem ewig auf die Waageschauen, aber gut Aussehenmüssen, während sie einem ständig die besten Sachen anbieten, in Magazinen, im Fernsehen, in der Werbung, im Internet, immer noch luxuriöser, noch dekadenter. Waldidylle offen, Fenster alle gespreizt, der Mistkübel ist fort. Die Strenge liest ihren Standard, stand gestern am Bücherregal, als Oz und ich einen Ungarnführer suchten, erschöpfte kleine ausgepresste Buchhändlerin, die nur mehr aus Willen besteht. Wird im Oktober ihre Hauseinweihung machen, erzählt sie, dann nach Zypern fahren und anschließend soll ein neues Leben beginnen mit neuer Arbeitszeit und überhaupt alles anders – das schau ich mir an! Entweder alles wie gehabt oder sie tritt total ab. Gestern noch Susi gesehen, die in meiner Klasse war, auch ihr sind Haare heller, aber sie macht auf ganz auf intellektuell, Brillen, sehr fesch und sehr arrogant, schaut gleich weg und grüßt mich nie. Vor mir stand plötzlich Johann H, wir sahen einander erschrocken in die Augen und klappten sie im Wiedererkennen höflich sofort wieder zu: Alles normal, Entwarnung, er steigt aus, dabei ist die vibrierende Spannung greifbar. Würd zu gern wissen, ob das ähnlich ist bei ihm, bin aber eigentlich sicher. Warum ist man sich nie sicher? Oft genug passiert, dass man beim Bekanntwerden und Nachfragen feststellt, dass man genau das gleiche gedacht hat! Wieder Bewölkung, dieses Jahr erholt sich nicht. Oder geht es der Natur nur darum, alte Wasserreservoirs wieder mal vollzufüllen, alles durchzuspülen, auszuspülen. Erde putzen. Diese Unmengen Blitze, Entladungen – aber das brauchen wir wohl. Wir Workaholics, Dropouts und Burnouts.

# ETWAS HELLES, MILDES

## NUN BEGINNT SICH DAS RAD ALSO WIEDER ZU DREHEN.

Tag für Tag für Tag. Und ich bin zwar ausgeschlafen und ausgeruht, aber es ist ziemlich verrückt, dass es nun wieder ein Jahr dauern soll bis zu einer längeren Pause. Aber wer weiß. Winter auch noch. Wird schon gehen. Ich schicke meine Manuskripte weg, das ist Hauptsache. Plötzlich große Hoffnung auf Bertelsmann, ausgerechnet, hab gleich beide Manuskripte hingeschickt. Vielleicht ist ja das eine oder andere was, und dann hätte ich die verrückte Idee, dass gleich beide – weil sie sehen, wie viel Kapazität... verrückt, oder? Die Doppel-Enttäuschung will ich nicht vorweg sehen. Der stille innere Monolog beginnt jedenfalls wieder. Schöner Frühherbsttag, Sonne. Kühl in der Früh, noch dunkel um halb sechs, dann friedlicher Morgen. Goldene Sonne, orange Sonne, goldgelb, wie schön. Nicht stressen lassen, das ist das Wichtigste – ganz ruhig. Wow, jetzt haben sie in den vierzehn Tagen ein Haus hingesetzt! Zwischen Waldidylle und das grüne mit dem Balkon ein gelbes modernes, nicht allzu grauslich, im Verhältnis zu den Scheunen, die sie jetzt so gern bauen, Holz und Glas und Stahl. Bissel Toskana-Stil. Mir kommts schon wieder ganz normal vor, dass ich pendle. Ich hab das Klavier geputzt, die Noten kommen auch noch dran. Und dann die Stimmung. Und dann kann ich wieder spielen. Es war jedenfalls ein sehr schöner Urlaub. Aktiv und erholsam. Nicht zu viel Fresserei, ich fühl mich lockerer, besser. Die Qualität von allem hat sich verändert. Zum Beispiel spür ich diese große schwere Zugmaschine, in der ich sitze, mit so vielen Menschen, als Kraft pur. Schwere Energie. Und dabei ist unser Kleiner nur einer von Tausenden Zügen…

IM ZUG, MITTWOCH, 2.9.2009

## VERSCHLAFEN

schau ich aus. Rechtzeitig aufgestanden, aber zu müde zu allem, wälze mich ab vier Uhr. Johanna und ihr neuer junger Freund, meine Büroarbeit, meine Ablehnungen durch die Verlage, Oz' Angst. Sorgen halt, die ganz normalen Sorgen, wie alle sie haben. Das Gefühl, als atme ich das aus allen Poren. Sehr warm heute. Sehstörungen – oder ist das wirklich eine schwarze Katze, die vor mir verschwindet, eine Elster –, ich krieg grad noch die Ahnung mit. Wird wieder ein schöner heißer Tag. Die ersten Äpfel sind schon eingelagert bei Agrana, so heißt die Firma also jetzt, werden gewaschen, sehe ich, bevor sie aufs Fließband kommen und nach drinnen befördert werden und alles aus ihnen entnommen und in verschiedene Extrakte verwandelt wird für all unsre Säfte und Joghurts und Snacks und Drinks, in denen Apfelgeschmack gefragt ist. Das beruhigende Knacksen frischer seidiger Äpfel. Brauch dauernd beruhigende Sachen jetzt, weil wirklich k.o. Und das nach dem Urlaub… Zweiter Tag, goldene Felder, so schön alles. Gold und weiße Pracht, Dunst über Wäldern, die Sonne ein blitzender Diamant, der Typ neben mir hat die Füße auf der Bank, weiße Socken! Raaba, ich schaue das Pferd an, es soll mich beruhigen, das wirft den Kopf nach hinten und rennt weg - böser Geist ich! Ich muss heute sehr auf mich aufpassen... für jede erledigte Arbeit mich loben. Eingeschlafen. Geträumt. Gezuckt. Fürchterlich.

IM ZUG, DONNERSTAG, 3.9.2009
**WAS TUN.**

Mit der entsetzlichen Müdigkeit jeden Tag neu, jeden Tag neu die Selbstvorwürfe: Trinken, Gewicht. Es ist sooo langweilig! Die schwarz und weißen Verkäuferinnen (von denen ich inzwischen weiß, dass sie keine sind) vor mir im Vierer unterhalten sich über nichts. Wetter, Schlafen. Die Raab ist grün mit milchigem Beigeschmack, die Sonne ein oranger Ball, alles versucht, Schlaf nachzuholen, wir leben nicht richtig. Wir haben uns von den Sachen kaufen lassen, wir haben uns zum Kauf verführen lassen, jetzt haben uns die Sachen. Andrerseits kann der Wohlstand und unser (relativer) Reichtum wohltuend sein – wenn man nicht grad an die denkt, die nicht mitspielen können. Alleinerziehende Frauen, immer mehr. Die Kinder von denen. Entweder Umdenken in großem Maßstab oder Räubermanieren und Skrupellosigkeit, um für sich selbst Wohlstand zu haben. Ich, ich. Was ist mit dir, A? Die ewige Frage nach dem Schreiben, nach dem Sinn. Des Lebens, des Ganzen, des Alltags. Nebel heute früh. Gestern schöner Abend mit Margot. Einfach nur so. Nähe. »Lebensbewältigungsverlage« würd ich brauchen. Angewandte (Selbst-)Lebenshilfe. Umgewandelt in selbst gestrickte, selbst definierte Kunst. Nein, nicht gestrickt, nichts »Alternatives«! Aber auch nicht diese Kunststückchen der Konzernwirtschaft mit ausschließlichen Zahlen und Quoten und Rankings, Männermafia, bei der Frauen eifrig mitmachen, Mimikry-Männchen. Gehe heute kurz zur Vernissage von ENKS[117]. Vielleicht Johanna/Nike treffen. Waldidylle: oberes Auge ist offen und blinzelt mich an, Tor offen. A, denk neu! Meine Musik-Geschichte für Elke, gackere schon wieder über ein ungelegtes Ei… (Oz, Margot…). Manchmal denke ich, so bewusstlos hin und hergeführt werden ist doch das Beste. Graz-Gleisdorf, ewig. Und dann: Dieser alte Mann auf dem Foto, so zerbrechlich, Tod spürbar in der Nähe, doch kenn ich V und weiß, das geht noch viele Etappen, viele Phasen weiter. – Mein schüchterner Schaffner ist heute dran, der Fuchs. Vielleicht hätte Johanna doch Emil nehmen sollen, vielleicht wär alles normal, vielleicht ist nur Johanna nicht normal. Mit ihren Kindmännern und Hunden. Seltsame Vorstellungen. Wie Britta, irgendwie. Naja. Ihr Leben, ihre Entscheidung. So große Hoffnung immer, für einen selbst, das hat Mama auch nicht ausgehalten. Dabei hätte sie »nur« aushalten müssen. Nicht biegen. Nur da sein. Wir lieben dann schon, alles ok – aber ich lieb ihn nicht, das ist das einzige Argument, das Johanna mir liefern kann. Und ich noch immer drauf: Ach Gott! Warum diese »Liebe« überhaupt immer?! Romantische Vorstellungen, wenn es doch ums existenzielle Überleben geht, Kinder und Zukunft. Das können Frauen einfach nicht allein, wenn sie nicht vor die Hunde gehen wollen samt ihren Kindern!

---

117  Schwarzafrikanischer Künstler, »Grazer Stadtmaler.«

## NA, SEHR GUT!

Wie der Tag anfängt. Mit verstärktem Schüleranteil, nicht kühl, sondern kalt – »frisch!« sagen die zwei Scherzenden gegenüber im Vierer, und mir ist nichts anderes übrig geblieben, weil der Zug so weit hinten steht, als mich neben einen Unfreundlichen – nicht DEN, knapp war das! – setzen zu müssen. Und der riecht nach Schweiß und ungewaschen! Wie konnte ich?! Jetzt sieht man, wie viel Zeit ich schon mit Zeug verbringe, Ramsch und Nichtigkeiten. Alltags-Schmutz putzen. Das hat ja nichts mit Beschreibung des Alltags mehr zu tun. Was ich nur gern transportieren würde, immer und insgesamt: Wie es sich anfühlt, in unserer Zeit zu leben, alltäglich. »Chronik der Sperlingsgasse«[118], so ähnlich. Und wenn ich an meine Arbeit denke, graust mir. So undankbar ist der Mensch! Statt dass ich froh bin – und was war das doch für eine Aufregung –, den Job gekriegt zu haben, überhaupt! Als Frau über fünfzig! Und es ist ein guter Job, ein interessanter Job, mit einem schönen Büro, sogar einem Fenster mit Aussicht, mit netten Kolleginnen, einem toleranten und angenehmen Chef. Was will ich?! Und selbstverständlich hat jeder manchmal halt keine Lust, gar Frust, und Langeweile bis Stress, ist alles drin! Also hör auf zu sempern[119], A, an diesem astreinen, klar sonnigen Traum-Steiermark-Herbsttag! In der Steiermark ist der Herbst wirklich die schönste Jahreszeit! Beruhigend ist so ein Pendlerzug. Heute

---

118  Wilhelm Raabe: Die Chronik der Sperlingsgasse. 1856.

119  Österr. für Jammern.

früh nachhause, 14 Uhr Termin beim Notar, morgen 17 Uhr Therapie. Muss mich um Fahrkarte bemühen. Arzttermine. Dann alles eingefädelt und beruhigt, Werkel rennt wieder. Mammographie, das überstehen, hoffentlich ohne Auffälligkeiten. Strahlend kommt die Sonne jetzt heraus! Golden alles. Buschenschank-Tage. Oz und ich gemütlich. Ist das die Ruhe vor dem Sturm, muss ich unwillkürlich denken. Oz arbeitslos wäre die blanke Verheerung. Aber jetzt soll er mal die Altersheim-Geschichte mit seiner Mutter über die Runden bringen. Die Verzögerungen, die sie macht, bringen uns allerdings finanzielle Erleichterung. Denn zahlen müssen wir erst, wenn sie einzieht. Viel zahlen. Drei Millionen Forinth zum Einstieg, dann monatlich auch einen Batzen, dazu die Kosten der Erhaltung der Wohnung in Budapest und am Plattensee. Wir müssten verkaufen. Aber bei der Wirtschaftslage in Ungarn?! Unangenehmes Knappheitsgefühl. Obama stürzt in der Meinung ab, die Leute sind ja wirklich das Beste: Überhöhte Erwartungen/Hoffnungen zuerst, natürlich gibts dann einen Absturz, der wird sicher forciert von Kontras. Ich werde heut unbeirrbar meine Listen machen, meine Termine, dann sind wir einen Schritt weiter. Meine linke Schulter beginnt wieder wehzutun. Mein Fuß wird besser mit Beinwell-Salbe.

IM ZUG, MONTAG, 14.9.2009

## DIE AUFREGUNG

der Schüler, Aufregung der Pendler. Die dunkle Verkäuferin explodiert: Die Post hat ohne Vorankündigung die

Buslinie verkauft, bei den anderen aber gibts keine Wochenkarte, nix, sie hat extra zahlen müssen, Markt Hartmannsdorf hin/retour € 11,–, zusätzlich zur Bahn! Und zehn Minuten Verspätung, dass sie fast den Zug nicht erwischt! Wirklich wahnsinnig, was die machen, Unfähigkeit zur Potenz! Gackernde aufgeregte Mädchenhühner und praktisch jeder Platz besetzt, kein Waggon mehr, Schweine! Dummböcke! Dumpfbacken! Sauerei. Unfähigkeit, wohin du schaust. So, hast du genug geschimpft? Weiß nicht. Herbst-Depression nennt es Oz, zu Recht, was mich da überfallen hat seit gestern. Schon in der Früh unlustig, bis drei Uhr nachmittags steigert sich das zu Unbehagen pur. Nächster Tag, nächste Woche arbeiten, heißt das Pochen im Kopf, verkaufte Zeit, dich selbst und das Leben gefesselt. Raab wieder hoch und gelbbraun, bedrohlich. Aber schalt dein Hirn ein, A, und denk einmal, relativier und benütz deinen Verstand! Du bist nicht zu Untertagesfron verurteilt, kein Sklave, du bist ein freier Mensch in einer Demokratie mit einem super Arbeitsplatz, geregelten Arbeitszeiten und Urlaubsgarantie. Gut, manchmal gibt es Probleme mit den Pendlerverbindungen, Zugfahren ist teuer. Aber auch nicht so teuer wie Autofahren. Alles in Ordnung, alles geregelt und zivilisiert, du bekommst regelmäßig dein Geld samt Zuschlägen auf dein Konto überwiesen, du bist kranken- und pensionsversichert, und obwohl du über fünfzig bist und eine Frau, hast du einen verhältnismäßig gesicherten und verhältnismäßig auch ganz gut bezahlten Arbeitsplatz. Du kannst also Haus und Hof halten, deiner studierenden Tochter aushelfen, und nicht einmal, wenn dein Mann arbeitslos werden sollte, steht ihr auf der Straße. Die Straßen sind sicher, keine Räuber, Banditen, Piraten. Aufgeregte Zuversicht in den Gesichtern der Kids, lernen werden sie wohl nicht viel, außer Auskommen mit dem anderen Geschlecht, was vielleicht schon viel ist. Ich schreibe mit Mamas schönem Kuli, ich bin gepflegt gekleidet, Haare und Fingernägel sind sauber. Die alltägliche Arbeitsordnung tritt wieder in Kraft, heute erste Dienstbesprechung, allmählich sind wieder alle zurück aus dem Urlaub. Die Nussbäume werden durchsichtig, ich hab paar braune Haufen zusammen gerecht im Garten, war aber zu faul, das Laub in Säcke zu tun, jetzt ist das Ganze natürlich nass und schwarz, denn nachts hat es wild geregnet. Ja, ich habe meine Musik-Geschichte kurz angesehen, aber konnte nicht weiter. Waldidylle ein weit offener Mund. Margot ist rigider als ich und beseitigt, was ihr nicht gefällt an Fotos. Ich denke, dazu hab ich nicht das Recht. Mama und V haben diese Fotos gemacht und oft genug was hinten drauf geschrieben. Ach, Mama würde heute mit einer Digitalkamera herumturnen und hätte sicher auch einen Laptop und würd im Internet herumarbeiten wie eine Wilde! Fünfundsiebzig wäre sie heute, auch kein Alter. Mein Rehbock bleibt bei Regen wohl lieber im Wald, – nein! Steht mitten in der Wiese und schnuppert an sich selbst, neben gelb werdendem Maisfeld und nassem graugrünen Gras. Grauer Himmel. »… Scheiße, das liest ja keiner…!« – Ja, schon wahr. »Der hat soviel gespieben…« – Ja, alles Scheiße und Kotze, Kinder. Gerade deshalb. Ich hab der Welt aber was zu geben. Sie erinnern mich wieder an Schönheit, Freiheit, Freude, Liebe. Gerade deshalb. Erst recht. Hoffnung Glück Seligkeit. Ja, du? Ja, ich. Heutige Aufgabe: Finde das Schöne in allem.

**TAG X.**

Ich saß im Auto, es regnete, ich hatte das Geld für Johanna von der Bank geholt, morgen hat sie ihre Scheidung. Neben mir sitzt eine alte Frau mit Lockerl und schmatzt an ihrem Zuckerl, Tasche an sich gedrückt, Ausnahmsweise-Fahrerin. Ich spielte Cure, »I will always love you«, und hörte, ich hätte noch etwas Zeit. Ich dachte an Mama, wie immer bei dieser Nummer. Ich dachte an Eva Rossmann und Thomas Raab, an Robert Menasse und Antonio Fian. An Reich-Ranitzki, von dem man nichts mehr hört, wahrscheinlich weil er Parkinson hat oder noch schlimmer, Alzheimer. Ich dachte an alles das. Und dass sie mich lang überrundet haben, aber was sagt das schon?! »I will always love you« hat eine so eigensinnige Qualität, die besteht (mein Gott, ist alles grau! Wildeste Nebel im Raabtal!) für die Ewigkeit. Indem es diesen ewigen Moment beschreibt. »Whatever words I say, whatever long I stay« usw. – *I will always*, das ist es! *Forever!* Und das war jede meiner Ehen, das waren Mama+Vati, das ist Oz, das sind Johanna und Nike. *Always.* Und das ist, was mir Oz auch sagte: Ich hab edle Texte vorzuweisen, das ist kein Schmutz, kein zeitgeistiges Ding, kein Verheizbares. Dinge von Bestand. Ich bin gut, bzw. Gott ist mit mir, durch mich sagen sich Sachen. Ich darf beweisen, dass es über Fünfzig noch geht, dass Alter kein Hinderungsgrund ist für Liebe oder Schöpfung. Emsig wie eine Ameise montier ich also weiter an meinem V-Text, der gesagt werden muss für die Ewigkeit. Glanz und Elend des Alters. Eine Ode von. Was ist eine Ode. Schau nach. Jeden einzelnen Tag, *every single day.* Du kannst schreiben, du hast ein

Talent, also nütze es. Tu endlich das Jammern weg, meine Gute, und schreib. Mach deine Büroarbeit, aber schreib. Schreib auch. Immer. *Forever*. Schreib jetzt wirklich. Bis jetzt hast du geschrieben, auch wirklich, aus dir und deinem Alter, dir und deinen Problemen, Sorgen. Du warst Maulwurf, bist gerudert, geschwommen, hast Unmengen Material beseitigt, Aushub, Schlepperin, Nomadin. Alte Schnecke. Du hast Humor, du hast großartiges und einzigartiges Material, das verarbeite nun zum Teppich. Du wirst sie alle hinter dir lassen, Rossmann, Raab, Menasse und Fian, und Reich-Ranicki wird nicht die Chance haben, noch einen Mucks gesagt zu haben von dir, über dich. Und Mutti neben mir schmatzt, ihr Gebiss raschelt, sie hat kleine Füße, 35-36, und geflochtene Sandalen, für diesen Regentag, eine blaue Jeansjacke und eine rot-braune Wildlederhandtasche. Ihre Dauerwelllockerl sind dunkelbraun gefärbt, das Gesicht voller Falten, ein schmaler goldener Ehering links getragen, die Schuhe weiß-gold übrigens, unglaublich! Und ihr Schmatzen, ihr Zuckerl nimmt kein Ende! Waldidylle in grün grauem Regen. Ich bin nicht Proust oder Beckett oder Joyce. Aber Wolfmayr bin ich, und das ist eine Frau, die nicht mehr wie Ingeborg oder Virginia oder Sylvia zu leiden hat, denn sie ist jetzt durch alle Feuer und Wasser. Die neue Zeit beginnt. Strahlend wie Diamant, genauso hart und bleibend, in allen Regenbogenfarben, glücklich und unbeirrt, geht sie ihren Weg weiter bis zum Ende. Lächelnd. Und die Rehe stehen auf der Wiese, der Bock am Waldrand und das Reh unten am Maisfeld. Das ist Glück. An einem frühen Morgen in einem Pendlerzug. Egal, was es auch ist: Ich hab das Schreiben. Wenn sie stinken und schmatzen, laut Blödsinn reden, wenn es zu heiß ist oder zu kalt, windig, unausgeschlafen, ursteirisch – ich schreibe. Das göttliche Musik-Manuskript muss nun fertig werden. Die Therapeutin hat nicht Recht – aber sie ist ja auch nur meine Therapeutin, die Geschichte schreib ich: Der öffentliche Auftritt, das ist das Thema, das in Variationen abgehandelt wird. Ich werde nicht nur wieder spielen, ich werde wieder auftreten. Mathematisch/musikalisch könnte ich die Goldberg-Variationen drüber schreiben. Etüde. Sonatine. Ich könnte es in Schichten abtragen, nach und nach, ich könnte es neu aufbauen: Das Kind spielt Roehr-Hillemann. Die Jugendliche Hanon, Czerny und Cramer. Die Erwachsene Bach, Beethoven, Mozart und Chopin. Höhere Tochter, die Geschichte eines Aufstiegs: Üben üben üben. Das Problem des Talents, das des Auswendigspielens und Auftretens. Meine Haut wird immer dünner. Die Sammlungen meiner Texte beinhalten M/V, Freunde, Verwandte, Erinnerungen – mein Teppich ist ein Patchwork von Dingen und Menschen. Ich bin ein anderer Arno Schmidt. Ziemlich schrullige Frau. Mayröcker mit den Bändern und Stoffen ihrer Mutter hat ähnliche Motive im *background*. War nicht Walter Kempowski auch so ein Sammler? Lebt der noch? Mein Kopf ist zu groß, ich bin Charlotte Brown. Die alte Dame verabschiedet sich Ostbahnhof, sie ist zur alten Dame geworden ob ihrer Worte »Muas Sie stören«[120], »danke Wiedaschaun danke.«[121] – Es geht, es kommt, ich bin da. Ich kann es. Ich bin es. *Whole again*. Ich weiß, dass es wieder zerbrechen, zerbröckeln wird. Denn der Prozess hört nie auf, das ist einfach nur Leben. Und meine Haut

---

120   »Ich  muss Sie stören.«

121   »Danke, auf Wiedersehen, danke.«

wird empfindlicher jeden Tag. Macht nichts, bzw. kann man nichts machen. Der Missmutige ist definitiv zu einem starken jungen Mann gereift, nicht grad lustig mit seinem Leben bzw. Schülerdasein. Sie strengen sich wenig an, denk ich, sie halten zu wenig aus, kommt einem vor, aber das ist nur unser Alter, wir denken immer mit Plato über die Jugend. Oder Sokrates. So, jetzt aber. Ab jetzt in den Tag. Leben.

IM ZUG, DONNERSTAG, 17.9.2009

## ETWAS HELLES, MILDES

hat der Tag. Milchiger September. Ich lande jetzt immer im ersten Waggon, weil die plötzlich so Scheiße stehenbleiben, keine Ahnung, welche Hintergründe es dafür gibt. Eine Zeitlang genau vor der Nase, dann exakt zehn Meter weiter. Brad Pitt schläft, sitzt jetzt täglich gegenüber. Ich versuche mich heut wieder mal in Schwarz-Anthrazit, ist der beste Schutz. Metall am Gürtel, Arm, Tasche. Stille, mein Herz. Gestern einen Artikel überarbeitet, ist echt gut geworden, denke ich. Viel aufgearbeitet, aber nur Zeug, kein wirkliches Weiterkommen. Bin ziemlich unsicher. Ok. Weg mit Metall von Hand, Jackett aus. »Vespa« steht auf einer Tasche, auf einer anderen sind Ahornblätter in Rot, Zug wieder gerammelt voll, müssen warten auf Anschluss, haben die übliche Verspätung. Also auch hier, innen und außen: Chaos, Unsicherheit, Planlosigkeit und ziemliche Aufregung, weil alles miteinander nicht mehr stimmt. Wir fahren. Ich in mein Zeug hineingepresst wie Wurst, BH schmerzt auf der Haut, alles schmerzt. Prinz Schaffner tut, als wär nichts.

Muss neue Jahreskarte kaufen. Mädchen neben mir in scharfem Türkis seufzt. Grellrote Tasche. Es ist ein halb aggressiver Tag. Weil eben so eingekerkert eingeschweißt eingepresst. Johanna ist seit gestern geschieden, ihr neuer junger Freund hat den Nachzipf[122] geschafft, hört aber Schule auf und beginnt Buchbinderlehre. Vielleicht ist es gut so. Aber vielleicht braucht die Gesellschaft das als Erholung. Normale Berufe. Bronchitischer Husten, die Leute beginnen sich wie jedes Jahr wieder zu verkühlen. Unangepasst, unflexibel. Nicht kämpferisch. Armer Oz. Warum arm? Weil so viel Plage mit seiner Firma – chaotisch und immer für Überraschungen gut, abgesehen von den Tausenden Kilometern. Aber übernächstes Wochenende fahren wir nach Hohenems. Gemeinsame Fahrt. Ich werde Misosuppe in Thermosflasche mitnehmen, Proviant. Genießen. Plaudern. Musik. Gemeinsame Fahrt. Altes Ehepaar. Dicke, stämmige Stimme eines jungen Mannes hinter mir. Aber nichts als Aufzählungen von Namen, Klassen, ein zu großer Schüler also. »…Leut dabei, die net Deutsch können – wie sollst da weiterkommen in Deutsch…?!« – »… ich hasse…« – ein Mädchen. Leichtes Apfelparfum in der Luft.

IM ZUG, MONTAG, 21.9.2009
## EINGEHEIZT, AUFGEHEIZT.

Dabei hoff ich auf einen ganz normalen langweiligen Montag. Der böse Wicht mit den zugestoppelten Ohren und den langen roten Haaren, die er zum Schwanz gebun-

---

122   Nachprüfung.

den hat, Typ Charles Manson, ist übrigens übern Sommer größer geworden und fett, richtig dickes Gesicht, macht ihn nicht schöner, aber harmloser. Zug wieder überfüllt. Der Militärmann lässt ein Mädel sein Plastiksackel runterstellen vom Sitz. Ich tu halt so dahin, gestern mit Margot, die zweite Flasche, von mir selbst sogar eingefordert, war eindeutig zu viel. Der Zug ruckt, seltsames Ruckeln, das hatten wir noch nie, wieder ein neuer Fahrer, scheints. Viel Tau und Kühle, ungewaschene Haare, Mitternachtsjause, vor »Friends« anscheinend in Tiefschlaf abgedriftet, kühler Tau und Nebel rundum, und Schichten auf allem. Angst um Oz' Zukunft. Gestern Gartenarbeit, war lustig. Nike heimbringen ist eins vom Schwersten. Bin so beruhigt durch sie, weil es soviel Sinn macht und alle anderen Tätigkeiten dem untergeordnet sind, eingeordnet. Komm ich nicht zum Denken, Grübeln. Die Gans quakelt schon wieder vor sich hin, warum heizen die Wahnsinnigen?! Viel Arbeit heute, die mich jetzt schon nervt. Vertretung zusätzlich. Eine Kollegin will anscheinend in Frühpension, ist fast nie mehr da, ständig krank. Ich sitz jetzt fast täglich neben dem Türkismädchen mit der roten Tasche. Hab nur einen Schal um, den türkischen. Meine Haare werden weiß, heller. Großen Bammel vor der Lesung am Freitag, keine Ahnung, was lesen, heute Artikel weg, *deadline* fast übersehen, ich komm nicht zurecht mit Alltäglichkeiten. Nebel, roter Sonnenball, der kleine Schaffner. Danke vielmals, sagt er zum Military Man, von Uniform zu Uniform. Die Nussbäume werden Schiele-mäßig. Kein Reh. Ich bin enttäuscht. Lauter Absagen. Muss man sich wirklich bescheiden? Ist es nicht so viel? Reicht es nicht? War das schon alles? Geht noch was oder kann ich eh stolz sein, dass ich hatte, was ich brauchte?

## MEINE HAARE!

Ein grauenvoller Anblick, aber ich reiz es aus jetzt. Outfit angeglichen, braun und gold und oliv, Schlamm der Raab, Farbe der Teiche. Eine alte Dame mit Strohhut findet sich schwer zurecht, langes Pferdegesicht, gepflegt, Laßnitzhöhe denkt man unwillkürlich, Aufbrüllen der Kids, die Jungen dominieren den Zug, diese Clique. Der Weizer ist noch nicht da, auf meinem Zweier werd ich wohl allein bleiben, zu mir manischer Schreiberin setzt sich niemand. Lauter V's in Grün auf der Raab, die ziehenden Enten nach oben, gegen den Fluss, Vatis Gruß. Meine Jahreskarte gelöst gestern, einfache Verlängerung nebenbei, gestern ging alles von selber wie am Schnürchen. Änderungen. Ich spiel nicht mehr Cure in der Früh – auch oder in erster Linie, weil der CD-Spieler wieder mal den Geist aufgibt, diese billigen Dinger sind so schnell hin – hab aber noch keine Alternative. Beethoven Sonaten wären passend. Mahler zu depressiv, Bruckner zu pathetisch. Keine Opern, weil Messerschnitte – muss ich an Mama denken. Pop zu schwach, Jazz nervt. Großes Reh mit dicken Lippen mitten auf der Wiese, staunt. Und mein Rehbock hat sich auch weit herausgewagt. Ich kenne inzwischen die Plätze, wo sie stehen. Immer gleicher Platz, gleiche Zeit. Gewohnheiten sind was Tolles. Manchmal muss man sie freilich ändern, manche abstellen – dafür kommen neue. Ich beginne mich von der Cure-Zeit zu verabschieden. Diese armen zwei schwarz-weißen Kühe, denen ihr Platz nicht gefällt. Halten sich an den oberen Rand ihrer viel zu schrägen schattigen Wiese, hier ist alles kniehoch eingetreten, tiefe Lehmspuren, offene Erde am Zaun. Zum Fressen müssen sie dennoch hinunter in die Wiese. Ich glaub nicht, dass die viel Milch geben. In Raaba steigen jetzt immer unglaublich viel Leute ein. »Zeit vergeht schnell, ja!«, der Hässliche ist nie mehr da, zu lang für Urlaub, er hat sicher Job verloren, Marathon-man immer verschlossener und einsamer, starr vor sich hin. Was denkt der Mann?! Die bundesdeutsche Schaff-nerin mit den breiten Hüften und den Brillen, blonden Schnittlauchhaaren, redet sehr schön. Muss Geld abhe-ben, heute Therapiestunde.


IM ZUG, DIENSTAG, 29.9.2009
**WEITER.**

Immer weiter im Hamsterradl, auf der gleichen Stel-le, immer weiter, weiter, weiter, ach. Geht das, geht das nicht? Umsonst, vergeblich, kommt mir vor. Die SPÖ in Niederösterreich haushoch verloren, wenigstens hat der öde Erich Haider endlich mal seine Watschen ab-gefangen, der arrogante Zipf, jetzt freilich weinerlich und fassungslos. Hätte dir jeder sagen können, dass ihr nicht gewinnt! Meine Haut leidet. Löcher Schrunden Warzen Dippel. Ach, Oz, ob das gescheit war, die vielen Kilometer bis Vorarlberg zu fahren, steht dahin. Sicher, wir beide mal näher zusammen, Vertrautheit, Sicherheit. Gestern Abend sagte er betont und zweimal ganz locker: Frauen sind stärker als Männer. Ihr seid einfach stärker! Hm. Gefährlicher Satz. Ja sicher, wir wissen es, und er sieht es anscheinend auch, denn zum Beispiel kann ich nach so viel Fahrt noch immer die Küche aufräumen und Wäsche waschen. Oh! Ein Stier versucht aufzuspringen.

So ein Gewicht! In Dunkelblau-weiß heute. Muss einige Dinge erledigen, es beginnt sich schon wieder zu schoppen. Diese Staus hindern. Waldidylle ist offen, also eigentlich stimmt alles. Aber. Ich in mir unrund. Warum? Weil ich kein Buch unterbring und Angst hab, bis an mein Lebensende klein zu bleiben. Zug tutet noch mal, zwei schöne Rehe laufen kurz, schauen, mein Bock am Waldrand. Alles ok. Ich an mich glauben. Wer sein. Kopfweh. Etwas ist passiert auf dieser Reise. Viel. Vergangenes aus dem Sumpf aufgerührt. *My heart beats like a jungle drum datadum*, Lisa Tomaselli oder so heißt die Frau. Blöder Song. Raaba. Der Hässliche kommt nicht mehr. Es sind natürlich andere Hässliche da, und Pauli, aber das hilft nicht. Lachen, lachen! Hast du das nicht gelernt von Nike?! »Oma, lachen!« – Ja, über das alles. Lachen. Es macht gesund. Sprühende Energie, dieses Kind! Der Volvo ist noch da, jedes Jahr matter und kläglicher, rundum sind schon alle Autos weg, aber der ist ein wirkliches Unikat anscheinend. Sie haben Gebüsch und Brombeeren weggetan, aber innen ist er voll Grünzeug. Hoffnung! Freude! Lust auf einen Tag! Oz, bitte nicht mehr jammern und nicht mehr klammern. Das ist so anstrengend, ermüdend und abbauend.

# AUFGRUND ABWARTENS

## ARM ALT BLÖD ANGEFRESSEN.

Ganz schön traurige Angelegenheit, alles kalkweiß grau und – angefressen. Angeknabbert. Unausgeschlafen wieder mal, sorgenvolles Wälzen. Oz' Sorgen um Arbeitsplatz – das ist nicht wurscht. Ganz und gar nicht, und wenn man sich zehnmal was anderes wünscht und die Firma in die Hölle – achte darauf, was du dir wünschst, es könnte in Erfüllung gehen. Bohèmeleben zum Beispiel – aber dann wären wir wohl nicht so reich. Oder wohlhabend, sagen wir. Nicht mal das. Bürgerlich gut situiert. Moderner Lebensstandard halt. Was geht vor in ihm. Die böse Krähe, der dick gewordene Dünne mit der Stirnfalte, hat die grausigen roten Locken – bis zum Gürtel im Pferdeschwanz – schwarz färben lassen. Mein Gott! Das Türkismädchen mit der roten Tasche hat jetzt immer einen Trenchcoat an, rote Tasche noch, Zöpfe, und schläft, Hände im Schoß gefaltet. Der Prinz macht seine Ansage, die »Schatzi-Vastehst«-Frau seh ich auch jeden Tag, sie schaut immer frustriert, tief gekränkt, ihr Mann hat sie sicher verlassen, und jetzt schaut sie und kämpft und liest in der Zeitung. Mein Gott, manche Tage sind ganz & gar nicht lustig. Heute mit den Arbeiten im Archiv versunken. Ratlos. Nein, ich will nicht schon wieder zu einer blöden Vernissage, dieselben Leute sehen, dasselbe reden, stattdessen kann ich im Garten meine Zwiebeln setzen und alles winterfest machen. Aber der Vorteil des so genannten Scheiß-Jobs ist eben, dass das Geld automatisch nachwächst und dass Versicherung und Pension kein Thema sind. Das ist auch was wert, und nicht das Geringste! Keine Rehe heute und wohl auch keine Ruhe. Nach allen Seiten quillt mein Speck, mit Oz ein Ungarn-Wochenende geplant, aber keine Lust, auch keine Lust auf Margots Fest am Sonntag, was solls, präpotent, und unbehaglich fühlen sich alle und starren Johanna an mit ihren Tatoos, stürzen sich auf das Kind. »Schatzi-vastehst«-Mutti lächelt in ihren Kommunikator, ich bin gehässig heute. Johanna und Nike sollten nicht kommen am Sonntag, es wird doch nur peinlich. Nike zu sehen würde aber helfen. Bin so traurig. Wie Oz sagt: kein Erfolg oder schlimmer, paar Misserfolge nacheinander…! – Er hat so große Angst. Kugelaugen. Heute nähen, Maria tut den Efeu weg, dann Frauenarzt, Mammographie, neuer Zahnarzt. Abgesehen von Arbeit und Erledigungen. Es wird Weihnachten, es wird Silvester, ein neues Jahr beginnt, frisch. Es wird März und wir beginnen wieder im Garten. Ich bin auf endlos gestellt – unbefristet. Wo ist das Problem?

IM ZUG RETOUR, DONNERSTAG, 1.10.2009
**KRANKENSCHWESTER.**

Den um 17.43 knapp erwischt. Fesche junge blonde Frau redet sehr gut, zwar Steirisch, aber nicht zu sehr. Sie macht eine Schule, anscheinend Krankenschwester oder sowas. In der Früh im Zug kann sie vorher noch lernen, sagt sie, das macht ihr nichts, »und stell dir vor, eine Neununddreißigjährige macht auch die Schule! Die tut sich was an, zwei Kinder, Respekt!« – Und dass sie die englischen Ausdrücke lernen müssen für Hautverätzungen und Hautabschürfungen zum Beispiel. Wir fahren. Soviel Busen, wie jetzt gezeigt wird, die jungen Mädels mit ihren Push-ups und weit dekolletierten T-Shirts. Stark hustender Bub da hinten. Es beginnt leicht zu regnen. Nike ist ein Segen. Johanna lernt für Referat und Prüfung, der Professor sagt, ach, sie hat keinen Job, wär sie vielleicht interessiert an einem Forschungsprojekt... da könnt er sie wohl reinbringen! Ja bitte! Endlich! So ein schönes Katzengesicht, wie diese junge Frau hat, mein Gott! Klar kopiert er ihr alles was sie will, der neben ihr sitzt. Könnte ihr Vater sein, der Typ, sehr interessiert. Klar. Bei der Frau!

IM ZUG, FREITAG, 2.10.2009
## TYPISCHER SEPTEMBERTAG.

In den Spinnennetzen glänzen Tropfen, es hat in der Nacht geregnet, vor dem Wald Nebel, Nebel, alles grau und noch dunkel, zwidere Kinder in der Früh, aufgeregte Mädchen, geschminkte Asiatin bläst mir Rauch ins Gesicht und zappt auf ihrem Kommunikator herum, alle mit ihren flachen poppigen Geräten. Ich heute in Dunkelblau, das passt zum Tag, neben einem anderen großen dünnen Prinzen: dem mit den fingerlosen Lederhandschuhen, Geraschel im Ohr, schwarz gefärbte Haare, Zapperei an seinem Ding, alle verstoppelt, verkabelt, von Außenwelt so wenig wie möglich, klar, versteh ich. Die Klappergans links neben mir in einer Tour, die Strenge vertieft sich in die Beilage des Standard. Ich sehe das Schwarzweißfoto eines auf seiner Schreibmaschine klappernden Schriftstellers, der Schwarze neben mir holt wenigstens auch seine

Mappe heraus, Lesen, Schreiben, Lesen, Denken auf einer Zugfahrt ist keine Schande. Heute Ungarn bis Sonntag, dann die Feier bei Margot. Verdammt, wo und wieso stehen wir jetzt schon wieder auf der Strecke?! Nachdem ich heute sämtliches Material kopiert und zur Post gegeben haben werde und halbwegs gemütlich mit meiner Sitzung beginne, noch die Vorarbeit für nächste Woche zu erledigen, und dann werd ich wohl mit dem frivolen Damenkränzchen einen Prosecco kippen, um das Wochenende zu feiern. Dann mit Zug so früh wie möglich nachhause und ab nach Ungarn! Der lange Junge stößt mit seinen langen Gliedern dauernd irgendwo an bei mir, was mir natürlich nichts ausmacht, diese Leptosomen, ach Ditmar, was wohl aus dir geworden ist und schreibst du dich nun mit einem kurzen oder langen i? Meine Haare kribbelig vor Feuchtigkeit, weil ich gestern Abend Grasschnitt mulchend über die Wurzeln meiner Sträucher verteilte und glücklich hin- und herdüste in meinem Garten, die leisen Tropfen klopften und das Haus sah so heimelig aus. »Töppertjö«[123] sagte Oz zärtlich zu mir und sitzt bis zehn vor seinem neuen PC mit neuen Sorgen, aber guter Musik und endlich seinem Johnny Cash. Nur muss er seine Favoriten neu ordnen und überhaupt, seufz. Ach Mann, wenn du nur sonst nichts zu seufzen hast und das Glück des Moments so spürst, dass es nicht nur für dich glückt, sondern du es auch uns mitteilen kannst und nicht dauernd jammern musst… Sanft verschwimmende Konturen, Nebeldecken liegen über Laßnitzhöhe, die feuchten Häuser glänzen, der Nussbaum ist kahl und schwarz, hier herinnen goldener Zug

---

123   Bezieht sich auf den Schauspieler Gérard Dépardieu und zugleich auf die ungarischen Grammeln, große Stücke ausgebratenen Specks, der zu Brot und Zwiebel gegessen wird.

und fröhliche Menschen, die zu Schule und Arbeit bequem kutschiert werden und nicht wissen, wie ihnen geschieht. Schau nur, langer Junge, wie schnell ich die Seiten fülle, und wie viel Spaß das auch macht! Dichter Nebel, deshalb kein Reh sichtbar. Auch sitz ich auf der falschen Seite. Was werd ich in Ungarn anschauen können? Achtung, A! Nicht nur Fotos schlichten, auch an den Manuskripten verbessern und arbeiten, damit bei der nächsten Verlags-Sende-Tranche was Besseres passiert. Bitte! Neue Hoffnungen. Irgendwann wird es einschlagen, oder? »Weltwirtschaft wächst nächstes Jahr um 3,1%«, der lange Junge geht aufs Klo und wirft sich wohl was ein, ach Kind! Mir ist schlecht. Johanna mit ihrem Marc. Heute werden sie nach Eggenberg ins Archäologische Museum gehen, am Sonntag zur Messe. Damit mit Nike was unternommen wird, der normale Kindergarten als Aufbewahrungsanstalt reicht nicht für das aufnahmebereite Gehirn dieses kleinen Kobolds. Privat muss was gesucht werden, andere Förderung, mehr individuelle Zuwendung, klar. Und bist du jetzt munterer oder müder, Junge? Er zieht jedenfalls wieder einen schwarzen Block heraus und studiert. Oder tut so: »Er hot damals nicht… des howi leida… leida…«[124], immer wieder »leida…« – Es geht darum, wer in der S6 oder S2 ist, und wer wann Schwimmen hat, »weil zugleich können sie nicht alle schwimmen«. Aufgeregte Unterhaltung. Schon komisch, über praktisch jedes Thema ist Aufregung möglich. »Wenn i do in da Klass bin…«[125], also das grausame Huhn ist Lehrerin, beide dicke Glucken anscheinend, sicher nicht ungefährlich… Wann simma[126] endlich da?! Heut halt ichs

---

124  »…er hat damals nicht… leider, leider…«

125  »…wenn ich so in der Klasse stehe…«

126  sind wir

nicht aus. Musik heute, bitte, und Dämpfung. »Schwierige Suche nach Verschütteten«, die entsetzlichen Flutwellen und Erdbeben in Sumatra, ganze Dörfer weg. Furchtbar arme Menschen. Der kleine Mazedonier in meinem Alter, mit seinem Anzug und dem dunklen Bartschatten immer, dieser streifende Blick und leichtes Grinsen, für uns anzüglich, nicht wirklich freundlich, nein, der lange Junge steigt doch nicht Ostbahnhof aus.


IM ZUG, MONTAG, 5.10.2009
## ZWIDER!

Ganz schön geladen an diesem Wochenanfang. Viel zu viel heute. Abgesehen vom Arbeitstag, garniert mit Dienstbesprechung, noch Johanna/Nike treffen, was zwar lustig, aber auch anstrengend ist. Zu viel essen, zu viel trinken, zu wenig Freizeit, gar keine. Wochenende Ungarn war zu wenig, nichts, gestern das Fest bei Margot, lustig, ja, oberflächlich gesehen, keine Aufregung, aber A trinkt zu viel, isst zu viel, redet zu viel, steigert sich rein, hat am nächsten Tag ein Kilo mehr und einen Kater. Zug wieder mal schön eingeheizt, beginnende Herbstkühle mehr als kompensiert, und einmal hast du zu wenig, dann zu viel angezogen. Verkühlt. Verschnupft. Angefressen, wie gesagt. Drei Kilo Fisch im Plastiksackel, Hering und Lachs und Brot, Reste von Margots Fest – morgen gibts Chili mit Tofu, Leute! Oder ich frier einfach alles ein. Ich soll das nicht so ernst nehmen, nicht so schwer dran heben. Wie gut geht es uns doch. Dach überm Kopf samt Heizung und Licht. Kleidung, Geld, Arbeitsplatz, Fortbewegungsmittel, Anzeiger für Zeit, Temperatur und Luftfeuchtigkeit, Schmuck, Warmwasser, schöne Bilder und Möbel, Putzmittel und Leute, die putzen, Autowerkstätten und Handy-Hotlines. Schöner sanfter Himmel, graurosa, mit einem noch schwach-runden leuchtenden Mond, der so stille geht. Luna mit silbernem Schein, ich höre all die Wiegenlieder von der Stimme meiner Mutter gesungen. Oz wird sein Kochbuch herausbringen, ich werde weiter Verlag suchen. Das neue Manuskript über die Klavierschülerin ist super. Schlicht und schön. »Busse in Graz vull geil, Olda!«[127] – Ach Gott, ihr Kinder mit euren frischen Hormonen. Neues Heft. Alter Mann mit weinenden Augen, rot das ganze Gesicht, eine traurige Mondlandschaft. Und schau den armen Oz an, wie er kämpft. Türkismädchen hat wieder die türkise Jacke an. »…gsog hot, omma mietfoan wäuln.«[128] Jemand hat vom Balkon seines Hauses die Landschaft mit Zug – uns – angeblitzt. »Bist du deppat, hei!« – »Wou steit deis Scheiß Kastl, i siach deis nia!« – »I hob heit nou die Scheiß Mathematik, foat full ein!« »Gestan woa i mit mei Frau und mit mei olde Tant und mei oldn Onkel in…wia haßt des schnöö, in da Nähe von St.Johann!«[129] – »Friends« soll jetzt als Spielfilm kommen. Des bin ich froh.

---

127  »Die Busse in Graz sind wirklich super!«

128  »…gefragt, ob wir mitfahren möchten«

129  »Bist du verrückt! – Wo steht dieses dumme Kästchen, ich sehe es nie! – Ich hab heute noch diese dumme Mathematik, fällt mir ein. – Gestern war ich mit meiner Frau und mit meiner alten Tante und dem alten Onkel in … wie heißt das noch schnell, in der Nähe von St. Johann!«

## AUFGRUND ABWARTENS 5 BIS 10 MINUTEN VERZÖGERUNG –

das Übliche. Schwarzblauer Tag, indianischer Tag, bemühe mich um aufrechte Haltung. Fransentuch, ja ich bin alt und grau, aber meinen Stolz hab ich, nun umso mehr, als meine Zeit kommt! Wieder voll, wieder heiß, egal. Lachshimmel, Schwitzen vom Gehen, wann ist Auto endlich fertig. Oz kommt heute Nacht, muss mich holen, wie morgen auch nach dem Betriebsausflug – aber will ja bei mir sein. Ausgepowert, abgearbeitet wie ich. Was haben die klopfenden Jugendlichen in ihren Ohren?! MTV-Scheiße. Kopf juckt. Ich werde scharf, ich werde gut. Ich gehe durch jetzt. Schwarzer Turm, Stephen King, Wächter, langer schwarzer Mantel, Colt und Hut, Augen im Schatten, Blick in die ewige Ferne, das bin ich, das werde ich nun. Meine Zeit kommt. Ach, Frau Prophetin, Kassandra, Sybille, bei Max Gads Gescheitheiten einklinken, das wär was. Traut man sich? Dem geschliffenen Sprachspiel etwas zur Seite setzen? Spielerisch akzentuierend? Verzierend? Er braucht Wand, gegen die er spricht, vielleicht wär er entzückt? Ich schaue traurig aus in den Scheiben, verbittert, böse. Solche Tränensäcke und vom Trinken aufgeschwemmt. Immerhin keine gesprungenen Adern im Gesicht, keine schwimmenden Augen oder gelben Rotweinzähne. Ich habs nur in den Gelenken, aber das sieht man nicht (wenn ich nicht aufstehen muss). Dekollete-Mädchen mit V-Ausschnitt, all die schönen Busen. Aber macht nichts, so matronig bin ich auch nicht, nur im Ansatz. Kein Klappergestell freilich, hungrige Vettel gefällt mir aber eh auch nicht. Nebel über Laßnitzhöhe, blödes Mädel blinzelt in mein Buch – kannst du eh nicht lesen! Hätte den blauen Kuli nehmen sollen heut. Sturzgedanke Handke. Aber soll sein. Bei der Waldidylle alles zu. Wenn ich einen kleinen PC im Zug hätte, könnte ich an meiner Geschichte schreiben. Hätte allerdings kein Tagebuch dann, kein Heft, keine Handschrift. Keine Ruh. Übers »Raachen«[130]: Die V-Ausschnittfrau sagt, dass sie sich noch so bemühen kann, aber was sie den einen Tag weniger »racht«, »racht« sie desto mehr am nächsten. Pro Tag ein bis zwei Schachteln, anders geht nicht. »I hob ihra deis Angebot gmocht…«[131] Drei blonde Mädchen. Raaba wird wieder voll. Viel Lila und Aubergine heuer. Verspätung, Verspätung… er fährt einfach nicht weiter.

IM ZUG, DIENSTAG, 13.10.2009

**STURM.**

Und was für einer! Mit Kälte und Schnee bis in die Niederungen. Plötzlicher Umbruch und »die Jugend will es nicht wahrhaben«, sagt die dunkle Verkäuferin, »das sind die chronisch Kranken der Zukunft!« – Türkismädchen nach wie vor im Jackerl, während wir Älteren vernünftig schön eingemummt mit Schals, Strickwesten, Anoraks gerüstet. Heute wirds vielleicht ruhiger als gestern und weniger zu tun. Dunkelblau heute, eingehüllt in Trost, sämtliche BHs schneiden Striemen in meine Haut, die immer empfindlicher wird. Will aus dieser meiner dün-

---

130  Übers »Rauchen«.

131  »Ich hab ihr das Angebot gemacht.«

nen Haut hinaus. Alles voll wieder mal, und wieder mal
Verspätung, eh klar. 71,2, auch klar, fresse ja. In meiner
Ratlosigkeit und Verwirrung. Weil ich nicht wirklich
steuere, sondern Arbeit mich steuert. Zu viel. Zu viel
Verschiedenes. Stress. Eigentlich eine Sauerei, wenn
Stress erzeugt wird ohne Grund. Unruhe, Treiben, mehr,
schneller – ohne zu wissen, wohin. Beziehungsweise mit
dem Wissen, dass wir im *nowhere* landen: »We're on the
road to nowhere…«[132]


IM ZUG, MITTWOCH, 14.10.2009
**EISKRATZEN.**

Plötzlicher Kälteeinbruch mit Minustemperaturen (nachdem es vorige Woche 29 Grad hatte…), Wintermantel,
Schal, Handschuhe. Dennoch heute früh: gegenüber die
blonde Frau ganz in Gelb, daneben die in Rosa und Rot,
Pink, ich selbst mit Weste, Orange und Rot, was solls, was
macht man bei der Kälte. Der kleine Brad sitzt gegenüber
und lächelt, ich heut neben neuer Blonden mit dickem
Buch. Nachts drei Stunden wach gelegen, allerdings auch
schon um zehn schlafen, aber so kaputt. Dann aufgewacht,
weil Oz einen totalen Reflux hatte, kein Wunder, spät
ein zweites Mal gegessen, vorher Gin und saure Tomaten
mit Chili. Fährt nach Deutschland für drei Tage, deshalb
wappnet er sich, will noch feiern. Das Leben. Den Tod.
Ich wieder in so seltsamer Stimmung, gefällt mir nicht.
Mit viel Mühe beruhig ich mich in der Nacht und krieg
rosa und hellblaue Wolken zusammen, Träume. Gestern

---

132   Titel der Talking Heads.

sah ich das erste Mal in meinem Leben 72,3 auf der Waage. Als wollt ich mir was beweisen! Mich umbringen durch Fressen? Nein, ich werde Yoga machen, Bewegung und gesünder essen. Nicht so faul sein (zuhause). Gute Kochrezepte ausprobieren. Gartenpflanzen überwintern, höchste Zeit! Hoffentlich ist meine Zitronenverbene nicht erfroren! Was ist mit den Cannas usw., das muss alles nach drinnen, so schnell wie möglich! Oleander, Pelargonien, nicht denken! Schöne schmale Mondsichel, dünnes a, also abnehmend. Silbrig weißer Himmel mit wunderschönen schwarzen Scherenschnittbaumsilhouetten. Blondie neben mir lässt Finger übers Handy rasen, gestern hat Hermann Maier unter Tränen seinen Abschied bekanntgegeben und Pröll, LH von NÖ, mit zusammen gebissenen Zähnen, dass er nicht zum Bundespräsidenten kandidiert. Sie vermuten, dass ihm die Raika kein Geld gegeben hat, auch nicht die Wirtschaftskammer. Die setzen anscheinend auf andere Kandidaten. Und er hat sich gedacht, er hat die Partei in der Tasche, haha! Pröll-Vizekanzler wird sich hüten. Blondie kletzelt in der Nase. Auf der blöden »Monat«- Zeitschrift hebt ein braver Schaffner das grüne Zeichen »Ein neuer Fahrplan entsteht« hoch. Ja, da fürchten wir uns schon. Jeden Tag jetzt die Pressemeldungen der ÖBB: zu 99% wollen sie die Verspätungen wegbringen – noch mal haha. Jetzt hab ich plötzlich das Gefühl von Kümmel im Mond, und Teer, von Kindheit, Jugend. Jung erwachsen. Als wir in der Schützenhofgasse lebten, während des Studiums, Joe und ich, die Lärche vor dem Haus in wechselnden Jahreszeiten, gemütliche Morgen, Kaffee und Süßzeug. Keine Rehe, versilberte Wiesen. Die Kapuzinerkresse ist sicher tot. Mein rechter oberer Vorderzahn macht nervlichen Aufstand, Grüß Gott bei der Kälte. Stimme des schüchternen Fuchs-Schaffners, meines Lieblings. Ja wirklich, gesenkten Kopfes läuft er durch den Waggon, leichtes Lächeln, ein verlegener Schaffner. Heute sollte im Büro irgendwas Besonderes los sein: Jemand lädt alle ein auf ein Weckerl zum Beispiel. Tomaten/Mozzarella oder Thunfisch, nein, die Delphine, lieber Salami, nein, die Pferde… Warum stehen wir schon wieder? Messendorf. Ok.

## »PINKELN GEHN IS NIRGENDS BILLIG!«

»A Drehkreuz – wie in Venedig, stehst a halbe Stund an und muaßt zahlen!«[133] – »10 Cent würden reichen!«, und dann kommt der Weizer Zug und wir sind wieder mal gerammelt voll und ich sitzt gepfercht zwischen Mantelberg, Schal und Tasche, liebes Mädel neben mir freundlich bemüht. Blondie schläft, an sein schwarzes Schnoferl gelehnt, das ganz mütterlich-herrisches Mündchen kriegt und stolze Augen, jaja. Wir treffen die Verlegerin und es wird wohl wirklich zu einem Buch kommen, juchhe! Johanna sagt »wieder so ein kleiner Verlag!« und ich merke ihre Unzufriedenheit. Aber Kind, weißt du mit deinen einunddreißig noch immer nicht, dass man es momentan billiger geben muss bzw. dass es Stufen sein können, wer weiß. Blondie ist wach und sitzt sehr extra, Schnoferl lehnt sich enttäuscht von ihm weg. Mein Kuli wurde gestern bewundert, solche Sitzungen sind doch immer wieder ein

---

133    »Ein Drehkreuz – wie in Venedig. Stehst eine halbe Stunde und musst zahlen!«

Ereignis – obwohl ichs lieber ohne hätte. Macht nichts, sich zeigen, da sein, wichtig sein, jemand sein, ohne dass man auftrumpft. Ich bin es ja wirklich nur durch Leistungen, schwer erarbeitet. Wichtigtuerei oder Seitenblicke-Auftritte oder exaltierte Kleidung kann man mir echt nicht vorwerfen... hungrig. Diese Geschäftsessen lassen einen doch unbefriedigt. Die Seele. Denke nur an Bücher, rauskommen, entkommen. Oz auch. Mit seiner Firma scheint es nun wirklich hart am Ende zu sein. Wussten wir. Erwarteten wir. Geht dennoch schnell. Ob es bis Juni noch hält, steht in den Sternen, Oz muss Nerven bewahren. Hat doch Aussichten! Dieses andere Projekt, Fernsehen, Internet, Buch. Alles muss gehen, keine Abschläge! Schwarz draußen. Nächste Woche Dienstag, nach Nationalfeiertag und Umstellung auf Winterzeit wird es wieder heller sein. »I checks net! I waaß net, wo du maanst, vou wous redstn du bitte?!«[134] Mädchen neben mir, karierte Jacke, dreht an ihren Griffen des H&M Täschchens, die auch schon ziemlich in Auflösung sind. »Söbstbewusstsein zum Stärken... du waaßt, wia a richtige Freindin... des sogn vülle! ... Vasteh owa net wiesou.«[135] – Hinten in irgend einem Kopfhörer brüllen Brüllaffenbands »Woa! Woa!« – »Mama, bitte i muaß! – Do hinten sitzen sie: ... da Tunnel!«[136] Das tiefgehende Gespräch wird in Laßnitzhöhe unterbrochen. Heute mach ich auf gemütlich, das schwör ich! Hab vier Stunden gut. Früher heim, will meinen

---

134   »Ich begreif das nicht! Ich weiß nicht, was du meinst! Wovon redest du, bitte?«

135   »... um das Selbstbewusstsein zu stärken... du weißt, wie eine richtige Freundin... das sagen viele! ... Ich verstehe aber nicht, wieso.«

136   »Mama, bitte ich muß! - Da hinten sitzen sie: ... o, jetzt kommt der Tunnel!«

Nachzmittag, meine Zeit. Freiheit. Atemlos, weil vielleicht was geht. Auch wenn es nur ein kleiner Verlag ist. – »Hei!«, es geht weiter. »Na supa! Wos?!…« – »Wos sull do dahinta sein? Des is jo lächerlich! Jetzt gonz ehrlich, wos sull mei wohra Grund sein?!« – »Na?! Goa kana? Spinnst du? Spinnst du?!« – »Morgn in da Fruah – na supa, dann segma uns jo morgn goa net… do waaß i net, ob i durt bin.. in da Vasammlung werd i da a Watschn gebn!«[137] – So, A, schaff diesen Sender ab und konzentrier dich auf das Wochenende. Wien, Grado nicht, und nein, Plattensee auch nicht. Keine lange Fahrt, kein Heizen, Einkaufen usw. – sondern dableiben, nachdenken, schreiben, arbeiten. Mehrere Manuskripte vorbereiten zum weiteren Verschicken. In der Buchhandlung oder im Internet schauen, welcher Verlag passen würde. Wo bring ich Handlungen unter? Was wurde verfilmt? Hoffmann & Campe. Goldmann. Heyne. Alles Konzerne. Alle Namen unter großem Dach. Die schnippische Lehrerin ist jeden Tag allein jetzt, ihre dumpf-dicke langhaarige Freundin ist nie dabei. »Du spinnst jo! Jetzt hea auf, von dem zan reden!«[138] – Sie steigt Raaba aus. Aber ich kann nicht, bin schon wieder auf Empfang: »… und da war Gehirnaustritt … so woa dann nix mea im großen und ganzen. Is a Arzt kommen und hat gsagt, was unterlegen, Kopf heben. Awa des hülft eh nix. Net zuwi greifn. Nix zuwigreifen. Es war richtig, hat der Arzt im Krankenhaus gsagt. War sowieso gstorben

---

137  »Na super! Was?!…« – »Was soll hier dahinter sein? Das ist ja lächerlich! Jetzt ganz ehrlich, was soll mein wahrer Grund sein?!« »Na?! Gar keiner? Spinnst du? Spinnst du?!« - »Morgen in der Früh – na super, dann sehen wir uns ja morgen gar nicht… da weiß ich nicht, ob ich dort bin…vor der gesamten Versammlung werd ich dir eine Ohrfeige geben!«

138  »Du bist ja verrückt. Hör jetzt auf, davon zu reden!«

aber…«[139] – Draußen fetter feuchter Nebel, dunkle Tücher über allem, ganz langsam und mühselig kämpft sich dunkles Blau durch. Ostbahnhof steigt er aus, fünfzehn Jahre oder so hat er beim Rotkreuz gemacht, freiwillig.

Nachsatz: Blondie küsst Schnoferl sehr zum Abschied und Rotkreuzmann kommt vom Klo zurück, stieg also noch nicht aus. »Schein Gruaß an die Anni! I möld mi amol, gö?«[140] – »Wa, wa, wa!«, schreien die Krampusse im Kopfhörer hinter mir.

IM ZUG, FREITAG, 30.10.2009
## KEINE BESCHWERDEN.

Gut geschlafen, kein Alk. Türkismädchen in Grau, heute mit Zöpfen, macht sich breit und nimmt meine Armlehne, billige braune H&M-Tasche, schläft, so junge Hände! Sie wirkt ziemlich erwachsen, ich glaube, sie heißt Irmgard, einmal hab ich ihren Ausweis gesehen. Die nun kindliche Schneewittchen-Mode mit den unterm Busen angesetzten Stoffen steht ihr nicht, wirkt zu kindlich, wie herausgewachsen, sie ist ein sportlich oder eleganter Typ – wieder mal wird um Verständnis gebeten wegen eines entgegenkommenden Zuges, der nun drei Minuten – ach, is ja wurscht. Werde dazu übergehen, alte Texte zu korrigieren im Zug, muss neues Denkschema finden, vielleicht lese ich auch schlicht & einfach. Schöner Tag. Ich

---

139   »… und das war dann ein Gehirnaustritt … so war dann nichts mehr zu machen. Ein Arzt ist gekommen und hat gesagt, was unterlegen, Kopf heben. Aber das hilft eh nichts. Nicht hingreifen. Überhaupt nicht hingreifen am besten. Es war richtig, hat der Arzt im Krankenhaus gesagt. Er wäre sowieso gestorben, aber…«

140   »Schönen Gruß an die Anni! Ich meld mich einmal, gell?«

bin ausgeschlafen, hab nicht zu viel gegessen, 70,3, jeden Tag eine Winzigkeit runter, aber ich pass wieder in mein Gewand und hab die besten Vorsätze für Plattestehen und Ess-/Trink-Konsum. Heute kommt Tante Mildred, bin deshalb mit dem Wagen da, bequem fahren wir nachhause. Die drei Minuten sind vorbei und wir fahren noch immer nicht. Fredi-Schaffner wird dicker, und zwar birnenförmig, Gesicht wie Gestalt. Allmählich komme ich zu mir selbst, schreiberisch und innerlich. Oz hat es schwer jetzt, die neu angepeilten Sachen, die sich nicht so großartig anließen, stocken wieder. »Gei, die Scheiß Sunn sull weggehn!« – »Na wirkli net! Geh!«[141] sagt sogar der Rotschopf mit der großen Goschen. Schnoferl mit verschränkten Armen schaut streng verschlafen, auch bissel wie kleine Maus oder aufmerksames Tier. Fredi-Schaffner braucht keinen Fahrschein mehr von mir, ich bin bekannt. Blondie schläft, in den orangen Baumkronen leuchtet Sonne auf. Was nicht rosa oder orange ist, grau oder olivgrün. Noch das dunkle Kastanienbraun der Pferde und Beige der Gräser und Maisfelder, die abgeerntet werden, Traktor pflügte, als ich wegfuhr. Mildred heute. Soll sein. Schnoferl schläft. Busen hochgedrückt. Schöne junge Haut. Ich denk immer, heut oder morgen hab ich Elke Heidenreich in der Leitung. Persönlich. Ja, das denk ich. Andere Zeiten brechen an. Die mit der hell-monotonen Stimme mischt sich in Rotschopf-Gespräche auf der anderen Seite. Sie trägt nie etwas anderes als Grau, Schwarz oder Weiß, Farbe in ihrem Leben wohl nie. Und du, A? Rotschopf schaut eigentlich aus wie

---

141  »Ach, diese Scheiß Sonne voll weg gehen! – Nein, wirklich nicht! Jetzt reiß dich zusammen!«

ein rotblonder Ochse. Typ Rind. Oder Boxer. Schwergewicht, etwas behäbig, aber doch sicher. Gleichmäßig grinsend. Sanfte graue Regenwolken, Ablage und Liste, mehr mach ich heute wirklich nicht. Die Gelbe hat unter ihrer weißen Jacke wieder den gelben Pullover an, das freut mich. Nur zum Haarewaschen kommt sie nicht, beschäftigte Familienmutter wohl, heut ihr rostrotes kleines Auto neben mir eingeparkt.

# »HOT'S DI GSCHMISSN?«

**WIR ARBEITEN TROTZDEM.**

Schönstes Allerheiligenwetter mit Nebel und Kälte, Laub und Lichterl. War schön, so *en famille yesterday*. Drei weibliche Singles am Tisch, glückliche Nike im Kreis ihrer Familie. Am Friedhof Maroni, Remy Martin bei Margot, Backhendl von Oz zu Mittag, nächstes Wochenende fahren wir in die Schweiz, Johanna hält ihren Vortrag. Bereits um neun geschlafen gestern. Leider dann von eins bis vier munter. Tief abgesackt im Schlaf. Organisatorische Probleme. Mein größtes: Ich. So wenig Selbstwert und das Gefühl, es zahlt sich nicht mehr aus. Bin eh schon zu alt für einen literarischen Durchbruch, Chance verpasst, falsches Gleis, Sackgasse. Hoffnung und Zittern für Oz. Einerseits trau ich ihm anscheinend nichts zu, andrerseits bin ich verwundert und auch neidisch. Schafft er es wirklich? Ja, er schafft es. Mit meiner Hilfe freilich. Und wir müssen natürlich was tun dafür. Einsatz! Ein DKT-Spiel. Monopoly. Ein weißes Auto wartet vor verschlossener Waldidylle. Natürlich ist es ein Risiko. Und ich ein Blautyp, sagt er. Ein bissel Grün vielleicht, aber kein Rot. Hat allerdings noch immer gereicht für mich. Ein Rehbock weit hinten auf der Wiese. Einen Tag nach dem anderen überstehen. Heute werd ich bügeln und wir werden Dias anschauen. Die schwarz-weißen Kühe sind endlich im Stall.

## »HOTS DI GSCHMISSN?!«[142]

Interessiert betrachtet die Runde den blessierten Rotschopf – ich hab nichts gesehen. Erster Schnee, paar
Zentimeter nasses Zeug, aber es sieht nett aus und ich
fahr trotzdem mit Auto runter zum Park & Ride. Oz
gleich beunruhigt in der Tür: Irgendwas mit der Batte-
rie, sagt er. Die Haselblätter sind auf einmal runter, der
Schnee drauf, das erste Blau der Früh, mein Mann im
Hausmantel in der Tür – es sieht einfach nett aus. Gelb
das Licht im Waggon, vollgestopft, haben wir gleich
alle wieder ein Thema, aber das möbelt auf. Ziemliche
Vergnügtheit und vorweihnachtliche Stimmung. Irgendwie schlechtes Gewissen, das ich mir abschmin-
ken sollte freilich (neben mir der hübsche muskulöse
Junge mit Schwanzerl kaut an seinen Nägeln) – Elstern
schwingen sich, die Bäume staunen, weiß und blau, es
beeindruckt immer neu – weil wir nach Luzern fahren
am Freitag, ich mit meinem Mann, und Johanna hat
ihren ersten Vortrag an der Uni und niemanden zum
Aufpassen fürs Kind, ganz abgesehen davon, dass ich
sie gern sehen würde. Aber was ist mit dem Vater?!?
Nun gut, muss irgendwie gehen. Wird anstrengende,
lange Fahrt, aber 1a-Hotel, es geht immerhin um Oz'
geschäftliche Zukunft, wird sicher toll, ich während
seiner Besprechung im Hotel mit meinem Laptop,
Nachdenken, Spazierengehen, Fernsehen, Genießen.
Die Kinder freuen sich, »…so geil ausgschaut!«[143], weiß

---

142   »Bist du gefallen?«

143   »…so toll ausgesehen!«

nicht worüber. Johanna wird ein super Referat halten und das Kind unterbringen, alles wird gut. Wie schön das alles ist. Weiße Schönheit. All diese Muster. Krähen im Grau, die Rinder staunen. »Der Stunde des Todes ganz nahe«, Markovics interpretiert Bernhard, berührend, sagt die Kleine Zeitung, der junge Mann im roten Leibl ist irritiert über mich und meine Nähe, mein Schreiben. Ein roter Zug verstellt mir den Blick auf Waldidylle – Sauerei! Oder ein Zeichen? Die gelbe Pulloverfrau hat heut einen roten Pullover an, rechts von mir lehnt ein roter Rucksack, irgendwas alarmiert heute. Aber es wird. Schnoferl heute im schwarzen Pullover und mit weißem Schal. Frau Gelb hat auch rote Jacke und rote Schuhe, sie hat das Farbenprinzip begriffen anscheinend. Kuli ist aus.


IM ZUG RETOUR, DIENSTAG, 3.11.2009
## MÜDE SO MÜDE.

Unbedingt Haare waschen. Viel zu müde. Wenn das Mädel da hinten nicht bald mit ihrem blöden Zuckerlpapiergeraschel aufhört, wachs ich nach hinten! Ich sehe in der Scheibe gespiegelt, dass sie ein ganz kleines Packerl aufwickelt und irgendwas bastelt damit. Die links wieder raschelt ununterbrochen mit Schreibpapier, tut das hin & her, H&M-Plastiksackel, isst daneben grüne Trauben… wie mich alles nervt! Erwin Schwentner getroffen, er ist lustig, ich mag ihn, seine geniale Ader verhaut ihm freilich vieles. Einfach zu schnell, zu viel. Mein fuchsiger Schaffner, rotgesichtig und nervös… vielleicht, wenn ich geschlafen haben werde…

## BRAD PITT IST EINGEBILDET

und lässt die Dicke nicht hinsetzen. »Vorn is auch noch frei«, murmelt er, freilich zögernd. Einen jungen Mann muss er dann doch hinsetzen lassen, es ist gerammelt voll. Der schwarze Lange riecht nach Alk, kommt mir vor, keine Handschuhe mehr, aber nach wie vor die Hose bei den Knien, die ganze Zeit zieht er unauffällig, sonst fällt sie. Großer Höcker auf der Nase. Hatte auch so einen. Und Sommersprossen. Wie die Dias beweisen. Gestern mit Tante Mildred stundenlang geschaut, mein Gott, Abgründe, Abstürze in andere Zeiten. Als Johanna so moppelig wurde. Das wohl auch brauchte, um fest und sicher in einem sehr bewegten und labilen Leben zu stehen, das ihre 68er-Eltern ihr zumuteten. Eltern, die eigentlich nie da waren. Geistig. Körperlich. Angst. Unterwegssein. Damals war was los. Viel weg an den Abenden, kein Verzicht, nur Genuss. Egoisten waren wir. Und eingebildet. Erfanden das Rad neu und verbrannten die Traditionen auf dem Scheiterhaufen. Machten so viel kaputt. Arm das Kind. Merkt man, dass ich etwas hilflos werde, und wütend? Immer neu diese immer gleiche Vergangenheit aufarbeiten, beleuchten von allen Seiten, und alles kippen wollen, nichts machen können. Es war. Raab ist grau, hellgrau braun und kalkig, was ist los? Neben Türkismädchen in Grau, mit dick gestrickten, rostroten, schon ziemlich bedienten Fäustlingen (!), sie hält ihre braune Kunstledertasche fest im Schlaf, diese Frau braucht noch eine Weile bis zu ihrem Stil. Nebel. Alles zu. In einen Donnerstag hinein, mit sorgenvoll blickendem Chef, Budgetreste,

Bestell-*Deadends*. Ende des Jahres, November bis Anfang Dezember flippen alle, dann Weihnachtsfeiern und Ruhe. Nimm deinen Urlaub, A! Heute der kleine Schnurrbart-Schaffner. Morgen fährt Tante Mildred zurück nach Bayern. So nervös, dass sie heut schon nichts mehr essen kann und gedanklich bereits weg ist. Drängt. »Ihr müsst früh schlafen gehen, ihr wollt doch früh weg!« – Heute Johanna treffen und Nike. Immer so traurig. Weil ich mich schuldig fühle. Weil ich schon wieder weg bin. Rechts ein winziger, aber unangenehm stechender Kopfschmerz. Mit Oz in die Schweiz, meinem Mann, schuldig deswegen? »Warum hab ich dich nicht mit vierzehn kennengelernt«, sagt er, »so eine schöne Frau!« – Die Rinder stehen im Nebel wie Statuen. »So eine schöne Frau!« – Kannst dich erinnern an Mama? »Ich war doch schön, warum hab ich das nicht gewusst?«, sagte sie. Zu wenig Bestätigung. Ganz klar. Waldidylle versunken, Kinder fordern alles. Und es ist immer zu wenig. Und dann gehen sie und spucken auf die Vorfahren, so war es und so wird es sein. Leben ist ein Kampf, *only the strong survive*. Nur die Harten kommen durch, entspricht besser. Haha, in Raaba muss Brad freimachen für einen alten Mann im weinroten Anorak, der schaut nur – da gibt es keinen Mucks… ich bin heut nicht gut drauf, muss mich umpolen. Dringend. Bis Luzern. Was bringt das? Bringt das was? Wem bringt das was? Nicht einmal Oz ist überzeugt. Wir stehen schon wieder, dreimal zwischen Raaba und Ostbahnhof! Beim Schranken ist wer drübergegangen, sagen sie. Wieder Quietschen und Tuten, zweimal – was ist los?! Wieder stehen. Beim Schranken. Heut geht gar nichts weiter. Und ich bin ungeduldig!!

## BETTELARMBAND.

Bring mir Glück! Und Schönheit, Schlankheit, Tapferkeit. An letzterer scheint es zu mangeln in letzter Zeit. Wie sonst erklär ich mein Ausweichen und Zucken, meinen Pessimismus – am schlimmsten – dieses ständige Mich-selbst-Schlechtmachen? Wer es geschafft hat – Günther Freitag bei Elke Heidenreich – ist gut. Auch wenn z.B. Hans Putzer sagt, dass sie den schlechten Werfel-Roman »Verdi« nochmals auflegt – dabei gibts den eh als Taschenbuch! Oder ihre Bemerkung über Herta Müllers Haare – das geht nicht. Aber sagen wir nichts. Ich kann nicht glauben, dass ich noch eine Chance bekommen soll. Könnte. Konjunktiv. Der lange Schwarze hinter mir hat sich schlangengleich auf den leeren Super-Zweier gestürzt, jetzt muss ich mit dem Zehn-Zentimeter-Fenster auskommen – dafür: »Is da frei?!« setzt sich ausgerechnet Military Man in voller Uniform neben ihn. Der kleine Große mit seinen heute wunderschön glänzenden, frisch gewaschenen, frisch schwarz gefärbten Haaren windet sich jetzt wohl, aber was soll er machen. Keine Schadenfreude, bitte, A. Ich komm mir so erledigt vor, so – zertreten. Flach, am Boden, müde, abgedämpft. Als hätte ich mein Leben gehabt. Ich bin doch noch nicht so alt! Lass mich so alt wie Virginia werden, hab ich einmal gebetet, sie war 59, als sie starb. Zwei Jahre hab ich noch. Meine Nike haben, z.B., sein mit ihr. Dieses glückliche Wochenende, so intensiv und voll, dass kein eigener Gedanke möglich ist. Die Rehe stehen am Waldrand, kein Wunder, alles grün, kein Reif, nicht kalt, nur leicht unangenehmer Wind – was tut mir das, mit meinem tollen neuen Mantel. Der Tag wirkt aufgeräumt, so aufgeweckt wie Frühling. Aber meine Laune ist nicht großartig. Eher novembrig. Kein Wunder, jeder neigt zur Depression in der Zeit, oder? Flüssig halten, den Dialog am Laufen, Gejeier und Krämpfe. Ein holländischer Tag mit seiner grau-grünen Trockenheit. Trost: Der Bock steht unten neben der Wiese am Waldrand, ruhig, schaut. Danke. Der kleine Ami vorn heut ohne den kleinen Chinesen wieder, was ist mit dem? Ich hab das Gefühl, dass ich mich mit einer Zange, einem Brecheisen losmachen muss von diesen Felsen, die heißen: Du kannst es nicht, du bist nichts, du wirst auf ewig versumpern in diesem Job! Gelbe Lärchen stehen von den Tannen schwarzgrün, orange der Himmel, abends lila. Die Herbstfarben sind was Irres. Mein Bettelarmband. Hilfst du Betteln? Geld. Arzt. Tagtäglich. Auf Schienen. Rattern. Reden. Ribbeln. Tiefe Unzufriedenheit. Die Rote ist wieder gut drauf heute, Feuerwerk, will den Boxer becircen, scheint mir, der ist eher stad[144]. Müdemüdemüdemüdemüde…

## TUNESISCHER HÄKELSTICH.

Häkeljammern. Jeiern. Seiern. So dahinwimmern, das Klagelied der Frauen unendlich, sie sind soweit ja ganz fröhlich, nur dieser Unterton, dieser Singsang – oder bin ich das, der das Ganze unterlegt? Kuchenbacken, Wochenende. Mann. Auto. Sachen, Werkzeuge, das Alltägliche. Siehe Zeitung. Sollte vielleicht auch wieder mal

---

144    Dialektausdruck für still, wortkarg.

meine Meinung abgeben? Aber ich habe keine Meinung. Klarer heller Tag, Raab ein Spiegel, Eiskratzen, ein überreifter Tag, aber schön. Hab die Wetteransagen verpasst und wundere mich, als ich aus dem Haus gehe. Seltsames Gefühl, verwundet, aufgekratzt, mein Hals, nein, irgendwas stimmt nicht, es ist nicht körperlich, die Dinge wachsen mich zu von allen Seiten, zum 1.000 Mal arbeite ich mich frei, durch den Reisbrei, Besorgungen, nicht einmal dafür ist Zeit in einem Arbeitsleben, das alles erfasst hat, in dem du nicht mehr alles erfüllen kannst, beim besten Willen nicht. Von einer schweren Depression steht etwas in den Sportseiten, eine Witwe, hochstilisiert das Ganze, das ist auch peinlich. Dieses Schnäuzen nebenan, ein junges Mädchen, aber eh freundlich, *this train ain't big enough.*[145] Will ich heute? »Ma sull des net herausfordern!«[146] – Die Hexe hat mich heut sogar gegrüßt, o Wunder, vielleicht, weil sie so begeistert ist über ihren Kuchen, den sie auf einem dicken Tupperwaretablett, einer Box, darüber noch ein Plastiksackel, vorsichtig vor sich her transportiert. Mir ist zum Schreien. Zum Heulen. Ablehnungen kommen jeden Tag. Oz sagt – *The Secret* sagt – ich soll mir vorstellen, es kommen Zusagen! Meine Begeisterung und Freude – und dann ein neues Leben, spannend, interessant, ereignisreich. Aber diese Angst vor Öffentlichkeit. Vor Rückmeldungen, Reaktionen, Kritiken, Zeitungsartikeln usw. Damit bin ich doch nicht allein, oder? Eben. Gestern im Job ein nervlicher Zusammenbruch, mit Mühe noch die Kurve bekommen. SAP und Fabasoft, Word und Excel und all die Programme, mit denen du arbeitest. Ist

145   Sparks: »This Town ain´t big enough for both of us.«
146   »Man soll das (Schicksal) nicht herausfordern!«

das noch normal?! Ratzinger ist der neue »Pop(e)-Star«. Lustige Idee. Einerseits auch ein Mensch, der sein Amt schafft – andrerseits, wenn du es nicht schaffst, hast du genügend Höflinge, die den Job, zumindest Teile davon, und nicht die unwichtigsten, gern übernehmen. Freilich Frage: Was ist besser? Und wer regiert eigentlich? Aber sind da nicht auf Schritt und Tritt die Beweise? Ich selbst schaff das. Mach das. Der Glaube an mich selbst fehlt mir halt. Ich bin freundlich, ich arbeite gut, ich tue tüchtig und vernünftig, sogar für mich selbst überzeugend und ziemlich dicht – dann geh ich durch die Tür und daneben ist die blanke Einsamkeit, Traurigkeit, der Kummer. Das Mich-selbst-nicht-Mögen. Denn wer bin ich schon? Ich seh ja, wo meine Fehler und Schwächen liegen. Andererseits kann ich nicht begreifen, dass viele, auf die sie jetzt setzen, die anscheinend alle lesen, gar nicht SO interessant sind. Zumindest für mich. Für viele andere auch? Wie viele? Flache oberflächliche Figuren und Situationen, genau wie ihre Wohnungen und Häuser und Gärten: oberflächliches Geklingel. So tun als ob. Ich plage mich mit Steinen. Klumpen. So schwer. Wenn ichs leichter nehmen könnte.

IM ZUG RETOUR, DONNERSTAG, 12.11.2009
**LATERNENFEST.**

Irr lang, mit Gedichten und Liedern und allem Drum und dran, selbstgebackenen Keksen und Kinderpunsch und Licht. Wirklich viel Mühe haben sie sich gegeben, wochenlang mit den Kindern geübt, hübsche Laternen gebastelt – bin ich froh, dass ich dabei war! Morgen nehm ich Nike mit nachhause. Der junge Mann gegenüber arbeitet mit Marker an Skriptum, ganz vertieft, Ehering am Finger, erarbeitet sich Platz, hat alle Achtung von mir, früher hätte ich gedacht: bieder, und wäre verächtlich gewesen. Der Böse sitzt schräg gegenüber, hat jetzt anscheinend aber böse Miene nicht mehr nötig, er lacht viel, ist dicker geworden, Nachwuchshaar rötlichblond in seinen schwarz-strähnig fetten Haaren. Schwanzerl, Ring in Lippe. Ostbahnhof wird wieder alles voll. »…brauch a Kamera und vül bessarei Programme! Vül bessare Hardware!«[147], eine ganze Horde von Jungs mit einem sehr Betrunkenen. Na, das kann was werden. »Nigganigganigaa«, sagt der die ganze Zeit. »Montag war i nüchtern…«[148] – Komatrinker. Und jeder schaut betont vor sich hin, liest und will seine Sachen machen. Im Abteil fängts schön langsam an zu stinken. Alkdunst. Ich schlaf ein bissel, »jetzthobidi«[149], sagt er immer wieder. Junge Damen steigen aus, die Jungs reißen sich zusammen: »Ausweichen, damit die Leit aussteigen kennan«[150], und ein Prüfer in Jeans, mit gestriften Hemd, angedeutete Uniform, naht. Interessant. Ich werd ruhiger. Langsam komm ich wieder zurecht. Wir stehen schon wieder vorm Tunnel. »Deis is ka Liegeplatz!«[151], er stampert[152] sie gleich auf. »Ausweis host aa?«[153] – Freitag, der 13. ist morgen.

---

147  »Ich brauche eine Kamera und viel bessere Programme. Viel bessere Hardware.«

148  »Am Montag war ich nüchtern.«

149  »Jetzt hab ich dich«

150  »Ausweichen, damit die Leute aussteigen können«

151  »Das ist kein Liegeplatz!«

152  Stampern: Verjagen, Aufjagen, Aufschrecken.

153  »Hast du auch einen Ausweis?«

## WÜTEND.

In mir kocht und grollt es immer wieder hoch, kann nicht aus, kann es nicht auslassen. Loslassen. Weiß eh. Verbissen wie ein Terrier, eine Ratte. Verzweifelt. Ratlos. Kummer dahinter – warum wie was? Kein Grund. Nur dass ich mir vom Alltag die kostbare Zeit wegfressen lasse. Schreibzeit mit Sudern[154] vergeude. Schriftlichem Sudern. Warum?! Welcher Wahrheit weich ich aus? Welchem Gespenst kann ich nicht ins Auge schauen? Heut Nacht so gewälzt, geredet und aufgeregt, dass Oz mich schüttelte, weckte. Ich war so voll Wut auf den Bahnhof, den Schaffner, die Züge. Vorgestern der Traum mit der Straßenbahn in Gleisdorf, *deadend*, Sackstraße. Und ich mit meinen schweren Paketen – immer diese Scheißverbindungen, Verspätungen, Hin & Her, Gehetztsein von einem Bahnsteig zum anderen, bis vor der Nase der Zug wegfährt, nicht wartet, solche Wut! Hab mir wen geschnappt und wollte mich beschweren gehen. Wie bei einem Gericht war es in der Stube des Bahnhofsvorstandes, ein hoher Sessel (Anklage?), alles braun, alles amtlich, komplette Scheiße, Obrigkeit, und mit menschlichem Versagen und einzelnen kleinen Wabblern[155], die halt Fehler machen, entschuldigen sie sich. Ich soll halt nicht so sein! Aber so bin ich! »Das ist keine Entschuldigung!«, schrei ich. Aber machtlos, hilflos. Und steh noch als die Hysterische da. »Führen Sie sich nicht so auf!« – Alles halb so wild. Ja? Böser, böser Traum. Gestern mein Kreuz bissel verzogen, und beide Kiefer

---

154  Jammern, das eigene Los beklagen.
155  Unfähigen Trotteln.

beginnen sich wieder zu melden. Hatte entzückendes Wochenende eigentlich mit Nike, keinen Moment zum Denken, das selbstverständliche Glück und die dauernde Tätigkeit, Beschäftigung mit dem Kind – das ist Ablenkung und Erholung, wie anstrengend auch immer, das hält mich von meinen grausamen und selbstzerstörerischen Gedanken ab. Wie anstrengend auch immer. Aber dann, wenn ich allein bin, wenn die Tätigkeiten nachlassen…! Rehe am Waldrand. Schön grün. Zu warm. Essigfliegen. Ratlos stehen die Rinder, ungeordnet. Eine Kuh leckt ihr Junges ab. Schöner Himmel, Schäfchenwolken, in Raaba steigen immer mehr Leute ein. Es nimmt zu. Es. Steigt. Flut Pegel. Viel zu tun. Eins nach dem anderen. Nicht verwirren lassen. XY vom ORF plötzlich frei gesetzt – plötzlich bist du draußen. Was machst du, mit 50 plus?! Der Grinser-Schaffner. Muss jetzt auch mit Brillen arbeiten, wie der Große. Man kann zuschauen, wie alle älter werden, die Zeit vergeht. Wenn Nike 12 ist, bin ich 64. Muss man sich mal vorstellen…

IM ZUG, MITTWOCH, 18.11.2009
## SISSINGHURST.

Mein Lieblingsbuch, ein Lieblingsbuch gefunden überhaupt[156]. Bei der Arbeit: Kaum einmal ist der Schreibtisch abgeräumt, gehts schon weiter. Andrerseits: warum nicht. Im Fluss, keine Langeweile, eins nach dem anderen. Wieder Träume. Aufbauten in der Gleisdorfer Kirche

---

156  Sissinghurst. Portrait eines Gartens. Vita Sackville-West und Harold Nicolson. Insel Taschenbuch 3183.

und ein Junge, der sich seltsamerweise eindeutig an mich heranmacht, ein hübscher blonder Junge – was soll das?! Er lässt mich nicht. Im Sinn von: Ich lasse dich nicht, du segnest mich denn! – War das ein Engel, ein Schutzengel oder so was?! Beim Aufwachen merke ich in meiner Verwirrung, dass das auch ein erotischer Traum ist, aber im Sinn von: Leben! Etwas erwacht in mir und heute Nacht wurde mir gezeigt, dass ich Neues ablehne, befremdet reagiere, mich nicht einlasse. War seltsam gestern: Wieder diese Müdigkeit. Kein Wunder allerdings, wenn ich an das Geschäftsessen denke mittags, eher ein Gelage, mit Prosecco, klar, dann einen – allerdings kleinen – Ouzo mit Wasser, vertragen tu ich so was doch leicht, und abends richtete mir Oz dann für den Gusto noch einen Hendlsalat mit Mayo und einem Glas Prosecco – jaja! Zur Strafe in der Früh 71,9. Dennoch bin ich seltsam zuversichtlich. Das macht Sissinghurst. Anpflanzen und wachsen lassen. Aussäen. Wissen. Glauben.


IM ZUG RETOUR, FREITAG, 20.11.2009
**KNOTEN,**

ich mein, das ist doch ein Witz, oder? Das passt doch gar nicht. Ich mein, was soll dabei sein, wenn Oz und ich noch ein paar Altersjahre haben, er hat sich so geplagt! Und jetzt könnte ers schön haben. Aber alles geht anscheinend nicht. Hier riechts so Scheiße nach Essen, irgendeine Leberwurst oder so. Ich esse einen Haufen Nudeln mit Lachs und Ruccola mittags mit allen, dazu zwei Glas Prosecco und ein Glas Rotwein, dann noch Kuchen mit Mohn und Topfen – so satt!!! Alles so satt, könnte man weinen. Noch schnell reisen. Reisen mit Oz. Das kann es nicht geben, dass er gefährlichen Knoten hat. Es gibt x Möglichkeiten, und er hat sicher eine unschädliche Art. Und dann fahren wir alle aus der lauten Stadt in unsere stillen Dörfer hinaus. Wo sichs wieder leben lässt. Unterwegs schlafen wir und vergessen. Schmutzige Scheiben.

IM ZUG, DIENSTAG, 24.11.2009
## GEHEIZT!

Diese Wahnsinnigen, bei den Föhn-Temperaturen, nicht normal für die Jahreszeit, müssen sie wie für Winter/ Schnee aufdrehen – die spinnen! Wie man sieht, bin ich wieder mal geladen. Zornig auch wegen 72,3 oder so, nach dem Komma schau ich gar nicht mehr. Topinambursuppe, Ballonbauch und anscheinend schwer gesoffen, abgesehen davon, dass uns beide abends Schwermut und Fresssucht packen und ich x Brötchen mit Mayo reinstopfe, Essiggurkerl. Irgendwelche Reize! Nur nicht normal. Der Negative mit den lila Haaren und der karierten Jacke stülpt sich über ein Mädchen, das ihm nicht mehr auskommen kann, lässt ihr keine Luft. Das ist bald vorbei, sein Schmatzen hör ich bis hierher! Mein Gott! Zieh die Jacke aus! Mag nicht arbeiten. Immer neue zusätzliche Tätigkeiten. Du schaust aus, A! Verquollen vom Alk, ödemisch. Was könnte dich heute beruhigen. Disziplin. Ein Nachmittag bei Johanna und Nike, Herd, Haushalt. Komme mir vor wie in der Mangel, im Rad, komm nicht raus. In meinem Bauch gluckern die Erdbirnen. Steh auf, A! Selbstbewusst. Mit deinen alten Geschichten, der Brille und den zerstörten Haaren – ganz Schriftstellerin. Genieß es!

## ICH BIN GESTÜRZT.

Sogar ziemlich schwer. Auf dem Hauptplatz, nachdem ich beim Weikhard war, um zu erfahren, dass die Reparatur der Biedermeier-Uhr von Oz, die ich ihm schenken wollte, 700,– oder 800,– ausmachen würde… das übersteigt natürlich unser Budget. Und dann dachte ich nach über Alternativen fürs Geburtstagsgeschenk, von Kaschmirschal bis Abba, weil er die nie gehört hat damals und jetzt so auf »Mamma Mia!« gestanden ist. Und dann seh ich noch diesen FPÖ-Schnösel da drüben stehen, links kommt der weiße Lieferwagen, hinter mir die Straßenbahn, und ich schau so über die Schulter und rutsch irgendwie ab und dann lieg ich einfach vor dem Auto. Beide Knie und rechte Hand, das tat ziemlich weh und ich konnte kaum aufstehen. Weitergehen tat sehr weh, aber man geniert sich ja und will so schnell wie möglich weg vom Unfallort. Es hat ja auch niemand reagiert, als die fette Alte da plötzlich liegt. Jetzt bin ich soweit ok, rechts spür ich nicht mehr viel, aber das linke Knie tut ziemlich weh. Es wird halt ein Bluterguss sein und eine Prellung, vielleicht geh ich morgen nicht arbeiten. Bei Johanna gewesen, den Installateur abgefangen, mit allem Drum und Dran kostet mich das 200,–, ich zahl ihr noch 300,– auf die Bank, damit sie wieder Spielraum hat. Und jetzt was lesen. Denken geht nicht mehr.

## ICH WAR 14 TAGE KRANK.

Ich könnte auch heute noch zuhause bleiben, morgen ist sowieso Feiertag. Aber zu viel Panik, was alles an Arbeit bleibt. Soviel muss dieses Jahr noch erledigt werden – von mir. Kann nicht verlangen, dass Vertretungen alles schaffen, außerdem haben wir gar nicht genug Leute dafür. Meine Knie sind jedenfalls stark geprellt. Spür sie noch, Druck der Jean, und das Kreuz – Vorsicht, langsam! Oz ist in Budapest bis morgen. Mir ist es nicht gut gegangen, auch psychisch, aber langsam seh ich wieder Licht. In Pflichterfüllung, Disziplin, viel Arbeit liegt auch ein großer Genuss. Weihnachten naht. Johanna arbeitet den ersten Tag in einem Fleischerstandl, schauen wir, ob das passt. Sie sieht es positiv: Dann kennt sie sich wenigstens mit Fleisch aus, hatte sie doch keine Ahnung bisher – und Job passt, Geld und Weg und alles, sagt sie. Also. Meine Augen sind dennoch erschöpft und brennen. Alles wird mir zu klein. 72 kg. Ich sagte mir, 69 will ich heuer nicht mehr sehen – aber ich meinte doch nicht von dieser Seite! Aber Hauptsache, mir gehts gut. Ist zwar sonderbar alles – aber so leben wir eben. Dieses dauernde Schwitzen ist auch nicht normal. Vielleicht Nachspiel der Wechseljahre? Komme in ruhigeres Fahrwasser. Auch mit Schreiben. Wenn ich jeden Tag konsequent ein paar Seiten mache, hilft das schon. So, und jetzt lesen wir ein Stück. Nicht überarbeiten heut! Eins nach dem anderen. Wichtiges zuerst! Termine ausmachen. Dann Zusagen. Dann die Absagen und Kopien, die Ablage. Es ist schwarz draußen, im Lauf der Fahrt wird es sehr dunkelblau. Es geht auf Weihnachten hin, aber die Landschaft ist nackt und wir sind ganz allein und zugeschüttet von Werbung und Kaufanforderungen. Und nun langsam rosa und lila. Werden sehen. Lass dich heute nicht treiben, nicht antreiben. Mach ruhig. Und morgen ist Feiertag. Achtung! Frösteln! Nur nicht in die Falle, in die Schiene »normaler Arbeitstag«!

## ZU MÜDE FÜR ALLES.

SMS-Plage mit neuem Handy, Nike vom Kindergarten holen, dann Johanna vom neuen Job. Abends eine Veranstaltung, soll ich hin oder nicht? Schwitze wie verrückt. Stress. Arbeitsstress. Kann mich nicht entziehen. Wenigstens entschlossen, Schritte zu setzen: Werde mir ausrechnen lassen, welche Pension ab wann. Vielleicht geht sichs aus, irgendwie, bald. Diese laute Kleine, »mia woa sou oaschkold, Scheiße!«[157] – Punschgespräche dann. Am Freitag feiern wir noch einmal, ich muss ein Wichtelgeschenk für einen Kollegen finden. Nervt mich. Wie alles. Meine lieben Kolleginnen. Und dennoch würde ich sie lieber heute als morgen verlassen. Keine Träne, oder doch nur ein paar kleine. Ich sollte was für den Kreislauf tun und das Gewicht und die Kondition, vor allem wieder mehr gehen, nicht dauernd mit dem Auto zum Park & Ride. Der depperte Brad Pitt ist verknallt. Ewiges Grinsen, Seitenblicke, Haltung und Goldketterl – in die laute Schnippische neben ihm. Deshalb also dreht die so auf!! Blödes neues Handy, alle möglichen Funktionen gehen nicht wie gewohnt. Und ich will in Pension!! Offiziel-

---

157 »Mir war so fürchterlich kalt, Scheiße!«

les Geld kriegen, um nicht zu verhungern und die nötigen Grundkosten zahlen zu können, daneben schreiben. Wegfahren. Garten, Haus, Leben. »...oda a neigs Handy, wals guat ausschaut!«[158] – Die Quasseltante erzählt vom hübschen Verkäufer, dessen Argumente überzeugend sind, weil er hübsch ist. Aber 300,–! Sie braucht den ganzen Schnickschnack nicht, na interessant. Und ein nerviges Kleinkind piepst und überhaupt hab ich keine Nerven mehr, der Boxer gibt ein paar Grunzer von sich. Wie übersteh ich den Tag heut? Jetzt hat sich eine neben mich setzen wollen, ich räum seufzend mein Zeug beiseite wie ein totaler Arsch, sie flüchtet beim Ostbahnhof auf den leeren Sitz vorne. Die Laute wird noch lauter. Ihr ganzes Abteil wird in letzter Zeit so laut, so übertrieben, einschließlich Boxer, grinsender Pitt, seine Hand immer bei ihr, auf ihr. Ich geb auf für heut. Lass mich schleifen. Schlimm, dass ich ohne Brille hilflos bin.

## NEBENAN IST EINGEBROCHEN WORDEN GESTERN.

Eklige Geschichte, widerlich und gemein. Demütigend, wenn jemand Fremder in deinen Sachen wühlt, kramt, das hierhin- und dorthin schmeißt, in alle Laden schaut. Sie hatte Angst, sagt die Nachbarin. Allein im Haus. Was, wenn der Typ noch da war...? Geflüchtet ist er über die Terrasse. Wieder mal Röhre heute. Ich verwirrt und aufgeregt durch all das. Zug sehr schnell. Niesen, oft. Wenig

---

158   »... oder ein neues Handy, einfach weil es gut aussieht!«

Schlaf, viele Träume. Winterzeit ohne Schnee. Soll aber angeblich kommen. Gestern bei Ausstellung. Die Laute ist heute leiser, aber das Gerede im Waggonraum nehm ich wahr als viele »s«, irgendwer zischt da wie Schlangen. Muss mich beherrschen. Heute, morgen.

## IM ZUG, FREITAG, 11.12.2009
## »DU BIST SOU A FAULE SAU!«[159]

Haha, die Laute wieder in ihrem Element. Ich sehr gedämpft. Finde meine Handschuhe nicht mehr. Es gibt viele Möglichkeiten, wo ich sie vergessen haben könnte, wahrscheinlich bei der Ausstellung gestern, Klo oder Foyer, aber auch im Zug oder bei Johanna wäre denkbar. Mein Gott! Ich hab nicht alles beinand. Beschimpf mich und bin ratlos, unzufrieden. Getrieben. Schiff auf hoher See. Eisschollen, und tote Pinguine. Wüst geträumt, anstrengend immer. Ich komm in meine Hosen nicht mehr rein, keins der alten Jacketts passt noch… einzig mein Schweizer Reifen glitzert. Und schau diese Schrift an! Futzelig[160] und fast unlesbar. Heute Weihnachtsfeier. Ich verachte mich, weil ich mich zu meinen eigenen Sachen nicht kommen lass. Warum eigentlich? Warum ist alles andere wichtiger? Alles was von oben kommt. Und ich selbst? Das ist nicht wahr – jetzt hab ich mein Schminkzeug auch noch vergessen… wurscht. Alles wurscht. Immer wurstiger. Nein, A! Ändere das! Reiß dich zusammen, reiß das Ruder herum. Wieder Warten auf Gegenzug, schon wieder Verspätung

---

159   »Du bist eine so faule Sau!«
160   Klein zusammengeknüllt, -gestaucht.

also. Was würd ich mir wünschen, was sollt ich anders machen? Das viele Essen aus Frust. Man will sich was Gutes tun. Was hat man sonst vom Leben. Wenn ich aber dünner würde und in mein Gewand wieder rein passte… was dann? Verantwortung für sich selbst übernehmen, sagt die Therapeutin. Also ich bin das oder ich bin das. Was will ich sein. Fette Bürositzerin wohl nicht. Wie eine helle Glocke diese Stimme, was hell Blechernes hat sie, das ständig positive Gelächter dieser Laute füllt den Waggon.

IM ZUG RETOUR, FREITAG, 11.12.2009
## OZ LEICHT ERZÜRNT.

*Not amused.* Wie alle Ehemänner, deren Ehefrauen betrunken von Weihnachtsfeiern kommen. Is mir wurscht. Danke, Herr Schlick[161]. Leider reicht mein Akku nicht, also kann ich alle die neuen Anrufe und Mitteilungen nicht lesen/hören. Aber is mir wurscht. Der ganze Ostbahnhof ist mir wurscht und alle Leute, die da aussteigen und mich anschauen, ich bin so nett und freundlich und unkapriziert wie nie. Denn! Wenns wahr ist, darf ich 2013 in Pension gehen! Wirklich wahr!! Das ist auszuhalten. Drei Jahre sind auszuhalten, echt. 13.8.2013 stand da im Pensionsrechner. Schwarz auf weiß. All die ganz jungen Mädels rundum. Eine gegenüber liest Jane Austen, sie trägt eine lachsrosa Spitzenbluse und billige H&M-Perlen, Stiefel und Jeans. Alles ok.

---

161  Anspielung auf das Kinderbuch von Devis Grebu: »Herr Schlick geht heute in die Stadt«. Herr Schlick geht durch die Stadt an allen möglichen aufregenden Schauplätzen vorbei, an Situationen, in denen er helfend eingreifen könnte, aber er hört und sieht nicht, was um ihn vorgeht, es ist ihm alles egal. Am Ende des Tages stellt er mit Bedauern fest, wie langweilig sein Leben ist und dass er nichts erlebt.

## SUNNY SIDE.

Hab mich entschlossen, endgültig auf die sonnige Seite überzuwechseln. Denn so geht das nicht weiter. Es ist eine bewusste Entscheidung, eine, die ich spür bis ins Mark. Ja, jetzt, es geht, ich kann das. Damals hab ichs auch so gemacht, als ich Waltraud sah auf dem Plakat. Auf dem Hauptplatz, bei der Weikhard-Uhr. Ich rekapituliere. Meine Unfälle: Als ich auf die Knie fiel Ecke Sporgasse/Hauptplatz. Kein Schlag auf den Kopf wie beim Autounfall in Abergavanny/Wales, soviel war nicht notwendig, nur bissel Bandscheibenverschiebung. Und jetzt sitz ich da mit einer eingefatschten Hand. Bevor sich die entwickelnde Sehnenscheidenentzündung manifestiert. Keine Uhr. Quarz usw. stört auf Dauer, hindert den Energiefluss. Erstmals in der Früh kein Cure im Badezimmer, stattdessen Beethoven II. Andere Energie. Hab meine neue Samtschwarzhose an mit dem Tannengrünpullover. Im tiefen, tiefen Wald. Ab jetzt werde ich überzeugt und gern alle Arbeiten tun. Werde alle Erledigungen machen und in der Spielzeugschachtel Farben für Nike suchen zu Weihnachten. Könnte Bäume ausreißen. Was ist passiert? Was Neues. Auch wenn Oz weiterkämpfen muss, in seinem Körper, mit seinem Leben, soll es diesmal anders werden. Ich werde nicht warten. Werde viel stärker helfen, tun, dabei sein. Wir miteinander. Die Lustige wieder im Element, der Boxer lächelt und gibt seine Tiefsinnigkeiten dazu: »In Niederösterreichisch gibts kane Berg!«[162] und ähnliche Weisheiten. Bleib in deiner Spur, A. Grüner

---

162   In Niederösterreich gibts keine Berge!

Kuli, grüngrün. Fröhlichkeit. Freude. Leichtigkeit. Zum Beispiel Weihnachtsessen – was solls, wenn wir Stress haben! Wir wollten das machen, wir werden. Familie! Das Wichtigste ist unsere Freude und dass wir gern miteinander sind. Nichts muss bewiesen werden. Oz muss keine Medaille gewinnen und keine Restaurant-Qualität liefern. Nur ein gemütliches Familienessen! Improvisierter Tisch. Gemeinsam feiern. Etwas noch zu Nike: ihre Unruhe und Unsicherheit, weil Johanna unglücklich ist im Fleischerjob. Unrund. Das steckt an. Nike will ihr helfen. Die sind so aufeinander bezogen, Tochter und Mutter. So allein.

IM ZUG, DIENSTAG, 15.12.2009
## SCHNEEFLOCKEN.

Fallen, trudeln langsam, beständig, wie bedächtig, vor Samtschwarz und Neonlicht. Bahnsteig sehr kalt heut wieder und nicht allzu viel Schnee, aber doch weiß überstäubt alles. So geht es weiter bis angeblich Donnerstag – passt schon. Die Verkäuferinnen unterhalten sich über Rutschiges, Autofahrten und Geburtstage. Hier haben wir wieder eine sehr gut Aufgelegte, mein Gott, wie schwer man so was aushält, dabei geben sie die Tagesfarbe vor: »Wainnts scho schimpfn…«[163], ein Steirisch drauf wie – juche! Rostrot, Orange, Mauve, Lachs, Rottöne, und sie witzeln hin & her – (Philipp das missfällt mir sehr![164]), siehs fröhlich, Kind, und lach auch. Neben mir die Finstere hat ebenfalls ihre Taschen

---

163  »Wenn sie schon schimpfen…«
164  Zitat aus Struwwelpeter: Der Zappelphilipp.

zusammenraffen müssen, rechts sitzt der Military Man, »gsteckt vull«[165] also wieder mal. Heute Weihnachtsumtrunk, »du, ich komm eh gleich ins Funkloch…«, noch eine ganz Lustige – dieses Gelächter in der Früh! Dabei so froh, dass ich heute gar nicht einschlafen konnte, auch viel zu viel Herzklopfen vom Prosecco. Unmengen schon tagsüber, weil am Nachmittag mit Verlegerin im Central, dann zuhause weiter – es hat mich so gedreht, dass ich umgefallen bin vor dem Regal, auf den Rücken, wie ein Käfer…! Ich war so schockiert, verwundert, aufgeregt. Dann wieder: O Gott, ist ja nichts, nur peinlich. Ich hör sie schon, die Kritiker: AW's Monsterroman, sowas von langweilig! Aber wer weiß… Denk lieber an deine Arbeit – den ganz normalen, tagtäglichen Stress. Von rundum langsam zugewachsen, umzingelt von Trollys. Flexibilität, Mobilität wird verlangt. Aber dann dieses Verbundenheitsdenken: Gaia, Mutter Erde. Wie leben wir? Achtung vor Lebewesen, Plastikmüll-Probleme, erneuerbare Energie. Jeder für sich selbst. Jedenfalls könnt ich meinen Roman unterbringen. Vielleicht. Hoffnung. Und dann weiß ich auch schon den Titel. Die Verklärung. Oder lieber Erleuchtung? Oder: Verklärt. Erleuchtet. Und das ewige Licht draußen, das echte – dieses Indigoblau mit den Lichtern – wie schön! Vati! Denke ich, voll Liebe. Mama! Liebe. Oz! Liebe. Und Sorge. Heut geht er Blut abnehmen.

---

165    Bis auf den letzten Platz voll.

## KÄLTE STEHT.

Military Man heute in Zivil, Gänsefrau hat ihre Freundin wieder und schnattert fröhlich, die Clique mit der Lauten, Curt und Boxer wie üblich, einen Sitz weiter die Pferdeschwanzfrau vor mir, wir unterhalten uns jedes Mal jetzt ganz prächtig übers Wetter oder die Verkehrsverbindungen. Eine hustende bunte Frau auf der anderen Seite. Gespannt, ob ich von der Schaffnerfrau heute einen Gutschein bekomme, die ÖBB hats versprochen, aber sie haben immer zu wenig, sagen sie. Es werden nicht mehr zugeteilt. Der Zug ist noch mal stehengeblieben, was ist los, seltsamer Tagesbeginn, aber ausgeschlafen bin ich, heimelig in Dunkelblau und Gold, bewusst schreite ich hinüber auf meine *sunny side* und bleibe dort. Die bunte Frau lacht mich an, sie hat Brillen. Die gschnappige Gans kauft eine Karte um 700,– und ich warte gespannt… nein, sie hat auch keinen Gutschein bekommen, sie haben keine mehr. Schon wieder. Ich erzähl ihr, dass der andere Schaffner gesagt hat, ich müsse halt weiter vorn einsteigen, bis er nach hinten kommt, hat er keine mehr. Vorn einsteigen hilft nix, sagt sie. Aber in Fehring waren überhaupt keine, sie muss erst wieder ausfassen. Wir unterhalten uns eine ganze Zeit übers Thema. Ich werde der ÖBB ein Mail schreiben, da werden sie aber schauen. Wie das letzte Mal. Danke für Ihre Rückmeldung. Wir kümmern uns darum. Und nix passiert, null, niente. Wie mit der blöden Tür. »Dann werd i coole Sprachen, was in Europa san, lernen…!«[166], die Laute. Schöne Winter-

---

166  »Dann werde ich alle möglichen europäischen Sprachen lernen.«

landschaft, wie sie da aus dem Blau steigt, fast Schwarz-
blau. Atmender Schnee und viele Lichter. Wir sind reich,
Oz hat Recht. Niemand muss sich im Wald verstecken,
erfrieren, verhungern. Kein Krieg, friedlich. Wohlle-
ben. Einziges Problem, dass ich keinen Gutschein krieg
und früh aufstehen muss. Punsch oder Prosecco? Gans
oder Truthahn? Suppe? Nein, das ist zuviel. Zehn oder
sechzehn Sorten Keks… Umbau, Anbau, Swimmingpool – das macht so viel Arbeit! – Die bunte Frau hat
auch ein Heft und schreibt! O du fröhliche, wir stehen
schon wieder auf der Strecke, Messendorf. Ein beleuch-
tetes Rentier auf einer Garage, Raiffeisen und Farina seit
1771. Autoschlange vor den Bahnschranken, Vorweih-
nachtszeit. Die Äcker schlafen. Heut denk ich mit Oz
das Weihnachtsessen und die Anzahl der Leute aus. Eins
nach dem anderen kommt in Ordnung. Ich beruhige
mich. Das ist das Wichtigste.


IM ZUG, FREITAG, 18.12.2009
**HA!**


Heute um den Gutschein gekämpft bzw. den Schaffner
angesprungen, kaum dass ich ihn sah, und juhu! – ich hab
meinen Gutschein! Nach Ausfüllen eines Formulars usw.
bekomme ich feierlich überreicht: 2 x 8,– auf Leistungen
der ÖBB – mein Gott… dafür der Zirkus?! Na gut, einem
geschenkten Gaul… das Lächeln des kleinen Pitt wird
entspannter, heiterer, ist kein Grinsen mehr, seine kleine
Laute pickt neben/an ihm, Geschmuse, sie wird leiser,
aber nicht sehr. Ich sitz neben türkischem oder indischem
Mädchen, hübsch, meine Hände werden wie Mamas

Hände. Meine Schwestern und ich verglichen am letzten Wochenende unsere Leberflecke auf den Händen und lachten dann sehr über unsere Lesebrillen, die wir bei uns hatten, alle drei. Das wussten wir gar nicht voneinander, dass jede schon Brillen braucht. Heute hör ich dauernd Musik. Schwer, mich auf *sunny side* zu bringen, muss das Lied raussuchen, den Text. Oh, schon Laßnitzhöh! Endlich letzter Tag. Ich muss wegen dieses verhornten Fleckens auf dem linken Arm zum Hautarzt, der gefällt mir nicht. Bevor ich mich auflöse, noch viel zu tun. Betrübter aufgeregter Oz, gestern paschamäßig sich ausbreitend vor seinem Schwiegersohn, die Kinder ganz spitz vor Hunger und Müdigkeit. Erschöpft. Still. Ich koche, so schnell ich kann, eine Riesenfuhr Reis und Gemüse. Spiegeleier dazu. Mein Gott! Ich war doch grad erst ein junges Mädchen. Muss mich in nächster Zeit mehr um meinen Körper kümmern, hab mich richtig vernachlässigt. Weil zu viel Zeit fürs Arbeiten und das Rundum zuhause. Diesmal Rest Kekse und Weihnachtsvorbereitungen. Mir gegenüber der junge Jacky, seinen zweiten Gang-Kollegen hat er dabei. Kleinkriminell schauen sie aus, beide. Hübscher Junge, noch schlank, wenn mal Alk, Sex & Drogen ihre Langzeitwirkung entfalten, wird er auseinandergehen wie Eric Burdon – mit 35… Jacky (mit Ohrring) ist ganz baff, dass es in Raaba zwei gestandene Männer wagen, sich in ihren Vierer zu drängen: Aufforderung der Herren an die Jungs, ihre Rucksäcke wegzunehmen durch leichtes Deuten mit dem Kopf… Farina Farina Marina denk ich, und dass ich nur noch Montag arbeiten muss, einen Tag. Wenn heute vorbei. Wochenende und viel, viel Freizeit. Ferien, Mallorca mit Oz und Freunden. Die Laute hat ein Wieselgesicht, ein Fuchsgesicht, jedenfalls Wild/Waldtier.

## DURCHWEGS GANZ STILL.

Rufe Johanna an, Nike kommt nicht an diesem Wochenende, also ruhiges Wochenende für Oz und mich, passt auch, ich mit meinen Keks und meiner Schreiberei. Weihnachtsstress erst zu Weihnachten. Gerührt trotzdem. Und traurig. Allein. Kann mir vorstellen, wie das ist für einen einsamen Hobo: allein im Zug die Strecke… Ein goldenes Mädchen sitzt gegenüber mit Barbiefigur, sie fragt sehr freundlich, ob hier frei ist, langes blondes Haar, unten lockig. Das ist mein Engel, meine *sunny side*, meine Sonne, mein *Sunny o so true, I love you*. Das Handy macht mit mir, was es will. Egal, ein interessantes Ding mit ganz unglaublichen Möglichkeiten. Ich werde dann zum Hofer fahren, einkaufen. Und dann eine einfache Glasur machen. Trinken will ich nichts mehr außer Wasser… jeden Tag eine Weihnachtsfeier – es reicht. Was macht ein junger Mann wie dieser, sichtlich ohne Erfahrung, mit einer dünnen jungen Frau ohne Erfahrung? Zwei dünne Gestelle. So waren wir: Kinder.

## NACHHAUSE!

Endlich Urlaub, endlich. Weihnachtsurlaub, nur mehr ans Christbaumschmücken denken und Kochen und Einkaufen und Vorbereiten und letzte Geschenke. Ziemliche Hektik noch zum Schluss und Einpacken von allem, Christstern, Abwesenheitsassistent mobilisieren und Rechnungsbuch-Vertretung. Aber jetzt legt sich die Spannung, mein Kreuz sticht etwas, hohes flirrendes Stechen, nicht gut. Und Angst, was bei Oz los ist. Vor allem, dass er schlecht drauf ist. Aber muss nicht sein. Er war beim Arzt. Waltraud K. heute gesehen im Erzherzog Johann, wo ich mit Johanna war, nachdem wir Margots Geschenk für Nike besorgt hatten. Mit Christiane H. ist sie dort gesessen, am Nebentisch der Ex-Präsident des Steirischen Herbstes, und ich mit der adretten Johanna, nette Stiefelchen und Käppi mit Leopardenimitation und mit Stola – wie bei alten Frauen, sagt sie selbst, aber eben deshalb so reizvoll! Fesche, schöne, gescheite Tochter! Bald Magister! Und dann Doktor! Wie glücklich bin ich. Ja – wie ich dachte/wusste: Oz ist ganz schlecht drauf. Triglyzeride und Cholesterin gestiegen, Leberwerte schlechter als 2007, leichte Hepatitis. Mehr Bewegung, weniger saufen, weniger essen. Übergewicht, Schilddrüsen und Biopsie. Schlechte Werte, trübe Stimmung. Was ist das noch für ein Mallorca-Genuss, wenn er nichts genießen darf?!

# ICH BIN KEIN HELD

**ICH SITZ IM ZUG 19.21,**

bin also nicht zur Peccata Mortifera Vernissage in der KHG-Galerie gegangen. Wohin ich mit Umsteigen von Straßenbahn zu Bus und Warten noch weitere zehn Minuten hätte gehen, dann mit Anstrengung mehr oder weniger interessante Gespräche durchhalten hätte müssen, und das alles ohne Alk – nix. Ich hol mir jetzt mein Leben zurück. Nehm mir, was ich brauch. War stattdessen bei Johanna. Bin auf Nikes Kinderbett eingeschlafen, dann schauen wir alle gemeinsam Sandmännchen. »Oma bleibt endlich wieder lang, lang!«, und Oma hat für Mama und Nike eingekauft und anschließend waren wir alle drei gemütlich im Tribeka. Ich mache, was ich will. Schau mir die jungen Menschen an, für die ich durchsichtig bin. Oz marschiert derweil in Budapest durch die Pampa, erzählt er mir zwischendurch am Handy vom Generalstreik in Budapest, und ich sag, wem hilfts, wenn du dich kasteist und keinen Hubertus[167] zu dir nimmst beim einstündigem Marsch nachhause, derweil ganz Budapest streikt!? Mach was draus! Und er schwärmt, dass der Speck endlich wieder da ist auf dem Markt, zwölf Zentimeter dick und rosa geräuchert! Und Stelzen und Fleisch und Wurst – und in der Früh das frische Plundergebäck in der Passage, Geruch nach Vanille, Schoko und Marmelade! Und ich denke, ach, mein Kleiner, so nimm doch, bedien dich! Essen ist dein Glück! Und meine Tochter erzählt mir, als ich so daliege

---

167  Typisch ungarischer Kräuterlikör.

und einfach alles sein lasse, dass sie ihre Diplomarbeit nun
doch als pdf angenommen haben und der Termin für die
Prüfung 4. März steht. Und sie kriegt auch für zwei bis
vier Stunden die Woche ein englisches Kindermädchen,
damit Nike Englisch lernt für die Zukunft. Also alles im
grünen Bereich. Röhre markiert wieder den Schauspieler
und betont seinen Text, als wär er Oskar Werner. Wie man
sich fühlt. Von innen raus. Und als ich so über das alles
nachdenke, wer kommt da den Gang entlang? Der Hässliche! Sein Blick mir gerade ins Gesicht. Aber gar nicht
mehr hässlich, sondern glatt und halbwegs gutaussehend –
vielleicht ist ers gar nicht? »Nächste Halte: Laßnitz-Höhe,
Laßnitz-Thal!« Ooh, Röhre! »Werte Fahrgäste, aufgrund
eines verspäteten Gegenzuges aus St. Gotthard wird sich
unsere Weiterfahrt um voraussichtlich sieben Minuten verzögern. Wir bedauern das…« – O Gott, und gerade heut
hab ich nichts zu lesen mit. Jetzt sagt ers gleich noch mal,
diesmal mit einer Verzögerung von fünf Minuten. Halten
wir das aus? Müssen wir wohl. Ist ja nichts, ganz normal.
Müde. Will endlich nachhause! Nach so einem Tag! Und
morgen wieder einer! Will einfach nur daheim sein, Müsli
richten für den nächsten Arbeitstag und Reis und Gemüse und Tee und was weiß ich. Ist das ein Hinweis/Wink
des Schicksals? Wenn ich nämlich brav zur Vernissage gegangen wär, wär ich auch nicht später heimgekommen…?
Also ca. ein bis eineinhalb Stunden »vergeudet«? Aber wofür? »Nur« für mich? Und es geht gleich weiter. Morgen
Lesung in Gleisdorf. Brauch ich das? Ein leerer St. Gott-
harder fährt vorbei… Dürfen wir endlich starten, bitte?!
Haare waschen. Blähungen von Quinoa oder so. Zu wenig
Wasser getrunken – spröde Lippen, nicht gut. Nachholen!
Nachdenken.

## »ICH BIN KEIN HELD!«

behauptet Johnny Depp in der Kleinen Zeitung. »Is da
frei?« – »Ja sicher.« – Voll wie üblich. Voller als voll. Die
Strenge liest die Zeitung, als handle es sich um einen In-
quisitionsbericht. Engelchen, an ihren Kommunikator
geklammert neben mir, schläft fest. Auf die Scheiben ist
lila und gelb gesprüht, vorne auch noch grün, eine Blu-
menwiese, der Schaffner will nichts sehen. Meine Haare
sind frisch und ich mit ihnen Ton in Ton, sprich rötlich-
braun, heut Livia treffen, meine alten Freundschaften
wieder auffrischen. Tanja hat heut Geburtstag, Angela
morgen. Wenn ich ihre Telefonnummer nur finden könnte, seit Jahren keinen Kontakt mehr. Mein lieber Bruder
schenkt mir dauernd belehrende Bücher, Geschichte des
Wissens, Weltgeschichte, Entwicklung seit der Steinzeit,
alles in humorvollen oder beeindruckend wissenschaftlich
seitenstarken Verpackungen. Meint er, ich soll endlich
was Ordentliches lesen? Damit ich besser schreib? Hab
ich die Hoffnung auf Veröffentlichung verloren? Eigentlich ja. Ich glaub nicht mehr daran. Es ist zu schwierig.
Aber was ist zu schwierig? Alles geht, wenn du glaubst.
Weiß ich. Wenn die Laute nicht so extremes Steirisch
drauf hätte, könnte sies zu was bringen, sie sticht heraus aus dem Pulk der Jungen durch Ideen, Konsequenz
und beeindruckende Haut und Augen. Bei der Lesung
heut welche Probleme? Nachher will ich nicht stundenlang, von meiner lieben Buchhändlerin vergattert, am
Gasthaustisch sitzen mit einem Glas Wein, um gepfleg-
te Konversation mit dem Autor zu bestreiten. Aber bist
du deppert: verpasst die Chance des Backstage mit dem

Promi-Autor?! Was mir einzig in dem Zusammenhang dafür zu sprechen scheint: eine Chance, mein Vorteil. Dass mich der Autor z.B. einschleust zu Rowohlt oder so. Was er natürlich nie tun wird. Warum auch. Die Zeiten sind vorbei, wo er sich noch meinen Kuli ausgeborgt hat im Liebenauer Stadion, »Andrea, borgst mir deinen Kuli…?«, und ich zwischen unbändigem Stolz und der Angst schwankte, ich krieg vielleicht meinen Lieblings-Pelikan nicht mehr zurück… Draußen alles Schwarz. Wir, sämtlich unausgeschlafen, durch die Nacht gezogen von einem überhitzten Metalltier. Neben mir schreit Engelchens Handy auf, sie erschrickt, aus dem Tiefschlaf gerissen. Viel Schnee draußen. Dunkelheit blaut allmählich. Wer bin ich?!

IM ZUG RETOUR, MITTWOCH, 13.1.2010
## DIE SPINNE SITZT AN DER THEKE,

dabei hatte ich solchen Spaß mit Livia. Ich bin wieder fähig zu blödeln und einfach so dahinzugondeln im Gespräch. Ohne Stress. Einfach Freundschaft. Und ich sehe ihre kleinen Zähne und die dünne Haut, die sie immer schon hatte, blass und sommersprossig, die Hände werden faltiger und alt, aber sie hat noch ihr Mädchenlachen. Die dramatischen Gesten haben zugenommen, ausufernd, sie lacht gern, sie geht gern ins Detail. Sieben Jahre lang hat sie Karriere beim ORF gemacht, bis sie sie unter dem Vorwand Kind rausgehebelt haben, als sie nach der Karenz zurückkommen wollte. Zumindest haben sie ihr einen »unmoralischen« Vertrag angeboten, sagt sie, unannehmbar, und das wussten sie, also fixe

Zeiten, ständig dort, aber zur Hälfte des Gehalts, mit weniger Kompetenzen usw. Man fragt sich wirklich… und dann seh ich die schwarzgraugelbe Spinne da sitzen an der Bar mit Kreuz und Stern und Gift, und sowie ich leicht hinübergrüße, was soll ich machen, hat die sich auch schon festgehakt an unserm Tisch, hier steht sie schon, drängt sich ins Gespräch, will mitspielen und uns zwingen, etwas anzuschauen, das sie uns jetzt zeigen muss, auf der Stelle. Sie freut sich über ihren Erfolg und will den mit jemandem teilen, das kann ich mir schon vorstellen, aber nicht auf diese Weise, zu diesem Zeitpunkt, wenn ich endlich eine meiner ältesten Freundinnen seit Ewigkeiten wieder sehe und sie für mich allein haben will, ganz allein! Raffinierte alte böse Frau, Hexe. Wie komm ich dem aus. Wahrscheinlich taucht sie jetzt immer wieder auf. Ich werde geduldig sein müssen. Aber wie lang halt ich das aus? Schon wieder abgedrängt. Statt dem Spaß mit Livia – oh, Handy-Akku ist aus, Oz wird mich suchen, außer sich vor Aufregung – oder vielleicht auch nicht. Mein Leben macht einen Knick. Eine Biegung. Ich brauch eigentlich nur neugierig zu sein auf das, was kommt. Zurücklehnen, warten und schauen. Kommen lassen und mitspielen. K zum Beispiel, taucht auch auf an unserm Tisch. Mit einer kleinen Tochter an der Hand. Dass heute eine Lesung ist in Gleisdorf, erzählt sie. Weiß ich. Ob ich da wohl hingehe. Und mit wem gehe ich am 21. in die Oper? Und meine Tochter hat am 25. ihren Geburtstag! Was wünscht sie sich? Livia lacht. Livia ist seit neuestem mit Kain zusammen, Kain ist gehörlos. Vorher war sie mit seinem besten Freund zusammen, eine Zeitlang wars ein Dreiecksverhältnis. Ich staune. Genau wie damals! Nun hat sie natürlich nur noch Kain, aber das Knistern bei seinem Freund ist noch da. Unglaublich! Oz wird das gar nicht gefallen, wenn ich wieder mehr mit meinen Freundinnen zusammen bin. Wer weiß, auf welch blöde Gedanken ich dann wieder komm. Ich will schließlich schreiben. Livia malt übrigens. Immer nur mit einer Farbe, dann mit eine anderen. Sie kriegt richtig eine Gänsehaut, als ich sage »Grün bei Paul Celan«. Dass ich darüber gearbeitet habe, für mein Diplom. Die alten Cliquen, die alten Netzwerke. Wie schön sich das anfühlt! Ihre alt bekannten Hasenzähnchen, immer noch das zarte Mädchen mit ihren Fünfzig jetzt, ja, ich war in sie regelrecht verliebt. Wenn man längere Zeit nicht kommuniziert, wird alles ruhiger, langsamer, einfacher. Und keine Angst. Gib der bösen Hexe, die da wie ein Gespenst, ein Geist an eurem Tisch klebt und deren Augen böse funkeln, weil wir einfach weiterreden, miteinander lachen, keine Energie! Immer dieses Fürchten. Das muss aufhören, sonst kriegt das, wovor du dich fürchtest, die böse Spinne, nur Energie, Macht. Wo ich doch gerade mein Alternativnetz aufbaue. Und meine Angst ablege. Sogar einen Frauenarzttermin hab ich gemacht. Schöner ruhiger Tag, ich hab einiges weiter gebracht. Sie hat Zeit, Livia. Nur ich hab keine, mein Mann wartet. Ich hab nur ein paar Ecken, Nischen, stell ich fest. Aber das ist doch auch ok, oder? Ich halt sowieso nur eine kleine Dosis andere Menschen aus. Wie gut sind meine Texte. Will ichs wirklich wissen? Noch immer ein großes, viel zu schwammiges Gesicht in der Scheibe gespiegelt. Aber langsam gehts mir besser. Null Alk. Mich verwirrt nichts. Nichts darf mich mehr verwirren. Und wenn mir die Zügel aus der Hand fallen, heb ich sie einfach wieder auf.

## BEETHOVEN II, 1.SATZ

bestimmt Tempo und Stimmung an jedem Morgen jetzt. Baba, Cure… Alles anders, einiges anders. Zug knapp erwischt. Die Lesung gestern: Promi-Autor kennt mich nicht mehr. Nix »Andrea, borg mir deinen Kuli!«, nein, er braucht nichts, er will nicht belästigt werden. Er ist ein höflicher Mensch, aber bitte geh weg du… – hinter den Kulissen seh ich den Depressiven, den er im Brenner auch gibt, nur auf der Bühne ist er in seinem Element und steigert sich rein, macht es gut, Super-Show, vor so vielen Leuten, eine dumpfe Masse in Schwarz und man selbst im Scheinwerfer, das kennst du ja, A. Die Buchhändlerin so klein auf der Bühne, aber gut vorbereitet und perfekt, passt alles, ganzer Abend passt, nur ich nicht. Mit meinem angeknacksten Selbstbewusstsein, so abhängig von Erfolg und Klatschen. Der Junge neben mir in roter Weste und Käppi stinkt nach Tschik, der schwarze Lange rechts von mir auch. Steinzeitgespräche: »Duou! Moi gschaut, haha«[168] – Lallen lassen. Gähnen. »Flouschn… lll tsts…«[169] – Unglaublich, man versteht kaum ein Wort. Und ich sitz in Schweiß. Fühle mich mies. Minder. Ist es nicht besser, man machts wie die Blonde, die immer in Raaba aussteigt, einmal roter, dann gelber oder weißer Pullover, heute hellblau kariert? Täglich arbeiten, am Wochenende Besuch, ein Kuchen. Kinder, Wäsche, Zahnarzt. Es reicht doch! »…hei Oide, bist deppat!«[170]

---

168  »Du! Mal geschaut, haha.«

169  »Flasche… (undefinierbare Laute)«

170  »… he, Frau, bist du verrückt?!«

Das Zigarettengewand neben mir nimmt mir den Atem.
Ich hab Parlamentsreden gehalten. Was ist passiert? Zu
viele Arten von Denken, zu viele Arten von Sein, zu viele
Arten von Schreiben.

IM ZUG, DIENSTAG, 26.1.2010
## NUR IMMER LOCKER.

Wenn du zum Frauenarzt musst und der in dir rumkramt
mit seinen diversen Sachen und Instrumenten, und du
möchtest vergehen – nur locker! Wenn du in der Therapie
versuchst, den schmerzenden Stellen näher zu kommen,
den Finger drauf zu drücken, die eitrige Entzündung
raus – nur locker! Wenn dein Mann vielleicht Krebs hat
und der Befund kommt in einer Woche, vielleicht, und
du denkst und grübelst und es geht dir schlecht – nur
locker. Es ist ja so leicht, du brauchst dir nur was anderes
zu wünschen und schwupps! – die Zukunft hat sich verändert, du hast einen reichen, glücklichen, zufriedenen,
gesunden Mann, der sich mit Leib und Seele in Essen &
Trinken schmeißt, der Frauenarzt plänkelt und sagt, alles
super, bis zum nächsten Mal, in der Therapie hast du den
absoluten Durchbruch und weißt alles, alles! Nur weil du
so locker bist. Beatrix Karl mit Gipsfuß sitzt auf Minis-
tersessel, eine Blitzkarriere, sagen sie, wie sie immer sagen, ab jetzt kennt sie die Welt, sei nicht neidig, was willst
du. Die Angst sitzt ihr im Nacken, das kannst sehen, und
alles Persönliche wird neugierig ans Licht gezerrt. Willst
du das? Na eben. Du sitzt da mit deinen Schriftstel-
lermachos, Angstmännern, die du nicht aus dem Kopf
kriegen willst, an der anderen Wand Hera Lind, eine

depperte Superwalküre willst natürlich auch nicht sein, nur das Geld und den Ruhm bitte – und vielleicht noch den unbeirrbaren Frohsinn, den sie ausstrahlt, siehe »Wir sind Kaiser«. Ist das Blödheit oder dicke Haut oder eher geschicktes Verhalten in der Öffentlichkeit?

# IMMER WEITER FÄLLT SCHNEE

IM ZUG, FREITAG, 5.2.2010
## DIE LAUTE ÜBERTÖNT ALLES.

Sie hat neue Stiefel gekauft und teilt die Geschichte deren Erwerbs dem Waggon mit. Sitze neben der Spitznasigen, die aus dem Fenster hinauswächst. Das täte ich auch am liebsten – wenn ich ein Fenster hätte, aber auf meiner rechten Seite hat sich eine blonde Ältere (sprich ca. 40) breitgemacht und schaut mich strafend an, als ich sie mustere. Dieses Geplapper, sie können keine Sekunde die Goschen halten. Ich schaue alt aus im Spiegel in der Früh, sehr alt. Aber Oz hat Recht: Ich kann noch gute und gern dreißig Jahre haben. Was dann? Die Laute will ein Fest organisieren mit einem Stripper. Kostet 200,–, weiß sie, und die ziehen sich aus bis auf die Boxershorts… Wie wunderschön der rosa Himmel. Himmelblau der Schnee, beschlagen die Sträucher, stumpfes Pastell.

IM ZUG, MONTAG, 8.2.2010
## VERZAUBERT.

Der Park ist ein Märchenwald, lange Strecken gehe ich auf einer weißen Decke, der Eislaufplatz schläft, du hörst diesen Typen nach seinen Hunden rufen und pfeifen, das dunkle Indigo wächst und verwandelt sich in ein luftiges Dunkelblau, das aufhellt beim Zuschauen. Die Kälte ist nicht so schlimm, Aufpassen beim Rutschen. Schöner Tag. Ich sag nur einfach, das ist ein schöner Tag. Der Raab-Rabnitz-Zusammenfluss eine Winteridylle. Macht nichts, dass Februarschnee. In einer Woche Fasching, heuer vielleicht in Rosa. Ruhige Woche mit Erledigungen.

IM ZUG RETOUR, MITTWOCH, 10.2.2010
## IMMER WEITER FÄLLT SCHNEE.

Es ist angenehm, alles verlangsamt sich und wird weicher, sogar trotz Gatsch in der Stadt. Vermummt die Menschen, stapfend, alles nass. Johanna schaut »Help!« und ich spiel inzwischen mit Nike Schneewittchen und Maria & Josef und böse Stiefmutter und Liedersingen zur Gitarre, es ist eine totale Fröhlichkeit. Vorher sitze ich mit Johanna in diesem angenehmen italienischen Café und wir reden über ihre englische Zukunft. Ein Mädchen im Zug redet auch gerade am Handy über ein dreijähriges Kind: »Jo, i waß eh, wenn i tschüss sog, leckts imma glei auf!«[171] – Daumengelenk rechts tut weh. Reichlich redlich müde. Abend allein, Oz in Budapest mehr als zufrieden, nämlich ausgewogen, glückliche Stimme, männliche Stimme. Zehntägiges Drehen, 42 Folgen, TV sagt Ja. Zuerst muss noch einer gegangen werden, aber ab September wird gedreht, vorher proben sie noch. Also wieder mal Warten? Sie reden irre: »Ouwa net doo, in Föpoch!«[172] – »…zuwi lign…!«[173]

---

171 »Ja, ich weiß! Sobald ich tschüss sage, legt sie immer gleich auf!«

172 »Aber nicht da, sondern in Feldbach!«

173 »… sich dazu legen…!«

## »VON DEN MÜHEN DER WEITEN EBENE«

Zeitungsschlagzeile vor mir. Dachte, heut kann ich einfach nicht. Aufstehen, weitermachen. So müde, zu müde. Gestern war irr anstrengend, obwohl lustig bei Heringschmaus mit Mann und Tochter. Heute Therapiestunde. Hoffentlich bringt mich die weiter. Haben die Wahnsinnigen allen Ernstes bei der Waldidylle den großen Nadelbaum gekappt? Sah ich recht? Eine kaputte Säule, ein gemordeter, verkrüppelter Baum?! »Alles ist möglich, nix ist fix«, kommentiert die Kleine Zeitung lakonisch. Dieser Tag! Was ist los?! Die automatische Tür geht ununterbrochen auf und zu, und der Zug fährt nicht weiter, wird immer langsamer, steht endlich. Unheimlich. Jetzt ist das mit der Tür endlich vorbei, minutenlang hat das gedauert. Bin sehr nervös. Es ist ein Sirren in der Luft, ein seltsames Sirren. Auch ein Gebläse zieht an, es wird kalt. Beim Einsteigen hatte ich schon eine zerquetschte Rose und Abfall entdeckt, eingezwickt bei meinem Klapptisch, samt Kronenzeitung von gestern. Was ist los mit diesem Tag? Hier gibt es nur ein Geleise, und sie sperren jetzt die Strecke. »Wegen einer Tierrettung am Gleis wird sich die Weiterfahrt um einige Minuten verzögern.« – Tierrettung also. Ok, wenn nur nichts kaputt ist, dann haben wir Aussichten, weiterzukommen. »Technisches Gebrechen« ist die größte Katastrophe. Ein Tier auf der Strecke, ok.

## SO EIN WIRRER, VERWIRRTER TAG!

Nichts will gelingen, alle Apparate spinnen. Die Leute seltsam. Ich hab auf Oz' Rat hin den früheren Zug
genommen, 16.04, »dann siehst ein bissel Sonne«, großer Irrtum, Wolken ziehen auf, aber er hat schon Recht,
wenigstens mehr Helligkeit für die Augen und früher
zuhaus. Nur: Wofür? Was tun? Durch die Räume wandern, schauen, lesen, kochen, schreiben. Zu müde für alles. Heute Gloria Kaiser, Signierstunde bei Moser, sollte
sie wohl kurz besuchen. Aus der Straßenbahn Johanna
und Nike gesehen! Wollte am liebsten aufspringen und
zu ihnen rennen! Jetzt hebt sie nicht ab, wahrscheinlich sind sie noch nicht zuhause… krieg ein SMS: »Die
Superpraktikantin nicht versäumen!« – Hm. Damals
hab ich noch gedacht, Leistungssteigerung wäre gut,
mehr Privatisierung usw., weil ja wirklich alles gesteckt,
nichts weiter gegangen ist. Zuerst hat es auch geholfen,
der Service ist besser geworden, alles »schlanker« – aber
jetzt geht es zu weit. Ganze Berufsgruppen sterben aus,
ganze Versorgungssysteme, und viele Arbeiten gibt es gar
nicht mehr, werden ausgelagert, von ausländischen Hilfs-
kräften billigst erledigt. Und das, wovon sich die kleinen
Leute ernähren haben können, die eben nicht fähig sind
für Leistung und Weiterentwicklung und Ausbildung
und Chancen und was weiß ich, die bleiben auf der Strecke. Nicht jeder lernt gern und nicht in jedes Hirn passt
was rein. Wir fahren. Der Zug ist fast leer. Was ist los?
Niemand will nach Gleisdorf? Eine Frau, Mix zwischen
indisch und oststeirisch – nicht ohne, diese Erscheinung,
melodiöse Stimme und Traumhaar, rabenschwarz, viel

und lang – aber dann die Stimme: wildester Dialekt und alle nur möglichen grammatikalischen Fehler: »I muss mi eh heit mit sie treffen!«[174] – Eine weitere junge Frau auf der anderen Seite bringt mich zum Staunen: »Danke gut! I hab wen anderst kennenglernt! – Willi! – 25! – An wunderschönen Körper. Er arbeitet als EDV-Techniker in Gleisdorf, gleich wie i, in ana Disco!«[175] – »Seavas, Babsi…!«[176]

IM ZUG, DIENSTAG, 23.2.2010
## DER DRÄNGER

schiebt mich beiseite. Ich versuche nach Kräften, Contra zu geben, aber unterliege dem Affenmenschen. Ein großer, starker Mann, nicht ganz so jung, mit einem riesigen Rucksack und einem offenen, ewig grinsenden, rücksichtslosen Gesicht. Ich hab null Chancen, von Höflichkeit hat der im Leben sowieso nichts mitgekriegt. Aber gut. Links von mir sitzt Türkismädchen, gar nicht mehr türkis, immer der gleiche graue, dünne Mantel im Schneewittchenstil für eine zu stark gebaute, eher indianisch wirkende Frau. Graumädchen arbeitet irgendwo, keine Schülerin, hab ich bemerkt, denn sie fährt täglich, schläft täglich, auch in der Ferienzeit. Hell. Hell und klar und frisch – vier Grad in der Früh, macht nichts, es wird Frühling, sagen alle, sehnen sich

---

174  »Ich muss mich sowieso heute mit ihr treffen!«

175  »Danke, mir gehts gut! Ich hab einen anderen Mann kennengelernt, er heißt Willi und ist 25 Jahre alt. Er hat einen wunderschönen Körper und arbeitet als EDV-Techniker in Gleisdorf, und nebenbei macht er den gleichen Nebenjob wie ich, er arbeitet in einer Disco!«

176  »Servus, Barbara!«

alle, die Zeitungen sind voll davon. Und die Leute lächeln wieder. Aber ich hatte diesen verblüffenden Ärger-Traum, den ich gleich aufschreiben musste in aller Früh. Ich schreib übrigens mehr, wenn ich allein bin, wesentlich mehr. Und ich mach nicht so viel Haushalt. Und ich ess nicht andauernd. Vor allem diese ständigen Kartoffeln! Sein Grundproblem: Er versucht, alle Probleme so zu lösen, dass er in sich geht und es in sich ausmacht, allein. Oder er verlagert den Ärger auf seine Nächsten, die er als Ventil oder Misthaufen benutzt, zum Sündenbock macht. Übertragung von Ärger/Zorn funktioniert auf diese Weise, klar. Aber dann ist er todbeleidigt, wenn man Contra gibt oder gar zurückhaut. Was soll er denn machen?! Ja, um Himmels willen, was wohl?! Denen, die ihn quälen, sagen, was los ist und wie es ihm geht! Ganz einfach. Der Marlene-Gans, dem Haubitzner-Arsch. Dem schlampigen Zigeuner-Freund, dem schlitzäugigen Intelligenzler-Freund, dem Gauner-Bauernbuam-Freund. Aber er wirds schon lernen. Sagen wir mal. Denken/hoffen wir mal. Die Laute schweigt heute, Benni-Brad sitzt alone. Bin nicht erfreut über Arbeitstag. Lästiger Anruf von der Bank, *banking online* muss ich unbedingt lernen, bin so derschossen[177] mit diesen Sachen. Zwei sehr steirische, plaudernde Bäuerinnen-Tauben friedlich vorne. Nachmittags Steuerberater. Scheiße, aber muss auch sein, muss alles sein. Und immer essen! Aber nimmst halt wenig, von den ständigen Kartoffeln.

---

177  Mundartlich »erschossen« für: erschlagen, kaputt.

## SEELENRUHIG.

Auch weil ich nachts kaum geschlafen hab, bin erst um ca. zwei Uhr eingeschlafen, dabei im Bett seit zehn, mit Gedanken so aufgeregt, durcheinander und beschäftigt, diese Unruhe. Und dabei sag ich mir ständig: Ach, ist doch nichts. Nur ein Buch. Nur ein kleiner Verlag. Was soll das schon sein? Das wird nichts. Du verkaufst sicher nichts, blamierst dich nur. Wer weiß. Warts ab. Vati-Sätze. Schlecht machen, runter machen. Dabei freu ich mich so. Freu dich nicht zu früh – der böse Satz. Warum? Warum soll ich mich nicht zu früh freuen? Dann hab ich mich wenigstens gefreut statt geärgert und hatte Freude statt ödem Gefühl. Und Positives wirkt! Die Laute ist wieder in Form. Manuelas helle Stimme schallt durchdringend. Und ich habe 69,7 heute! Dachte, ich knie vor der Waage – nur kann ich leider noch nicht knien! Kaputt alles, noch immer vom Sturz damals. Die Therapeutin sagt, das sind die zerstörten Nerven. Wenn die mal versehrt sind, müssen erst neue Verbindungen wachsen. Sehr empfindlich. Kann ein halbes Jahr, ein Jahr dauern! Jetzt bitte noch ein negativer Bescheid vom Arzt wegen der Haut, dann ein Anruf von Heidenreich, dass sie mein Manuskript nimmt, und eine Mammographie ohne Auffälligkeit. – Und dann bist du glücklich? Das schau ich mir an! Doch. Ich werde es jeden Tag versuchen. Ganze Matten von Schneeglöckchen heute früh! Spitzen, lauter kleine Spitzen, und neben unserem Haus meine Knollen treiben auch. Kann mir schon meinen Sommergarten überlegen, die Neuanlage mit Bohnen, Tomaten, Zucchini. Und ich lege einen neuen Komposthaufen an.

»I bin heit neben ihm glegen – war im Internet, er hats net gschnallt…«[178], das ist Manuela. Ich hab jeden Tag eine belegte Stimme jetzt. Die Rinder stehen wieder da, stoisch, noch Schnee und kalt, null Grad, aber jeden Tag schmilzt mehr. Graumädchen schläft, die Wollfäustlinge an. Fredi-Schaffner: »Morgen! Danke! Morgen! Danke!« Wie der Trinkl in Helsinki gesungen hat beim Krebsessen! Und jetzt ist er tot. Warum fällt mir das jetzt ein? Weil der Weizer mit der Glatze und dem dichten Haarkranz vor mir schläft, in seiner ewigen weinroten Jacke, auf dem Schoß die Laptoptasche. Johanna braucht einen Laptop. Und ich schenk ihr diesen Ring. Könnte ihr alles schenken. Nächste Woche hat sie Diplomprüfung. Es wird ihr gut gehen, meiner gescheiten Tochter. Und sie wird einen ordentlich bezahlten Job kriegen! Der Boxer hat einen neuen Haarschnitt, jetzt sieht man sein Boxergesicht besser, das männlicher wird jeden Tag. Manuela schreit »Au!« – Die üblichen Knuffs und Rangeleien. »Benni! Hör auf!« – Also nix mehr Liebeskummer.


IM ZUG, FREITAG, 26.2.2010
**DER ZEICHNER.**

Dass er mir Glück gebracht hat, sag ich gleich, als er sich neben mich setzt – er reißt die Augen auf. Warum?! Na warum nicht, alles passt. Ich hab Platz frei, neben mir im Zug und auch im Kopf. Heiter. Und 69,5 kg! Obwohl ichs mir gestern abends nicht verkneifen konnte

---

178   »Ich bin heut neben ihm gelegen und war die ganze Zeit im Internet, er hats nicht bemerkt!«

und drei Knäcke und drei Zwieback essen musste. Mit Topfen und Salz. Irgendwas brauch ich einfach – Geschmack! Gott sei Dank graust mir vor öligen Sachen und Alk brauch ich auch keinen. Es arbeitet in mir und draußen. Der Zeichner zeichnet. Er wird mir das nächste Mal was zeigen, sagt er, »ein paar richtige Kaliber!« – Viel Wasser, die Enten gemütlich in der Raab, jeden Tag weniger Schnee, in der Früh noch kalt, aber hell. Wochenende naht! Traum! Ich werde ein paar meiner Kinderfotos auf Facebook stellen. Im Kindergarten mit Schaukelpferd mit vier, die Hände in den Hosentaschen der karierten Hose, als ich drei war, im Papierkorb als Baby, Schokolade essend im grauen Westerl der Nachkriegsjahre. Vielleicht auch noch spätere Bilder, als junge Frau mit schwarz lackierten Fingernägeln, mit Johanna vor dem Auto im orange-leopardenen Reißverschluß-Shirt, bevor wir den Unfall hatten. Blondie, in einem T-Shirt wie im Sommer, das seine Muskeln zeigt, rennt zum Klo, mürrisch, pickeliges Gesicht. Ich mag große dicke Häuser wie dieses Bauernhaus da im Tal vor Laßnitzhöhe. Und ich kann den Waldidyllenbesitzer nicht begreifen. Den Strunk stehen zu lassen! Den gemordeten, gekappten Baum! Dann lieber gleich alles weg. Aber wahrscheinlich zu feig, zu knauserig, zu unsicher. Hinten beim Wald, wo mein Rehbock immer steht, ist ein kleiner Teich, noch nie gesehen! Wunderschön! »Aua!« Manuela. Na Gott sei Dank, alles in Ordnung. »Seas Geahad! Auf di howi gestan vull vagessn! … nocha segn ma uns, i ruaf di an, wenn i was waß, gö? Pfiati, baba!«[179]

---

[179]  »Servus Gerhard! Auf dich hab ich gestern leider total vergessen! …gut, wir sehen uns! Ich ruf dich an, sobald ich Genaueres weiß! Tschüss, servus!«

# WATCH ME BLEED

## EIN GROSSER GELBER MOND

geht unter. Ganz langsam, ich kann ihn trotzdem nicht beobachten, Aufregungen im Haus, Oz macht Krach wegen seiner Mails, die nicht funktionieren, und ich bin schuld. Facebook ist schuld. Blödes Facebook, das ich ihm eingeredet hab. Fühl mich ganz mies. Scheiße, will nur flüchten. Die Rinder schleichen unruhig umeinander. Es ist Frühling. Ich schwitze. Ich hab Angst. Türkismädchen hat einen beigen Trenchcoat an, sich die Haare schneiden lassen, graue Fingerhandschuhe aus Wolle. Die Waldidylle haben sie hergerichtet, dass ich nicht mehr hinschauen mag. Blondie geht zum Klo in seinem schwarzen Sweatshirt. Das hatten wir doch schon? Nimmt der was?! Vor mir sitzt der junge Zeichner, enttäuscht, dass heute nicht neben mir. Ich hätte heute aber nichts und niemand vertragen. Fühle mich schlecht. Schuldig. Schäbig. Unpassend. Die Bäume bei den Hollerplantagen sind geschnitten. Heut hab ich abgezogene Haut. Verletzlich. Mr. Hässlich ist wieder da, in Raaba. Freu dich. Hast ihn doch vermisst, oder?

## ICH ÄNDERE MICH.

Andere Farben, anderes Licht, der Frühling ist gut fürs Ändern. Mein Gewicht wird weniger, ich fühle mich dünner in meinen Kleidern, das ist ein prächtiges Gefühl.

Wunderschöne, weiße Spitzen der Schneeglöckchen in Wiesenteppichen, die Tag für Tag stärker grünen. Und dennoch diese innere Missgestimmtheit und der seltsame Traurigkeitsschleier. Schätze, das werd ich mein Lebtag nicht los. »Morgen, Morgen, Morgen – passt ja alles« – der schelmische Schaffner mit dem Schnurrbart ist immer nett. Nebenan das Mädchen: »… dass i imma huastn muass!«[180] – genau wie ich. Neben mir die Spitznasige heute in heftigem Petrol, sitzt steif, was hat die Frau? Hinter mir der Zeichner. Viel Arbeit. Aber was solls, lass sie reden und wichtig tun. Bieg den Tag runter. Ich freu mich so aufs Eierfärben! Echt! Diese perfekten Eier, diese wunderbaren Buntstiftfarben! Ich weiß jetzt übrigens, was mich an Johnny Depp fasziniert: Es ist das Gesicht eines Depressiven. Diese Maske, immer wieder zu einem Lächeln oder einer sonstigen Grimasse, die eben nötig sind für einen Schauspieler, verzerrt. Keine wirkliche Freude. Das Gesicht eines Neurotikers. Deshalb passt es auch so gut in die Zeit, können sich viele identifizieren. Und Banderas wiederum hat diese unterdrückte Wut, den Stierblick, und dann bricht es los. Sein Lächeln ist was Vorübergehendes, muss auch sein, bei Frauen, dann geht er wieder kämpfen. Ein Mann! Mit Oz gestern wieder schön und versöhnlich, Gott sei Dank, er ist nicht nachtragend. Und hebt schwer am Schuldgefühl: seine Mutter im Heim. Was ist mit der Lauten los? Überhaupt der ganzen Ecke? Lautlos. Kein Mucks vom Boxer, keine Gescheitheiten von Blondie, keine intellektuellen Gespräche, kein Blödeln oder Raufen. Starke Schulterverspannungen, zu viel Arbeit jeden Tag. Kaum

---

180   »dass ich immer husten muss…«

das Eine abgearbeitet, kommt das Nächste. Diese blöde blaue Jacke, die in unserer – der Spitznasigen und meiner – Aussicht hing, gehört übrigens einer großen Blonden in blauem Pullover. Überhaupt, alles blau, gebückt die Frau, Hose, Tasche, alles in Blau, ein nicht ganz helles Blau, ein Griechischblau, aber verwaschen, aber auch keine Indigovariante – und mein Gott, wie schaut die Frau bekümmert und bucklig und leidend, wie sie da aus der Bank in die Höhe wächst, höher und höher, und dennoch gebuckelt! Ich bin schon wieder am Schlafen, dabei bin ich gestern um neun ins Bett gegangen! Doch, da sitzt ja die Laute, aber ohne Benni, und ganz leise gedreht... vor mir der Militärmann – interessant, auf seiner Glatze noch vereinzelte Haare, aber ganz kurz geschnitten, und nicht gleichmäßig. Die Pferdeschwanzfrau ist jetzt in Amerika, San Francisco, sagte sie, zwei Wochen, mit ihrem Mann.

**VERSAUT.**

Kommt ein Zug aus Weiz um 17.56. 18.03 fährt er dann Fehring über Gleisdorf. Überall Chips-Sackel und Brösel und zertretene Chips, auf den Sitzen, am Boden, alles versaut. Wer macht so was und wer findet das irgendwie lässig? Da muss schon viel kaputt sein im Hirn. Ein Herr im grauen Anzug mit Krawatte und Brille setzt sich dem Chaos direkt und stoisch gegenüber und versucht, das alles zu übersehen. Junge Frau wirft sich mir gegenüber auf die Bank, schwarz-lässig, schmales Gesicht, breite Hüften, Converse-Tasche, schält sich aus 1000 Hüllen, während sie am Handy hängt, Studentin sicher, redet vom Babysitten. Sprüche wie »an sich«, burschikoser Typ, vielleicht Sozialhelferin, sie arbeitet anscheinend, also keine Studentin, schwarze, schmal-rechteckige Brillen. War noch bei Nike und hab bissel gespielt, Kasperl und Puppen, und Johanna erzählt begeistert von ihrem neuen Projekt über den Gral, das sie neben dem Doktoratsstudium machen will. Mich trifft fast der Schlag, innerlich: Zu meinem Gralsprojekt macht sie also auch eins, gleiches Thema, wissenschaftlich parallel! Ich muss mich tummeln, bevor das noch andere entdecken – das kennen wir schon vom Jahreszeiten-Thema! Himmel zieht zu, sieht nach Regen aus. Andere Seite noch hell. Tolles Licht! Ich bin wieder mal glücklich. Alles erfüllt, Tagewerk getan, Vorteil des Jobs einer Angestellten: Was geht, geht – dann machst die Tür zu und sagst: Morgen! Kein Problem.

IM ZUG, DONNERSTAG, 4.3.2010

**DIPLOMPRÜFUNG!**

Alles unter dem Zeichen. Hätte nie gedacht – ach Mama, es ist wirklich, wie du gesagt hast! –, dass diese Marksteine/Prüfungen ihrer Töchter wichtiger sind für Mütter als deren Hochzeiten oder Geburten. Weil wir wissen, dass nichts ein Kind so prägt wie seine berufliche Weichenstellung. Und für eine Tochter ist der eingeschlagene Weg noch wichtiger. Sie wird das schaffen. Ich weiß es. Aber die Angst, die sie hat. Nervosität, ganz normal. Die Zeit geht, der Termin kommt, aber ruhig. Bachblüten Rescue. Ganz ordinäre Typen vorn, der eine mit Kappel,

Haar gefärbt auf Schwarz, Proleten, darf man nicht sagen, aber wie sonst? Breitbeinig sitzt er da. Früher hätten sie Halbstarke gesagt. Neben mir sitzt der Ex-Bezirkshauptmann oder was er war, wir sind beide ganz still, links von mir ein Kleiner mit seinem oberwichtigen Kommunikator in Weiß, verstoppelte Ohren, dauernd fällt was runter. Wieso ist heut alles anders? Und wann fährt der Zug endlich. Jetzt. Handygeklingel auf gute alte Bakelit-Telefonapparaten-Art, das ist ja wirklich lustig, dass wir das machen, nachmachen, wieder aus der Kiste holen. Retro. Nostalgie im Kommunikationszeitalter. Verzogene Schulter, wird jeden Tag mehr weh, unausgeschlafen, obwohl um zehn Uhr schlafen gegangen, Gespräch mit Oz, darüber weggesackt. Bedeckter Tag. Es wird regnen, Johanna wird die Prüfung machen. Trotzige Unterlippe des Proleten, »Rotzpippen«[181] hat Vati zu solchen Typen gesagt. Neben ihm ein Dicker, den er zum Rangeln und Bestätigen braucht, allein sind die hilflos. Morgen Nikes Geburtstag. Ganze vier Jahre! Wenn du denkst, was für ein kleines Vogerl sie war! Welche Angst wir hatten. Brutkasten, Spital, nicht denken. Aber Glück, das sollte sein, das wollte Gott, wie er jetzt diese Prüfung will und dass Nikes Mama weitergeht, beruflich ihren Weg, ihre Richtung, auch wenn alle sagen, chancenlos, Orchideen-Studium! »Du loch net, Soacher!«[182] – Brutales Knöchel-spiel, Burschi neben mir knackst mit den Fingern. »Olda! Sau! Bäh! Bäh!«[183] – Allen Ernstes, die rülpsen nur noch. Zukünftige Installateure? Maurer? EDV-Techniker si-

---

181  Unübersetzbares Schimpfwort.

182  »Lach nicht, du Pinkler!«

183  »Alter! Du Sau! Bäh!«

cher nicht, oder gar Lehrer. Hoffentlich nicht! Burschi knabbert an seinen Nägeln. Der Bezirkshauptmann blättert unermüdlich, lässt knistern, es rauscht, wir kennen uns, aber wissen nicht, was reden. Verstecken uns hinter unseren Lesebrillen. Der Gehemmte sitzt auch da. Fällt mir seit Tagen auf. Ganz steif sitzt er da, ein Dünner, Langer mit eckigen Brillen. Schwarz alles an ihm, natürlich. Unbewegte Miene. Ca. 20, 25 vielleicht, sicher nicht 30. Lautlos. Redet nie mit jemandem. Leptosomer, Typ Tom Petty, seine Hände sind weiß und rot, die Finger wie einmal erfroren, und zittern ein wenig. Haselsträucher blühen, Würstel in verschiedenen Farben und Längen, unsere vor dem Haus sind gelb, dick, groß. Der Prolet übt sich in drohend Schauen, von unten herauf, Kappe, stößt seinen Kumpan in die Seite, schiebt Kaugummi von einer Wange in die andere, mit offenem Mund. Die Proletentruppe löst sich in Raaba auf, samt Armketterl und bulligen Taschen. Anderes Thema: Eigentlich lebt man gar nicht mehr zusammen. In der Früh sehen wir uns nicht oder nur, wenn er zufällig aufs Klo geht oder früher aufsteht. Tagsüber telefonieren wir ein- bis zweimal, abends holt er mich ab, wenn er nicht unterwegs ist, arbeitet dann weiter am PC, beim Abendessen sitzen wir miteinander, manchmal stehen wir nur an unserer Küchenbar, trinken was, reden ein bissel. Dann Fernsehen, Schlafengehen. Ich will lesen, er redet. Also wenn wir auf ein bis zwei Stunden eheliche Gemeinsamkeit pro Tag kommen, sind wir gut. Mit jedem anderen in der Arbeit hab ich mehr zu tun.

## MEINEN UNI-PROFESSOR GETROFFEN.

Damals gefürchtet, jetzt harmlos. Ich merke, dass ich ihm viel erzählen will. Vor allem aber ihm sagen, dass er verantwortlich ist für mein Fertigstudieren. Fontane damals, »Frauengestalten in Theodor Fontanes Romanen«, zumindest denen, die im kleinbürgerlichen Milieu spielen, im Proletariat. Die Neureichen (Frau Jenny Treibel), die Strebsamen (Mathilde Möhring), die Proletarier (Die Poggenpuhls). Wie nahe, wie weit weg das alles. Alt geworden ist er, grau und weiß. So lang ist das doch nicht her! Doch. Ich war 25. Jetzt bin ich 57, er zwanzig Jahre älter, oder gut, sagen wir 10, wenns wenig ist: also 67. Er geht aber immer noch in die Berge, dahin ist er grad unterwegs, er zeigt seine Ausrüstung. Nationalsozialismus in Österreich, noch immer sein Thema. Manchmal schreibt er noch etwas darüber, sitzt noch in ein paar Kommissionen, Funktionen. Sonst natürlich schon lange in Pension, sagt er. Gut, dass ich ihn angeredet hab, ich war nicht einmal sicher, ob ers überhaupt ist. Indem wir älter werden, verändern wir uns, erkennen uns nicht wieder. Ich schwitze. Wir plaudern angenehm, in Raaba steigt er aus. Und ich denke und denke. Ach, die Wissenschaft. Und dabei ist das Wichtigste das, was heute endlich passiert ist: Johanna hats geschafft, sie hat ihren Magister!!! Ist Magistra, auf Genderdeutsch. Ich bin so matsch und kaputt von dieser guten Nachricht, so durcheinander, nicht zu sagen! Hatte den ganzen Tag Kopfweh, Verspannungen, alles was du willst. Jetzt hat sies also geschafft, auch wenn sie behauptet, dass es ihr nicht so gut gegangen ist. Sie übertreibt aber auch immer. Hat ein Gut bekommen, dabei hätten sie ihr gern ein Sehr Gut gegeben, aber diese Blackouts. Genau wie bei mir. Plötzlich stellst du fest: Um Gottes Willen, wo bin ich, vor einer Kommission – und alles wird weiß. Oder schwarz. Und du musst aufpassen, dass du denen nicht wegruselst[184] und plötzlich am Boden liegst. So oder so, egal, sie braucht kein Sehr Gut, sie braucht etwas anderes, nämlich Zukunft! Elan! Eigenes Leben! Und Johanna legt los wie die Eisenbahn. Ach, Kinder. Die, vor denen ihr jetzt zittert, sind sehr bald, nur wenige Jahre später, schwach, alte Menschen. Das geht von ganz allein… gedehnt ist die Zeit nur, wenn man in ihr sitzt, wie in einem Waggon. Langsam, langsam. In Laßnitzhöhe beginnts ganz leicht zu schneien. Will wieder winterlich sein. Egal. Ein voller Zug, übervoll, was ist los? Egal. Vollkommen egal.

IM ZUG, DIENSTAG, 9.3.2010

## HILFLOS.

Rettungslos, verwirrt und verkeilt. Was soll das?! Mein Frauenarztbefund, der Krebs-Abstrich, ergibt nichts, ich muss noch mal hin. Der Befund der Haut kommt nicht, warum? Weil irgendwas ist? Oder ist das einfach Zufall und blockiere ich selbst durch meine eigenen Ängste und lasse all das stehen, dampfen, sich weiter entwickeln gar? Die Strenge starrt in meine Richtung, aber nur ins Narrenkastel[185], aufgerissene Augen wie eine Medusa, entsetzt. Vor ihrem Leben? Dem Jetzt? Eiskalt und grau,

---

184    rutschst

185    Österr. für »ins Leere starren«.

schreckliches Frühjahr. Und wenn ich mich richtig erinnere, war schon das vorige nicht ok. Es war nach Vatis Tod. Am 19.3. hatte ich meine Prüfung. Alles ging so Hals über Kopf. Und jeden Tag bin ich verschleimt jetzt. In der Früh besonders, aber abends auch, und zwischendurch, wenn ich mehr rede. Als ob da was wär in meiner Kehle. Wogen von Silberweidenkätzchen! Ganz silbern, matter Samtglanz. Und da steht auch mein Bock! Alles in Ordnung. Der kleine Chinese und der kleine dicke Kappelträger sind wieder zusammen. Ich hab plötzlich Riesenlust auf ein Wienerschnitzel mit Erdäpfelsalat und Endivien... der kleine Chinese rast an mir vorbei (seine Haare werden lang, er war immer geschoren und rundköpfig) und stolpert fast über meine Tasche. Suters »Lila Lila« ist ziemlich schwach, aber er kann gut Handlungen kreieren. Und gleich die Frage an mich selbst: Wenn ich – wie z.B. in »Digitalis« – eine Geschichte erzähl, wie fad bin ich dann? Es langweilt mich nämlich, dieses Ausfüllen einer Skizze, einer Vorzeichnung. Ich will das spannender haben. Mehr Fleisch ums Skelett. »Farben der Jahreszeiten« war ein Üben. »Digitalis«, sagen wir, auch. »Margots Männer«, das ging schon. Dennoch. Schärfer, stringenter, im Einzelnen interessanter! Wunderschöne Haut hat der kleine Chinese. Ebenmäßig. Und dieses Gelbbraun. Wunderschön! Hier, in diesem Sumpf. Dumpfes Steirisch. Mit so vielen Löchern in der Sprache! Gefärbte Mädels, »gachblond«[186] oder in Lila oder Schwarz, unglaublich hässlich. Doofer Mund, offen, kaugummischmatzend, und Tschiks, immer/überall. Diese eine z.B. mit ihrem schnippischen Mund hab ich noch nie beschrie-

---

186  Grellblond, betont blond, wasserstoffblond.

ben. Manche gehen mir auf der Stelle derartig auf den Wecker – richtige Wut! Ich bin aggressiv heut, und mein rosa Pullover täuscht. Schwarz und blauer Indianerreifen, die Männeruhr, die ich trag, das ist es eher.

IM ZUG, MITTWOCH, 10.3.2010
## FAST NICHT GESCHLAFEN.

Sonst alles normal. Blöd, wie ich mich wälze. Weswegen? Einfach Sorgen. Diese Kleinigkeiten beim Arbeiten, Einteilung von dem und jenem, an alles denken – mein blöder Perfektionismus. Ständiger Ärger. Dabei geht es nur ums Geld. Dafür durchhalten. Der Rest ist Spiel. Also mach locker. Schnoferl verdreht ihre schwarz umrandeten Augen, passend zu den schwarz gefärbten Haaren, für Blondie, der geschmeichelt nicht Ja, nicht Nein sagt, er weiß nicht, wie sitzen. Ich werde eindeutig dünner, sogar die engere Hose beginnt zu rutschen. Oz kommt zurück, mit Taschen voller neuer Aufträge. Fernsehen, Bücher schreiben – aus uns kann wirklich noch ein Bohème-Pärchen werden!

IM ZUG, FREITAG, 12.3.2010
## ÜBER SKYPE.

Blondies Runde unterhält sich über Skype. Motto der Debatte: »Scheißlinks, die mi net interessieren!«[187] – Blondie dauernd über Tarife und Kosten. Eine neue

---

187  »Verfluchte Links, die mich nicht interessieren.«

Blonde in der Runde, die sich wichtig macht, mit viel
»Scheiß« und »ur« und »vull«. Vogelgezwitscher, dass du
nur so staunst, in der Luft, im Park, überall, dabei minus vier Grad, Schnee liegt, alles gefroren. Aber Tulpen
drängen sich durch die Schneedecke, es wird Frühling,
nutzt nix. Der Boxer stupst die Blonde mit einem Finger, sie stupst zurück. Der Dicke mit den Brillen gehört
auch zur Runde, merke ich, der Steife nicht, er sitzt neben mir und dreht seine Hände in Verzweiflung. Boxer
sagt nix und betont das auch extra: »Ihr redets die ganze
Zeit über den Scheiß. Merkts net, dass i deswegen nichts
sag?!« Blondie meint, er sei nur neidisch, weil er das nicht
hätte, Skype. Boxer murrt und überlegt. Stille. Nächstes
Thema: Wo ist lustiger fahren: auf einer kurvenreichen
Straße oder der Autobahn? (Sie müssen also mindestens
18 sein.) Blondie mags kurvenreich, der Boxer zieht die
Autobahn vor. »…ja, i waß, dass die Bauern Angst ham
vor der Autobahn«[188] – Blondie, die ganze Zeit abschätzig, lässt den Boxer gern blöd dastehen. Oh! Achtung!
Röhre spricht zu uns! »Winzerkönigin…«, sagt Boxer
bedeutungsvoll, will auch abschätzig reden, »… ihr seids
vielleicht anstrengend…« – Blondie hat jedes Gespräch
gekillt, Stille. Rechts neben mir schläft der schmale
schwarze Junge wie ein Toter, Kapuze aus einem dünnen
schwarzen Sweatshirtstoff übern Kopf gezogen. Jetzt sind
sie bei »Jäger oder Jagdkommando«. – »Drei Jahre Ausbildung und nachher bist du ein anderer Mensch, also psychisch fertig«, – was die alles wissen! Südtirol, Schießen,
»Kraftfahrer haben auch a Waffen, aber das ist mehr zur
Verteidigung«, Boxer: »Wenn du waßt, wennst dus jetzt

---

188   »Jaja, ich weiß, dass die Bauern Angst haben vor der Autobahn…!«

net machst, erwischts dich – also dann schiaß i a!«[189] – »Des Sinnloseste, was am Beamten schenken kannst, is a Bewegungsmelder.«[190] – »Ah, den kennst schon!« – Mädi piepst: »Vor Gericht, also vor Gericht gibts des net mea…«[191], gibt schließlich auf. »Andere sitzen arbeitslos daham zum Saufen…«[192] – »Ja, awa sie is… ja, sie is… awa…«[193], Mädi versiegt endgültig. Die Burschen fachsimpeln, wie viel Geld sie kriegen werden in der Pension. Blondie will »später amol Geld haben und mit an Mercedes herumfahren, wost nix spiast.«[194] – »Unsere Kinder kriegen sowieso nix.« – Jetzt zu den neuen Titeln: »MSC Master of Science«, Boxer bezweifelt, ob Titel überhaupt noch was wert sind. Mein Herz sticht.

IM ZUG, DIENSTAG, 16.3.2010

## KOMMT DRAUF AN, WAS DU DARAUS MACHST.

Zwar kommt der Weizer früher als der Fehringer, zwar ist die Tür abgesperrt und irr viel Leute, aber deswegen steigen auch weniger in meinen Waggon, der unerwartet ruhig und verhältnismäßig schütter besetzt ist. Zwar muss ich heut zu einer Tagung und mag da nicht hin, aber es ist auch eine Möglichkeit, dem Alltagstrott zu entkommen, andere Luft/

---

189 »Wenn du weißt, wenn du es jetzt nicht machst (schießen), erwischt es dich – also in so einem Fall schieße ich auch!«

190 »Das Sinnloseste, was du einem Beamten schenken kannst, ist ein Bewegungsmelder.«

191 »Vor Gericht gibt es das nicht mehr…«

192 »Andere sitzen arbeitslos zuhause, saufen nur…«

193 »Ja, aber sie ist… sie ist aber…«

194 »…später einmal Geld haben, mit einem Mercedes fahren, bei dem du nichts spürst von der Fahrt«

Leute zu schnuppern, und der Tag vergeht schneller. Zwar Babysitten nach der Arbeit, aber das wird sicher lustig. Zwar eiskalt, minus drei Grad, aber Gelegenheit, meinen goldenen Schal und den langen Mantel wieder auszuführen und auf elegant zu spielen. Und Lugus hat sich gemeldet mit langem netten Brief, über Facebook. Der Typ ist einfach nett und war es immer! Er erinnert sich natürlich an mich, »angenehmes Gesicht«, sagt er, und wenn er sich an noch mehr erinnern können soll, soll ichs sagen. »Waßt wirklich, wieviel Väter ihre Kinder vergewaltigen? Von die wird aba nie berichtet!«[195] – Manuela sehr aufgeregt übers Zölibat. Nein, Lugus, du musst dich nicht an viel mehr erinnern, gehabt haben wir nie was miteinander, aber sympathisch waren wir uns. Voll müde. ich bin irgendwie erledigt. Traurig. Zusammengedeppert. Einfach kaputt. Erledigt. Zu wenig eigene Sachen. Immer pflichtbewusst dem Job nachhecheln.


IM ZUG, DONNERSTAG, 18.3.2010
## »HILFE, WIR ERTRINKEN!«

titelt die Kleine Zeitung. Bild eines Managers im Wasser, der Handy und Laptop hochhält. Ja, wie wahr. Keiner weiß Ausweg, hat Lösung. Heutiger Traum vom Erwachen im Traum, die Müdigkeit im Traum war bezeichnend. Es fröstelt, alles weiß beschlagen, aber Sonne, sie sagen, jetzt kommt der Frühling und am Wochenende solls 19 Grad kriegen. Ich 70,7 und angefressen, im wahrsten Sinn des Wortes wegen gestriger Erdäpfelwurst mittags und Prosecco, nur ein

---

195   »Weißt du denn wirklich, wie viele Väter ihre Kinder vergewaltigen? Von denen wird nie berichtet!«

Glas, sagte ich, aber wir steigern uns in Künstlergespräche und diskutieren künstlerisch, also trink ich weiter. Mein Kopfweh nachher, und als ich heimkomme, Oz vollkommen glücklich mit Kochen, er probiert ein Rezept, Louisiana Flusskrebse mit Nudeln von Cipriani und Zuckerschoten und Spiegel von Tomatenrahm und kleinen Tomaten, klar supergut, aber ich hätt nichts mehr essen sollen/wollen, würg noch ein Glas Prosecco runter, weil ich dachte, das hilft vielleicht, den Spiegel zu halten, hoch, nicht absacken, aber komm dennoch runter und will nur schlafen und warte aufs Bett, schlafe wie jeden Tag über den Buchseiten ein, dabei interessiert es mich und ich lese wieder gern, Martin Suter, was sonst, und meine Gartenbücher. Sicher kommt die Müdigkeit auch vom Trinken, aber was war zuerst, die Henne oder das Ei? Das Unglücklichsein bei der Arbeit, die Unzufriedenheit, weil ich nicht zum Eigenen komm, das Ersticken in Kommunikation, das Hingeworfenkriegen und dauernd Neues Aufarbeiten, der Druck, das macht alles Kopfweh und verleitet zum Ausweg Trinken und Gruppensolidarität. Denn wenn ich das nicht lebe, wofür lebe ich dann? Fürs Arbeiten? Wir sind geschickt, wir in unserer Zeit. Wir machen uns die Versklavung gleich selbst, wir brauchen keine Treiber mehr, wir SIND die Treiber. Soviel kaputtes Holz im Wald und keiner macht was. Zu wenig Liebe zur Natur, zu wenig Zeit, nur mehr Ausbeutung, nur noch die große Sehnsucht im Wahn der Flut. Wenn der Tsunami über uns hereinbricht. Krank sind wir schon. Spüren wir wirklich nichts? Was werden wir tun? Kerzen sammeln, bis der Strom dann ausfällt, und wir brauchen Einfacheres, das uns unabhängig macht von Gas- und Stromversorgung: einen offenen Ofen zum Beispiel. Oh! Die Ostereier hängen wieder im Baum! Und ich seh einen Hasen! Auf dem

HÜGELART Feld, ganz gemächlich hoppelt er. Zwei Graugänse, fette Graugänse beim Bauernhof. Burschi ganz allein okkupiert seinen Zweier sehr selbstverständlich wie jeden Tag (dem werd ich auch einmal einen Strich durch die Rechnung machen und mich neben ihn setzen…), erledigt seine Aufgaben oder spielt in seinem Kinderzimmer (aber so lass ihn doch! Ist das nicht friedlich?! Kind, so allein!). Benni schläft. Tut nicht nur so, sein Gesicht wird deutlich benniger, älter. Neben mir zeichnet der Zeichner. Pauli mit seinem kleinen Kopf und den Löchern im Ohr schaut immer älter und schrecklicher aus. Der Hässliche lebt noch. Der Familienvater wird biederer und glatzerter jeden Tag. Fredis klangvolle Stimme. Der Volvo steht noch immer da, nun einsam, wenige Autos, aber auch keine Brombeerranken mehr. Ich hasse es, wenn ich einen Tag herunterbiegen muss irgendwie, durch trotten. Aber das muss ich heute. Und morgen wird es noch schlimmer. Ich hasse es. Und jetzt stehen ein Haufen Menschen am Ostbahnhof in der Reihe im Mittelgang, warten aufs Aussteigen und schauen uns zu beim Schreiben und Zeichnen. Der Schreiberin und dem Zeichner, wir sind ein nettes Pärchen.

IM ZUG RETOUR, DONNERSTAG, 18.3.2010
**FRÜHLING!**

Wirklich ist die Wärme gekommen! Und was macht A? Bastelt an ihrem Handy herum. War mit Johanna und Nike das erste Mal Eis essen. Und jetzt Sonne genießen und bis in den späten Nachmittag und Abend mit Oz sein. Morgen fährt er eh schon wieder. Das Lied »Sandmann, lieber Sandmann« geht mir nicht aus dem Kopf. Kopfweh. Überarbei-

tet. Aber alles geschafft. Was mir nicht einmal eine Genug-
tuung ist. Schon traurig. Letzte Schneeflecken im Schatten.
Neue Bauarbeiten. Menschen sind doch Ameisen. Bienen.
Grillen. Raben. Kühe. Ich momentan? Lahme Ente. Der
Nachbar des Ostereierbaums hat seinen Buxbaumstrauch
über und über ebenfalls mit bunten Plastikeiern behängt!
Morgen geh ich zum Mörath und kauf Osterhasen-Sachen
ein! Ein wunderschönes Reh steht im Wald, graubraun wie
das Laub, unsichtbar, außer für mich.


IM ZUG RETOUR, MONTAG, 22.3.2010

## DAS GROSSE FRESSEN

setzt ein. Rascheln. McDonalds-Geruch nach Kartoffeln und Fett. Alles dünne Mädels. Links vorne ein Ho-
nigreingerl, links neben mir Wurstsemmel, links hinten
Leberwurstsemmel, im Rücken, schätz ich, Pommes,
vorne auch. Geraschel. Sie sind hungrig. Klar, die Lehr-
mädchen. – Und jetzt heizen die Deppen auch noch! So
was von verspannt! Schultern sind Eisenblöcke. »Johnn-
ny Depp?« Namen wie Kugeln in der Luft. Durch den
leichten Regen wird alles grün.


IM ZUG, DONNERSTAG, 25.3.2010, MAMAS GEBURTSTAG

## WATCH ME BLEED[196]

Die Jungens haben schon ihre kurzen Hosen an, zeigen nackte Waden, lustige Mode, kariert, Kapperl,

---

196  Plakat vor dem Bahnhof. Eine junge Pop-Band.

klar, schlaksig stehen sie da in Gruppen, Kreisen, aus denen es dampft. Zigaretten um die Wette. Heute fast nichts mehr zu tun, sag ich mir, hämmere es mir ein, suggestiv. Ganz wenig Arbeit. Weil ich nämlich verzagen will. Heute schon um viertel sechs auf, zehn nach fünf, damit ich mir noch die Haare waschen kann, immerhin Mammographie heute, das nimmt Selbstwert, wenn sie deine Brüste quetschen. Nutzt nix, Burschi, heute sogar neben dir besetzt, junger Mann. Manuela wieder laut, Boxer wird noch blasser, Augenbrauen Wimpern weiß, die roten Haare kurz und hell. Burschi hat nicht nur ein Kommunikator-Gerät, in dem er auf einer Straße fährt mit seinem Feuerwehrauto, er hat auch noch ein Handy liegen vor sich. Der Bursche ist keine dreizehn oder zwölf, eher elf oder zehn, ganz kleine Hände noch. Erschöpft. So erschöpft, dass ich versuche, Realität zu leugnen. Zu verfälschen. Behübschen. Eingeschlafen. Kleiner mit großer Tasche neben mir will Ostbahnhof raus, Zug macht einen unvermuteten Schlenker und ich fall schmerzhaft mit dem Hintern auf die Lehne, na das wird ein blauer Fleck! Endloser Sermon der Boxerpartie. Aufgeschwemmt und 70,9, weil in meinem Wahn gestern noch Zwieback gemampft und den Prosecco ausgetrunken in der Nacht, jetzt Frust total. Ein Mongole auf dem Bahnsteig, lässige Jacke, lässige Jeans. Lässiger Mongole. Was ist los, warum fahren wir schon wieder nicht?! »Wegen Bauarbeiten wird sich unsere Weiterfahrt ein wenig verzögern.« *Cool down*, sag ich mir. Rad anhalten. Stopp.

## ICH HÄTTE DEN WURM RETTEN SOLLEN.

Im Park. Der hatte sich auf den Asphalt verirrt, aber ich war zu schnell unterwegs. Das ist der Punkt. Zu schnell unterwegs. Heute nach Ungarn, Oz holt mich ab von Bus oder Bahnhof – je nachdem, was ich schneller erwisch nach Job, der hoffentlich schnell vorbei ist… Vogelgeschmetter, überall die Tulpenspitzen, erste Narzissen. Die Frau erzählt dem Langweilermann mit der Habichtsnase allen Ernstes von viel Arbeit, einer Wunderlampe und einem fliegenden Teppich. Und von Grabblumen. Raab ist grün, hinter mir der Zeichner, die Tür ist wieder mal abgesperrt. Was ist mit dieser Tür?! Ich in Safari-Look heute. Nichts gegen die Jungen, aber mit kurzärmeligen T-Shirts und Sonnenbrillen kommen sie daher wie im Hochsommer – es hat fünf Grad! Oder das Mädel: flache dünne Ballerinas in Weiß von Lacoste, lila T-Shirt, dünnes lila Westerl drüber. Lila und Violett sind Modefarben heuer, voriges Jahr auch, daran kannst nicht vorbei. Magenknurren. Grüne Teppiche. Sonne. Fürs Wochenende haben sie Regen angesagt. Haselsträucher blühen. Reh steht ganz heraußen! Aber mein Rehbock ist nicht mehr da. Ich hoffe, sie haben ihn nicht erschossen letzten Herbst.

# »DIE CHRISTA KUMMT NET MEHR...«

IM ZUG, DIENSTAG, 6.4.2010
**EISKALT.**

Aber es soll ein strahlender Tag werden. Wie die Frau von Jugend ohne Grenzen – wir steigen gemeinsam aus unseren Autos – bemerkt: »Die ganze Woche schön, also wird es sicher am Wochenende wieder schiech werden!« Dabei baut sie gerade ihr Gartenhaus. Mit Solarzellen. Den Aushub und das Fundament jetzt einmal. Weil so steil, kommt der LKW mit dem Schotter nicht rauf, zwei Traktoren, die hats gleich nur so aufgestellt, hat sie solche Angst bekommen. Aber die jungen Männer sind wirklich tüchtig! Es gibt einen Neuen, Dünnen, der sich als Hippie von damals verkleidet. Langhaar, Bart, Hut, große Tasche quer gehängt übers Schlabbergewand, Sakko zwar braun, aber alles fetzig und voller Buttons. Ziemlich schlimm. Seine Tasche ist rot. Echt peinlich. »Aufgrund eines Ausfalls des Weizer Zuges hält der Zug heute ausnahmsweise überall...« – na fein! Eins der Pferde ruht, Raab eine Idylle, Sonne blitzt, ein Runge-Anfang, warum bin ich so zwider und unwillig? Weil ich nicht ins Rad will, ganz einfach. Weil ich geschrieben hab am Wochenende, an meinen Texten gearbeitet, und der viele Wildwuchs, die Ungepflegtheit und dass ich mich nicht drum kümmern kann – dieses viele Rohmaterial macht mich ganz traurig. Andrerseits: Dafür hab ich mir mein Leben erkauft! Meinen Komfort. Oder? Normales Arbeitsleben mit Doppelbelastung und allem, was Menschen, besonders Frauen, heut erleben. Was ist das schon Besonderes?! Jetzt stehen wir wirklich in Laßnitzthal. Draußen scheißt ein weißschwarzer Köter, Huskie-Mischung, wahrscheinlich mit zwei verschiedenen Augen, ein David Bowie-Hund. Sehr witzig. Gegen diesen grollenden Zwider in mir komm ich kaum an. Wie bring ich mich auf Touren? Stur wie ein Esel. Sperr mich innerlich gegen die Walze, die mich erfassen wird. Wird eh wieder so lustig sein und so viel zu tun, liebe A, dass du gar nicht mehr zum Denken kommst! Überfallen von Neuigkeiten, erstickt in Mails, an die Wand gedrängt von Telefonaten. Sie haben viel Wald weggenommen an einem Weg, anscheinend planen sie eine Straße oder einen Ausbau? – So sehr ich mich ärgere wegen der Eingleisigkeit und der Verzögerungen deswegen, schade ist es dennoch um die kleine idyllische Strecke! Immer weniger Schönheit, immer weniger Natur. Am liebsten wär mir, die Wälder würden wieder – im Gärtchen des putzigen Kellerhäusl bei Laßnitzhöhe picken drei Fasanen wie Hühner! – Urwald mit allem Drum & Dran. Die Menschen gehen eh nicht mehr in die Wälder, nur zum Räubern, wenns Schwammerl gibt z.B. Der Waldidyllen-Anblick ist mir vergällt, seit der hohe Baum fehlt bzw. nicht mal fehlt, sondern als toter Stumpf dasteht, Mahnmal seiner einstigen Größe. Wie man so was Gemeines, Hässliches machen kann, ist mir ein Rätsel. »Raquel«, sagt Oz immer statt Rätsel, Scherzbold. Ziemlich schlapp heut mein Humor. Weil ich spüre, dass ich mich selbst mit *good will* ankurbeln, bei der Stange halten will. Arbeitstier, Tretmühle. Ich hab jetzt wieder mal eine Woche lang gespürt, wie anders Druck und Zug sein können, wenn Selbstbestimmtheit vorherrscht. Wie anders das ganze Leben! Nicht dass ich soviel mehr gearbeitet hätte an den Texten…, gut, zwei bis drei Tage wars schon so. Wird auch zu viel hineingesteckt in solche

Kurzferien: Familie, Freunde, Garten, Beziehung, Haushalt, Enkelkind, Ungarn. Mein Rehbock ist nicht mehr da, den haben sie sicher erschossen. Überhaupt kein Reh. Blau und grün das Licht, der Tag, der Wald. Wir halten in Autal. Der große hagere Hippie geht lässig, mit einem Zahnstocher im Mund. Clint Eastwood-mäßig. Ich steh noch immer drauf. Große hagere Männer. Gerald Brettschuh gestern im Fernsehen. Raaba. Sie gehen. Der Marathonläufer hat etwas zugelegt, aber schaut noch immer traurig drein. Pauli ist größer geworden, aber nicht schöner. Der Hässliche pafft nach wie vor, seine ständige Plastikjacke an. Wenn ich einen kleinen Tümpel im Garten machen würde…? Ach nein, blöde Idee. Überall roden sie Böschungen und machen »sauber«. Es wird nur kahler, hässlicher, toter. In Don Bosco warten sie auch auf den Zug, alle Südbahn-Züge sind anscheinend ausgefallen. Soviel Chaos!

IM ZUG, MITTWOCH, 7.4.2010

**EIN HÄNDCHEN HEUTE.**

Kein eiskaltes, eher ein zitterndes. Auch vor Kälte. Bibbernd, aber auch verunsichert. Nicht klar. Von Anfang an nicht, vom Aufstehen weg. Und dann gehts weiter: Ich hüllte mich in empfindliches Rosa, samt Schal und Schmuck, nur um knapp vor dem Weggehen in Panik noch mal raufzurennen und auf dunkelblaue Basis umzuschwenken, genau wie gestern, da wars das orange-rot karierte Hemd. Zug wieder voll, Schüler wieder da, Weizer Zug ist gekommen, Abwarten des entgegenkommenden Zuges – wir fahren nicht… alles ganz normal. Ich setz mich versehentlich, weil ich mich so hetze, neben Toni, neben dem ich noch nie gesessen bin, und nicht einmal ein Fenster, ich Depp, zum Ausweichen mit den Augen! Mag-nicht-mag-nicht-mag-nicht! Spüre, wie ich mich zwingen, überlisten will. *Think positive!* Freilich: So wenig wirklichen Grund zu jammern. Gestern mit Oz noch bis in die Dunkelheit in der Küche gesessen, zu zweit in den schönen orangen Sonnenuntergang geschaut. Der glatzerte Schaffner flüstert: »Zugestiegen bitte? Bitte, -te, Danke…« – Nase kitzelt ganz furchtbar. Johanna hat kapitalen Heuschnupfen, ich eher dezenten. Der Zug ruckelt heut so blöd und fährt sooo langsam! Waldidylle igitt! Baumstumpf und schiefer Blitzableiter, verkommt, das Haus. Mir ist schlecht. Jetzt steht zusätzlich zu den zwei VW-Bussen noch ein roter VW–Käfer bei dem kleinen Häuschen. Mein Rehbock! Und dann zwei Rehe, spazieren friedlich. Also doch! »I miaßat bitte aussteigen, danke, Wiedaschaun, schenan Tog!«[197] – Toni in Raaba. Benni sitzt allein und starrt traurig durch die Scheiben. Manuelas scharfe Stimme durchschneidet den Waggon, sie sitzt mit einer Freundin, quasselt betulich, und viel weiter vorn sitzt Blondie-Curt, total allein und auch verwirrt – sind die denn auseinander? Keine Clique mehr? Der Prolet mit dem Kappl marschiert wie ein Bodybuilder, der Hässliche pafft und sieht vor sich auf den Boden. Bennis eiskalter Blick leicht quer mit einem Ohr zu den Mädels, die sich betont gut unterhalten. War nicht Manuela sein Mädchen? Das ist sie sichtlich nicht mehr. Benimmt sich aufgeregt-übertrieben: »Von deim

---

197 »Ich müsste bitte aussteigen. Danke. Auf Wiedersehen. Einen schönen Tag wünsche ich!«

Ex die Freindin! Die hat ordentlich abgspeckt, gö? Echt a guade Figur! Tuat ihr echt guat…«[198] – Ja, die Trennung. Benni weiß nicht, wie sitzen. Ein sitzengelassener Brad Pitt. Und wir stehen und stehen… Benni ist rot im Gesicht, Manuela redet wie ein Buch. Dieses Miststück soll endlich die Goschen halten! Heute wird ein mühsamer Tag, spür ich.

IM ZUG RETOUR, DONNERSTAG, 8.4.2010

## DU SCHWITZT PLÖTZLICH, DAS KANNST DU DIR NICHT VORSTELLEN!

Die Knospen platzen, die Büsche explodieren, die Fenster sind offen, die Pendler in Tiefschlaf und Apathie verfallen, Rascheln von Papier und einzelne Telefonate, ich übersetze für Johanna die kopierten Dokumente in Kurrentschrift über den Untergang des Dampfers Linz in Pola im April 1918, die österreichische Titanic, bei dem eine nicht genau geklärte Anzahl von Menschen einfach untergegangen ist. Kriegsgefangene und Gerettete, mit M und D bezeichnet, wurden nach Durazzo und Medua gebracht, es war eine Fahrt nach Albanien von Linz aus. Ein Militärtransport. Und eigentlich hätten keine Zivilisten drauf sein dürfen. Das Boot war torpediert worden und gesunken. Mehr als 1.000 Menschen an Bord. Und Johanna kann keine Kurrentschrift mehr. Ich hab sie noch von Oma gelernt, als junges Mädchen, ich wollte diese alte Schrift lesen und schreiben können, es sah so

---

198    »Die Freundin deines Ex! Die hat übrigens ordentlich abgespeckt, nicht wahr? Eine wirklich gute Figur! Hat ihr gut getan… (die Trennung)«

schön aus. Oz ist depressiv, weil Paprika TV noch immer nicht unterzeichnet hat und es vielleicht doch kein TV gibt – wirklich schlimm. Aber wird schon werden. Später. Woanders. Es wird, was werden soll. Müde. Alles schläft. Ich muss wachsam sein, jetzt gerade. Meine Lieben brauchen mich.

IM ZUG, FREITAG, 9.4.2010

## TÜR ABGESPERRT.

Ja, schon wieder. Mit dieser verflixten ersten Waggontür kommen sie einfach nicht zurecht. Weder können sie das reparieren noch den Waggon wechseln. Was ist das für ein irrwitziges Management? Niesattacken. Träumte von zwei Schäferhunden, die aufeinander losgingen, aber auf Leben und Tod! Ich wollte nur meine Tasche holen, die ich wieder mal stehengelassen hatte, war mit Johanna und Nike unterwegs, auf dem Mariahilferplatz, wir saßen in einem Lokal im Freien. Und dann diese zwei Hunde, und ein unfähiger Süchtler-Typ, der auch nichts machen konnte als die Hunde das auskämpfen lassen. Einer würde draufgehen, das sah man, Blut schon überall. Bürgerkriegsgefahr in Kirgistan wächst, sagt der Standard, vor mir studiert von der Strengen. Neben mir liegt Türkismädchen in Tiefschlaf, im Trenchcoat übrigens, und endlich ohne Wollfäustlinge. Der Bub mit dem Kapperl ist ein bissel dünner geworden, wohl weil gewachsen. Letzter Arbeitstag der Woche, juchu! Blendender, wolkenloser Tag steht uns bevor. Oz muss bis morgen spät nachts fahren, ist sehr düster, weil sie ihn die Fernsehgeschichte nicht machen lassen, oder doch nur einfach den Vertrag (noch) nicht unterschreiben – dabei wäre nächste Woche zu kochen gewesen. Hoffentlich fladern sie ihm nicht die Idee, viel an Enttäuschungen verkraftet er nicht mehr. Gestern beinah den ganzen Kompost geschafft! Super Arbeit! Ein Traktor unterwegs, natürlich kein Rehbock. Aber dann, auf einer Wiese ganz hinten, seh ich mein Pärchen stehen, sie macht dann ein paar zierliche Sprünge. Alles ok. Wie Oz immer sagt: »Das Wichtigste, dass du dich beruhigst!«

IM ZUG RETOUR, DIENSTAG, 13.4.2010
## SCHIRM VERGESSEN.

Wieder mal. Den braunen, gepantherten. Wie viel Sinn hat es, den wiederhaben zu wollen? Entweder hab ich ihn im Zug stehengelassen, ich seh ihn noch vor mir, in meine Tasche geklemmt – ja nicht vergessen, dachte ich! Aber dann war da die Fünfzigjährige, die hatte ich aufgeweckt, sie lachte, wir redeten, ich vergaß, dann stand ich mit der Pferdeschwanzfrau beim Ausgang und wir redeten wieder, sie war auf einem Seminar in Zürich gewesen, nur für eingeladene Auserwählte, mit dem Dalai Lama, Zukunft der Welt und der Wissenschaft. Mind People oder Mind Projects oder so. Sie erzählte über ein indisches Projekt mit einem Mann, der jeweils zwei Frauen aus einem Clan beibringt, Solarenergie zu erzeugen. Mit Zeichensprache, sie sind ja Analphabetinnen, und in Indien gibts inzwischen ein paar Tausend Dörfer und in Afrika auch schon zweitausend oder so, jedenfalls eine tolle Sache, sie nehmen auch nur ältere Frauen, Großmütter, o ja, die wissen, wie umgehen für

Zukunft. Die machen was draus. Es war so interessant! Und einen vergessenen Schirm wohl wert. Soll ich dem nachjagen? Er war noch gut, ein Lieblingsschirm, und so neutral mit seinem Leopardenmuster...

IM ZUG RETOUR, MONTAG, 19.4.2010
## ZIGEUNER

haben das alte Lager beim Ostbahnhof übernommen, sich eingerichtet und sind heraußen im »Garten«, der Gstettn, sitzen, stehen herum, überlegen anscheinend. Sonnig, mit Schäfchenwolken. Morgen meine Lesung. Heute vorbereiten. Haare, und was ich anzieh. Auf dem Bahnsteig riecht es eindeutig nach Scheiße. Nach Heidelbeeren und Durchfall. Meine Nase juckt und beißt und rinnt. Die Apfelblüte beginnt und die Kirschen blühen ab, ohne dass man ihr Blühen recht bemerkt hat.

IM ZUG, DIENSTAG, 20.4.2010
## DIE LESUNG.

Es regt mich schon auf, jetzt aber angenehm. Bin nur etwas unruhig, weil ich mir vielleicht zu viel vorgenommen hab. Bissel reden zwischendurch, es wird schon gehen. Achtung, dass nicht zuviel Ich-Ich! Wolken von schneeweißem Schlehdorn! Schlemihl in Weinrot neben mir kauert sich ganz in sich. Will ihm irgendwie suggerieren: Mach was du willst, Bursche, aber beweg deinen Arsch. Rühr dich endlich und sag was! Eine bunte Hühnerschar auf der grünen Wiese. Das Problem unserer Zeit sind wirklich die mangelnder werdenden Arbeitsplätze. Und durch Integrierung vieler neuer Zuzügler finden unsere eigenen Kinder nichts mehr. Und es sind doch gute Kinder, nicht alle, aber die meisten. »I find mein USB Stick net!«[199] – Manuela sitzt direkt vor mir, in einer Lederjacke. »Anatol schreib i aber net mehr – lass mi erst Fräulein Else anschaun. Du kriegst dann an Philosophen, du kriegst no 5,80 für Anatol«[200], lässt einen überlegen, in welche Schule die gehen, »I muaß am Samstag um sieme zum Oawatn anfangen«[201] – ebenfalls Manuela. Hm. Rätsel. Mein rechtes Auge rinnt, beide brennen. Eine Geschichte für Schlemihl, weil ich mir grad denke, den Typen müsst man offensiv angehen, an ihm schnuppern z.B., »hm, du riechst aber gut!« – Ich stell mir solche Sachen vor. Vielleicht hat er aber eine blöde Stimme. Oder Mundgeruch, oder lacht doof und hat kaputte Zähne, redet Blödsinn. Manuela bastelt, schneidet Papier. »Kathi, host du des nochgrechnet? Bei mia kummt außa, dass des noch an Joa scho abbaut ist!«[202] – Sie schnipselt wie wild. Ostbahnhof. Die Rote ist eine sehr elegante Dame geworden, zimtfarbener Rauhledermantel, ebensolche Strümpfe und Pumps, eleganter Schnitt, locker im Gespräch mit dem Tischler, der noch immer nicht in Pension ist. Sie lacht. Sonniger Tag, Sommervorgefühl.

---

199   »Ich finde meinen USB-Stick nicht!«

200   »Anatol (Arthur Schnitzler) schreib ich aber nicht mehr, lass mich erst Fräulein Else (ebenfalls Schnitzler) anschauen. Du bekommst dann einen Philosophen. Für Anatol bekommst du 5,80.«

201   »Ich muss am Samstag um sieben zu arbeiten beginnen!«

202   »Kathi, hast du das nachgerechnet? Bei mir kommt heraus, dass das nach einem Jahr schon abgebaut ist!«

## AB 15. MAI GIBTS SCHIENENERSATZVERKEHR.

Niemand weiß Genaues. Unregelmäßig, heißt es. Wann, wie, wieso, wie lange? Wer weiß. Baustelle jedenfalls. Ich werde umsatteln auf Bus. Nicht mehr schreiben im Zug. Ende. Fini. Wird eh alles so grauslich gemacht, abgeholzte Natur, grausame Landschaftsveränderungen. Als die Tiere den Wald verließen. Der Widerliche punktet auf seinem Kommunikator herum mit seinem blöden Stift. Er hat den Piepston angestellt, ich könnte schreien. Ich hab Heuschnupfen und sollte nicht arbeiten, aber wenn ich diese Briefe nicht mach, kommen Fragen auf meine lieben Kolleginnen zu, die sie nicht einmal beantworten können. Mein Arbeitsgebiet ist so groß und verzettelt, ich blick ja selber nicht mehr durch. Und es ist so eine andere Sache, administrativ zu arbeiten. Also ohne eigene Meinung, ohne Macht, ohne Einfluss – die Verantwortung hingegen ist sehr wohl groß, weil gewissenhaft auszufüllen ist, was sie anschaffen und sich ausdenken an Regeln und Gesetzen. Draußen wird es prächtiger jeden Tag freilich. Jetzt wieder grau, aber sie haben Sonne angesagt. Jedenfalls gehts mir nicht gut und ich fühl mich absolut krank. Sollte mich darein schicken und erledigen, was halt geht. Meine fixen Markierungspunkte fallen nach und nach aus oder werden kaputt gemacht. Waldidylle ist verhaut, die Waldränder auch, die Rehe vertrieben. Ich werde also bald mit dem Bus fahren, länger brauchen und nicht im Bus schreiben können, weil mir sonst schlecht wird. Beim Lesen auch. Nicht einmal das also. Vielleicht ist das gut so. Nichts Nützliches mehr. Nur schlafen, dösen, denken. Ohne Niederschlag. Ohne Spuren.

## NEBEN SCHLEMIHL.

Im verwaschenen Weinrot. Ohne Fenster, dafür blitzt und blendet es von vorn in die Augen, ich beug mich über ihn und zieh die Jalousie runter. Gestern hab ich meine Primavera-Geschichte in den Simonischek-Brunnen geschmissen. Hoffen wir das Beste. Warum ich von Heidenreich nichts höre – vielleicht noch mal Manuskript schicken? 69,8! Ich bin begeistert. Mein Abendessen auf neue Art funktioniert! Das Mädchen mit dem bundesdeutschen Spracheinschlag, mit dem ich mich gestern unterhielt, eine total nette Dünne, hat auf ihrem PC die Fahrschule Mayer, mit Lernmodulen und allem Drum & Dran. Es hat sich schon einiges geändert, seh ich, seit ich den Führerschein gemacht hab…

## »DIE CHRISTA KUMMT NET MEA!«

Meine »helle Verkäuferin« ist nicht mehr bei Jugend ohne Grenzen, sondern arbeitet in Hinkunft bei einer anderen Firma. Dorthin fährt sie mit dem Auto, wir werden sie also nicht mehr sehen. Das erzählt mir ihre Freundin, die Dunkle. Sind wir beide traurig. Da sieht man erst, wie man zusammenwächst und sich aneinander gewöhnt. Man steht Tag für Tag nebeneinander und wartet auf denselben Zug, das ist alles. Wechselt ein paar Worte, erfährt etwas übereinander, entnimmt der Stimmung, der Kleidung, wie der/die andere drauf ist. Fahrfreundschaften. Die Dunkle und ich philosophieren. Nix bleibt ewig. Jaja.

Da sieht mans! Jahre waren das! Vielleicht werden wir beide mehr miteinander reden, vielleicht auch nicht. Die Tür ist sicher wieder abgeschlossen. Was stell ich mich auch gewohnheitsmäßig immer noch hinten hin, die reparieren sie doch nie, der rote Zettel ABGESPERRT ist schon ganz schmuddelig. Und unsere liebe Praktikantin ist heut auch das letzte Mal im Amt. Paar Arbeiten noch, dann ists vorbei. Egal. Keine besondere Lust auf den heutigen Tag, aber geht auch vorbei. Dann so schnell wie möglich nachhause, Oz holt mich ab und gleich vom Zug weg gehts nach Ungarn! So sehr ich es bedaure, zwei Tage in meinem geliebten Garten zu versäumen, ein bissel weg ist gut. Muss sein. Oz und ich allein.

# DAS, WAS BLEIBT

**ES REGNET.**

Wieder und wieder, hat man das Gefühl. Die zwei, drei Afrika-Sonnentage reichen nicht aus, eine Blüte erlebt man kaum mit, nur ein urwaldartiges Wachstum. Mir fällt auf, dass auch die Mutti mit den Locken nicht mehr da ist, keine Stimme, nix. So verschwinden sie alle in andere Lebens- oder Arbeitsbereiche. Die Clique wird erwachsen und hat sich zersplittert. Vor mir zeigt Schnoferl ihrer Freundin ihr neues süßes Handyzeug, hier sitzt auch Manuela, die anscheinend unter Frauen wesentlich leiser ist. Die Strenge liest ihren Standard, die hyperblonde Tussi lässt mich freundlich neben sich. Die Apfelbäume stehen in Hochblüte, aber eben total verregnet. Was das wohl für eine Ernte gibt? Aber egal, die Äpfel kommen sowieso vom Billa, schön zu sechsen verpackt. Bei diesen Jungen mit ihren stolz von sich gegebenen Weisheiten kommt eine Unverbindlichkeit zum Tragen, die unerträglich ist. Sie geben nichts preis von sich und exhibitionieren sich doch vollkommen. Sie erzählen nichts von ihren Gefühlen, aber zeigen ihr Privatleben im Internet-Schaufenster. Die Kunst der Unangreifbarkeit. Und sie glauben, so funktioniert Beziehung. Mit ein paar erlebten Strähnen in einem Netz von Selbstdarstellung. Und hüten ihr Geheimnis, ihr Innerstes. Falls sie überhaupt wissen, dass sie eins haben. Und wundern sich und sind beleidigt, wenn sie nicht erkannt werden. Falschspielerei auf höchster Ebene. Poker. Nur der Wald und die Wiesen rundum sind langmütig und wachsen alles wieder zu. Nur der Klang von Glocken und Digeridoos dringt durch die Körper. Nur Beethoven oder Schubert haben es noch gewagt, ihren Zorn, ihre Trauer, ihre Wut, ihren Schmerz zu zeigen. Zumindest so, dass der Durchschnittsmensch es noch verstehen kann. Nur Bruckner explodiert in unendlicher Freude und Gnade, in kindlicher Kühnheit. Nur nur. – War es nicht genug, ist es nicht genug? Ich geb dir »nur« das! Aber bitte nimm es und sei endlich froh!

IM ZUG RETOUR, MITTWOCH, 5.5.2010
## AH, LOOK AT ALL THE LONELY PEOPLE!

Und in der Straßenbahn weiß ich sofort, dass dies hier ein alter Freund ist, der da steht, ein Gauner, der mich einmal hintergangen, betrogen, zu einem Prozess genötigt hat, den ich letztendlich erst verlor. Ich hab einen schlechten Anwalt gehabt, er den besten. Er war nicht einmal da bei der Verhandlung, ich hörte dann, der Richter und er seien in derselben geheimen Verbindung, Rosenkreuzer oder so. Jedenfalls hat er an mir verdient und mich mit Almosen abgefertigt – und er weiß es. Und er spürt, dass ich es bin, nach so vielen Jahren. Nun steht er da in seinem lächerlichen karierten Jackett, ausgebeult an den Ellbogen, mit Schuppen in den zu langen Haaren, nervöser Blick hinter den starken Brillen. Er hat mich erkannt, will mich nicht erkennen, hat Angst, dass ich ihn anspreche. Ich bin knapp dran, ich hab schon den Mund geöffnet. Über seinen Schirm hat er ein lächerliches Plastik-Teleskopschutz-Präservativ gestülpt, so was hab ich überhaupt noch nie gesehen, und dazu diese billige alte Flugtasche oder woher dieses Gratisexemplar sein

420

soll. Seine Schuhe sind abgetreten, ein wenig. Ich schau nicht viel besser aus, aber ich will nichts mehr bedeuten, will nicht mehr wichtig sein – er wohl. Und ich spür aus Blick und Haltung und Verunsichert-über-die-Schulter-Blicken, er weiß es, er hat Angst, und ich spüre aus mir rote Fäden, lange Spinnenfinger greifen zu ihm hin, über ihn hinweg. Feuerrot! Leuchtend! Die ihn vernichten. Aber es ist vorbei! Ich ziehe mich zurück, ziehe meine roten Fäden ein. Soll er aus der Bim torkeln zu seinem Zug, ich geh zu meinem. Solche Nieten, widerlich, will ich nicht mehr in meinem Leben haben, werde ich nicht mehr haben. Keine Rache mehr, nur ein Achselzucken noch. Mitleid? Nein. Einfach nichts. Lass ihn. Geh weiter.

IM ZUG, MONTAG, 10.5.2010
**FENSTERTAG IM AUGE.**

Auf das hin strukturiere und verdichte ich die Wochen-arbeit – Vorteil: Drei Tage für Schreiben. Klar hab ich mir freigenommen, Garten und Schreiben. Pass auf, dass du dich nicht wieder übernimmst. Ach, geht schon. 70,6. Langsam beweg ich mich wieder mehr, fette träge Kröte! Grausliche Träume, irgendwas von Ungarn, wirklich be-drohlich und gemein, und ich kann von dort nicht mehr weg – hängt das mit Oz zusammen? Fünf Nächte ist er jetzt weg, das ist wirklich viel. Für uns beide. Ich denk mir schreckliche Sachen aus. Was mach ich allein mit dem Riesenhaus? Verloren, wenn Oz nicht wär. Niemand sagt einem mehr, wie wichtig man ist und wie toll. Sag ich es ihm? So deutlich nicht, nur durch die Blume. Also sags deutlicher, A, er ist dir sehr wichtig! Warum verbieg ich mich bei diesem Nachbarn so? Hab mich total falsch gesetzt – wieder einmal zu spät programmiert und dann irgendwo hin. Werd aufmerksamer, bewusster! Wenn du denkst: Ein Blechbüchserl ist so ein Waggon! Durch grünen Dschungel gezogen von einer Maschine. Sonderbares Gefühl. Als ob ich meine ganze Kraft brauchte. Wofür? Die Tabletten machen müde, das Absetzen auch. Was ist das, das mich sich wegbiegen lässt und verkrampft werden, als wär das ein böser Mensch neben mir? Jeder Mensch ein böser Mensch? Die Zeit vergeht auch nicht, die Fahrt dauert unheimlich lang. Jetzt ist er endlich weg, da seh ich, dass eh alles frei gewesen wär hinten! Und ich würg so dahin. Keine Ahnung, was ich hab. Wenigstens gelernt, auf dieses diffuse Unbehagen zu achten. Irgendwas ist im Busch, ich kanns nur nicht sehen.

IM ZUG, DIENSTAG, 11.5.2010
## KAUM GESCHLAFEN DIESE NACHT.

Wenns zwei Stunden waren, dann viel. Die Hustende vor mir, sehr dünn, hab ich gestern gesehen. Sprießel[203] von Beinen. Neben mir Burschi, der nicht spielt heute, und mit seiner Tasche auf dem Sitz werd ich leicht fertig, auch wenn er so tut, als schlafe er. Der ehemalige Politiker ist auch da, gleicher schwarzer dünner Pullover wie ich, passt zum heutigen Novembertag, Mai im Nebel! Wer hat das gesehen. 11 Grad jetzt, es soll warm werden wieder, aber immer Bewölkung und Regen. In Russland

---

203  Dünne Stäbe, Stäbchen.

usw. steht die Wärme, 26 Grad, bei uns bleibt der ganze Mai kühl, sagen sie. Das hörte ich schon früher, erst im Juni gehts los. Warum hab ich nicht schlafen können? Arbeitsgedanken, Johanna-Gedanken, Nike-Gedanken. Heute aufpassen, nicht überanstrengen. Nicht zuviel. Ich mach Fehler. Das ist auch Sorge. Ich muss schlafen, sagte ich mir die ganze Zeit, aber ich kann nicht. Ich brauch den Schlaf, wenn ich nach der Arbeit noch mit meinem Enkelkind spielen soll! Jetzt geht mir doch allen Ernstes der Udo Jürgens nicht aus dem Kopf, mit »Boogie Woogie Beat«, wohl einer der ekligsten Ohrwürmer, die es gibt. Muss ich irgendwo aufgeschnappt haben. Der Lange rechts liest Daniel Kehlmann »Ich und Lemski«. Mein Rehbock vom Vorjahr ist wirklich nicht mehr da, den haben sie erschossen. Aber dann, weiter hinten, auf der Lichtung, steht er. Oder ist das ein anderer. Das dauernde Gekicher dieser Mädchen ist sehr anstrengend. »Hallo, Seawas, griaß eich!«[204] sagt Röhre zu ihnen. Er kriegt ein paar weiße Haare. Nebel Nebel. In Raaba aufgeweckt von einem Mädchen, das mich schubst, unglaublich: »Ist da frei?!« – Burschi hat sich vorher aus dem Staub gemacht und ich bin anscheinend eingeschlafen. Tief.

IM ZUG, MITTWOCH, 12.5.2010
## HEUTE 90 JAHRE GLEISDORF,

die Eröffnung. Bin schon gespannt, wie sie das lösen. Mir kommen die Tränen, wenn ich dran denk. Da-

---

204   »Hallo, Servus, grüß euch!«

mals. Wie schön es war! Schrecklich natürlich auch. Und dann den Humus nicht vergessen, das neue Beet gehört instandgesetzt! Aussaattage von Maria Thun befragen. Und dann die Geschichte mit dem Sponsionsessen für Johanna. Ich denke heute sehr intensiv an meine Eltern und bin ständig gerührt. Das Wetter dementsprechend: weich, nicht kalt, nicht schwül, aber bedeckt, verhangen, zu. Letzter Tag vor dem Feiertag, dann Fenstertag, dann Samstag, Sonntag – göttlich! Was wir alles hinter uns lassen! Eltern, Häuser, Kinder… Soo müde. Hab zwar normal geschlafen, aber eben nichts nachgeholen können, weil einfach lustigen Abend mit Oz gemacht – das war aber so was von fällig! Wenn er nur endlich glücklich ist und seine Aufnahmen machen kann!

IM ZUG, MONTAG, 17.5.2010

## HEIZEN WÄR AUCH WIEDER NICHT NOTWENDIG!

Auch wenns stürmt und kalt ist und grauslich. Ich in Weste und schützendem Dunkelblau. Am Rand der Depression dahinschlitternd, damit nicht allein. Alte Menschen. Parkinson Gespenst. Alzheimer. Heuer blüht uns der Maien wahrhaftig nicht schön. Wie diese Ketten von Tagen überstehen. Wie?! Ganz einfach: tik tak, eins nach dem anderen, Schritt für Schritt. Zwischendurch ein kleines Plauscherl, was Süßes, bissel was essen gemeinsam, ein Glasl Prosecco. Ein paar Dinge erledigen, Wichtiges, Oberwichtiges. Ich vergesse. Immer mehr und immer öfter. Ich schlafe.

## EIN WUNDERVOLLER TAG!

Erstmals seit ewig Sonne. Noch ist es kühl, aber ich hab mich wieder. Gestern nacht sehr lang ferngesehen. Chant, die Mönche in Heiligenkreuz. Unglaublich, was aus Karl Wallner geworden ist! Stift Lambrecht, damals, als er mich eingeladen hat, als Jungautorin. Diese Ruhe, die Spiritualität, auch nachher, die jüdischen Gesänge, ich war so gerührt. Über all diese Schicksale, die Kraft, die Freudigkeit. Von hierher kann sie also kommen, die Kraft, da bin ich zuhause, dorthin müssen meine Wurzeln sich entwickeln! Übermorgen hat Johanna ihren großen Tag. Sponsionsfeier. Das ist Glück. Noch dazu der Job, den sie endlich hat! So kommt sie zurecht. Ich bin wirklich glücklich. Blondie/Curt geht wieder ins Klo und wirft sich was ein. Die zersplitterten armen Jungbäume anzuschauen, tut in der Seele weh. Johanna hat einen Vortrag auf der Uni und ich werde bei Nike sein. »Mein Papa ist ein Österreicher«, ruft der kleine Chinese. Er spricht schön nach der Schrift und erzählt von seinem Opa, voll Respekt. »Hat deine Mutter studiert?«, fragt er den Kapplträger-Bub, seinen Freund. »Ja... i waß net... awa sie war in einer strengen Schul!«[205] Oz kommt zurück aus Deutschland, auch hier Dankbarkeit, wieder einmal nichts ist passiert, er behält seinen Job und seinen Dienstwagen und alles ist in Ordnung. Achtung, schreibt die Kleine Zeitung. Stübing ist in Gefahr, die Idylle! Bitte nicht! Nicht dieses wunderbarste aller Freilichtmuseen, das meine Vergangenheit, unsere Vergangenheit darstellt!

---

205  »Ja, ich weiß nicht... aber sie war in einer strengen Schule!«

IM ZUG, DONNERSTAG, 20.5.2010
## DAS, WAS BLEIBT.

So heißt Eva Sterns Wandbehang, den ich gestern bewundert habe. Ansonsten ist alles ziemlich schwierig, wenn nicht unmöglich. Ab nächster Woche also Schienenersatzverkehr, ich werde dann mit dem Bus fahren, kein Schreiben mehr. Soll sein. Mir ist schlecht. Elende Sauferei. Dabei hab ich gestern noch den Rasen fertig gemäht, gemulcht und gehäkselt. Oz kommt aufgeregt und übermüdet und kaputt nachhause, redet erregt und ärgerlich. Schade, dass er sich über nichts richtig freuen kann. Und du, A? Freust dich auch nicht grad über den neuen, dichten Arbeitstag, diese Fron. Zu viel unnötiger Kram. Ich lese alte Zeitungsartikel, Handke über sein Partisanenstück, über Peymann und Kusej, es tut mir weh, körperlich weh, dass ich schreibbehindert bin – schreibgezwungen auf der anderen Seite. Schreiben in Diensten ist immer was anderes als frei schreiben, na net. Fabre, der große Insektenforscher und Dichter, sogar Proust hat er beeinflusst für seine Francoise – große Männer! Könnte verzweifeln, weil meine Lebenszeit verrinnt und ich in ein Frauengefängnis gesperrt bin. – Jetzt tu nicht so dramatisch! Es war deine eigene Entscheidung! Ja, das sagen sie immer. Wenn du schwanger bist zum Beispiel. Eigene Entscheidung! Sei froh, dass du einen Job hast! Sauf nicht so viel. Arbeite effizienter. Noch effizienter. Das Gras ist gemulcht, der Garten in Ordnung. Die Wiese draußen liegt da vor dem Waldrand in schönen Strichen, liniert die Hügel. Vielleicht steht morgen der Bock wieder da. Aber ich fürchte, ich werd ihn lang nicht mehr sehen.

Andrea Wolfmayr, geboren 1953 in Gleisdorf, studierte Germanistik und Kunstgeschichte in Graz, war Buchhändlerin und Nationalratsabgeordnete und arbeitet im Grazer Kulturamt. Lebt mit ihrem Mann in Gleisdorf. Romane bei Steinhausen, Österreichische Staatsdruckerei, Styria, Steirische Verlagsgesellschaft, u.a., Prosa (Kurzgeschichten, Kommentare, Essays) in Literatur- und sonstigen Zeitschriften und Zeitungen, Kolumnen und Beiträge für Anthologien und Kunstkataloge, Beiträge im ORF, ein Hörspiel im ORF, usw.

Diverse Literaturpreise und Stipendien (Steinhausen-Literaturpreis für Buchhändler, zweimal Österreichisches Bundesstipendium, Reisestipendium nach Rom, Landesstipendium Steiermark, Theodor-Körner-Preis, Paula-Grogger-Preis, usw.)

# AUS DEM DUNKEL DER BLICK

Philipp Podesser fiel mir zum ersten Mal auf durch seine „Freischwimmer"-Ausstellung im MUWA/Museum der Wahrnehmung Graz. Er bat Menschen im Freibad, für ein Ganzkörperfoto zur Verfügung zu stehen. In Badekleidung. Das Ergebnis war seltsam. Irritierend, provozierend. Dieses Gefühl hatten anscheinend auch die Porträtierten selbst, die – nach dem ersten Schock, sich selbst so überdeutlich gespiegelt und in Zusammenhang mit anderen Gespiegelten zu sehen – stark, doch positiv reagierten. Nein, so hatten sie sich selbst noch nie gesehen. Das wussten sie nicht, dass sie so wirkten. Aber stimmt schon. Ja, das sind sie. Und so sehen sie aus.

In der Ausnahmesituation des Fotografiertwerdens, aus der gewohnten Umgebung gerissen und vor einen neutralisierenden Hintergrund gestellt, durch die fotografische Linse gesehen, bleibt das Wesentliche. Hier ist ein Mensch. Ecce Homo.

Genau so etwas schwebte mir vor für dieses Buch, als Ergänzung zu meinen Texten. Keine Illustration, nicht bestimmte Typen, sondern Bilder von Pendlern und Pendlerinnen, mit denen ich täglich zur Arbeit fahre, im Zug, seit Jahren. Unter Hunderten Einzelne, die sich der Kamera stellen. So, wie sie sind, wie sie gerade aus dem Zug oder in einen steigen. Nicht in ihrer „gewohnten" Umgebung, dem Zugsabteil, dem Bahnsteig, dem Bahnhof, sondern – ebenso wie bei den „Freischwimmern", vor einem neutralen Hintergrund. Blank. Pur.

Ich konnte nicht ahnen, hätte es freilich ahnen können, dass Philipp in seinem Konzept einen Schritt weitergehen würde. Keinen hellen Hintergrund wählte er, nein, einen dunklen. Aus dem Schwarz steigen die Gestalten. Wie aus Höhlen, aus Schlafhöhlen, aus denen sie ja auch kommen, in der Früh, wenns noch finster ist, in die sie vielleicht gleich wieder kriechen würden am liebsten statt in einen Alltag, der Geschäft ist und Geschäftigkeit, Schule, Lehre, jedenfalls Arbeit, Maloche, Hamsterrad. Working People, nicht illustrierend, nicht dokumentierend geschildert, abgebildet, sondern in ihrer Individualität und Einsamkeit wie Schemen aus dem Schatten tretend. Aus der Anonymität der pendelnden Massen der einsame, einzelne Mensch. Aus der Dunkelheit steigen Gesichter, Augen. Blicke. Die Gestalten wirken exotisch. Fremd und bekannt zugleich. Ihr Blick irritiert uns. Der Blick direkt in die Kamera. Sie schauen uns an. Wir werden angeschaut.

Es ist ähnlich wie bei den gemalten Porträts alter Meister, die ebenfalls diesen Blick malten, der einen – unheimlich fast – zu verfolgen scheint. Egal, in welche Ecke man geht oder durch welche Tür, die Augen des Porträtierten folgen einem, man befindet sich im Bann dieser Person, die einen fixiert.

Und durch die Dunkelheit, aus der sie kommen, wirken diese Gestalten ihrem Alltag entzogen, fast mysteriös, ja mythisch. Geheimnisvoll. Besonders.

Es ist nicht allein der Blick, der einen fesselt, es ist auch das Äußere, das einen zum Sinnieren bringt. Kleider machen Leute. Um sich auszudrücken, der Umgebung zu zeigen, wer man ist oder sein will, was man darstellen möchte, wählt man aus dem mannigfaltigen Outfit unserer Zeit die passende Uniform. Für das

Nomadenleben, das Pendlerleben, den Alltag derer, die zwischen Wohnort und Arbeitsstelle viele Kilometer täglich zurücklegen. Die sich rüsten, um diese Zeit zu überleben, die gemeinsame Zeit in den öffentlichen Verkehrsmitteln, dem so genannten „öffentlichen Raum", den sie teilen. Wie ihre Zeit. Die Fahrzeit ist und Arbeitszeit, Übergangszeit und Wartezeit. Schlafzeit. Kommunikationszeit. Lesezeit. Schreibzeit.

Philipp Podesser lebt in L.A. und in Graz.
www.podesser.net

Andrea Wolfmayr

edition keiper